Découvrez l'histoire par les archives de presse

RETRONEWS

Le site de presse de la BnF

www.retronews.fr

REVUE DES PATOIS

REVUE DES PATOIS

RECUEIL TRIMESTRIEL

CONSACRÉ A L'ÉTUDE DES PATOIS

ET ANCIENS DIALECTES ROMANS DE LA FRANCE

ET DES RÉGIONS LIMITROPHES

PUBLIÉ PAR

L. CLÉDAT

PROFESSEUR A LA FACULTÉ DES LETTRES DE LYON

TOME I. — 1887

PARIS

F. VIEWEG, Libraire-Éditeur

(E. BOUILLON et E. VIEWEG, successeurs)

67, rue de Richelieu, 67

AVERTISSEMENT

Il existe déjà en France deux recueils périodiques
consacrés aux études romanes, la *Revue des langues
romanes* et la *Romania*. Mais ces recueils s'étendent à
toutes les langues néo-latines.

La Revue que nous fondons aura un domaine plus
restreint puisqu'elle ne s'applique qu'aux patois et anciens dialectes romans de la France et des régions limitrophes. Par « régions limitrophes », nous entendons la
Suisse occidentale, les pays Wallons, et les régions de l'I-
talie et de l'Espagne dont les idiomes peuvent être rangés dans la même famille que les patois voisins parlés
en France. Il va sans dire que nous comptons étudier
ces divers idiomes au point de vue littéraire aussi bien
qu'au point de vue philologique.

Il est inutile d'insister sur l'intérêt qu'offrent les patois
et dialectes, et en eux-mêmes, et par les éclaircissements
qu'on en peut tirer pour l'étude scientifique des langues
officielles. Nous ajouterons qu'il est urgent d'entreprendre une enquête sur les patois de France ; car le développement si heureux de l'instruction primaire tend à leur
enlever une grande partie de leur originalité en y intro-
duisant chaque jour un plus grand nombre de formes et
de tournures françaises.

Notre désir est donc de centraliser dans cette Revue

les travaux sur les patois de France qui sont en cours
d'exécution, et d'en provoquer de nouveaux. Nous ac-
cueillerons avec reconnaissance les études qui pourront
nous être envoyées sur tel ou tel patois déterminé, les
proverbes et dictons patois, les contes et chansons populaires, les recueils de locutions, les notices bibliographiques sur les publications locales, enfin les textes anciens en langue vulgaire que MM. les archivistes voudront bien extraire de leurs archives.

S'il convient de respecter absolument, sauf à l'interpréter, l'orthographe des textes anciens, il n'est pas moins
nécessaire d'adopter, autant que possible, un système
uniforme pour la notation des sons actuels, tout en tenant
compte de l'orthographe traditionnelle qui est en usage
pour les patois de langue d'oc, et qui, il faut bien l'a-
vouer, est beaucoup plus logique et plus raisonnable
que notre orthographe française. Quant aux sons que
le français ne connaît pas, au lieu de les noter par des
caractères spéciaux, il nous paraît plus commode et
plus simple de les écrire avec les lettres françaises qui
s'en rapprochent le plus, sauf à souligner ces lettres et
à les imprimer en italiques. Nous n'admettrons que les
caractères spéciaux dont l'expérience aura démontré
l'utilité, notamment dans les études qui auraient pour
objet la détermination rigoureuse des nuances des sons.

En conséquence, voici quelques indications pratiques,
que nous compléterons à l'occasion, et auxquelles nous
prions nos correspondants de vouloir bien se conformer.

Il importe d'écrire exactement les mots tels qu'ils se
prononcent. Il ne faut pas, sous prétexte de se rapprocher de l'orthographe française, écrire des lettres qui ne
se prononcent pas. Quant aux lettres finales qui ne se
prononcent qu'en liaison, prière de les mettre entre parenthèses. Par exemple, écrire ainsi le pronom *vous*,
s'il se prononce comme en français : *vou(z)*.

Distinguer avec soin *a* tel qu'on l'entend dans le français *patte* (écrivez *pate*), d'*à* tel qu'on l'entend dans
pâte. Écrire par un *a* souligné l'*a* intermédiaire entre *a*
et *o*, qu'on rencontre dans certains patois.

Distinguer *é* fermé d'*è* ouvert, d'*ê* très ouvert, et d'*e̱* souligné, intermédiaire entre *è* et *a*. Ne jamais écrire *è* ouvert par *et* ni par *ai*, comme on le fait souvent, la graphie *ai* ou *ay* étant réservée pour la diphtongue où l'on fait entendre *réellement* un *a* suivi d'un *i* semi-voyelle, comme dans l'interjection *aïe*, dans «*payen*» ou dans le provençal «*paire*».

Le son que l'on entend dans les mots français «tôt» et «chap*eau*» doit être écrit par *ô*, jamais par *eau* ni par *au*, la graphie *au* étant réservée pour la diphtongue où l'on fait entendre un *a* suivi d'un *w* anglais.

Dans certains patois, l'*e* dit muet peut avoir l'accent tonique. Nous demandons qu'on l'écrive alors : *ë*. Ainsi, à Saint-Amour (Jura), *dëre* sera le mot qui traduit le français *dire*.

An souligné sera le son intermédiaire entre *an* et *on*.

Le son que nous écrivons tantôt par *in* (fin), tantôt par *en* (rien), tantôt par *ain* ou *ein* (main, plein), est en réalité un *è* nasal. Prière de l'écrire *èn*, la graphie *in* étant réservée pour le véritable *i* nasal, que connaissent beaucoup de patois.

Le son que nous écrivons en français par *un* est en réalité un *eu* nasal. Prière de l'écrire *ën*, la graphie *un* étant réservée pour le véritable *u* nasal, qui n'existe pas en français.

Écrire toujours par *an* le son que l'orthographe française rend tantôt par *an* (chant*an*t) tantôt par *en* (*en*se-m*en*cem*en*t).

Il n'y a pas d'inconvénient à écrire *eu* (de *ceux*) et *ou* (de *fou*) comme en français. L'*e* et l'*o* suivis d'un *ou* semi-voyelle (*w* anglais) devront être notés par *ew* et *ow*.

Le son français *oi* (de *roi, croit*, etc.) devra être écrit *wa*, la graphie *oi* étant réservée pour l'*o* suivi réellement d'un *i* semi-voyelle.

La diphtongue composée d'un *ou* semi-voyelle et d'un *è* sera de même écrite *wè*.

Les patois de la région lorraine ont une gutturale très voisine du *ch* allemand. Prière de la noter par *hh*, la graphie *ch* restant réservée au son chuintant que l'on entend dans le français « *ch*ant, *ch*eval, etc. » Souligner le signe *kh*, quand il exprimera le *ch* allemand *doux*.

Écrire toujours par *z* l's douce que l'on entend par exemple dans le français « rose. »

Écrire par *r* soulignée l'*r* interdentale ou sifflante que possèdent plusieurs patois très éloignés les uns des autres.

Certains patois ont des sons analogues au *th* anglais. Nous recommandons d'écrire par *s* soulignée le *th* fort et par *z* souligné le *th* doux.

L'*l* mouillée s'écrit en français tantôt par *ll*, tantôt par *il*, *ill* ou même *illi*. Nous la rendrons par une *l* suivie d'un petit *y* placé en haut et à droite de la consonne : *l^y*. Nous écrirons de même par *n^y* l'*n* mouillée, et par *k^y*, *t^y*, etc., le *k* et le *t* mouillés que possèdent plusieurs patois.

Pour les sons que nous n'avons pas prévus, nous recommandons de nouveau de les écrire avec les lettres françaises qui s'en rapprochent le plus, en les soulignant et en les expliquant.

LES PATOIS DE LA RÉGION LYONNAISE

Sous le titre qu'on vient de lire, je me propose d'étudier les patois de France que M. Ascoli a rangés dans la classe des patois franco-provençaux, et ceux de quelques départements voisins de cette région. Ce sont les patois des départements de l'Ain, des Hautes-Alpes, de l'Ardèche, du Doubs, de la Drôme, de l'Isère, du Jura, de la Loire, de la Haute-Loire, du Rhône, de la Haute-Saône, de Saône-et-Loire, de la Savoie, de la Haute-Savoie, des Vosges et du territoire de Belfort.

Les textes publiés dans ces différents patois étant insuffisants pour l'étude méthodique que je désirais entreprendre, je me suis adressé, avec le haut patronage de M. Michel Bréal, à M. Charles, recteur de l'Académie de Lyon, qui a bien voulu recommander mon entreprise à MM. les recteurs des Académies de Besançon, de Chambéry, de Clermont et de Nancy. MM. les inspecteurs d'Académie, avisés par les recteurs, ont bien voulu, de leur côté, avertir de mon projet les instituteurs de chaque département par l'intermédiaire des bulletins départementaux de l'instruction primaire, et m'envoyer les noms des instituteurs qui leur paraissaient disposés à me seconder. Enfin je me suis adressé à MM. les directeurs des Ecoles Normales primaires de la région, pour obtenir le concours des élèves-maîtres de ces Ecoles. J'exprime ici à tous ceux qui m'ont aidé dans ces démarches préliminaires mes sentiments de bien vive reconnaissance. Grâce au bienveillant empressement de tous, j'espère trouver au moins un correspondant pour chaque canton de la région. J'ai envoyé un premier questionnaire aux instituteurs qui m'étaient indiqués, et je commencerai mon étude dès que j'aurai reçu un assez grand nombre de réponses. Voici les noms des correspondants qui m'avaient déjà répondu au moment où ce numéro a été mis sous presse (1) :

Département de l'Ain

Cinquante-trois élèves-maîtres de l'Ecole Normale de Bourg, directeur M. Marlot.

Arrondissement de Bourg. — MM. Charnay, instituteur à Fleyriat; Prost, à Lescheroux.

Arrondissement de Nantua. — MM. Pochet, instituteur à Saint-Germain-de-Joux ; Lançon, à Izernore.

Arrondissement de Trévoux. — M. Guédon, instituteur à Marlieux.

Arrondissement de Belley. — M. Bourg, instituteur à Ruffieu. — M. Tronchon, directeur de l'Ecole Normale de Mâcon, a eu l'obligeance de m'envoyer des renseignements sur les patois de Cormaranche et de Hauteville.

Arrondissement de Gex. — M. Frick, instituteur à Gex.

Alpes (Hautes)

Arrondissement d'Embrun. — M. Aubert, instituteur à Chorges.

Ardèche

Arrondissement de Privas. — MM. Charrière, instituteur à Gras ; Roche, à Saint-Pierreville ; Teyssier, à Lavilledieu ; Curnier, à Baix.

Arrondissement de Largentière. — MM. Villard, instituteur à Vallon; Labrot, à Lablachère; Bertrand, à Payzac.

Arrondissement de Tournon. — MM. Terrasse, instituteur au Cheylard ; Avon, à Saint-Victor ; Chambron, à Lachaumette; Verset, à Lachapelle-sous-Chanéac; Merland, à Boffres.

Territoire de Belfort

Sept élèves-maîtres de l'Ecole Normale de Belfort, directeur M. Rouget.

MM. Cordonnier, instituteur à Grandvillars ; Chenal, à Bermont.

---

(1) J'indiquerai à la fin de la Chronique ceux dont les réponses me seront parvenues avant le tirage.

Doubs

Les élèves-maîtres de l'Ecole Normale de Besançon, directeur M. Gobin.

Arrondissement de Besançon. — MM. Bretillot, instituteur à Avanne ; Cretenet, à Nans-sous-Sainte-Anne.

Arrondissement de Pontarlier. — MM. Dros, instituteur à Bians-les-Usiers ; Vauchy, à Boujeons ; Longchamp, à Fourgs ; Moureaux, surveillant général au collège de Châlon-sur-Saône ; Didio, à Lièvremont.

Arrondissement de Montbéliard. — M. Vernerey, instituteur à Dampierre-sur-le-Doubs.

Arrondissement de Baume-les-Dames. — MM. Gloriod, instituteur à Nancray ; Guichard, à Geney ; Annequin, à Cour-les-Baumes.

Drôme

Huit élèves-maîtres de l'Ecole Normale de Valence, directeur M. Jeannot.

Arrondissement de Die. — MM. Faure, instituteur à Bouvières ; Liotard, à Die ; Liotard, à Beaufort.

Arrondissement de Montélimar. — MM. Plèche, instituteur à Taulignan ; Achard, à Sauzet ; Bayle, à Suze-la-Rousse.

Arrondissement de Valence. — MM. Didier, instituteur à Chanos-Curson ; Carron, à Chabeuil ; Jacquet, à Espeluche.

Isère

Quatre-vingt-huit élèves-maîtres de l'Ecole Normale de Grenoble, directeur M. Ablard.

Arrondissement de Grenoble. — MM. Neyton, instituteur à Lans ; Durand, au Mollard de la Motte Saint-Martin ; Rostaing, à Livet-et-Gavet ; Moutin, au Sappey.

Jura

Arrondissement de Lons-le-Saulnier. — MM. Molard, instituteur à Quintigny ; Gabet, à Bornay.

Arrondissement de Saint-Claude. — M. Pinsard, instituteur à Saint-Laurent-des-Prés.

Arrondissement de Dôle. — M. Béchet, instituteur à La Loye.

Loire

Réponses annoncées de trente-huit élèves-maîtres de l'Ecole Normale de Montbrison, directeur M. Liquier.

Arrondissement de Roanne. — MM. Dervire, instituteur à Fourneaux ; Bretton, à Saint-Rirand ; Bergier, en retraite à Saint-Haon-le-Châtel.

Arrondissement de Montbrison. — M. Soulier, instituteur à Rozier.

Haute-Loire

Réponses annoncées de deux élèves-maîtres de l'Ecole Normale du Puy, directeur M. Piquet.

Arrondissement du Puy. — MM. Dedival, instituteur à Saint-Hostien ; Lagrevol, à Saugues ; Prunet, à Cayres.

Arrondissement d'Yssingeaux. — MM. Dupau, instituteur à Tence ; Grousset, à La Chapelle d'Aurec.

Arrondissement de Brioude. — M. Moussier, instituteur à Pinols.

Rhône

Réponses annoncées des élèves-maîtres de l'Ecole Normale de Lyon, directeur M. Jarach.

Arrondissement de Lyon. — MM. Mercier, instituteur à Lyon (pour le patois du canton de Belley, Ain) ; Pagnoz, à Lyon (pour le patois du canton d'Audeux, Doubs) ; Fougère, à Lyon (pour le patois du canton de Meyzieu, Isère) ; Hugonnet, à Lyon (pour le patois du canton de Conliège, Jura) ; Combier, à Lyon (pour le patois du canton de Tramayes, Saône-et-Loire) ; Durand, à Lyon (pour le patois du canton de Domèvre en Haye, Meurthe-et-Moselle) ; Geneste, à Longes ; Robert, à Dommartin.

Arrondissement de Villefranche. — MM. Desmule, instituteur à Vauxrenard ; Perrachon, à Lyon (pour le patois du canton de Belleville-sur-Saône) ; Charrion, à Blacé.

Saône (Haute)

Vingt-cinq élèves-maîtres de l'Ecole Normale de Vesoul, directeur M. Vallée.

Arrondissement de Vesoul. — M. Gobin, directeur de l'Ecole Normale de Besançon (pour le canton d'Amance) ;

MM. Simonot, instituteur à Storoy-le-Bourg ; Barthelemy, à Chantes ; Vircondelet, à Boult ; Menneglier, à Navenne.

Arrondissement de Gray. — MM. Reverchon, instituteur à Autoreille ; Claudinot, à Montagney ; Michaud, à Germigney ; Goublet, à Dampierre-sur-Salon.

Saône-et-Loire

Réponses annoncées des élèves-maîtres de l'Ecole Normale de Mâcon, directeur M. Tronchon.

Arrondissement de Mâcon. — MM. Guillemin, instituteur à La Truchère ; Amiot, à Ameugny ; Martin, à Sainte-Cécile ; Vernet, à Saint-Sorlin ; Merlin, à Tramayes.

Arrondissement de Charolles. — MM Dessertine, instituteur à Saint-Racho ; Jeannin, à Bourbon-Lancy ; Chachuat, à Sivignon ; Routhier, à Saint-Igny-de-Roche.

Arrondissement de Louhans. — MM. Sarrazin, instituteur à Savigny en Revermont ; Paccaut, à La Chapelle-Thècle ; Parriaud, à Ormes ; Veaux, à Vérissey ; Chanussot, à Miroir.

Arrondissement de Châlon-sur-Saône. — MM. Gauthier, instituteur à Saint-Eusèbe ; Lebeaux, à Saint-Germain-du-Plain ; Marinot, à Marcilly-les-Buxy ; Frémy, à Fontaines.

Arrondissement d'Autun. — MM. Perrin, instituteur à Dezize ; Petitjean, à Charbonnat-sur-Arroux ; Jondeau, à Epinac.

Savoie

Arrondissement de Saint-Jean-de-Maurienne. — M. Thimel, instituteur à Saint-Georges d'Hurtières.

Arrondissement de Chambéry. — M. Rey, instituteur à Grésy-sur-Aix.

Haute-Savoie

Arrondissement de Thonon. — M. Vernaz, directeur de l'Ecole primaire à Thonon.

Arrondissement d'Annecy. — M. Berthod, instituteur à Meythet.

Arrondissement de Bonneville. — M. Bouchard, instituteur à Chamonix.

Vosges

M. Haillant, avoué à Épinal, qui veut bien être mon correspondant général pour les Vosges.

Trente-neuf réponses annoncées des élèves-maîtres de l'École Normale d'Epinal, directeur M. Graillet.

Arrondissement d'Épinal. — M. Béijon, instituteur à Saint-Laurent.

Arrondissement de Saint-Dié. — M. Noël, instituteur à Saint-Dié.

Arrondissement de Remiremont. — MM. Godel, instituteur aux Charbonniers-Saint-Maurice; Sidre, à Bonnefontaine; Pierre, à Trougemont; Antoine, à La Chaume.

Arrondissement de Neufchâteau. — M. Barrat, instituteur à Barville.

L. CLÉDAT.

LE DIALECTE BRESSAN AUX XIIIe
ET XIVe SIÈCLES

Le parler bressan appartient à cette branche de dialectes romans qui assourdissent en *e* l'A étymologique, lorsqu'il se trouve précédé d'un son palatal, et le maintiennent intact, dans le cas contraire. De nos jours, il est vrai, l'*a* non infecté d'yod a fait place à un *ô*, mais outre que c'est là un phénomène linguistique d'une nature toute spéciale qui n'infirme en rien l'influence de la palatale sur l'A originaire, ses premières manifestations sont de date relativement récente, puisque l'on n'en trouve pas trace dans les œuvres du poëte bressan Bernardin Uchard, qui écrivait sous Louis XIII. L'idiome de Bresse rentre donc bien dans ce groupe dialectal, auquel M. Ascoli a donné le nom de *franco-provençal*, parce que, participant à la fois des caractères de la langue d'oc et de ceux de la langue d'oïl, il sert, pour ainsi parler, de transition entre l'une et l'autre. Pour la phonétique et la grammaire, le dialecte bressan se rapproche visiblement du dialecte lyonnais : comme lui, en outre, il présente cet intérêt tout particulier de former l'une des limites du nouveau domaine linguistique imaginé par le savant romaniste italien.

Malheureusement, pour l'époque ancienne de son histoire, les textes littéraires font défaut ; quant aux délibérations des communes, aux ordonnances de police, aux tarifs de droits d'entrée ou de péage et autres documents de caractère administratif, intéressant la Bresse, je n'en ai jamais rencontré qui fussent rédigés dans la langue du pays.

Dans leurs rapports avec leurs sujets bressans, les comtes de Savoie se servirent jusqu'à la fin du latin comme langue officielle : c'est dans cette langue notamment que sont rédigées ces nombreuses lettres patentes qui venaient confirmer périodiquement des franchises, dont on se faisait payer le renouvellement à beaux deniers comptants (1). Si parfois, à partir du xv⁰ siècle, la chancellerie savoisienne abandonne la vieille langue liturgique, c'est pour la remplacer par le dialecte de l'Ile de France, qui dès lors tendait à tout envahir (2).

Dans les villes de Bresse, à Bourg particulièrement, l'autorité communale employait, elle aussi, la langue latine, et cela à une époque où la commune lyonnaise y avait depuis longtemps renoncé. C'est ainsi que, le 5 juin 1498, les citoyens de Bourg s'étant réunis pour examiner la demande de subvention formée par une société d'archers, le procès verbal de leur délibération fut écrit en latin (3). C'est dans cette même langue que les syndics des villes de Bresse s'adressaient à la cour de Savoie (4). Pour ce qui est des actes destinés à la publicité, tels que les ordonnances de police ou les tarifs d'octroi, ils étaient rédigés en français (5).

Les textes administratifs manquant tout comme les textes littéraires, force nous sera de nous contenter des seuls documents en dialecte bressan qui nous soient parvenus, je veux dire quelques chartes d'ailleurs fort rares et quelques papiers ou registres terriers, en petit nombre, eux aussi. Ces registres qui contenaient, rangée sous des cotes personnelles, l'énumération des redevances foncières dues à un bénéficier, constituaient au

---

(1) Cf. le *Cartulaire de Bourg en Bresse* publié par M. J. Brossard, Bourg, 1882. Nᵒˢ 18, 34, 38, 94 et les nᵒˢ 45, 73, 93, 140, 141, 145, 151, 153. En 1501, sur requête des syndics de Bourgs, le duc Philibert le Beau rendit une ordonnance contre la falsification des vins : requête et ordonnance sont en latin.(*Ibid.* nᵒ 162). Voyez aussi le Recueil des franchises de la ville de Bourg, codifié en latin et approuvé par le prince, le 24 mai 1522. (*Ibid.* nᵒ 165).

(2) Cf. J. Brossard, *ibid.* p. 148 : Ordonnance d'Amédée VIII sur la panification, donnée à Bourg, le 5 janv. 1423. Voyez aussi le nᵒˢ 138, 170, 174, etc.

(3) J. Brossard, *Ibid.* nᵒ 158. Cf. les nᵒˢ 86, 96, 97.

(4) J. Brossard, *Ibid.* nᵒ 56 : Supplique des syndics des principales villes de Bresse au comte Amédée VIII touchant l'administration et réponse du prince, datée du 20 juillet 1414.

(5) J. Brossard, *Ibid.* nᵒˢ 127, 159.

profit de ce dernier un véritable titre de propriété : ils
étaient dressés contradictoirement sur les lieux mêmes.
Pour qu'on pût utilement les opposer aux débiteurs ré-
calcitrants, il était nécessaire ou tout au moins désirable, qu'ils fussent rédigés dans l'idiome du pays. Aussi
les archives du Rhône conservent-elles un certain nombre de ces terriers bressans dont aucun n'a encore été
publié : j'en donne plus loin d'assez importants extraits
qui serviront de base à l'étude que j'entreprends.

PHONOLOGIE

VOYELLES TONIQUES

Qu'il soit bref ou long, l'A libre latin persiste en dialecte bressan de même qu'en provençal : *chasal* casa-
lem maison IV 1, *chassal* V f° 10, *qual* qualem V 4,
quals quales I 4, *chenava* canabam, fr. chanvre
IV 29, *sennar* seminare I 1, *tornar* L (1), *favro*
fabrum V, *atilliare* artilliator V. Et à plus
forte raison, lorsqu'il était protégé par l'entrave, soit
en latin, soit en roman ; *mas* IV 10, *taschi* tascam V ;
levagio levaticum I 1, *gajo* I 4, *heritage* IV 11.

La forme *plaustro* plastrum, vieux fr. *plastre* V 4,
témoigne de l'ancienneté de la tendance qui a abouti de
nos jours à l'assourdissement de l'A tonique en *ô*, dans
les patois bressans.

Tandis que, dans les dialectes d'oc, le groupe ATR a
passé à *air* : *paire* patrem, chez nous il s'est réduit
très normalement a *ar* : *paro* IV 12, V 1, *fraro* fra-
trem-es II 28, V 1, *frare* frater IV 12, V, *mare*
IV 12.

Devant *n*, A libre demeure aussi, sans autre change-

(1) J'indique par la lettre L la charte de Lent (1276), publiée par
M. Valentin Smith dans la *Bibliotheca Dombensis*, t. I, p. 174.
L'original se trouve aux Archives Nationales, P 1391, cote 572.

(1) Les §§ 29 à 43 du Terrier de Maillisola remplissent les f°s nouveaux 12, 13 et 14. Ce dernier f° correspond au f° ancien 24 ; le foliotage ancien des deux autres a disparu.

ment que celui résultant de la nasalisation: *pan* p a n e m
IV 13, *chapelan* II 22, *man* m a n u m V 1, 4, *chastelan*
V 18. A en juger par les parlers actuels, cette nasalisation devait intervenir, même à la pénultième en roman:
c'est, d'ailleurs, ce que, dans une certaine mesure,
on serait autorisé à conclure de la graphie *ann* que
présente le *Terrier de Bâgé* : *anciannes*, anciennes.
Dans les autres textes, au contraire, la graphie *an* est
à-peu près constante : *fontana* IV 39, *Fontanes* II 18,
ancianes IV 3, mais *channo* 'c a s n u m IV 30.

L'A persiste, comme de raison, dans le suffixe en ATUM:
pra p r a t u m IV *passim*, I 20, II 4, V 7, *priora* p r i e u r é
II, *acostuma*, *conta* c o m p u t a t u m IV 11, *posa* p a u-
s a t u m I 16, *divisa* IV 30. De même dans les suffixes
en ATUS et ATOS : *juras* j u r a t u s V f⁰ 13, *praz* 'p r a-
t u s V 13, *las* l a t u s II 3, IV 1, *blas* *a b l a t u s II 22,
trovas t u r b a t u s II 37 ; — *pras* 'p r a t u s-o s IV
passim, V 10.

Dans les finales en ATAM, l'A posttonique paraît avoir
été absorbé par l'A accentué, et l'on a eu, en bressan
comme en lyonnais, des formes féminines en *a* : *corrua*
corvée IV 13, *noma* n o m i n a t a m IV 34, *confina*
— a t a m IV 18, *achatat* achetée IV 1, *charra* charretée V 1, 7 et toutes les mesures agraires : *bichona* IV
3, *copa* coupée V *passim*, *copela* IV 3, *meytera* V 7, *sesteira* IV 39 ; *quartella* IV 19. Le pluriel *atas* est devenu
ays dans les plus anciens textes, après avoir sans doute
passé par *aes* : *bicherays*, bicherées, mesure agraire I
passim, *asigays* a d s e d i a t a s I 1. *Ays* s'est, par la
suite, réduit à *es*, qui est la forme constamment employée, à partir du XIVᵉ siècle : *dimes* d e c i m a t a s II
25, *confines* IV 28, *brulles*, brûlées, IV 8, *quartelles* IV
11, *corves* corvées V 2, *copes* V *pas.*, *charres* charretées
IV, V 3, *ânes* a s i n a t a s II 26, *confesses* V, *cultives*
IV 9.

L'A libre, précédé d'une palatale d'origine latine ou
romane, persiste lorsqu'il se trouve à la finale en roman :
assegia *a d s e d i a t u m — a m I 19, 7, *meitia* m e d i e-
t a t e m IV 3, 9, *albergia* — a t a m IV 10, 14 *paia*
payée IV, 12, I 7, *meyta*, moitié I 11, 12. Il s'assourdit

en *ay*, *e*, dans le cas contraire : *albergies* — a t u s et
— a t o s IV 15, 13 *chauchies* c a l c a t o s, pressés, tassés, II 26. Cf. *Ens*, Ain (= I a n u s = I t a n u s), *meitent*
* m e d i e t a n u m IV 10.

L'entrave a protégé la voyelle originaire dans :
channo c a s n u m IV 30, *chanos* V 15.

L'adoucissement de l'A entravé en *e* intervient, par
contre, même en dehors de toute influence palatale, devant le groupe *r* + consonne ; *Bernert* B e r n a r d u m
IV 30, *Bernerda* IV. Les textes lyonnais du XIVᵉ siècle
ont de même : *erbro* a r b o r e m, *heyres* a r r h a s *har-
rhes* (1). Cet adoucissement est d'autant plus étrange
que les patois actuels montrent une tendance marquée
a élargir en *a* l'*e*, dans la même situation : *tarra* t e r -
r a m dans toute la Haute-Bresse. On trouve déjà au
XIIIᵉ siècle, dans le Terrier de Mionnay, *offarendes*
pour *offerendes* II 25.

Suivi d'une palatale, ou, ce qui revient au même, d'une
gutturale se résolvant en semi-voyelle, l'A devient *ay*,
ai, *ei* ou *e* : *aygues* a c q u a s IV 33, *ayes* a q u a s V,
5, 10, *say* e c c e h a c I 8, *cay* V 2 ; *czai* IV 12, *contrait*
c o n t r a c t u m IV 21, *Batailli* IV 13 ; *Bateilli* IV 14,
seint s a n c t u m V *passim* ; *melli* m e t a l l e a m, *Batelli* IV 13, 14.

ARIUM, ARIAM = *er*, *eri* : *Porter*, *chardoner*,
Masuer, *colonber*, *chivaler*, *pelleter* IV 1, 3, 12, 19, 26,
25, *Meissoners* II 1, *Garner*, *Dorer*, *chaneter* III 2, 5, 10,
melpler néflier II 14, *buers* bovarius, *escuers* écuyers V,
parers, *tenementer* (— arii) IV 20 ; — *praeri* (*prata-
riam*), *charreri* rue, *Masueri* IV 19, 6, 12, *perreri* I 8,
riveri II 2 et V *pas.*, *chanaveri* chenevière II 40, *Buyseri* III 2.

A côté de la forme dialectale en *er*, *eri*, le Terrier de
Bâgé emploie la forme française en *ier*, *ieri* bientôt
contractée en *iri* : *tenementiers*, *aniers* V 8, *parier*

---

(1) « Per III meysons en la charrieri de l'Erbro sec. » *Archiv. com.
de Lyon* CC. 13, 1, fᵒ 15 v. — « Je loyait 1 roucint pour alar a Macon
et balliayt d'eires IV gros, puytes fui contremandas et furont les heyres perdues. » *Arch. com. de Lyon*, CC. 373.

(— arii) co-propriétaires; *tissiri, charriri, Anires,* auj. Asnières, *platires.*

Précédé d'une palatale ARIUM, ARIAM deviennent très normalement *ier, ieri : vachiers* iv 3, *Fuchier* iii 2 ; *verchieri* ver ve c a ri am (?) i 9, 12 et par contraction *verchiri* v *pas.* Toutefois les finales en *er, eri* ont une tendance envahissante marquée : *pasquer* iv *Murger* iv 4, *Bergers* ii 30 ; *vercheri* ii 2, iv, *Blancheri* iv 5.

E et I

E long est représenté en bressan par *e, ey, ei : hers* h e re d es iv 32, *iglesi* ii 5, *mullier* iv 6, *moller* ii ; *eyr* he re des ii 3, *seir* s e r u m iv 1, 3, *veir* v e r u m v, *saveir* iv, 14, *mei* me i, *borgeis* b u rg e ns e m iv 1, *meis* m e ns e m ii 42, *teises* toises iv 19, *treis* tres iv 3, *sey* se v, *preveiro* p re s b i te r u m iv 18, *igleysi* e c c l e s i am v 1 ; — *aveina* iv 13 et *fein* fœn um.

I bref a subi la même transformation : *seit* s it l, *veis* v i c e m iv 13 ; *dime* d i mi d i um iv 9, *septema* se p t i m a m ii 19, *novema* *n o v i m a m iv 30, *diemos* d e c i m u s ii 22, *siseyma* v 10.

E bref est devenu *ie,* souvent contracté en *i : Pieros* iv 4, *pieci piecci* p e ti am i 18, iv 16, v 10, *nies* ne p o s ii 37, *niecci* iv 34, *siet* se d e t iv 12, *Michiel* iv 3, *entremie* i n te r me d i um, *miedi* me d i um d i e m, *mie careima* iv 7, 3, 32 ; — *Pirro* v 1, *pici* ii 17, *nis* neveu v mais aussi *nes* v, *tigniont* te n e n t v 1, *tint* te net iv 12, v à côté de *tient* v.

En hiatus avec un U post tonique, l'E bref rejette sur lui son accent : *Matheus, Onceu, Deu* D e u m, *Bertholomeu* iv 20, 23, 24, 30, *Bertholomeus, Andreus* ii 8, 18, 33, *Batholomeo* iii 5. Il s'est consonnantisé dans *Andrios* i 10. Cette règle ne va pas sans un certain nombre d'exceptions : l'E peut conserver son accent et à la place de l'U disparu apparait alors un *r* inorganique : *Andrer* l, *Andrers* iv 34, *Juers* J u d æ u s iv 23 ; — *Andriers* v 5, *Betholomiers* v *passim.*

Un phénomène analogue à celui que je viens de constater pour E bref en hiatus, s'est produit pour l'I long de *rivum* qui, mis en contact avec la posttonique par la chute de la consonne intermédiaire, a rejeté son accent et a donné ainsi naissance à la forme : *rio* ɪ 11.

EC + dentale et IC + dent. aboutissent, l'un et l'autre, à *ei* : *dreit* directum ɪv 14, *orendreit* maintenant v 2 ; — *Beneit* Benedictum ɪv 7, *Beneita* ɪv 5.

ERIUM, avec un E bref, est devenu *er* dans *Mercer* ɪv 24 et *ero* dans *cimitero* cœmeterium qui est de formation savante.

O, AU et U.

O long, U bref et la diphtongue AU se continuent en bressan par *ou, o* ou *u*. Les scribes emploient indifféremment l'une ou l'autre de ces graphies ; l'identité du son qu'elles représentent est donc bien assurée : ce son est, de toute évidence, celui de *o* fermé (*ou*) (1) : *lour* leur, *serour, nevour* ɪv 17, 20, 30, 6, 3, 14, v, *flour* florem v, *segnour* ɪv 26, *serours* v, *Sounan* Sa(g)unam v *passim*, — *tot* totum, *lor, plusors, sorors, nevors* ɪv 1, 3, 7, 2, *seignor* v *pas.*, — *does* duas ɪ 16, *soa* suam ɪ 13, *po* paucum v, *Pol* Paulum ɪɪɪ 5, *Ost* Au[g]ustum ɪɪ 42, *choses* v 1 ; — *lur* ɪɪ 28, *sua* ɪ 7.

O bref se diphtongue d'ordinaire en *ue* : *lues* locos ɪv 13, v 10, *suers* soror v, *fues* focus — *os* ɪv 34, v 1, *fue* foci v 10, *Beljue*, Beaujeu ɪ, *lueo* locum ɪ 3 et *buec* ʼboscum ou l'O n'était long que par position. A la finale en roman *ue* peut s'ouvrir en *ua* : *lua* ɪv 1, *fua* ɪv 17.

L'O bref a pris le son de *o* fermé dans les mots suivants : *pot* ɪv 38 à rapprocher de *pout* et *puont* ʼpotunt ɪv, *demore* ʼdemorat et *bos* boves ɪɪ 23, que les patois prononcent *bous*.

De nos jours O entravé s'est diphtongué en *eu* ou en *ou* : *peurta* portam *grou* grossum. Au xɪvᵉ siècle, son continuateur est représenté par un *o* qui pouvait d'ailleurs se prononcer *ou* : *morta* v *passim*.

(1) Les patois actuels confirment ce que j'avance : ils prononcen en effet *cour* cœur, *our* aurum, *pouvro* pauper, *chousa* chose.

A la différence de ce qui s'est passé en français, l'*u* entravé prend en bressan le son d'un *o* ouvert ; la preuve en est non seulement dans la façon de parler des patois actuels (1), mais aussi dans l'emploi exclusif que font nos textes de la graphie par *o* simple : *josta* juxta IV, II 27, *forchi* furcam IV 13, *soz*, *desoz* subtus IV 12, II 32, *brota*, franç. broût (de l'angl. sax. *brûstian*, bourgeonner) IV 30, *Borc* Burgum IV 1, *ros* russum IV 3, *boc* *buscum III 1.

UL + cons. = *ou* : *houtra* ultra V *passim*.

La régression d'une palatale posttonique a produit la diphtongue *ui* : *puïs* puteum II 4, *cruis* crucem II 8, V et *chapuis* où l'U paraît avoir été long en b. latin. De même pour O long : *tuit* toti IV mais *parrochi* parrochiam V.

<h2 style="text-align:center">VOYELLES NASALES</h2>

EN sonnait *in* : *Lorinz* Laurencius V 4 et *Lorent* V 5.

ON et UN. Ces deux graphies sont employées indistinctement l'une pour l'autre : *Marion* et *Mariun.* II 29, 30, *maison* et *maisun* IV, II 33, 35, *bons* et *buns* IV 13, 18, *unclo* II 28 et *onclo* IV 2, *on* et *un* fr. on V, *Lombars* et *Lumbars* V, *affermont* IV 34 et *durunt, se cuntint* L. Le son qu'elles représentent paraît avoir été assez indécis, comme d'ailleurs il l'est encore dans les patois de la région, où il tient le milieu entre *on* et *an* français. L'un des papiers-terriers de Mionnay l'écrit *ann* : *Liann* Lugdunum.

Sous l'influence d'un son palatal, cet *an* peut s'ouvrir en *in* : *pigins* pipiones II 26, Cf. le v. lyon. *inces* uncias, onces.

---

(1) Les Bressans disent en effet : *Bor* pour *Bourg*, *jor* pour *jour*, *for* pour *four*. Dans la *Piedmontoize en vers bressans* de Bernardin Uchard, éditée en 1619, je relève les formes : *bor*, *secor* secours, *jor* pp. 35, 28, 36.

VOYELLES POSTTONIQUES

L'A posttonique demeure sous sa forme latine : *livra*, *fema*, IV 2, 4, *terra* II 1, IV, V, *dama* L, *mesura* II 41, *riva* V 5, *houtra* ultra V 1. — Devant *s* de flexion, il s'adoucit en *e* : *bones costumes* IV 1, *choses* V 1, *vaures* *vauras, terres incultes IV 8, *les terres* II 41.

Précédé d'une palatale primaire ou secondaire, l'A est remplacé par *i*. J'imagine que cet *i* n'est point le continuateur direct de l'A latin : l'yod a dû d'abord adoucir cet A en *e*, puis la diphtongue *ie* ainsi obtenue s'est contractée en *i*, de même que cela est arrivé à la tonique pour *pieci* petiam devenu *pici* dans certains de nos textes. Malheureusement les documents que nous possédons ne sont pas assez anciens pour qu'on puisse espérer y rencontrer des exemples de la forme intermédiaire. Quoiqu'il en soit de cette conjecture, l'*i* est constant à la posttonique après la palatale : *vercheri* IV *passim*, *filli* filiam IV 4, 13, *piecci* IV 8, 16, *igleysi* V 1, *riveri* II 2, *grangi* IV 19, *forchi* IV 13, *taschi* V *passim*, *talli* taille V *passim*.

De même après *r* et *s*, lorsque la voyelle tonique est *i* : *ciri* IV 4, *bisi* bise IV 4.

L'*e* protégé, semble-t-il, par l's de flexion, subsiste au pluriel : *fillies* IV 1.

E, I, O, U. On sait qu'en français ces voyelles tombent pour être remplacées, là où la prononciation l'exige, par un *e* muet, d'origine purement romane. En bressan le même phénomène s'est produit, seulement la voyelle de soutien varie suivant les genres : c'est un *o* pour le masculin et un *a* pour le féminin : *templo* IV *passim*, *publico* III 5, IV 8, *atro* alterum IV 8, *levago* *levaticum I 1, *vicayros* L, *Guillermo* V 7, *atros* alteros IV 34, *talliablo* V 7, *Pirro* V 1 ; *Martins li Amplos* V 8, *ormo* ulmum II 8, *usajo* II 17 ; — *terra talliabla* V f° 5, *semblabla* IV 34, 35 et peut être *segla* secalem (1).

---

(1) *Segla* pourrait aussi remonter à un type b. lat. **secalam* que permettrait de supposer l'un des exemples cités par Ducange, Gl. v° *sigalum*.

Telle est la règle générale ; mais dans certains mots, la voyelle originaire paraît s'être perpétuée en roman : c'est ainsi que l'*i* posttonique a persisté dans *atri* alteri iv 6, 12, 33 et l'*e* dans *pare* iv 12, *frare* ii 6, 27, iv 12, v, *mare* iv *pas., homent* hominem iv 13, v *pas, homent* homines iv 3, 8, v *pas*. (Cf. *prestres* presbiter à côté de *preveiro* presbiterum dans le *Terrier de Maillisola*). Cette persistance de la voyelle latine a été contestée, on a prétendu que l'*e* ne se trouvait dans les mots que je viens de citer, que par suite d'une recherche d'orthographe étymologique et à l'appui de cette manière de voir, on a fait remarquer que les plus anciens textes présentaient les formes en *o* à côté des formes en *e*. C'est exact pour *pare* et *frare*, qui s'écrivent parfois *paro* et *fraro*, vraisemblablement sous l'influence analogique des formes ou l'*o* atone remonte à un *u* latin posttonique, formes de beaucoup les plus nombreuses dans la déclinaison, mais on ne rencontre jamais *mare* écrit avec la voyelle d'appui du féminin : *a*.

D'autre part, et cela est à mon sens décisif, si l'on peut à la rigueur admettre que les notaires de Maillisola et de Bâgé aient eu l'esprit hanté par des préoccupations d'orthographe étymologique, ce qui de leur part ne laisse pas que de surprendre quelque peu, il est bien évident que le peuple n'a pas été chercher des leçons de prononciation dans des documents qu'il ne lisait certainement pas ; si donc, ainsi qu'on le prétend, la forme *paro* eût été la forme originaire, il aurait continué à s'en servir sans s'inquiéter autrement des tentatives faites par les lettrés pour réformer l'orthographe phonétique. Or c'est précisément le contraire qui a eu lieu. Mes observations personnelles me permettent en effet d'affirmer que les patois actuels de la Bresse, comme ceux du Lyonnais prononcent *pôre, frôre* et non *pôro, frôro ; môre, cindre* et non *môra, cindra*. Il en est de même des patois du Bugey et notamment du patois de Jujurieux qui distingue très nettement les cas où la voyelle finale remonte à un *u* latin de ceux ou elle remonte à un *e* : *bravo, livro, âno* et *cindrè, parè, frarè, marè* (1).

Aussi bien l'un des textes que je publie nous fournit la preuve qu'au XIVᵉ siècle cette distinction, loin d'être purement orthographique, n'était que le reflet d'une divergence très marquée dans la prononciation : le Terrier de Bâgé emploie en effet, à côté de la graphie *frare*, la graphie *frarey* (f° 12), indiquant par là très nettement le son d'*e* ouvert (è) qu'avait le continuateur de l'*e* posttonique latin, à la différence du continuateur de l'*u* qui est constamment représenté par un *o*.

VOYELLES PROTONIQUES

A. La palatale développée par une gutturale transforme d'ordinaire l'A libre protonique en *ay, e* : *bychayrais* I 1, 4, *bicherays* I 1, *chemin* II 4, *chenavos* *canabus* II 22, *vercheri* III 7, *gelina* IV, v, *sairement* sacramentum IV 1. L'yod apparait dans : *bichierays* I 2, *verchieri* I 9, 12 ; mais suivant la tendance habituelle aux dialectes de notre région, *ie* s'est le plus souvent contracté en *i* : *chimin* III 4, IV 1, *chivaler* IV 23, *chivrier* v 3, *chivilliart* v, *verchiri* v pas., *sayriment* L, IV 12. Les cas où la voyelle persiste sous sa forme latine sont assez fréquents : *chalendes* IV 1, *chasal, chasauz* IV 18, *chavalier* v f° 10, *chamin* II 28, 39, 11, *Borchanin* Burgum caninum IV 8, *chapuis* v, *chanaveri* II 40, *gallina* II 3.

E peut s'amincir en *i* sous l'action de la palatale : *iglesi* ecclesiam II 5, *igleysi* v 1, *niguna* *nec unam* I.

I a passé à *u* dans *prumeriment* II 1, 15, sous l'influence de la nasale suivante. Cf. le lyonnais *fuma* feminam et le franc. *fumier* fimarium. Est-ce à la même cause qu'il faut attribuer le passage de I long à *e*, contrairement à l'usage général en roman, dans *de-*

____

(1) La même remarque a été faite par M. Gillieron dans sa très intéressante étude sur le *Patois de la commune de Vionnaz*, Paris, 1880, p. 40.

fenis definitus IV f° 34 : le v. lyon. a de même *fenis* (Marg. d'Oingt p. 41).

Signalons la forme *sael* L due vraisemblablement à une transposition de voyelles : *sael = seal = seel =* sigillum. Cf. le v. franç. *seax*.

O long persiste avec le son d'*o* très ouvert, parfois rendu par *e* : *sorors* IV 7 et *serour* IV 5. Marguerite d'Oingt a de même les deux formes *solouz* et *selouz* soleil (pp. 58, 61).

Bref ou entravé, O protonique passe à *o* fermé, rendu indifféremment par *ou, o* ou *u* : *Mouner* molinarium IV 3, *mulin* IV 21, *codumes* consuetudines L, *cortil* cohortilem I 16, *curtil* II 3, IV 2, *Meonay* I 1, *Meunay* II 22, *Johan* II 25, *Juhannet* II 27, 28. Il en est de même de *u* bref : *Lovat* louvetier IV 22, auj. *Louvat*, nom propre.

O bref parait s'être comporté comme *o* long dans *Bertholomeu* IV 30, *Bertholomier* v.

U entravé est représenté par un *o* ouvert : *Rossetes* de russus auj. *Rossettes* annexe de Druilliat, *copa* cuppa+atam v *pas.*, *copeles* IV 2.

AU = *ou, o* ou *u* : *Oudri* franç. Audri IV 16, *outreyo* auctorico L, *clousura* v; *Dorer* III 5, *Lorent* v 5, *closura* v; *Muris* Mauricium III 4.

CONSONNES

Les faits à signaler sont peu nombreux, les consonnes latines se comportant, à peu de chose près, de la même manière en bressan et en français.

L. Cette liquide persiste, lorsqu'elle se trouve à la finale en roman : *Oysel* II 12, *cortil* I 16, *curtil* II 3, IV 2, *chasal* IV 1, v, *fil* v 7. *qual* v. Suivie d'une autre consonne et spécialement d'une *s* de flexion elle s'apocope ou se vocalise : 1. *atri* alteri, *atros* IV 6, 34, *fiz* filius v, *communaz* v f° 13, *sage* salicem, saule v, *quaz* qualis v; — 2. *autri* IV 33, *chasauz* casales IV 18, *curtiuz* IV 29, *Moreuz, Michieuz* II 10, 11, *Oyseuz* II 13, *riveuz, porceuz, aygneuz, veuz* vitellos II 17, 22. *quauz* quales III 1, *fiouz* filius v 9.

La permutation avec *r* se constate dans *Guillermo* II 3, v 7, *armona* aumône IV.

R est intervenu par épinthèse dans *Trenplo* Tem-plum que l'on rencontre une fois dans le *Terrier de Maillisola* (§ 6) à côté de *Templo* qui est la forme habituelle. Par contre il y a eu apocope de l'*r* dans *atilliare, atillour* armurier v.

Le passage de R à *l* se constate dans *caltal*, mais, à côté, *cartal* II 16, 15.

Un *r* non étymologique apparaît dans nombre de noms propres remontant à un type latin en *œum* : *Andrer* Andræum IV 8, L, *Bertholomier* v, *Amier* Amedæum IV, *li Juers* Judæus IV 23.

NF = FF : *effant* infantes v 2, 9.

MN = NN : *sennar* seminare mais *fema* IV 1, 29 : les patois disent *fenna, sennô*, etc.

C. Le son chuintant se développe devant *a* de même qu'en français : *chimin* IV 1, *Borchanin* IV 22, *forchi* IV 13.

C appuyé a passé à *g* spirant devant *e* dans *sage* saligem v.

Devant *e* ou *i*, C intervocal prend un son sifflant rendu par *c, cc* ou même *ch* : *pieci* I 18, *piecci* IV 16 (cf. *niecci* IV 34) ; *parochi* parochiam II 24 (cf. *plachi* place II 5). — Devant *u* il s'est adouci en *g* : *niguna* nec unam L.

La gutturale s'est résolue en palatale dans : *sayriment* sacramentum L, IV 13, *avoy* ab hoc IV 13, *veray* veracum IV 28, *contrait* contractum IV. G devenu final en roman se durcit en *c* : *estanc* stagnum I 5, *Borc* Burgum IV que le français local prononce *Bourque*.

T appuyé s'est adouci en *d* dans *codumes* consuetudines L. Cf. le v. lyon. *sanda* santé.

Nos textes nous fournissent quelques exemples de *t* final non étymologique : *Estient* IV 3, 4, *Dont* dominum IV, *homent* hominem IV 3, 14, v. Ce *t* parasite disparaît lorsque la déclinaison amène une *s* : *Estiens* IV 5, *Donz* IV.

FLEXION

Je me bornerai à donner ici un tableau sommaire des formes flexionnelles, relativement peu nombreuses, que présentent les textes que je publie.

ARTICLE DÉFINI

		Masculin	Féminin
Sing.	Nom.	*li* ii 22, iv 1, 12, v 1.	*li* i 15, iv, L.
	Gén.	*del* i 16, ii 17, iv, v 2.	*de la* iii 4, iv 1 ; *de l'* iii 2.
	Dat.	*al.* ii 22, iv, v 1.	*a la* iv.
	Acc.	*lo* i 1, ii, iii, iv, v.	*la* i—v ; *l'* iv.
Plur.	Nom.	*li* ii 2, iv 12, v 2.	*les* iv.
	Gén.	*del* i 17, ii 22, iv 5, 20 ; *deuz* iv 16, *dous* iii 3.	*de les* ii 4, iv 1, v 1, L.
	Dat.	*auz* iv, *aus* iii 2, *as* v *passim*.	*a les* iv ; *al* iv 28.
	Acc.	*ios* ii 22, iii 1, iv 19, v 9.	*les* iv, v ; *le* ii 41, v 9.

Neutre : *lo Mercros* iv f° 36.

El = en lo i 3, iv 1, 19.   *Euz* = en los iv f° 33 v.

SUBSTANTIF

PREMIÈRE DÉCLINAISON. Les prénoms et les termes toponymiques appartenant à cette déclinaison déplacent l'accent au cas oblique :

Sing. suj. *Perenella, Hugueta, Jaqueta, Luca* iv 6, 7, 21.
　Reg. *Huguetan, Jaquetan, Estevenan, Marietan, Bernerdan, Johannan* iv 21, 6, 1, 29, 31, *Jordanetan* ii 3, *Estevenetan* v 7, *Perronetan* v 1 ; — *Mallisolan* iv 16, *Osan* v 10, *Sounan* S a g u n a m v 5 et *pas*, mais aussi *Souna*.

Au pluriel l'A étymologique est remplacé par *e* : *vaures* iv 8, *choses* v 2.

DEUXIÈME DÉCLINAISON. La déclinaison est encore parfaitement observée, même dans le Terrier de Maillisola qui date du milieu du xiv° siècle :

Sing. suj. *Pieros* IV 4, *chape-* Plur. suj. *parer* IV 20, *tenemen-*
lans II 21, *Johannez* *ter* IV 20, *parier* V
Landris V 8, *tene-* f° 11.
menters IV 21, *chiva-*
lers IV 26, *tenemen-*
tiers V 8, *fues* 13.

Reg. *Peron* IV 4, *chapelan* Reg. *parers* IV 20, *pariers*
II 22, *Johan Lan-* V f° 12.
dri V, *chivaler* IV 23.

TROISIÈME DÉCLINAISON. Suivant l'usage général en roman de France, le nominatif singulier prend d'ordinaire une *s*, alors même que le type latin en est dépourvu ; par contre cette *s* manque au nom. plur. : *honz* homo IV 1, *maisons* IV 5, *mulliers* IV 4 ; — *heir* heredes IV 18, *effant* V 2.

Les mots *pare*, *frare*, *mare* font le plus souvent exception à cette règle : *pare* IV 28, *frare* IV 12, *mare* IV ; et *fraros* au c. suj. plur. I 17.

Dans les mots qui déplacent l'accent au cas oblique, le c. suj. singulier ne prend une *s* que lorsque le type latin en avait une : *suer* IV 12, *tutare* tutator IV 23, *atilliare* V mais *nies* nepos II 37, *nis* V.

Y a-t-il eu déplacement d'accent dans *homent* hominem IV 13, 3, V, ou bien l'*n* est-il dû à une sorte d'anusvara venant nasaliser l'atone finale, comme cela a eu lieu, parait-il, dans le dialecte Lorrain ? (1) Le v. lyon. a de même : *ordenz* ordines, *termen* terminem et *homens* homines.

ADJECTIF POSSESSIF

Sing. Suj. Masc. *sos* IV 3, 4, V Fem. *sa* IV
Reg. *son* II 27, IV 2. *mi* II 27, *si* IV 6, 17, V.
sa II 10.

Plur. Suj. *si* IV 18.
Reg. *sos* IV 2, 15, V 8. *ses* IV.

La troisième personne du pluriel *lor*, *lour*, *lur* IV 3,

(1) Cf. dans la *Romania* (t. 1, p. 329), l'article de M. F. Bonnardot : *Un document en patois Lorrain* (1337-38).

17, II 28, est indéclinable, sauf dans le *Terrier de Bâgé* où l'on trouve *lours* au plur. fém.

Nos textes nous offrent quelques exemples de l'emploi de l'adjectif possessif tonique : *josta lo sin curtil* IV 33 ; *josta lo curtil sin* IV f°s 34 et 35 : *la sin part* IV 9, II 32, 33, 40 ; *la vercheri soa* I 1, 3.

PRONOM POSSESSIF. — Masc. plur. suj. *li sin* IV 18, 19. — Fem. sing. reg. *lassin* IV 32.

ADJECTIF DÉMONSTRATIF

Masc. sing. Reg. *cest* IV ; — *cel* II 17, v ; — *sel* II 36 ; — *celui* I 4.

Fem. *cesta* I ; — *cela* II 17, IV 41, *cella* I 2 ; — *ycella* I 3; *cillieg* v 1.

Plur. Suj.

Reg. *Iquetes* I 4. *cetes* IV 28.

PRONOM DÉMONSTRATIF. — Masc. plur. reg. *ceuz* IV 16, — Neutre : *czo* ecce hoc IV *pas*.

PRONOM PERSONNEL

Première personne.

Sing. Masc. et Fem. suj. *jo* L.
　　　　Reg. ind. *mey, mei* I.

Troisième personne.

Sing. Masc. suj. *Il* IV, *el* II 31.　　Fem. *illi* II 35, IV 4, L.
　　Reg. ind. *li* IV 4, v.　　　　　　*li* IV 22.
　　Reg. dir. *lo* IV 14, *l'* IV 14.　　*la* IV.
Plur.　　Suj. *Il* IV 2, v 2.

L'omission du pronom personnel n'est pas rare : « La qual vercheri a aquis, » IV 3.

Comme régime des prépositions, le *Terrier de Maillisola* emploie *lui* pour le masculin et *lie* pour le féminin. Le *Terrier de Bâgé* emploie pour le masculin le pronom *sey*, au sens du français *lui* : « Lorinz est homz talliablos monseignor et tient de sey II meyteres de terra, tant per sey quant per sa mulier. » (§. 4) La forme du pluriel masculin est *euz*, IV f° 35 et *ouz* v f° 4.

Le *Terrier de Maillisola* maintient très régulièrement le pronom réflechi des deux genres *sey* ; « Perenez Leurons...... confesse qu'il deit....., per sei et per si serour..... » (§. 6) — «Et czo confesse per sey et per lo dit son mari. » (§.4). Il en est de même du Terrier de Saint-Maurice (III 10, 11).

PRONOM RELATIF

Masc. sing. nom.	*qui* IV.	fem.	*que* I, V, *qui* IV.
gen.	*de cui* IV f° 14		
acc.	*que* IV, *en que* (in		*que, quey, quei* II 4,
	quem) IV, II 32.		IV 30, 29.
Plur. suj.	*qui* II 15, IV 3.		

Masc. sing. nom.	*liquaz* V f° 15	fem.	*li quauz* IV 22.
gen.	*delqual* IV		*de la qual* I.
acc.	*loqual* I 1, IV 3, V / *el qual* (=en loqual) IV 19, V f° 14.		*la qual* IV 3, 15. / *en laqual* IV 8.
Plur. nom.			*les quauz* IV 16.
gen.	*delquauz* IV 12.		
acc.			*les quauz* IV 14.

VERBE

PREMIÈRE CONJUGAISON. Verbes en AR et en IER. Ind. pres. **1**. *confesso, outreyo* L. **3**. *confesse* I, *iste* II, *afferme* IV 13, *affermey* V f° 13. **6**. *affermont* IV 34, 3, 8, *durunt* V.

Parf. **3**. *doniet, abergiet* IV 14, 3, *achetit* V. f° 14.

Fut. **1**. *darey* L.

Condit. **3**. *sennereit* IV 34.

Infin. α. *tornar* L, *sennar* IV 1. β. *paier* IV 8, *peschier* V *pas*.

Partic. pass. Masc. sing. suj. *trovas* II 37 ; — *albergies* IV 15.

Reg. *confessa* L, *posa* I 16, *divisa* IV 30 ; — *albergia* IV 10.

Plur. Reg. *divisas* (cf. *pras* pratos IV, V 10) ; *albergies* IV 13, *chauchies* calcatos II 26.

Fem. sing. *confina* IV 18 ; *paia, albergia* IV 12, 14.

Plur. *dimes* decimatas II 25, *confines* IV 28 ; *abergies* V 18.

L'irrégulier *alar* f° aller, fait à la 3e pers. du sing. de l'ind. prés. *vayt* I 1 et *vait* IV 3.

DEUXIÈME CONJUGAISON. Verbes en EIR. Ind. prés. **1.** *volo*. **3.** *deit* L, IV, *siet* IV 12, *pot* IV 38. **6.** *deivont* II 28, IV, *puont* IV f° 33.

Imp. **3.** *deveit* IV 14. — Parf. **3.** *eschaisit* IV f° 18.

Fut. **6** *verrunt* L.   Imp. du subj. **3.** *poust* L.

Inf. *saveir* IV, 14.

TROISIÈME CONJUGAISON. Verbes en RE Ind. prés. 1 *recognesso* L. **3.** *s'enseut*. **6.** *prometont* IV 12, *fant faciunt* IV 19.

Fut. **1.** *vendriri* L.

Inf. *faire* L.

Part. pass. fém. sing. *faiti* L.

QUATRIÈME CONJUGAISON. Verbes en IR. Ind. prés. **3.** *tint* IV 1, V, *tient* V. **6.** *tinont* IV 1, 15, *tigniont* V 1.

Fut. **1.** *partirey* L.

Parf. **3.** *aquist* IV 3.

Part. pass. masc. sing. suj. *defenis* IV f° 34.

VERBES AUXILIAIRES. *Aveir*. Ind. prés. **1.** *ay* L, **3.** *a* IV, *ha* V. **6.** *ant* IV 18.

Imp. **3.** *aveit* L,   Parf. **3.** *hot* V 9.

Estre. Ind. prés. **3.** *est* IV. **6.** *sunt* IV 3.

Imp. **3.** *ere* IV.

Parf. **3.** *fut* IV, **6.** *furont* IV 2.

Impf. du subj. **3.** *fust* L.

E. PHILIPON.

TEXTES INÉDITS

TERRIERS DE MIONNAY

Ces terriers sont conservés aux Archives du Rhône, partie non inventoriée ; ils ont dû être dressés dans cette paroisse de Mionnay, sur le territoire de laquelle se trouvait la chartreusine de Polletins que dirigea, vers la fin du XIII° siècle, la mystique Marguerite d'Oingt, l'auteur des *Visions*.

I. — *Si est li servis del don Guill*ERMO *Vert de Meonay.*

Vers 1225

1. — Primeriment Guill*ermos* Burdins deyt iiij copes de froment a la mesura de Meonay (1) e . jx . den . vien. e la tierci partia d'una gallina *per* la mayson e *per* la vercheri soa, asigia de las lo chamin per loqual on vayt de Meonay a Salliar (2). Item tint x bicherays de terra tachables asigays al territoiro de Siro (3) et ij copes per levago. Item v bychayrais de terra tachables a la Croys (4) de Meonay, de las lo chemin *per* loqual on vayt de Vimies a Montluel (5). Item ij copes *per* levagio.

2. — Item Isabel mollier de Martin Guigon de Meonay deit iiij copes de froment a la mesura meyma de Vimies e la tierci partia d'una gallina *per* cella meyma vercheri. Item v bicherays [de] terra tachables a Cruceus, de las lo chamin per qual on vayt de Meonay a Rechaneu ; et deit . ij . copes per levagio. Item vj bichierays

(1) Mionnay, Ain, ar. et c. Trévoux.

(2) Au N. O. de Mionnay, la carte de l'Etat-Major (feuille 159), indique un bois et un étang Saillard.

(3) C'est vraisemblablement le territoire qui a donné son nom au chateau de Sure, commune de S. André-le-Corcy.

(4) L'original porte *cruceos* qui a été exponctué : une main étrangère a écrit en interligne : *la croys*. Cf. au § 2 *Cruceus*.

(5) Vimies, petite ville du Franc-Lyonnais, aujourd'hui Neuville-s.-Saône, ar. de Lyon. ch. l. c. — Montluel, ch. l. c. de l'arr. de Trévoux.

de terra tachables al territorio de Siro . ij . copes per levagio.

3. — Item Peronella mollier d'Estienen Burdin say en arriers deyt iiij copes de froment a ycella meyma mesura, jx d, e la tierci partia d'una gallina *per* la mayson e la *ver*cheri soa asega el lueo desus dit.

4. — Item Beatris mollier d'Unbert lo dit Clercs tint iiij bichayrays de terra thachables assegays a la Croys; les quals a en gago de Tienen Burdin. Item vj bicherays de terra tachables al territoiro de Siro, lesquals a en gajo de celui Estienen Burdin. Et deit ij copes per lo levajo de la terra Cruceu e does copes *per* lo lovago de la terra de Siro.

5. — Item Johannes, filius Stephani, tint vij bicherays de terra tachabla en la vaura, de las l'estanc de Pélotens (6) e un bychiet comblo per lo levagio et deyt. ij. d. de servis per cela meyma terra e tachi.

6. — Item Beneyti molier de Johan Viton tint vj bicherays de terra tachabla assiga de las lo champ de la Vaura e de las l'étanc; e deyt . j . bychiet comblo de levago et terra tachabla decima.

7. — Item Peronella, fili de Martin Marion, deyt . j . bicheton de froment e .viij. den. vien. *per* la mayson et la vercheri sua assegia las lo chamin *per* lo qual om vayt de Vimies a Montluel, e una gall*ina*.

8. — Item Etiene[ta] li Perreri deit . j . bych*iet* de froment e . x . d. *per* la verch*ieri* soa assigia de las lo chamin del qual om vayt de Vimies a Montluel.

9. — Item Guill*ermos* Mosguigos deit . ij . copes de froment e la quarta partia d'una gall*ina* per la mayson e la verchieri sua assegia en la marcelleri.

10. — Item Andrios Guigos deyt una copa de froment, la tierci partia de una gall*ina* p*er* la meyma verchieri.

11. — Item Peros Durandi deyt la meyta d'un bich*iet*

(6) Pelotens, auj. Polletins, a donné son nom à la chartreusine illustrée par Marguerite d'Oingt. Le ms. des *Visions* de Marguerite écrit de même *Pelotens* que j'ai remplacé à tort par *Poleteins* dans mon édition (pp. 90, 91); la carte de Cassini écrit : *Polletin*, et celle de l'État-major : *Polletins*.

de froment per una vercheri assegia de las lo rio de Meonay.

12. — Item Guillermos Durans e Johans Durans fraros devont la meta d'un bichiet de froment per la verchieri soa assegia de las la verchieri Pero Durant. Item . xij . den . vien. per una terra assegia de las lo chamin per lo qual om vayt de Lion a Vilars (1).

13. — Item Johanna Clemenci deyt . xij . d . per la terra soa assegia en les Desertes.

14. — Item Guillerma, li molier Martin Jordan, deyt , ij . sols per la verchieri soa assegia en la mercelleri.

15. — Item Bernars Verneys deit . vj . bichiets de segla a la mesura de Vimies per una pici de terra assigia de las lo pra de Pelotens. Item . xij . d. per son mas, al qual habite, e does galines. Item . viij . d. per lo cortil posa al dit mas.

16. — Item Guillermos del Pins e Johans del Pins e Clemenci del Pins, fraros, tinont . vj , bicherays de terra tachabla; e un bichiet e dimey del levago per una terra de las lo mans d'Unber Verney. E est tachabla septima.

17. — Item Johans del Pins deyt, xij . den. j. gallina, per una pieci de terra assegia de las lo chamin per lo qual on vayt de Meonay a Montluel.

18. — Item Guillermos Guigos deyt . v . d. per un pra assegia de las lo chamin per qual om vayt de Vimies a Montluel.

19. — Item Mathia, fili Unber Chanavet,. iij. d. per icel memo pra.

II. — CHARTA DE MEUNAY.

Ce papier terrier, dont je dois communication à l'obligeance de M. C. Guigue, date du milieu du XIIIe siècle : il est conservé aux Archives du Rhône, partie non inventoriée. Le benéficier était vraisemblablement l'abbesse de Saint-Pierre de Lyon, qui jusqu'en 1789 nomma à la cure de Mionnay.

Ce est li servis del priora de Meunay

1. — Prumeriment Johans Meissoners de Vimies deit . iij s. v d. per sa terra....

(1) Villars, Ain, ar. Trévoux, ch. l. c.

2. — Item li eir Guillermet Aramos xij d. per lor maison et per la vercheri, las la riveri de Vimies.

3. Item li eyr Guillermo Burdin vj d. per lor maison. It. xij d. et . j . gallina per lor curtil qui fu Jordanetan. It. xij d. et . j . gallina per lor curtil qui est las lo cimitero.

4. — Item Peros Sornins viij d. et j dimei gallina per lor curtil de las lo puis. It. xij d. per la maison en que il iste et per la vercheri en que est li maison. It. vj d. et j . gallina per la vercheri que est desus sa maison. It. xij d. per la terra de les ragies que est las lo chemin de Monluel. It. xvj d. per lo pra de la plancheta.

5. — Item Estevenez Boyet ij s. et ij gallines per la vercheri que est devant l'iglesi, las la plachi.

6. — Item Estevenenz Chaltaneys et sa suers li Chaltaneta. xviij d. per la terra que est las lo pra frare Martin.

7. — It. Johanez del Fayet viij d. et dimey gallina per lo curtil de las lo puis. It. jx bichez de segla per la terra de la vaura.

8. — It Bertholomeus Sornins xviij d. *vienneis* et . j . bichet de froment per sa maison et per sa vercheri que est de las l'ormo de la cruis.

9. — It Gorons de la Lescheri vj d. per l'issua qu'il a desus Johannet Durant.

10. — It. Peros Moreuz ij s. per sa maison en que il iste, a Montaneis.

11. — It. Michieuz Hatoz jx d. per la terra que fut Bondet.

12. — It. li eyr Guillermo Oysel ij s. xvj d. per la terra que est las.....

13. — It. Estevenez Oyseuz ij bichetz de segla per la terra que est las Eschays.

14. — It. Estevenez Guigos vij bichetz de segla per la terra del Melpler et j gallina. It. vj d. per la terra que est las la rever[i.]

Ce sunt le terre a tachi del priora de Meunay.

15. — Prumeriment Peros Sornins tint una peci de terra que est en la vaura San Pero, de las la terra Maignin a tachi x et . j . cartal de lavajo.

16. — Johannez del Fayet . j . peci que est las la terra
de San Pero a tachi x, . j. caltal de levajo.

17. — It. Estevenez del puis . j . peci que est de las la vi
de les ragies a tachi x, . j. cartal de levajo. It. a cela mei-
ma tachi . j . peci que est las les riveuz de les ragies et
la terra del pra . j . cartal de levajo. It. . j . pici que est
en cel lua de las...., a cela tachi et a cel levajo. It. . j .
pici que est entre les terres de Pelotens, a cel ussajo. It.
. j . pici que est en Syro, de las la terra Perron Sornin, a
cel memo usajo.

18. — It. Andreus de Fontanes . j . pici que est el mas
de Fontanes a tachi vii et . j . cartal de levajo et viij d.

19. — It. Amours de les Eschiroles . j . pici que est las
lo pra de Pelotens, a tachi septema, . j. cartal de levajo.

20. — It. Estevenez Cuidoz tint per la confrari et per
la luminairi . j . peci a taschi septema.

21. — It. est li condamina et prateirol et li bues qui est
en la vaura San Pero et li terra que est las les terres Es-
tevenent Sornin et les terres Martin Cornet, que est al
priora senz servis et senz tachi.

22. — It. li diemos de Meunay del porceuz et de ayg-
neus et de veuz et de toz los blas et del chenavos est tot
del priora, maque li seysens qui est al chapelan.

23. — It. leve li chapelans xij gerbes en chacun jou
de bos.

24. — It. sunt les seputures de la parochi deis vj d. en
sus al priora dimes.

25. — It. les offarendes de Meunay, de la Tosanz et de
Chalendes et del vendro Sant et de Paques et de Pen-
tecostes et de festa Sant Johan Baptista, sunt dimes a la
prioressa de Meunay.

26. — Summa de servis d'argent : lxiii s. vii d.
Summa de froment : v bichez a la mesura de Vimies.
Summa de segla : vii anes a la mesura de Vimies.
Summa d'aveina : iv cumblos Chauchies.
Summa de gallines : ix et iii pigins.

CO EST LI SERVIS DE MEUNAY QUI EST A MADAMA
L'ABESSA DE SANT PERO

Ces reconnaissances, passées au mois d'août 1317, près d'un siècle après les précédentes, l'ont été, elles aussi, au profit de l'abbesse de Saint-Pierre de Lyon ; elles forment un petit rouleau en parchemin qui est conservée aux archives du Rhône, partie non inventoriée.

27. — Peros Durant de Meunay deit a midama l'abessa dimey bichet de froment per . j . terra qui est josta la terra Juhannet Durant et Guillermet Durant, son fraro.

28. — Juhannet Durant et Guillermet Durant so fraro deivont dimey bichet de froment a la mesura de Vimies per . j . vercheri qui est josta la terra Pero Durant lur unclo. Item deivont mais xij d. per la terra del Pontet, josta lo chamin de Vilars.

29. — Estevena li Paincta deit . j . bichet de froment a la mesura desus deita et x d. per . j . vercheri qui est tochant las la maison a la filli Martin Marion.

30. — Peros Bergers qu'ite a Lechirolez et Peronella Savi qui fu filli Martin Mariun deivont . j . bichet de froment a la mesura de Vimies et xviij d. et . j . gallina per . j . maison et per . j . vercheri qui est josta la vercheri a la Perreneta.

31. — Guillermeta qui fu moller Esteven Vitondeit .ij . d. per . j . terra qui est a thachi josta la terra Beneit Sornin.

32. — Guillermos Guigos deit . ij . copes de froment et les ii pars de ,j. gallina per lo mas en que el ite. It. deit . v. d. et obola de vienneis per la sin part d'un pra qui est desos la vila, de las Echais.

33. — Andreus Guigos deit . j. copa de froment et lo tiers de dimey gallina per sella meyma vercheri qui est dita desus et . j. maisun qui est josta la maisun Guillermo Guigo. It. deit mais . ij. d. et obola per la sin part del pra qui est dis desus, josta lo pra Guillermo Guigo.

34. — Guillermos Burdins deit . iiij . copes de froment

et .jx. d. et lo tiers de .j. gallina per sa maisun et per sa vercheri en que el ite, josta la maisun al Peleter.

35. — Peronella qui fu moller Estevenet Burdin deit .jv. copes de froment et .jx. d. et lo tiers de .j. gallina per sa maisun et per sa vercheri en que illi este. It. per la maisun Guillermo Burdin.

36. — Isabel qui fu moller Martin Guigo deit . iiij . copes de froment et .jx. d. et lo tiers de .j. gallina per sel memo mas qui est dis desus.

37. — Juhanz Trovas de Lechirolez et Martins li-nies qu'ite a Montaneys deivont .xij. d. et dimey gallina per .j. terra qui est en Cornaues, josta la terra a la Guiller meda et de l'autra Pero Marion.

38. — Berners Verneis deit . vj . bichez de segla a la mesura de Vimies per .j. terra qui est josta lo pra de Pelotens. It. deit .xij. d. per son mas en que el este. It. deit .viij. d. et .j. gallina per .j. curtil qui est josta son mas.

39. — Juhans del Puis deit .xij. d. et .j. gallina per .j. terra qui est assisa las lo chamin qui vait de Meunay a Montluel.

40. — Matia Chanaveri deit .vj. d. per la sin part del pra qui est dis desus.

41. — Benez Bataillart et Juhanna Clemensi sa moller deivont .j. bichet de froment a la mesura de Vimies per .j. terra qui fu al Gotus de Miribel, josta la vercheri Estevenann Sorvina. It. deivont mais .xij. d. per .j. terra qui est assisa en le Desertes, josta le terres de Pelotenns et de l'autra lo chamin qui vait a Liann.

42. — Guillerma qui fu moller Martin Jordann deit .ij. sols de vienneis per sa vercheri qui est asissa en la merseri.

M et ccc et xvii, el meis de Ost.

III. TERRIER DE MIRIBEL.

Ce terrier, dont il ne nous reste que quelques fragments en fort mauvais état, est conservé aux Archives du Rhône, fonds Saint-Paul, partie non inventoriée. A en juger par l'écriture, il a dû être dressé dans la première moitié du XIVe siècle : ce qu nous en est parvenu est relatif au Mariller, annexe de Miribel, et à Saint-Maurice de Beynost. Le bénéficiaire des services énumérés était, suivant toute apparence, le chapitre de Saint-Paul de Lyon qui garda jusqu'à la Révolution la collation de la principale cure de Miribel, et à qui l'archevêque Pierre Ier avait donné, vers 1135, l'église de Saint-Maurice : ce même chapitre était, d'ailleurs, possessionné dans l'une et l'autre paroisse, ainsi que dans les paroisses voisines de Dagneux, Béligneux, Rigneux, Thil et Versailleux (1).

A *Saint Muris* (2)

1. — Premeriment Johaneta..... et si enfant, los quauz illi ot de Estevent Prost, cey en areres son mari, deivont iij ob*oles* et una pogeysa *per* una pici de boc *qui* est assisa jota lo boc Martin Coillart d'una part et jota lo boc Alys Pasquala de l'autra.

2. — It. Hugonins Merciers deit xvi *deniers* *per* sa vigni *qui* est assisa en la Buyseri, jota la vigni aus enfanz czay en areres Johan Garner, d'una part, et jota la vigni Guiller*met Fuchier de l'autra. (Paiet P. de Meisimo) (3).

3. — It. Alys Pascala deit vii d. *vienneis* *per* una sin vigni *qui* est assisa jota la vigni Johanin Guillot, d'una part, et jota la vigni aus enfanz..... Pascal de l'autra, et jota la vigni dous enfanz Estevent Prost. It deit mes li dita Alys ix d. *per* sa vigni *que* siet jota la vigni devant dita, d'una part, et jota la vigni Mossi Jacelino, et jota la vigni Johan Guillot, de l'autra.

4. — It. Martins d'Eschays (4) deit ij s. et vij. d. *per* sa vigni *qui* est assisa jota la vigni Anthoynet Cuyday d'una part, et jota lo chimin [publico] tendent de la vila de Sant Muris vers l'iglesi de la dita vila, de l'autra.

(1) *Polyptique de l'Eglise collégiale de Saint-Paul de Lyon*, publié par M. C. Guigue, Lyon, 1875. *Introduction*, pp. XI, XVII, XIX et pp. 21, 26, 46, 49, 89, 107, 117.

(2) Saint Maurice de Beynost, paroisse de l'archiprêtré de Chalamont, en Bresse, auj. commune du c. de Montluel, arr. de Trévoux.

(3) Meximieux, ch. l. c. arr. Trévoux.

(4) Les Echeix, commune de Tramoyes, marais, ancien lac (carte de Cassini). Cf. le *Polyptique de S. Paul*, p. 21, où il est question d'un « Martins d'Eschays. »

5. — It. Bartholomeo Buiniat deit III d. per sa mayson qui siet el Mariler à Miribel (1), jota la mayson dous sérors Humbert Dorer, d'una part, et jota la maison a l'Espoydeur, de l'autra, et jota lo chimin publico tendant de la vila de Miribel versus la porta del Mariller, de l'autra. It. deit mes XVI d. per sa vigni qui est assisa en la Boyseri, jota la vigni czay en areres de celuy Guillermet..... de l'iglessi de Sant Pol de Lion, d'una part, et jota la vigni qui est aus hers Estient de la Vila(2) de l'autra.

6. — Item Jaquemet Panosars deit XVIII d. per sa vercheri qui est assisa jota la vercheri Johan Cuyday, d'una part, et jota la vercheri Alys de Vila, de l'autra, et jota la vigni Mossi...... chivaler, de l'autra.

7. — Item Peros Voz deit XVI d. per sa vercheri et per sa mayson assisa jota lo mas Perron d'Echays, d'una part, et jota.... d'Eschays, de l'autra, et jota la vigni Perinet.... , de l'autra.

8. — Item Johanz de Clarafont deit jx d. et j bichet de froment a la mesura de Miribel per sa vercheri qui est assisa a la Chanal, jota lo chimin tendant de Lion a Miribel, de l'una part, et jota lo mas dous hers Martin de Clarafont, de l'autra.

9. — Item Gilieta filli Machon Baralin deit ix d. vienneis per una mayson qui est assisa jota la vigni dous enfanz czay en areres Perron Violan.

10. — Item Johanna Yvernona, filli czay en areres Bernert Yvernon, deit per sey et per Peronella si serour dime copon de froment a la mesura de Miribel et una pogeysa et dime per una mayson qui est assisa al Buyat jota la mayson Guillermet Fuchier, de les dues parties. et jota lo chimin del Buyat, de l'autra.

11. — Item Hugos Briais deit per sey et Guillermet Martin et Estient sos fraros VIII d. per lour vigni qui est assisa en la Buysseri, jota la vigni Martin Chareter,

------

d'una part, et jota la vigni Guillermet Fuchier, de l'autra, et jota lo chimin de la Buyseri, de l'autra.

IV. Terrier du Temple de Maillisola.

Dressé dans le courant de l'année 1341, ce terrier contient les aveux et reconnaissances des tenanciers de la maison de Maillisola. Cette maison, après avoir appartenu aux Templiers, avait été réunie à l'ordre des chevaliers de Saint-Jean de Jérusalem, en vertu de la décision du concile de 1312 qui abolissait l'ordre du Temple. Elle était située sur la commune de Druillat, au lieu dit *le Temple* : c'était un des membres de la commanderie des Feuillées. Ses possessions s'étendaient non seulement sur Druillat, mais encore sur Dompierre et Saint-Martin du Mont. Le terrier de Maillisola est conservé aux archives du Rhône, fonds de Malte, partie non inventoriée. C'est un registre papier, fort maltraité par le temps : il ne nous en reste plus que 21 feuillets désassemblés et dont un certain nombre sont déchirés par le milieu. Ses dimensions sont en longueur : 305 millimètres, et en largeur : 215. En nombre d'endroits l'usure du papier ou des taches d'eau ont rendu le texte à peu près illisible : partout ailleurs l'encre a pris une teinte jaunâtre qui se confond presque avec celle du papier ; enfin le foliotage ancien a été remplacé au crayon par un foliotage nouveau, souvent inexact,

Apud Rossetes ancien in parrochia de Durlia. (1)

1. (f° 16 *ancien*) Premerem*ent*, Johanz de Fontanes *confesse* estre honz de la dita mayson de Maillisola a les bones costumes et *confesse* p*er* son sairem*ent* qu'il deit VIII s. v. d. et pusa, p*er* czo qu'il tint de la dita maison son chasal, sa maison et m*u*lt de les choses qui s'i tinont qu'il a aquis de plusors ; et pot tot *contenir* v bichetes de segla ou froment a sennar el dit lua qui se tint et est assis tot, et sa maison q*ui* i est, josta la ver- cheri Albert Porter et josta la maison a les fillies Jo- h*annet* Odet, tot de ve*r*s la bisi d'una p*a*rt, et josta la ve*r*cheri Estient lo Bru*n* de ve*r*s lo vent ; q*uant* p*er* una sesteira de te*r*ra assis1 josta lo buec de Maillisola, de ve*r*s seir, et josta lo chimi*n* borgeis tendent de Borc a

<hr>

1. Drulliat, village et paroisse en Bresse, élection et baillage de Bourg ; aujourd'hui Druillat, Ain, ar. Bourg, c. Pont d'Ain. Cf. *Alman. histor. de Lyon pour 1789.*

Varanbon ; et una gelina a Carementrant per lo fua et li remanens tot a Chalendes. Item .j. bichetam bladi sili*ginis*, xx^{ti} den*arios*, per la te*r*ra qu'il a achatat, las lassin del buec de Rocetas (1), del Templo. JOMORLLerI.

2. Item *confesse* per Johan et per Estevenan sos nevors, qui fur*ont* enfant Marietan Bella de Rossetes, qu'il deivont vi d. per .j. petit de curtil assis josta la *ver*cheri al Tissot et josta le violet tend*ent* vers Rossetes d'aval. Item deiv*ont* dimi livra de ciri sus .ij. copeles de te*r*ra ou pres assises josta la vercheri al dit Johan son onclo et josta lo chimin de Borc. Et czo *confesse* li diz Johan*z*: JO.

3. Johan*z* li gros vachiers et Johanz sos flz sunt homent lige de la dita maison de Maillisola, et *confessont* qu'il deivont a la dita maison totes bones costumes anciànes ; et deiv*ont* xiiii d. bons a Chalendes paier et una gel*ina* per an per lor curtil assis a Rossetes et per la maison qui i est assisa ; et est assis josta lo pra auz enfans al Ros de la Rua, de ve*r*s midi, et josta lo chimi*n* publico per lo qual on vait de la maison Joha*n*nin Chardoner ve*r*s lo fort de Rossetes, de ve*r*s la bisi. Item deit xiiii d. bons per sa ve*r*cheri assisa josta lo pra auz enfans [al Ros] de la Rua (2), de ve*r*s matin, et josta lo chimin publico tend*ent* de la maison Guille*r*meti Rocelli et Johennin Chardon*er*, de ve*r*s seir ; la qual *ver*cheri a aquis de Johan Flandin et pot *contenir* a sennar per an treis bichetes de from*ent* ou de segla. Item deit xx d. v, per una bichona de te*r*ra assisa josta lo chimi*n* per lo qual on vait de la Batailli ve*r*s Poncins (3), de ve*r*s miedi, et josta lo curtil qui fut Michiel de la Rua rendu del Templo. Item deit ii d. per la meitia d'una copela de te*r*ra assisa josta sa maison, de ve*r*s seir, la qual il aquist de Estient Bru*n*, son nevour. Item deit viii d. de se*r*vis per les choses Jocerant, son nevour, qu'il abergiet. Item deivont mais iiii d. v. per lo qu*art* d'una copela de te*r*ra assisa a Rossetes josta lo pra Guille*r*mo Aigues. JOMORLLerI.

1. Rossettes, annexe de Druilliat.
2. La Ruas, hameau au N. O. de Druilliat.
3. Poncin, Ain, ar. Nantua, ch. l, c.

4. (F° 16 v°) Bernerda qui fut filli. Peron Odet, mulliers Peron Begues, fema ligi, *confesse* qu'illi deit XII d. p*er* una bichona de *ter*ra assisa a Rossetes, josta la terra Estient Murger, dev*er*s lo vens, et josta la t*er*ra Blondet, de v*er*s la bisi. Item deit li diz Pieros sos maris .j. livra de ciri et .j. geli*na* a Carementra*n*t, p*er* son fua et p*er* sa maison et p*er* sa v*er*cheri qui *con*tint una bichona, assisa josta la t*er*ra Estient Murger et josta la maison et lo curtil a les goles. Et czo *con*fesse p*er* sey et p*er* lo dit son mari. JOMORLLEPI.

5. Estiens Murgers *con*fesse estre honz liges de la dita maison a les bones costumes, et qu'il deit IIII d. v. et livra et dim*e* de ciri p*er* sa maison et p*er* sa v*er*cheri en que siet li dita maisons, assis à Rosset*es*, josta la v*er*cheri Beguet, de v*er*s bisi, et josta la maison et la v*er*cheri à la Rocelli; q*uant* p*er* la v*er*cheri assisa de las la v*er*cheri Blondet et de las les t*er*res P*er*enin Bo. Item deit IIII s*ols* et dim*ey* p*er* la v*er*cheri qu'il aquist et p*er* I po de t*er*ra qui s'i tint, qu'il alb*er*giet del segno*rs* de la maison, assis à Rossetes, josta lo chimi*n* tendent de la maison a la Beneita a la Batailli, de II pa*r*ties, et josta la v*er*cheri a la dita Beneita et josta la terra a ceuz de la Blancheri (1). JOMORLLEPI.

6. Perenez Leurons est hons liges de la dita maison a les bones costumes et *con*fesse qu'il deit. II s. VII d. per sei et pe*r* si serour, p*er* lor maison et v*er*cheri assis a Rossetes, josta la charreri tende*n*t de Maillisola al mulin et josta la t*er*ra P*er*enin Bo, de v*er*s miedi, et de v*er*s la bisi, josta la t*er*ra v*er*cheri Guillermet Blondet. Item deit II s. VI d. p*er* Jaquetan si mullier, p*er* una v*er*cheri qui *con*tint I quartella de t*er*ra assisa josta lo buec del Trenplo, de v*er*s la bisi et josta lo chimin tende*n*t de Maillisola a Rossetes. Et czo *con*fesse p*er* sairem*en*t et tuit li atri.

7. Perenella Hugueta et Jaqueta, qui furo*n*t fillies Johanna*n* à la Gila de Rossetes, su*n*t bones femes et liges de la dita maison et deivont II s*ols*. v, et .j. geli*na* a Carementra*n*t p*er* lo fua, p*er* lor maison et v*er*cheri en

1. Les Blanchères, hameau au S. O. de Druilliat.

que est li dita maisons, assis josta la vercheri Peron Beneit et josta la vercheri Peron Beguet. Item deit li dita Hugueta, per sey et per sos enfans, XII d. per una bichona de terra assisa josta lo buec del Tenplo, la vi entremie, de vers la bisi, et josta la charreri tendent del dit curtil vers la maison a les dites sorors. JOMORL-LERI.

8. (f° 17) Johanneta Roceilli qui fut mulliers Guillermet Rocellio et.... dit Beneiton, sunt homent a les bones costumes de Maillisola et deivont, assi *comme* il *confessont* per lor sairement, XIX d. paier a Chalendes, per chascun an, et una gelina a Carelmentrant, per lor vercheri assisa a Rossetes, en la qual est lor maisons; et est assisa josta la vercheri Guillermet Bo, devers midi, et josta la vercheri Estient Murger, de vers la bisi. Item deivont XII d. vienneis per I petit curtil assis josta lo curtil Guillermet Aines de Rossetes; *quant* per I atro curtil assis josta lo curtil Peron Balando et josta lo curtil Guillermo Aygues; *quant per* una piecci de terra assisa en les bonnes, josta la terra Guillermo Bo, d'una *part*, et josta la terra Estient Blanchon; *quant* per I pra assis josta lo pra Peron Brun et josta lo pra auz Fluris; *quant* per una atra terra assisa en vavres brulles (1), josta la terra Bernert Fluri, de II *parties*; *quant per* I pra appella de Mal pertuis, assis josta lo chimin tendent de Rossetes vers Durlia et vers sant Andrer, et josta lo pra Guillermin Mortier; *quant* per una terra assisa en Borchanin, josta la terra Estient Blanchon et josta terra Estient Alcuireu; *quant per* I broci assisa en la vavra de Borchanin, josta la brocci Est*ient* Blanchon et josta la brocci Cristin de Rossetes. Et puont *contenir* les dites choses, qu'il tinont del mas al Fluris, XI bichones de terra ou pres. JOMORLLeri.

1· Du bas lat. *vaura* ou *vavra* qui a le sens de terre inculte et couvertes de ronces. Il existe un lieu dit *La Vavre*, un peu au Nord de Rossettes : un peu plus au Nord, dans le canton de Ceyzériat, on rencontre une commune qui porte le nom de *La Vavrette*.

Apud la Batailli

9. (f⁰24v.) Guillermeta, mulliers Johan fil Peron Rosset de la Rua, filli Estient del Besson, confesse, et li diz sos maris, qu'il deivont, per czo qu'il tinont de la dita maison, ɪ bichet de segla et ɪ bichet d'aveina, a la mesura d'Anbronnay, ɪɪ s. ɪ d. per la meitia del mas qui fut Johan de la Batailli qui ere son paro, tant en terres cultives quam non cultives, quam bos et pras assis a la Batailli. Item deivont mais ɪ bichet de segla et ɪ bichet d'aveina et xxɪ d. per les choses qui furont acquises de Estient dit la Guignieta, tant en buec quam en terres, quam en pras, qui continont vɪɪɪ carteles de terra ou pres, assis a la Batailli per tot. Item deivont mais ɪɪɪ bichetes de segla et ɪɪɪɪ bichetes et dime d'aveina et ɪɪ s. vɪɪ d. v., conta la sin part del pan per les choses qui furont aquises de Guionnet Lanno, tant en pras quam en buec, quam en terres, assis tot à la Batailli.

Soma vɪɪ bichetes de segla, x bichetes et dime d'aveina, vɪ s. et v. d., per tot.

10. — Estevenez Conbez de la Batailli, hons liges de la dita maison, confesse qu'il deit primeriment vɪɪɪ d. per una piecca de terra en que est sa maisons et sa grang i assisa a la Batailli, josta lo chimin publico tendent de Poncins à Vilars, et josta lo chimin tendent de la Batailli vers Maïllisola, com per una terra assisa josta la terra dessus confina : et continont, les ɪɪ piecces, ɪɪɪ bichones ou pres. Les quauz choses il aquist per si mullier d'enz Nerbonz. Item deit xvɪɪɪ d. et ɪɪɪ d. per son dreit del pans, que il a albergia al dit servis ; et deit lo dit argent per dime lo mas qui fut Girert de la Batailli assis tot a la Batailli ; et en deit mais ɪ bichet d'aveina et ɪ bicheta de segla per les dites choses. Lo qual mas il ot de Mosse Estient de la Batailli, son onclo, qui lo li doniet. Item deit vɪ d. per ɪ petit curtil qu'il tint qui fut auz hers Michiel de la Batailli, de cui il l'aquist, assis el meitent de la vila de la Batailli. Item deit mais ɪ bicheta et dime d'aveina, xvɪ d. et melli per lo mas qui fut a la Perreta

filli Pelin et a la Guill*erme*ta dita Cusina assis el dit mas
de la Batailli.

11. — (f° 25 r.) Item deit mais xi d. v. de servis, co*n*ta
son dreit del pans et servis, dime bich*eta* de segla et lo
sesein d'atra et una bicheta d'aveina p*er* czo qu'il tint
del heritage son paro et si mare, assis tot el dit mas de
la Batailli; et co*n*tint tot iiii quartelles de t*er*ra ou pres,
assis en plusors lues, el dit mas de la Batailli. Jomorlleri.

Somma v s. ii d. et melli, i bicheta de segla et dime
bicheta et lo sesein d'atra bicheta de segla, v bichetes
et dime d'aveina, les corues et les gel*ines*, assi *com* il
est acostuma.

12. — Perenella, suer del dit Estevenet Co*n*bet, deit una
bicheta de segla et vi d. vien. ,p*er* lo curtil en que siet
sa maison a la Batailli, josta lo chimi*n* de Vilars de
ve*r*s bisi et josta lo curtil al dit son fraro *com* per iii
bichones de t*er*ra assisa josta la t*er*ra a la filli al Masuer
czai en arrieres et josta la t*er*ra al dit son fraro et a la
filli Estient Berson et su*n*t les dites choses p*er* son partage de son paro et de sa mare. Et deit paier p*er* lie Estevenez sos frare atres costumes et totes gardes del segno*r*s p*er* tot. Et sus czo, illi quitte lo dit son frare de
tot p*ar*tage de pare et mare. Et prometont en *contra*
non venir p*er* lor sairime*nt*, pr*e*sent Johan Boison, cler.
Per czo dessus et p*er* son cinquein de ii pras, del quauz
li i est assis en les cles (1) de la Batailli et li atri soz la
maison auz Bareilliars, josta lo pra a la Masueri de totes
p*ar*ties, s'en tint de tot p*er* paia et l'en quitte, assi com
dessus, Jomorlleri.

13. Johanna q*ui* fut mullier al Masuer, *confesse*, p*er*
Esteven*an* sa filli qu'illi a del dit Peron Masuer home*nt*
lige a les bones costumes, deit ii s. iii d. iii bichetes de
segla, iiii bichetes et dime d'aveina p*er* les t*er*res et
possessions q*ui* furo*nt* Estient Veisons de la Batailli, ta*nt*
e*n* t*er*re[s] cultives q*uan* non cultives, plans, bos, pras,
pasquers et totes (F° 25 v°) choses assises el dit mas.
Item deit mais vii d. dime bicheta et la sesta p*ar*tia

(1) Cf. Ducange, Gl., v° *Clavis*, locus clausus.

d'una bicheta de segla et una bicheta d'aveina paier al dit
termo de la missetenbro ; et deivont corrua de forchi ou
de rastel una veis l'an et la gel*ina* del fua *per* la sesema
partia del mas qui fut Martin de la Batailli tam en *ter*-
res cultives *quam* non cultives, pras, pasquers, bos et
plans et atres possessions assises el dit mas en plusors
lues. Item plus deivont lo quart d'un pan et lo sesein del
tiers d'un pan paier a Chalendes. Et *continont* les dites
choses et pont *contenir* x quartelles de *terra*, assi *com* il
afferme per son sairem*ent*, ou pres. Item deivont mais
v d. et melli de se*r*vis *per* los diz pans alb*er*gies paier
avoi lo dit servis chascu*n* an p*er*duràblam*ent*. JOMORL-
LErI.

14. Item deit mais II s. III d. III bichetes de segla IIII
bichetes et dime d'aveina *per* les choses qui furo*nt* Marion de la Batelli. ta*n*t en *ter*res cultives *quam* non cultives, en pras, en bos, en pasquers et en plans assis tot
el dit mas, en la *parrochi* de Durlia ; les quauz choses doniet Mosse Estiens de la Bateilli, p*r*estres, al pare de la
dita filli Estevena, czo est asaveir, al dit Peron Masuer.
Item deit mais IIII d. et melli *per* son dreit del pans que
deveit li dita chosa qui fut alb*er*gia al dit se*r*vis paier
per ... lo dit servis. Item deit mais VIII d. p*er* lo boison
Estienent dit la Guignieta *quam* p*er* Millet son nevour. JOMORLLErI. So*m*ma VI bichetes de segla et dime
bicheta et lo sesein d'una bicheta de segla, x bichetes
d'aveina, VI s. VII d.

15. Guieta qui fut filli Johannan a la Breta de la Batailli
confesse p*er* sei et *per* Estevenet et p*er* Johannan sos
enfans, laqual Johan*na* illi ot de Estient Gabait son
mari, qu'il deivont II s. vien., I bichet de segla et les II pa*r*s
d'una bicheta de segla, IIII bichetes d'aveina, p*er* les II
parties del mas qui fut Martin de la Bateilli, ta*n*t en
*ter*res cultives quam non cultives, quam en bos, plans,
pras et pasquers, assis el dit mas ; les quauz choses *con*-
tino*nt* et puo*nt* *con*tenir x quartelles de *ter*ra assises en
plusors lues el dit mas. Item deit mais IIII d. v. p*er* czo
qu'illi deveit del pans *per* son dreit qui lor fut albergies
al dit servis. JOMORLLErI.

A la Testeri

16. (f° 26 v). Guill*ermi*ns Galanz, hons liges de la dita maison, *confe*sse qu'il deit tant *per* sey quant *per* ses niecces Johanna*n* qui fut filli Estient son fraro et Johan*netan* qui fut filli Peron son fraro. Et deivont una*m* quart*am* silig*inis* ad mensura*m* Anbron*iaci*, decem solid*os* et sex den*arios vicnnenses*, a paier tot a la missetenbro, et I gel*ina* a Carem*e*ntrant, *p*er czo qui s'enseut : Pr*e*mer*iment* per lor maisons assises a la Testeri et p*er* la *te*rra ou est assisa li dita maisons, de ve*rs* la bisi, et josta la terra de la dita maison de Maillisola, de vers lo vens, et josta lo chimi*n* publico tendent de Durlia ve*rs* Montbego, de ve*rs* matin, et josta lo chimi*n* tendent vers la Testeri, de ve*rs* seir, *quant per* una piecci de te*r*ra assisa josta lo byez de Mallisolan, de ve*rs* seir, et josta la terra Pe*re*net del Be*r*son et la te*r*ra auz Orsaz, de ve*rs* matin, et josta lo chimi*n* per loqual on vait de la Testeri, ve*rs* lo Berson, de ve*rs* lo vens *quant* per I pra assis a Boniunel, josta lo pra auz e*n*fanz Estient de la Rua et josta lo pra qui fut Oudri de la Testeri, de ve*rs* ma*l*in, et josta lo buec a ceux de Dompiero, de ve*r*s lo seir, *quant* per una piecci de te*r*ra qui fut aquisa de Guill*erm*o Cornet de la Rua assisa josta la te*r*ra al dit Oudri, cler, et josta la terra Pe*re*net del Be*r*son et josta la te*r*ra auz enfans Be*r*nert de la Rua, de ve*r*s lo venz, *quant per* una atra te*r*ra assisa josta la te*r*ra auz diz enfanz, de ve*r*s la bisi, et josta la te*r*ra qui fut Mosse P... de la Rua, de ve*r*s lo vens, quant p*er* I curtil assis josta lo curtil del dit Oudri de la Testeri, de ve*r*s la bisi, et josta lo curtil deuz diz enfans, de ve*r*s lo vens qui fut aquis del dit Cornet. Les quauz totes choses *continont*, faiti leal estimacio*n*, XIIII quartelles de te*r*ra a la dita mesura, ou pres. Et su*n*t tuit home*n*t lige de la dita maison. Jo-MORLLe*r*I.

17 (f° 272). — Esteven*e*z Odez maris Johanna*n* del Ver-ney *confe*sse p*er* la dita Johanna*n* si mullier qu'il deivont II s•v. et una gel*ina* per lo fua; et czo deivo*n*t *per* lour maison et curtil, en *que* est li dita maisons, *qui con*-

tint una bichona ou pres assis el verney, josta lo buec
del verney qui est de la dita maison de Maillisola et
josta lo chimin tendent a la rua, de vers la bisi.

18. — Johannez li hors *confesse* per sey *quant per*
mosse Estient son fraro, qu'il sunt homent (sic) de la
dita maison auz buns us et costumes et deivont xviii d.
et dime bichet d'aveina et ii d. et pusa per lour partia
del pan per la meitia de lor maisons et de lor chasauz
assis a la Testeri, ensenbla i petit curtil qui s'i tint, de vers
seir, assit (sic) tot josta la closura del curtil qui fut Oudri
de la Testeri, cler, et josta lo dit curtil, de vers vens, et
josta lo chimin tendent de Maillisola vers Monbeggo, de
vers bisi, et josta lo curtil qui fut Paisel, de vers matin,
et contint una bichona de terra, ou pres, *quant* per la
meitia de v bichones de terra assisa josta la terra mosse
Point de la Rua, preveiro, de vers seir, et josta lo...a ceux
de la Testeri, de vers matin, *quant* per la meitia de v bichones de terra assisa josta la terra Estient del Besson,
de vers seir, et josta la terra qui fut Paysel *qui* per la
mort de lui eschaisit a la dita maison, de vers seir, *quant*
per la meitia d'un curtil assis a la Testeri *qui* contint
ii copees de terra, assis josta la vercheri *qui* fut Oudri
de la Testeri, de vers vens, et josta lo curtil mosse Point
de la Rua, prestro, de vers bisi, *quant* per la meitia de ii
cartelles de buec assis josta lo buec del dit Oudri et
Estient del Besson, de vers bisi, et josta lo buec auz ga-
lans et lo buec del dit Oudri, de vers lo vens, *quant* per
la meitia d'una quartella de terra assisa josta la terra
Estient de Besson, de vers vens, et josta la terra qui fut
Paysel, de vers la bisi, et en tot czo dessus conflna. Ant
l'autra meitia Estiens, qui fut fiz Bernardin Lors, et si
heir.

19. — Item deivont mais li davant dit fraro per Estevenan qui fut mulliers Peron Lors, lor paro, qui esteit
assi lor mare *quant* en deivont czo qui s'enseut (fo 27 v.)
czo est a saveir: xvi s. v. bons per an, los xii per les terres de Chillon et los iiii s. per les choses de vers la chapella, a paier tot al dit termo de la missetenbro ; et czo
deivont per czo qui s'en seut: premeriment, per lor maison assisa a Chillon, ensenbla v bichones de terra qui s'i

tinont de vers Orient, *quant* per una quartella de terra
assisa josta la terra Johan d'Aveines, de vers la bisi, et
josta la terra del dit Estient de vers vens, lo chimin entremie, per lo qual on vait de Chillon vers los pras d'Esperon, *quant* per II sestairies de terra d'Anbronnay assisa josta la terra mosse Jaque de Chillon et a sos hers,
de vers seir, et josta la terra Estient del Besson, de vers
matin, en la qual terra est assisa lor grangi *quant* per
II sesteiries de terra assises josta lo chimin publico per
lo qual on vait de la Testeri vers la Chapella et vers lo
pra d'Esperon, de vers miedi, et josta la terra del dit Estient del Besson, de vers bisi, *quant* per III bichones de
terra assises josta lo buec dit del vergiel, de vers vens,
et josta la terra Johan Pantier, de vers la bisi, *quant* per
IIII copees de terra assises josta la terra Estient Colonber, de vers lo venz, et josta la terra Guillermet Malet
et la terra Johan Pantier, de vers la bisi, *quant* per I pra
assis en la praeri d'Esperon, josta lo pra auz enfans
Guillermet Chapella que tint Oudris de la Testeri et li
sin, de vers lo vens, et josta lo pra Oger del Murcing, el
qual pra se fant per an II muel de fein de VI teises chas-
cuns. Et czo *confesse* li diz Johanz per sey et per lo dit
son fraro. JOMORLLeri.

Apud Durlia

20. — (fº 35 v.) Pieres del Vergiel et Matheus diz li
gros fiz *confessont* per euz et per lour parers qu'il sunt
tenementer de la dita maison de Maillisola et deivont
communalment, et lour parer, IX d. vien. per II sestairies
de terra, ou pres, qu'il tinont assises entre la morta de
Nocuiday et los pras del crins et josta la terra Guionet
Rubout et josta la morta de Noncuiday devers midi. Et
czo *confessont* per eux et per lor parer[s]. JOMORLLeri.
21. — (fº 36 v.) Estienz Oudris del Pont d'Ens tenementers *confesse* per Huguetan si mullier filli Doulant
qu'il deit per la dita si mullier VI s vien. per I pra assis
dessoz lo mas de Pentpiel, josta la riveri de Suran et josta
lo mulin de Penpiel et josta les terres a ceuz de Pentpiel,
ensembla los pertinences et appendices ; el qual pra on

fait p*er* an III charres de fein, ou pres ; loqual pra li dita Luca li a dona el *contr*ait del mariage. Et czo a *confessa* li dita Luca, présent Johan Boison cler de Maillisola, lo mercros ap*res* la festa Deu M.CCC.XLI. JOMORLLETI.

22. Joh*ann*eta qui fut mulier al lovat del Pont d'Enz, *conf*esse qu'illi deit XII d. v. p*er* una emina de terra ou pres assisa en longi fan, josta lo chimin tendent del Pont d'Enz al pont de Prela et josta les terres a la Ribouda ; li quauz chosa fut acquisa del Blanc de No*n*cuiday, et la li doniet a la dita si mulier.

23. — Beneitons li Juers del Pont d'Ens *confesse* per mosse Philipo d'Onceu, chivaler, assi *comme* p*er* tutare de lui, qu'il deit II d. et melli p*er* II quartell*es* de terra assisa en Morfontana, josta la terra Pero*n* Rosset del Pont et de las la terra Humbert Pelleter.

24. — Johans et Pieros Bogonz et Perenella lor suer, teneme*n*ter, assi deivont II s. v. p*er* XX quartell*es* de terra assisa en Morfontana, josta la terra auz hers Gui Ribout et josta la terra qui fut mosse Point de la Rua, (li quauz vaque a present), et josta la terra Humbert Pelleter.

25. — Estiens Rolez, tenemen*t*ers deit II d. per una bichona de terra assisa el dit lua, en Morfontana, josta la terra al dit p*r*eveiro et auz enfans Gui Ribout, qu'il aquist dez enfans Hum*be*rt Pelleter.

26. — (f° 37 r.) Mosse Humbert de Montmaior, chivalers tenementers, deit VIII s. III d. v. bons p*er* IV sestairi*es* de terra ouchal assises outra la riveri d'Enz, josta la dita riveri et josta la terra del dit chivaler qu'il aquist de ceuz de Varey, et josta la chal auz hers Ponczet Rainart et la terra mosse Johan de la Palu, segnour de Richomont, et josta lo chimin publico tendent de la fin del Pont d'Enz vers Ambronnay et dure I petit outra la dita fin del Pont d'Enz.

27. — I tempour VIII sestairi*es* de terra, ou pres, assises en Morfontana, deczai la riveri d'Ens ta*n*, en terr*es* cultiv*es* qua*m* non cultives, qua*m* en yles assises josta la riveri d'Ens et josta la terra qui fut mosse Point dé la Rua, pristro, et la terra Pero*n* dit Rossi et Guillelmet mercer del Pont d'Ens et josta la terra Mosse Philipo d'On-

ceu chivaler et..... dita terra, tant que al curtil Estevenet Escofier del Pont, pres de la porta del Pont, devers Varanbon, et josta la terra auz enfans Hugon Pelleter.

V. TERRIER DE BAGÉ

A s'en tenir à l'examen des formes graphiques, ce registre de reconnaissances a visiblement été dressé vers 1325 : c'était la date que je lui avais assignée, lorsque poursuivant ma lecture, je rencontrai une cote ainsi libellée : « Johannez Berchars juras, tint de monseignor Ed[ouard] un pra que il achetit del mas talliablo de la filli a la Rosa d'Ennes. » (f° 14). Or il n'y a qu'un seul comte de Savoie qui ait porté ce nom d'Edouard, c'est le fils d'Amé V et de Sybille de Bâgé, le vaincu de Varey, qui régna de 1323 à 1329 ; c'est donc entre ces deux dates, peu distantes l'une de l'autre, que se place la rédaction de notre terrier (1). Les aveux et reconnaissances qu'il contient se réfèrent pour la plupart à des tenures situées à Asnières (Anires), Aisne (Ennes), Saint-Laurent de l'Ain, Replonges, Feillens, Mauziat (Mauziacum), Pont de Vaux (Pontem Vallium), Roz, Ozan et Chevroux.

Les tenanciers du comte de Savoie et de Bâgé appartenaient à la classe la plus misérable : c'étaient des serfs taillables et corvéables à merci. Sans parler d'une redevance fixe en argent et en nature perçue sur chaque feu et représentant ce que nous appellerions aujourd'hui la cote personnelle et mobilière, ils étaient assujettis à la tâche (2) ou droit de champart, qui leur enlevait une part notable de leur récolte. Enfin au pied de chaque cote, le seigneur stipule expressément le droit de main morte. Cette main mise du seigneur sur la personne et les biens de son serf suivait celui-ci partout où il allait ; aussi notre terrier contient-il un certain nombre de reconnaissances passées par des tenanciers habitant Hurigny, Saint Jean-le-Friche, Sennecé, Mâcon, sur la rive droite de la Saône, et qui sont imposés, non seulement à raison des biens qu'ils détiennent dans le comté de Bâgé, mais encore eu égard à ceux qu'ils possèdent dans le comté de Mâcon. C'est pour la même raison que des terres situées « outre Saône » sont concédées par le comte de Savoie dont les domaines s'arrêtaient à la rivière : ces terres acquises par des serfs savoyards, avaient, par suite de l'exercice du droit de main morte, fait retour au comte qui en avait disposé, réserve faite des droits du roi de France, dont relevait alors le comté de Mâcon.

(1) Sur la réunion du comté de Bâgé à la Savoie, voyez *l'Essai sur l'histoire de Bourg* que M. Ch. Jarrin a publié comme préface au *Cartulaire de Bourg-en-Bresse*, p. XXV.

(2) Sur la tâche, voyez Ducange, Gl. V^{is}. *Tasca 2, tachia* et *tâche.*

4

Le terrier de Bâgé est conservé aux Archives de la Côte-d'Or, sous la cote B. 570, *Chambre des Comptes de Bourgogne, châtellenie de Bâgé*. C'est un long rouleau en parchemin de 11 m. 320 de longueur sur 0 m. 226 de largeur : il se composait de 18 feuilles cousues à la suite l'une de l'autre et numérotées au bas; la première est aujourd'hui perdue. Les extraits que je publie ici remplissent la presque totalité des folios 2 et 3.

[*Apud Anires*]

1. Johannez Donnez, Martins Johanz et Esteveneta fraro sunt homent tall*iablo* monseignor et tigniont de sey a Anires (1) iiii mey*teres* de ter*r*a et iii charres de fein; *per* les quaz choses il deyvunt monseignor la tall*i*, les cor*v*es et la tasch*i* en ii mey*teres* et iiii copes de la dita ter*r*a ; et chascun*s* fues i gel*i*na et iii so*l*s et ii de*niers* par*isis* de ren*t*a. Item tint li diz Johanz p*er* Perronetan sa mullier del tinemen*t* Johan lo Pin, paro de cilliey Per*r*onetan, x copes de ter*r*a et i charra de fein ; *per* les quaz choses il deit al dit monseignor la tall*i*, les cor*v*es et la tach*i* de la dita ter*r*a ; et deit chascun*s* fues i gel*i*na ; et deit de les choses desus dites xv d. par. de ren*t*a. It. tint assi p*er* sa mullier de la dama de la Sala (2) houtra Souna (3), ii cop*es* de ter*r*a, a vi d.par. de ren*t*a. It. tint de Rebutin dim*ey* benna en la riveri de Sounan, a xviii d. par. de ren*t*a. It. tint de l'igleysi de Seint Pirro de Mascon i copa de ter*r*a. Et ha mes sire man morta.

2. Per*r*enins Girouz, Hum*b*erz et Johann*ez* Girouz sun*t* homen*t* taill*iablo* mon*s*eignor et li effant cay en arieres Guienet Girout ; et tigniont de monseignor a Anires v mey*teres* de terra es [n]eyuros [d'A]nires et iii charres de fein et i plaustro de pecheri en l'ivoylgli ; per les quaz choses il deyvun*t* monseignor la taill*i* et les corves et la tachi de iii mey*teres* de la dita terra et iiii so*l*s et v d. par. ; encloses viii copes de ter*r*a, les quaz tint li diz Hum*b*ers es essarts ; et deit chascun*s* fues i

_____

(1) Asnières, Ain, ar. Bourg, c. Bagé-le-Châtel.
(2) La Salle, Saône-et-Loire, ar. Mâcon, c. Lugny.
(3) « Sur la rive droite de la Saône ». Les patois actuels disent *Seune*.

gel*ina*. Item li dit P*erre*nins et Joha*n*nez tig*n*iont houtra Sou*n*a del seignor de Mo*n*bellet(1) i mey*tera* de te*rr*a
et la syseyma p*ar*tie d'una be*n*na a pechier e*n* Sou*n*a.
It. la quarta p*ar*tie[d'una sey]assisa assi e*n* Sou*n*an. Item
la quarta p*ar*tie d'una sey en Ossan (2) a ii s. et vi d.
par. de re*n*ta. Et su*n*t orendreit iii fue. Et ha messire
ma*n* morta,

3. Joha*n*nez Landris est homz tall*iablos* monseignor
et tint de sey iiii mey*teres* et iiii cop*es* de te*rr*a et iii
charres de fein. It. i sey a pechier e*n* Osan. It. i pecheri
josta la riva de Sou*n*am *que* est apelee la riveri Johan
La*n*dri ; p*er* les quaz choses il deit al dit monseignor la
talli, les corv*es* et la taschi de ii mey*teres* et iiii cop*es*
de la dita te*rr*a et ii s. et ix d. par. de re*n*ta ; et deit
chascu*n*s fues i gel*ina*. It. tint de mo*n*seignor B*er*tho-
lom*ier* Chivrier, i sey a peschier a vi d. par. de re*n*ta.
It. tint de Johan de Feli*n*z i mey*tera* de terra a xviii d.
par. de re*n*ta. Et ha mes sire ma*n* morta.

4. Lorinz est homz taill*iablos* monseignor et tient de
sey ii mey*teres* de te*rr*a, tant p*er* sey qua*n*t p*er* sa mullier, et ii charres de fein et una pecheri en la riveri de
Sou*n*an ; p*er* les quaz choses il deit mo*n*seignor la tall*i*,
les corv*es* et la taschi en x cop*es* de te*rr*a et xii d. par.
de renta et i gel*ina* p*er* son fue. It. tint de mo*n*seignor
Hug*on* de Felinz (3) ch*evalier* dim*ey* charra de fein a iii
d. de renta. It. de l'igleysi de Clug*ny* (4), lo plaustro hou
est assisa sa maysons en la qual il demore a i d. par. de
renta. Et ha mes sires man morta.

5. Andriers Robelez est homz tall*iablos* monseignor et
tient de sey iii bichomes de te*rr*a et dim*ey* charra de fein
et la tierci p*ar*tie de la pecheri a la Guori jus*ques* al
bie de Osan et la syseyma p*ar*tie d'una be*n*na en la riveri
de Sou*n*an. Item la tierci p*ar*tie es ayies, joste lo bos
Lorent et Martin del Port. P*er* les quaz choses il deit
monseignor la tall*i*, les corv*es* et la taschi en la te*rr*a

---

(1) Mo*n*tbellet, Saône-et-Loire, ar. Mâcon, c. Lugny.
(2) Ozan, Ain, ar. Bourg, c. Pont-de-Vaux.
(3) Feillens, Ain, ar. Bourg, c. Bâgé-le-Châtel.
(4) Cluny, Saône-et-Loire, ar. Mâcon, ch.-l. c.

desus dita et xxiii d. et iii pog*eyses* par*isis* de renta et
i gel*ina* per son fue. It. tint del priour de Sancia (1) la
tierci p*artie* d'una charra de fein a iiii d. de renta. Et
ha mes sire ma*n* morta.

6. — Estivenz Boysonz d'Anir*es* est homz tall*iablos*
mo*n*seignor et tient de sey iii mey*teres* et dim*ey* de t*er*ra
et lo p*ra* d'una charra et dim*ey* de fein ; p*er* les quaz
choses il deit mo*n*seignor la tall*i*, les corves et la tachi
de iii mey*teres* et dim*ey* de la dita t*er*ra et xvi d. et
o*bola* par*isis* de renta et i gel*ina* per lo fue. Item tint de
Johan de Felinz iiii cop*es* de t*er*ra, a x d. vien. de renta.
Item de l'igleysi de Seint Pirro de Mascon i mey*tera* de
t*er*ra a xvi d. par. de renta. Et ha ma*n* morta mes sire
sus sey.

7. — Guiller*mez* de l'igleysi est homz tall*iablos* mo*n*
seignor et tient de sey iii mey*teres* de t*er*ra, p*er* les
quaz il deit les corv*es* et la taschi d'una mey.tera(*sic*) de
la dita t*er*ra et xvi d. par. de renta et i gel*ina* per son
fue ; et de les dites iii [mey*teres*] de t*er*ra, x cop*es* sunt
del mas talliablo(*sic*)Johan Landri p*er* lo mariage Este-
venetat*n* mullier del dit Guiller*met*, [filli] del dit Johan
Landri. It*em* tint li diz Guiller*mez* per lo no*m* Guiller*mo*,
fil cay en arieres Guiller*mo* al Arenbour, hon tall*iablo*
mo*n*seignor, ix cop*es* de t*er*ra et lo p*ra* d'una charra de
fein, p*er* les quaz il deit mo*n*seignor la ta[lli], les corv*es*
et la tachi de la dita t*er*ra et xi d. par. de renta et i ge-
l*ina* per lo fue. It. tint del p*ri*our de Laysia (2), dim*ey*
cop*a* de t*er*ra a i d. torn*eis* de re*n*ta. It. tint del seignor
de Mo*n*belet ii cop*es* de t*er*ra a vii d. et o*bola* par*isis* de
renta. Et a mes sire ma*n* morta.

8. — Martins li Amplos est tenemet*n*tiers mo*n* seignor
et tient de sey es Neyvros iiii mey*teres* de t*er*ra et lo
[pra] de vi charres et dim*ey* de fen, en la p*ra*yeri d'A-
nir*es* ; p*er* les quaz il deit mo*n*seignor la tachi de ii mey-
t*eres* iiii cop*es* de la dita t*er*ra et les corves et iii s*ols* et
ix d. par*isis* de renta et i gel*ina* per son fue.

<hr>

(1) Auj. Sancé, Saône et-Loire, ar. et c. Mâcon.
(2) Laizé, Saône-et-Loire, ar. et c. Mâcon.

9. — Guillermez li flouz Johan Landri est homz tall*ia-blos* monseignor et tient de sey p*er* Lorencin sa mullier et p*er* sos effanz, los quaz il hot cay en arieres de Estevena*n* sa mullier, fill*i* cay en arrieres Vincen*t* d'Osa, v meyt*eres* de terra et de bos et lo *pra* de vi charres de fein en la *p*rayeri d'Anires ; item, dim*ey* benna en la riveri de So[unan] ; p*er* les quaz choses il deit mon seignor la tall*i*, les corves et la tachi en iii cop*es* de la terra desus dita et ii s*ols* et vi d. renta. It. tint de l'igleysi de Seint Pirro de Mascon et de la mullier cay en arieres Estevenin del L...... iii bich*ones* de terra a xii d. par. de re*n*ta. Et ha mes sire ma*n* morta.

10. — Guill*er*mez li Borgeis est homz tall*iablos* mo*n* seignor et tient de sey p*er* lo no*m* de sa mullier del mas taillablo a s..... belez sa mayson et v meyt*eres* de terra en Anires, en div*er*s lues, et lo pra de ii charres et dime de fein. Item la qua*r*ta p*ar*tie d'una be*n*na et la syseyma p*ar*tie d'autr*a* benna en la riveri de Sou*n*an. Item la syseyma p*ar*tie en i s[*ey*] en les ayies. Item la tierci p*ar*tie d'una pecheri en Sou*n*an, deis la pecheri q*ui* est apelee Goyri jusq*ues* al bez d'Osan. It. tint de mo*n*seignor es ayies josta lo bos Lore*n*t et Martin del port i petite pieci de bos. P*er* les quaz choses, il deit mo*n*seignor la tall*i*, les corv*es* et la tachi en iii meyt*eres* et r copa de la dita terra et iiii s*ols* et iiii d. par*isis* et i d. torn*eis* de renta ; et chascu*n*s fues i gel*ina*. It. tint de mo*n*seignor Hugo*n* de Felinz, ch*evalier*, xi cop*es* de terra et lo pra de iiii charres de fein a v s. et viii d. par. de re*n*ta. Et pr*ent* Poncez d'Amoret, en les dites te*r*res et pr*as*, vi d. par. de re*n*ta. It. tint de la dama de la Sala lo pra d'una charra de fein a vi d. par. de renta. It. tint de mo*n*seignor i gel*ina*. Et a mes sire ma*n* morta.

11. — Estivenz Rubaz est homz tall*iablos* monseignor, et tient de sey, tant p*er* sey q*ue* p*er* sa mullier, x copes de te*r*ra [et lo pra] de ii charres de fein. P*er* les quaz choses il deit mo*n*seignor la tall*i*, les corves et la tachi en. v. copes de la dita te*r*ra et x d. par. de re*n*ta et i d. vien. et i gel*ina* p*er* lo fue. It. tint de mo*n* seignor Hugo*n* de Felinz ch*evalier*, p*er* sa fe*m*ma, lo pra de dim*e* charra de fein a i d. et o*bola* et i pog*eysa* de re*n*ta ; et

ha mes sire man morta ; et deit monseignor i gel*ina*
per lo fue.

12. Joha*n*nez Rubaz est homz monseig*nor* tall*iablos*,
et tint de sey e*n* Anires i meyt*era* de t*er*ra et lo pra
d'una charra et dim*e* de fein, *per* les quaz il deit mo*n*-
seignor la tall*i*, les corves et la tach*i* de *iiii* cop*es* de la
dita t*er*ra, et i d. par. de re*n*ta, et i gel*ina* per lo fue ;
et a mes sire ma*n* morta.

13. — Martins li Praz est homz tall*iablos* monseignor,
et tint de sey *per* lo no*m* de sos effanz i meyt*era* de
t*er*ra [et lo pra] d'una charra de fein: *per* les quaz choses
il deit mo*n*seignor la tall*i*, les corv*es*, la tach*i* en *iiii* cô-
pes de la di[ta terra] et vi d. par. et i d. vien. It. del dit
mo*n*seignor i cop*a* de t*er*ra es Neyvros et la tierci *par*-
tie en *iiii* ande[ns] (1) de p*r*a et la syseyma *par*tie en la
pecheri de l'ivoylgli ; *per* les quaz choses, il deit mo*n*
seignor la taschi en dues.... de la dita copa de t*er*ra et i
d. vien. et *obola* par*isis* de re*n*ta ; et chascu*n*s fues i ge-
lina ; et a mes sire ma*n* morta.

14. — Martins Alis d'Anires est homz tall*iablos* mo*n*
seignor, et tient de sey, tant *per* sey quant *per* sa fe*mm*a,
iii meyt*eres* de l*er*ra et lo pr*a* de *iii* charres de fein ;
item en l'ivoigli lo plastro de *ii* seis a peschier : *per* les
quaz choses il deit mo*n* seignor la tall*i*, les corv*es* et la
taschi en *ii* meyt*eres* et i copa de la dita t*er*ra et *ii* s*ols*
et *ix* d. de re*n*ta ; et deit chascu*n*s fues i gel*ina* monsei-
g*nor*. Item tint de mo*n*seig*nor* Hugo*n* de Felinz, cheva-
lier, *ii* cop*es* de t*er*ra a *vi* d. par. de re*n*ta. Item tint del
seignor de Mo*n*belet una p*ar*tie de t*er*ra a *iii* d. par. de
re*n*ta. Item tint del priour de Sancia lo plaustro el
qual est assisa sa maysons a *iiii* d. par. de re*n*ta. Item
tint de l'igleysi de Seint Vince*n*t de Masco*n*, houtra
Souna, *v* cop*es* de t*er*ra a *ii* d. et la tachi de re*n*ta ; et ha
mes sire ma*n* morta.

15. — Lorenz del port est homz tall*iablos* mo*n* seignor
et tient de sey *vi* meyt*eres* de t*er*ra et *ii* meyt*eres* de bos
et lo p*r*a de... charres de fein et la tierci *par*tie en i
be*n*na, en la riveri de Souna*n*. Item la meytie en i seis à

(1) V. Ducange Gl. V*is*. *andellu*, andena 2, et *andellus, endellus, en-
dens* ; sous ces derniers mots sont cités des actes rédigés dans les
Dombes.

peschier en les ayes et sagēs et chanos joste(*sic*) la dita
seis. Item la meytie d'une (*sic*) seis a peschier dedenz lo
pra Ber[nert]. Item la tierci *partie* d'una seis a peschier
en l'ivoigli. *Per* les quaz choses il deit *mon* seign*or* la
tall*i*, les corv*es* et la taschi en III meyt*eres* de la dita
t*er*ra, et deit dim*e* copa de froment et VII s. et x d. par.
de r*en*ta, et chascu*ns* fues I gel*ina*. It. tint del seignor
de Mo*n*belet III cop*es* de t*er*ra et II andeinz de pra a IX
d. et *obola* de renta. It. tint de cel mesmo seignor de
Mo*n*belet I copa de t*er*ra a VI d. et *obola* par. de renta. It.
tint de la dama de la Sala lo pra d'una charra de fein a
XII d. par. et I gel*ina* de renta. It. tint del priour de San-
cie lo pra de dim*ey* charra de fein a IIII d. et *obola* par.
de renta. Et ha mes sire ma*n* morta.

GLOSSAIRE

Ana, mesure de seigle, en français local, une *ânée*, la charge d'un âne, II 26.

Andeanz, *andenz* mesure de pré v f°s 11, 13 et 18.

Ayes v f° 5 : « I sey a peschier en les ayes. » (?)

Aygneuz plur. c. reg., agneaux. II 22.

Benna, sorte de nasse dont on se servait pour pêcher dans la Saône v. 1. Cf. dans le Glossaire du Morvan par de Chambure : « *benaston*, petite benne dont on se sert pour la vendange ou la pêche. » Voy cependant Ducange Gl. v^is *Benna* 3 et *venna* et Littré au mot *banneton*.

Bichet II 38, 41, III 7, IV 15, *bychiet* I 6, mesure de grains et notamment de froment et de seigle, en usage dans la Bourgogne, la Bresse, la Dombes et le Lyonnais. A Dijon, le bichet était la moitié de l'émine et le double du quartal : dans le Lyonnais, il contenait 60 livres de froment. dans la Dombes, un peu moins. · Cf. DUCANGE Gl. *bichetus*.

Bicheta, mesure de froment et de seigle plus petite que la précédente (?), IV 15 et 3.

Bichona IV 3, v 5, mesure de terre ; c'est l'étendue de terrain capable de recevoir un bichet de grains de semence.

Bicherays, plur. I 6, *bichayrays* I 4, mesure de terre, encore en usage dans le Lyonnais et de la même valeur que la précédente.

Boc II 1, *buec* IV 7, bois.

Broci, petit bois taillis, v. franc. *broce* : « per 1 broci assisa en la vavra de Borchanin ; » IV 8.

Brola IV *pas.*, c'est vraisemblablement l'équivalent du franc. local brotteaux. Ce nom de brotteaux s'applique encor

aux paturages qui longent la rivière d'Ain.

Chanos plur. c. reg. chênes v. 15.

Chapuis, charpentier, L.

Charra, charretée, mesure de foin IV 21 et v pas. C'est la *carrada* du polyptique d'Irminon que M. Guérard estime avoir été de la contenance d'environ quatre qnintaux métriques.

Charreri, rue de village. IV 7.

Chasal, *chassal* emplacement sur lequel on a élevé une maison : « Il tint de l'igleysi de S. Estient de Mascon lo chasal de sa mayson ensamble, lo curtil. » v f° 9 et v *pas.*

Chenavos, pl. c. reg. chanvres II 22.

Closura, *clousura* v f°s 13 et 14, terre ou pré clos : « I closura en la qual pot aveir VI charres de fein. »

Condamina, terre affranchie des charges II 21.

Copa, mesure de froment I 10, II 32. La *copa* était d'ordinaire le tiers du bichet : à Bourg, la *copa* contenait 24 livres de grains. Cf. DUCANGE Gl. *cupa* 3.

Copa, franc. local *coupée* IV, 19 étendue de terre, que l'on peut ensemencer avec une coupe de grains.

Copela, IV 3. mesure de terre qui pouvait recevoir un *copellus* de semences. Cf. DUCANGE, Gl. *copellus*.

Copon, mesure de froment, III 9 : il fallait 24 copons pour faire un bichet. DUC. Gl. v° *cupa* 3.

Cortil I 15, *curtil* v f° 9, jardin.

Cumblo, mesure d'avoine : « summa d'aveina : IV cumblos chauchies, » II 26. Chauchies derive du bas lat. *calcatos* et signifie foulés, tassés. On sait que d'ordinaire le blé se mesurait *ad rasum* et l'avoine *ad comblum* ; de là le nom de *comblo* donné à la mesure d'avoine, qui n'était autre que le bichet : IV *comblos d'aveina*, cela signifie IV *bichez comblos d'aveina*.

Emina, mesure de terre IV 22 du b. lat. *heminata*. C'est l'espace de terrain que l'on ensemençait avec une émine de grains ; *l'emina* parait avoir été le double du bichet. Cf. DUCANGE Gl. *Hemina* et *Heminata*.

Gallina I, II, *gelina* v, poule.

Gors masc. plur. c. reg. pêcheries. Cf. Duc. Gl. *gordus* et Littré au mot *gord*.

Ivoygli, ivoylgli, ivoylli, yvolli v 14,13 et *passim*, étang empoissonné ? Dans la Dombes, on oppose *l'évolage* à *l'assec* : l'évolage est la période pendant laquelle les étangs sont pleins d'eau et donnent du poisson.

Levagio, levajo I 1, II 16, redevance en nature, consistant en une partie de la récolte.

Maigniz IV 33, habitation rurale.

Mange de bos, lisière de bois, v. Cf. DUCANGE, Gl. *manica* 6.

Mans I 16, *mas* II 38, IV 8, domaine rural.

Melli, maille. IV 23, petite monnaie.

Melpler, néflier, II 14.

Meytera, mesure de terre, plus grande que la coupée. v *pas*.

Morta, morte-eau, IV 20.

Muel plur. c. rég. meules de foin, IV 19.

Mulliers, mollier épouse IV 8, I 2.

Neyvros, v *pas* (?) : c'est vraisemblablement l'équivalent du v. franc, *noeray*, noue, prés bas, marécages, b. lat. *noa, novium*. Cf. Littré au mot *noue*.

Obola II 32, v 6, petite monnaie de la valeur d'un demi denier. Cf. DUCANGE, Gl. *quadrans* 1.

Orendreit, maintenant v 3.

Ouchal (terra) terre labourable, IV 26.

Parier c. suj. plur. copropriétaires v *passim*.

Pasquers, paturages, IV 13.

Pigins, pigeons, II 26.

Plastro, plaustro IV 14, v 14, 4, emplacement de terrain sur lequel se trouvent les batiments d'habitation.

Pralirrol, prairie II 21. Duc. Gl. *prataria, prateritia*.

Pusa, pöge I 1, petite monnaie. La *pöge* ou *poise* était la moitié de l'obole et le quart du denier.

Quartal, cartal IV 39, II 19, mesure de grains. Cf. Duc. Gl. *quartallus* et *cartallus* 2.

Quartella IV 6, mesure de terre que l'on peut ensemencer à l'aide d'un quartal de grains.

Ragies II 17, 4, Souches (?). Duc. Gl. *racha* 3.

Rio ruisseau, lat. *rivum* I 11.

Riveri v *pas*, plaine sur le bord d'un cours d'eau.

Sages, saules v 15.

Seis v *pas.*, petit étang empoissonné : « la meytie d'une seis a peschier dedenz lo pra Bernert, » v 15.

Sellion, mesure de terre, v.

Tepa, terre inculte v fᵒ 15.

Taschi, tachi, terra tachabla v *passim*, I 1, 5, 16. La tache était une redevance féodale analogue au champart.

Vaura ou *vavra* I 6, II 15, IV 8, 32, terre inculte, couverte de ronces.

Vercheri, enclos attenant à la maison d'habitation, II 2, IV 7, v *pas*.

Veuz, veaux II 22.

Vi chemin II 17, IV.

Violet, sentier IV 2.

NOTICES BIBLIOGRAPHIQUES

Les notices bibliographiques qui suivent, en dehors des *généralités*, sont placées dans l'ordre alphabétique des noms de départements et de pays. Nous y avons réuni, sur les publications relatives aux patois, toutes les indications que nous avions sous la main, sans essayer de les disposer méthodiquement, et sans viser à réparer dès maintenant les omissions, qui peuvent être nombreuses. Ces notices bibliographiques n'ont donc pas la prétention d'être complètes, elles n'ont que l'ambition de le devenir. Nous les compléterons, tout en les tenant au courant, dans les numéros suivants, de manière à faciliter la tâche de celui qui entreprendra plus tard une bibliographie générale des patois.

Nous avons été obligé, d'après les titres, de classer les publications tantôt par départements et tantôt par anciens pays. Il en résulte que, si l'on veut savoir par exemple ce qui a paru sur le patois de la Haute-Garonne, il faudra chercher à la fois à *Garonne (Haute)* et à *Languedoc*. Si l'on veut connaître les publications sur les patois du Languedoc, il faudra chercher non-seulement l'article *Languedoc*, mais encore les articles de tous les départements compris dans le Languedoc, et ainsi de suite.

Faute de place, nous ne donnons ci-après que les notices relatives au midi de la France et à la région lyonnaise. Les notices sur le nord du domaine gallo-romain, sur la Catalogne et sur la Suisse, se trouveront dans le prochain numéro.

GÉNÉRALITÉS

Bibliographies et études générales, localisations dialectales de textes anciens d'origine douteuse.

Dans les *Mélanges sur les langues, dialectes et patois* (Paris, Delaunay, 1831), pages 432 et suiv., se trouve une collection de versions de la Parabole de l'enfant prodigue, en divers idiomes ou patois de France (et régions limitrophes). Cette collection a été réimprimée, avec quelques additions, par M. Favre sous le titre de *Parabole de l'Enfant prodigue en 88 patois divers de la France* (Niort, Favre ; Paris, Champion).

Schnakenburg. — *Idiomes populaires de la France, choix de morceaux dans les principales nuances de tous les dialectes ou patois de la France* (Berlin, 1840).

*Salut à l'Occitanie, imité de Florian, traduit en cent sept idiomes,
la plupart d'origine romane* (Montpellier, Hamelin frères, 1886).

Rolland. — *Faune populaire de la France* (Paris, Maisonneuve,
6 volumes). Cf. *Romania*, XI, 633.

Hofmann. — *Sur la question des dialectes* (dans *Romanische Forschungen* I, 428).

Pierquin de Gembloux. — *Histoire.... bibliographique des patois*
(Techener 1841).

Reboul. — *Bibliographie des ouvrages imprimés en patois du midi
de la France et des travaux sur la langue romano-provençale* (dans
Bulletin du Bibliophile 1877). D'après un petit article consacré à ce
travail par M. Bauquier (*Romania*, VII, 347), l'auteur suit pas à pas,
pour la période moderne, Pierquin de Gembloux et Mary Lafon. Mais
il y a de bonnes indications relatives aux Bouches-du-Rhône et au Var.

Dans le *Jarbuch für romanische Literatur* (XII, 269), article de
Bartling sur les dialectes du midi de la France. L'auteur, dit M. Gaston Paris (*Romania*, I, 263) a surtout un point de vue pratique, et ne
se montre pas fort au courant des travaux faits dans ce domaine.

*Notices et extraits de quelques ouvrages écrits en patois du midi de
la France* (par Gustave Brunet), Paris, Leleux, 1840.

Dans la *Revue des langues romanes* (VI, 206 ; VII, 179, etc.), *Histoire littéraire des patois du midi de la France au XVIIIe siècle*,
par Noulet. *Appendice bibliographique* de cette étude dans *Revue des
langues romanes*, 2e série, III, 57.

Dans le bulletin de la *Société archéologique, scientifique et littéraire de Béziers* (2e série, VI), se trouve un catalogue des noms de
plantes dans les divers dialectes du midi, principalement en languedocien, par Azaïs.

Dictionnaire provençal (Le trésor du Félibrige), de Mistral (Paris,
Champion, 1878-86), contenant des formes empruntées à un bon
nombre de patois du midi.

Azaïs. — *Dictionnaire des idiomes romans du midi de la France*
(Paris, Maisonneuve 1877-81) Cf. *Romania*, V, 508.

Boucoiran. — *Dictionnaire des idiomes méridionaux qui sont parlés depuis Nice jusqu'à Bayonne et depuis les Pyrénées jusqu'au centre
de la France* (Paris, Maisonneuve, 1875-84) Cf. *Romania* IV, 158.

Tourtoulon et Bringuier. — *Étude sur la limite de la langue d'oc
et de la langue d'oïl* (dans *Archives des missions scientifiques et littéraires*, 3e série, III, 544, et Maisonneuve, 1876). Cf. *Romania*, VI, 630.

Dans l'*Archivio glottologico italiano* (III, 61), se trouve un important article de M. Ascoli, établissant un groupe de patois franco-provençaux, intermédiaire entre le provençal et le français.

Bauquier. — *Changement de* ts *final en* cs *et en* tch dans les patois
du midi (*Romania* VIII, 114).

Chabaneau. — *T final non étymologique en langue d'oc* (dans *Romania*, VIII, 110). Cf. les comptes-rendus de la *Romania* dans la *Zeitschrift für romanische philologie* (II, 492, et III, 304).

Du même : *Notes sur quelques pronoms provençaux* dans différents patois du midi (*Romania*, IV, 338; V, 232 et 372; VII, 329).

Bauquier. — *De quelques pronoms provençaux* (dans *Revue des langues romanes*, 2ᵉ série, VI, 23).

Clédat. — *Le pronom personnel neutre dans le Forez, le Lyonnais et la Bresse* (dans *Romania*, XII, 346).

Nicoles. — *Chute de* L *médiale dans quelques pays de langue d'oc* (dans *Romania*, VIII, 392).

P. Meyer. — *Les troisièmes personnes du pluriel dans les patois du midi* (dans *Romania*, IX, 192). Cf. *Romania*, XIII, 293.

Roque-Ferrier. — *Vestiges d'un article archaïque roman conservés dans les dialectes du midi de la France* (dans *Revue des langues romanes*, 3ᵉ série, II, 114 et même série, III, 145). Cf. *Romania*, IX, 156.

P. Meyer. — *Du passage d's,z à* R *et d'*R *à* s,z *dans les dialectes du midi de la France* (dans *Romania*, IV, 184, 464; V, 488). Cf. *Revue des langues romanes* (2ᵉ série, IX, 148).

Thomas. — *Du passage d's,z à* R, *etc. dans le Nord de la langue d'oc* (dans *Romania*, VI, 261). Cf. un article du même dans le *Giornale di filologia romanza*, I, 205, et *Romania*, IX, 622.

Le même. — EN *et* NA *en provençal* (dans *Romania*, XII, 585).

Sur les traces de l'*i* du nominatif pluriel latin dans les patois du midi, voyez *Romania*, XIV, 291.

Long article de P. Meyer (*Romania*, XIV, 485) sur des manuscrits provençaux de la collection Libri à Florence.

Zemlim. — *Der nachlaut i in den Dialecten Nord-und Ost-Frankreichs.* Cf. *Zeitschrift für romanische philologie*, V, 446.

Sur la localisation dialectale des plus anciens textes français (*Serments de Strasbourg, Prose de Sainte-Eulalie, Fragment de Valenciennes, Paraphrase du Cantique des Cantiques*), voyez Koschwitz, *Commentar zu den ältesten Französischen sprachdenkmälern*, qui renvoie aux travaux antérieurs.

Pour la *Chanson de Roland*, voyez les différentes éditions de ce poème, et *Romania*, XI, 400.

Sur le dialecte auquel doit être attribuée la langue des troubadours, voyez *Revue des langues romanes*, 3ᵉ série, I, 157 et suiv., et *Romania*, VIII, 460.

NOTICES CLASSÉES PAR DÉPARTEMENTS
ET ANCIENS PAYS

Ain.

Dans la *Statistique de l'Ain*, publiée en 1808 par les ordres du préfet Bossi (Paris, Testu), se trouve une étude sur les patois, p. 318.

Le Duc. — *Noëls Bressans et Bugistes* corrigés sur les premières éditions (Bourg, Martin-Bottier).

Le même : *Chansons et lettres patoises, Bugeysiennes et Dombistes, avec une étude sur le patois du pays de Gex* (Bourg, Martin-Bottier, 1881).

Le même : *L'enrôlement de Tivan*, comédie bressane du XVIIe siècle (Bourg, Gromier, 1870).

Philipon. — *Le patois de Jujurieux en Bas-Bugey* (dans *Annales de la Société d'émulation de l'Ain*, XVII et XVIII).

Fables en patois bugeysien, par le père Froment (Musy). Ont paru d'abord dans l'*Abeille de Nantua*. Publiées à part, Nantua, imprimerie Arène, 1860. Cf. Le Duc, *Les Fabulistes de l'Ain* (Bourg, imprimerie Villefranche, 1883), p. 47.

Dans la *Géographie de l'Ain* (1er volume), publiée par la Société de géographie de l'Ain (Bourg, imprimerie Centrale, 1885), se trouvent deux études sur les chants populaires et les patois de la Bresse et du Bugey, par M. Jarrin.

Clédat. — *Le pronom neutre dans la Bresse* (dans *Romania*, XIII, 346).

Le même : *Le patois de Coligny et de Saint-Amour* (dans *Romania*, XIV, 549).

L'Almanach de l'Ain (Bourg, Victor Authier), qui en est à sa vingt-troisième année, publie des textes patois.

Alpes (Basses).

Damase Arbaud. — *Chants populaires de la Provence* (Aix, Makaire, 1862-64).

Alpes (Hautes).

Voyez *Vaudois (pays)*.

Chabrand et Rochas d'Aiglun. — *Patois des Alpes Cottiennes et en particulier du Queyras* (Grenoble, 1877), contenant une grammaire, un glossaire, des exemples de patois divers de la région et un recueil de noms de lieux du Queyras et contrées contiguës.

Abbé Guillaume. — *Spécimen du langage de Savines* (Forcalquier, 1880. — Publication de l'*Athénée de Forcalquier*). Cf. *Romania*, IX, 632.

Du même : *Spécimen du langage parlé dans le département des Hautes-Alpes vers la fin du XIIe siècle* (dans *Revue des langues romanes*, 3e série, V, 54). Cf. *Romania*, X, 441.

Du même : *Le mystère de Saint-Eustache* (dans *Revue des langues romanes*, 3e série, VII, 105, et numéros suivants). Cf. *Romania*, XI, 168. — Tiré à part (Paris, Maisonneuve, 1883).

Du même : *Le mystère de Sant-Anthoni de Viennes* (Paris, Maisonneuve, 1884). Cf. *Romania*, XIII, 294.

Abbé Fazy. — *Le mystère de Saint-André* (Aix, imprimerie provençale, 1883). Cf. *Romania*, XIII, 134. On trouve dans ce volume une nomenclature des documents en langue vulgaire connus dans les Hautes-Alpes.

Alpes-Maritimes.

Toselli. — *Rapport d'une conversation sur le dialecte niçois* (Nice, Cauvin, 1864).

Andrews. — *Essai de grammaire du dialecte Mentonais*, (Nice, imprimerie Niçoise, 1875). Cf. *Romania*, IV, 492.

Du même : *Vocabulaire français-mentonais* (Nice, imprimerie Niçoise, 1877). Cf. *Romania*, VI, 620, et *Revue critique*, 1878, n° 39.

Du même : *Chanson recueillie à Menton* (dans *Romania*, IX, 590), et *Conte mentonais* (dans *Romania*, X, 244).

Du même : *Phonétique mentonaise* (dans *Romania*, XII, 354).

Sardou. — *L'idiome niçois* (Paris, Champion, 1878. — Extrait des *Mémoires de la Société des lettres, sciences et arts des Alpes-Maritimes*). Cf. *Romania*, VIII, 456.

Chabaneau. — *Inscription provençale en vers du XVI° siècle conservée dans l'église paroissiale du Bar* (dans *Revue des langues romanes*, 2° série, VI, 161).

Deux textes provençaux de Vence, communiqués par M. Blanc (*Revue des Sociétés savantes*, 6° série, III, 429).

Chanson populaire de Vence, publiée par Rolland dans *Romania*, XV, 122.

Ardèche.

Clugnet. — *Glossaire et grammaire du patois de Gilhoc* (Paris, Leroux, 1883).

Vaschalde de Vals. — *Anthologie patoise du Vivarais* (Montpellier, 1875). Cf. *Revue des langues romanes*, 2° série, III, dans la bibliographie du n° 1.

Du même : *Dictons et sobriquets populaires du Vivarais* (Marseille, 1874).

Du même : *Nos pères, proverbes et maximes du midi de la France* (1882).

Du même : *Une inscription en langue d'oc du XV° s. à Largentière* (dans *Rev. des langues romanes*, 2° série, t. IV, 57).

Le journal *Le patriote de l'Ardèche* publie depuis deux ans un almanach en patois du pays, de Privas à Largentière.

M. Massip, archiviste de Privas, nous écrit qu'il n'y a dans ses archives qu'un seul texte en patois. Il a bien voulu le mettre à notre disposition, et nous comptons le publier prochainement.

Ariège.

Sur le dialecte de l'Ariège, voyez *Revue des langues romanes*, II, 310.

Pasquier. — *Leudaire de Saverdun* (dans *Revue des langues romanes*, 3° série, II, 105. Cf. même Revue, 3° série, III, 117.

Du même : *Document de 1483* (dans *Revue des langues romanes*, 3° série, VII, 55).

Louis Garaud. — *Le latin populaire... au point de vue de la phonétique dans le dialecte languedocien de Pamiers* (Paris, Belin, 1885).

Extrait du *cartulaire de Saint-Pierre de Lézat* dans Meyer, *Recueil d'anciens textes*, p. 169.

Armagnac.

Bladé. — *Proverbes et devinettes populaires recueillis dans l'Armagnac et l'Agenais.* (Paris, Champion). Un supplément à ce travail a paru dans la *Revue de Gascogne*, XX, 512, sous le titre de: *Poésies françaises populaires recueillies dans le Bas-Armagnac.*

Aude.

Birat. — *Poésies narbonnaises* (Narbonne, Caillard, 1862).

Achille Mir. — *La Canson de la Lauseto* (Montpellier, 1876), précédée d'une grammaire.

Le même : *Glossaire des comparaisons populaires du Narbonnais et du Carcassez* (dans *Revue des langues romanes*, 3e série, IV, 277, et numéros suivants). Tiré à part.

Noulet. — *Le semen-contra de Mounreal*, poésie du siècle dernier en patois de Carcassonne (dans *Revue des langues romanes*, VII, 216).

Documents en langue vulgaire de Carcassonne (1370) et de Narbonne (1380, 1397, 1421), publiés par M. Alart dans *Revue des langues romanes*, 2e série, IV, p. 6, 8, 9 et 11.

Auvergne.

Bouillet- —*Album auvergnat* (Moulins, Desrosiers, 1853).

F. Mège. — *Souvenirs de la langue d'Auvergne* (1861; Aubry).

Doniol. — *Les patois de la Basse-Auvergne* (Montpellier). C'est une publication de la *Société pour l'étude des langues romanes*. Cf. *Romania*, VIII, 130.

Malval. — *Étude des patois de la Basse-Auvergne.* Cf. *Revue des langues romanes*, 3e série, V, p. 90 et suivantes.

Puitspelu. — « *Acala* » en auvergnat (dans *Romania*, XV, 436).

Aveyron.

Durand. — *Études de philologie et linguistique aveyronnaises* (Paris, Maisonneuve, 1879. — Extr. des Mémoires de la *Société des Lettres, Sciences et Arts de l'Aveyron*). Cf. *Romania*, IX, 152 et 159.

Abbé Vayssier. — *Dictionnaire du patois de l'Aveyron.*

Desjardins. — *Cartulaire de Conques en Rouergue* (Paris, Picard, 1879). Cf. *Revue des langues romanes*, 3e série, III, 277, en note.

Affre. — *Documents sur le langage de Rodez et de Millau du XIIe au XVIe siècle* (dans *Revue des langues romanes*, 3e série, I, 1). Cf. *Romania*, VIII, 295.

Constans. — *Le livre de l'épervier* (Millau), Voy. Rouergue.

Béarn.

Lespy. — *Grammaire béarnaise.* (2e édit., Maisonneuve, 1880).

Du même : *Dictons du pays de Béarn* (Paris, Champion, 1875).

Couaraze de Laa. — *Les Chants du Béarn et de la Bigorre* (Tarbes, 1861).

Hatoulet et Picot. — *Proverbes béarnais* (Paris, Frank, 1862).

Groeber. — *Plainte funéraire béarnaise* (XVIᵉ siècle, dans la *Zeitschrift für romanische philologie*, III, 399).

Ancienne traduction béarnaise de la *Disciplina clericalis*, publiée par Milà y Fontanals dans *Revue des langues romanes*, 2ᵉ série, II, p. 225 et suivantes.

Louis. — *Notes d'un vieux Béarnais sur le patois de son pays* (dans le Compte-rendu du *Congrès scientifique de Dax*, 1ʳᵉ session, mai 1882. — Dax, Médan, 1883).

Mazure et Hatoulet. — *Fors de Béarn et d'Oloron*. — Un extrait dans Meyer, *Recueil d'anciens textes*, p. 180.

Document béarnais (1411) publié par M. Alart dans *Revue des langues romanes*, 2ᵉ série, IV, 10.

Alart. — *Acte de procuration de 1409* (dans *Revue des langues romanes*, VI, 68).

Lespy et Raymond. — *Récits d'Histoire sainte en béarnais*. Cf. *Revue des langues romanes*, 2ᵉ série, III, 15 mai, et même série, IV, 291.

Les mêmes : *Dictionnaire béarnais* (Pau, Ribaut).

Raymond. — *Enquête sur les serfs du Béarn, XIVᵉ siècle* (dans *Bulletin de la Société des Sciences, Lettres et Arts de Pau*, 2ᵉ série, VII, 121). Cf. *Romania*, IX, 488.

Barthety et Soulice. — *Calvinisme de Béarn*, poème béarnais de J. H. Fondeville (Pau, Ribaut, 1880). C'est un tirage à part du *Bulletin de la Société des Sciences, Lettres et Arts de Pau*.

Bigorre.

Couaraze de Laa. — *Les Chants du Béarn et de la Bigorre* (Tarbes, 1861).

Bouches-du-Rhône.

Bonnes indications bibliographiques dans le *Bulletin du Bibliophile*, 1877. Voyez ci-dessus *Généralités*.

Fr. Mistral. — *Jean dou Porc*, poésie enfantine en patois de Maillane (*Romania*, I, 110).

G. Raynaud. — *Un testament marseillais en 1316* (dans *Romania*, VIII, 103).

Régis de la Colombière. — *Les cris populaires de Marseille* (Marseille, Lebon, 1868).

Lieutaud. — *Lou Rouman d'Arle* (dans *Revue de Marseille et de Provence*, avril 1873, p. 169). Cf. *Romania*, II, 379.

Extrait du *Cartulaire de St-Victor de Marseille* dans Meyer, *Recueil d'anciens textes*, p. 158.

Règlements pour les courtiers et les portefaix de Tarascon, 1454, dans Meyer, *Recueil d'anciens textes*, p. 184.

Thénard. — *Livre de raison d'un bourgeois de Marseille* (dans les publications de la *Société pour l'étude des langues romanes*, Montpellier).

Comminges.

Victor Cazos. — *Massouquels de Sent Biach.* (St-Gaudens, 1852).
« Ces poésies, dit l'éditeur, peuvent être regardées comme un spéci-
men exact de l'idiome parlé à St-Béat, à St-Bertrand et dans tout le
Comminges.

Corrèze.

Vialle. — *Dictionnaire du patois du bas-limousin et plus particu-
lièrement des environs de Tulle, par Béronie* (Tulle, 1823).
Chanson populaire du canton de Brives, publiée par Rolland dans
Romania, XV, 112.
Abbé Joseph Roux. — *Sent Marsal a Tula*, poème en langage de
Tulle (Montpellier, Hamelin frères, 1880).
Du même : *Bernat de Ventadourn*, en langage de Tulle (Montpellier,
Hamelin frères, 1881).
Du même : *Peire Rogier*, en même langage (Montpellier, Hamelin
frères, 1881).

Creuse.

Thomas. — *Rapport sur une mission philologique dans le départe-
ment de la Creuse* (dans *Archives des Missions*, 3e série, V, 423). Cf.
Romania, VIII, 469.
Dr Vincent. — *Etudes sur le patois de la Creuse*, (dans *Revue des
langues romanes*, 3e série, VI, 277). Cf. *Romania*, XI, 162.
Du même : *Etudes sur le patois de la Creuse* (dans *Mémoires de la
Société des sciences naturelles et archéologiques de la Creuse*, IV, 426,
et V, 226). Cf. *Romania* XI, 451, et XIV, 649.
Du même : *Le garçou que vai demanda no fillo en maridage*, coûte
en patois de la partie méridionale du canton de Guéret (dans *Revue des
langues romanes*, 3e série, XI, 261). Cf. *Revue des langues romanes*,
3e série, XII, 219.
Du même : *Le pitit tro de jau*, en patois de l'arrondissement de
Bourganeuf (dans *Revue des langues romanes*, 3e série, I, 105).

Dauphiné.

Ollivier. — *Essai sur l'origine des dialectes vulgaires du Dauphiné*,
suivi d'une *Bibliographie des patois de la même province* par Colomb
de Batines (Valence, Borel, 1838).
Abbé Moutier. — *Bibliographie des dialectes dauphinois, et documents inédits* (Valence, imprimerie valentinoise, 1885).
Gariel. — *Dictionnaire des patois du Dauphiné, de Chabrot* (Grenoble, Allier).
Lapaume. — *Recueil de poésies en patois du Dauphiné* (Grenoble,
Drevet, 1878).
Guichard. — *Une version dauphinoise de l'Escriveto* (dans *Revue
des langues romanes*, 3e série, XIV, 89).

Du même : *Lou vodou de San Brancaci*, comédie dauphinoise (Montpellier, Hamelin frères, 1882).

Révillout. — *Las noças de Jauselou-Roubi*, comédie dauphinoise du commencement du siècle (dans *Revue des langues romanes*, VIII, 114).

Saint-Remy. — *Lou siége de Solliem*, poème dauphinois de Boissier (Extrait de la *Revue des langues romanes*).

Roman. — *Document dauphinois de la fin du XII° siècle* (dans *Romania*, XIII, 275).

Armagna Doufinen. (Valence, Lantheaume). Nous avons sous les yeux l'almanach de 1886, qui nous a été envoyé par M. Liotard. Il contient, suivant l'usage, des contes et des poésies. Il est entièrement en patois.

Le *Bulletin de la société d'Archéologie de Valence* a publié un certain nombre de pièces patoises dont on annonce un tirage à part.

La *Petite Revue des Bibliophiles dauphinois* a publié un certain nombre de textes en dialecte dauphinois. Cf. *Romania*, II, 379.

Attribution au Dauphiné de l'*Alexandre* d'Albéric dit de Besançon, dans une dissertation de Flechtner. Cf. *Romania*, XI, 634.

Dordogne.

Chabaneau. — *Grammaire limousine*. Voy. *Limousin*.

Chanabeau. — *Noël périgourdin* (dans *Revue des langues romanes*, 2ᵉ série, VII, 164.

Du même : *Cantique périgourdin* (dans *Revue des langues romanes*, 3ᵉ série, XII, 157).

J. Clédat. — *La comtesse de Montignac*, poème en patois périgourdin (Périgueux, Vve Requier, 1873).

De Mellet. — *Deux chansons populaires recueillies dans la Dordogne* (dans *Revue des Sociétés savantes*, 5ᵉ série, VII, 517).

Fragment d'une chanson populaire du Périgord, publié par Rolland dans *Romania*, XV, 123.

Auguste Chastanet. — *Lous bougueis de la Jano*, poème périgourdin (Périgueux, imprimerie Dupont, 1875).

Doubs.

Tissot. — *Le patois des Fourgs* (1865).

Du même : *Les Fourgs et les environs. — Les mœurs.* — (Besançon, Marion, 1873), ouvrage contenant des proverbes et des textes patois.

Humbert. — *Recueil de Noëls anciens en patois de Vanclans*, nouvelle édition revue par Journot (Besançon, Marion).

A.-B.-C.-H. — *La Crèche*, drame populaire en patois de Besançon, recueilli d'après les traditions orales, onzième édition (Besançon, Outhenin-Chalandre).

Recueil de Noëls anciens en patois de Besançon (Besançon 1804).

Belamy. — *Recueil de Noëls anciens en patois de Besançon* (Besançon, Bintot, 1842).

Mme Brun. — *Essai d'un dictionnaire comtois-français* (Besançon, 1753.)

Bouchot. — *Les Gaudes*, poésies patoises (Besançon, 1883).

Du même : *Contes francs-comtois* (Paris, 1887).

Contejean. — *Glossaire du patois de Montbéliard*, précédé d'une grammaire et suivi de textes patois (Montbéliard, imprimerie Barbier, 1876).

Recueil de quelques poésies en patois des environs de Montbéliard (Montbéliard, Barbier, 1865).

Chaque année, le 14 juillet, il se publie à Montbéliard un journal contenant des articles patois.

Drôme.

Accarias. — *Actes de décès* (XVI⁰ siècle) à *Saint-Paul-Trois-Châteaux* (dans *Revue des langues romanes*, 3e série, IV, 275).

Charte valencienne publiée dans Meyer, *Recueil d'anciens textes*, p. 159.

L'abbé Chevalier. — *Cartulaire de Saint-Paul de Romans.*

Coutume de Saint Vallier, publiée dans la *Petite Revue des bibliophiles Dauphinois* (1870), et dans Meyer, *Recueil d'anciens textes*, p. 173 et suivantes, en note.

Grivel de Crest. — *Poésies, théâtre, patois, mélanges* (Valence, 1878).

Forez.

Gras. — *Dictionnaire du patois Forézien* (Lyon, Brun, 1863), suivi d'une grammaire, et d'une étude sur les patois du Forez avec des spécimens répartis sous 4 divisions : patois de la montagne, patois forézien proprement dit, patois des villes industrielles, patois du Roannais.

Glossaire d'Onofrio, voyez *Lyonnais.*

Clédat. — *Le pronom neutre en Forez* (dans *Romania*, XII, 346).

Brunet. — *Le ballet forézien* (Paris, Aubry, 1855).

Franche-Comté

Foerster. — *Lyoner Ysopet* (Heilbronn, Henninger), texte attribué par l'éditeur au dialecte de la Franche-Comté.

Fallot. — *Recherches sur le patois de la Franche-Comté, Lorraine et Alsace* (Montbéliard, 1828).

Gard

Bigot. — *Li boutoun dé guéto*, poésies patoises (Nîmes, Salles, 1859, 2e édition).

Le même : *Li Bourgadieiro*, en dialecte de Nîmes (Nîmes, Chautard, 1875, 6e édition).

Fesquet. — *Monographie du sous-dialecte languedocien du canton de La Salle Saint-Pierre* (dans *Revue des langues romanes*, 3e série, XI, 54, 238, et XII, 53).

Du même : *Proverbes et dictons recueillis à Colognac*, arrondissement du Vigan (dans *Revue des langues romanes*, VI, 103). Cf. *Romania*, III, 499.

Mazel. — *Les proverbes du Languedoc, de Rulman de Nimes* (dans *Revue des langues romanes*, 3e série, III, 42).

Chanson populaire de Lasalle, publiée par Rolland, dans *Romania*, XV, 114.

Aragon. — *Un poète cévenol, Laurent Cabanis* (dans les *Mémoires de l'Acdémie de Montpellier*, V, 539). Cf. *Romania*, VIII, 145.

Roque-Ferrier. — *Les pluriels de l'article archaïque à Nimes* (dans *Revue des langues Romanes*, 3e série, IV, 40).

P. Meyer. — R *pour* s, z *à Beaucaire* (dans *Romania*, V, 488).

Bauquier. — *Lettre sur la charte Alaisienne de 1200* (dans *le Bulletin de la Société scientifique et littéraire d'Alais*, VIII, 73).

Tarif en langue vulgaire dressé par ordre de la Cour Royale et du Viguier de Nimes (dans *Revue des Sociétés Savantes*, 6e série, I, 536).

Charvet. — *Un épisode d'histoire locale sous le règne de Charles VI* (dans *le Bulletin de la Société scientifique et littéraire d'Alais*). Cet article contient des fragments en langue vulgaire.

Du même. — *Deux quittances en langue romane délivrées par les abbesses du Monastère de Ste-Claire d'Alais au XIVe siècle* (dans *Revue des langues romanes*, IV, 403).

Garonne (Haute)

Odde de Triors. — *Les joyeuses recherches de la langue tolosaine*, (1578. Réimprimé en 1847).

Roumeguère. — *Glossaire mycologique étymologique* (dans les *Mémoires de la Société agricole des Pyrénées-Orientales*, XXI, 217). Cf. *Romania*, IV, 297.

Roque-Ferrier. — *L'article archaïque dans la vallée de Larboust* (dans *Revue des langues romanes*, 3e série, III, 145).

Sur le parfait toulousain en *egui*, voyez De Tourtoulon, *De quelques formes de l'ancienne langue d'oc* (dans *Revue des langues romanes*, V, 354); et *Romania*, III, 420.

Particularité du patois de la Haute-Garonne signalée dans *Romania*, VIII, 116, ligne 9.

Sur le langage de St-Béat, voyez la notice bibliographique du *Comminges*.

Noulet. — *Las ordenansas del Libre blanc*. Cf. *Revue Critique*, 1878, no 109.

Du même : *Notice sur « Le passotens moundi », poème toulousain* (dans *Revue des langues romanes*, 3e série, XII, 133).

Charte des habitants de Villemur (1178), dans Teulet, *Trésor des Chartes*, I, 120, et dans Bartsch, *Chrestomathie provençale*, 97.

Sur l'école poétique de Toulouse, voyez les leçons de M. Couture, publiées dans le tome XXI de la *Revue de Gascogne*.

Gascogne

Luchaire. — *Recueil de textes de l'ancien dialecte gascon*, classés par régions (Paris, Maisonneuve, 1881). Cf. *Romania*, XI, 135.

M. Luchaire dans sa thèse latine *De lingua Aquitanica* (Paris, Hachette 1877), parle des rapports phonétiques du basque et du dialecte gascon. Cf. *Romania*, VII, 140. Ce travail, refondu, a été publié en français sous le titre de *Les origines linguistiques de l'Aquitaine* (Pau, 1877).

Du même : *Etude sur les idiomes pyrénéens de la région française* (Paris, Maisonneuve).

Bladé. — *Poésies populaires de la Gascogne* (Paris, Maisonneuve).

Couture. — *Quatre actes en gascon navarrais du XIVe siècle* (dans *Revue de Gascogne*, 1874, p. 220).

Document gascon, publié par M. Marchegay dans la *Revue des Sociétés savantes*, 6e série, tome II, 421. Cf. *Romania*, VI, 156.

Gers.

Cénac-Moncaut. — *Dictionnaire gascon-français*, dialecte du département du Gers (Aubry, 1863).

Coutume de Pouy-Carréjelart (1303) dans *Archives historiques du département de la Gironde*, tome XVII. Cf. *Romania*, VII, 475.

Gévaudan.

Abbé Baldit. — *Glanes gévaudanaises* (Mende, 1859).

Gironde.

L'abbé Caudéran. — *Dialecte bordelais* (Aubry, 1862).

Meste Verdié. — *Œuvres complètes* (12e édition, Bordeaux, 1876).

Hérault.

Barthès. — *Glossaire botanique de l'arrondissement de Saint-Pons*, précédé d'une étude du dialecte languedocien. Cf. *Revue des langues romanes*, IV, 700.

Atger. — *Poésies populaires en langue d'oc* (Montpellier, 1875).

De Tourtoulon. — *Note sur une variété du sous-dialecte de Montpellier* (dans *Revue des langues romanes*, IV, 424).

Montel. — *Inventaire des archives de la commune clôture* (dans *Revue des langues romanes*, II, 85 ; III, 9, etc.).

Du même : *Le Mémorial des Nobles*, de Montpellier (dans *Revue des langues romanes*, IV, 481 à VI, 39). — Sur l'édition Germain du *Mémorial des Nobles*, voy. *Romania*, XIII, 166.

Roque-Ferrier. — *Les pluriels de l'article archaïque à Lansargues, et le* Pater noster *Montpellierain du poète Gervais* (dans *Revue des langues romanes*, 3e série, IV, 40).

Espagne. — *Proverbes et dictons populaires recueillis à Aspiran* (dans *Revue des langues romanes*, IV, 600).

Inscription de Béziers (1418), publiée par M. Noguier dans le Bulletin de la *Société archéologique de Béziers* (2e série, IV, 336), et par M. Soucaille dans la *Revue des Sociétés savantes* (mars-avril 1872, p. 421). Cf. *Romania*, I, 504.

Westphal-Castelnau. — *Termes de marine et de pêche en usage à Palavas* (dans *Revue des langues romanes*, 3e série, IX, 130).

Chanson populaire de Gauges, publiée par Rolland, dans *Romania*, XV, p. 118. — P. 119, même chanson en patois de Lodève. — P. 120, même chanson en patois de Béziers.

Document en langue vulgaire de Montpellier (1361), publié par M. Alard, dans *Revue des langues romanes*, 2e série, t. IV, 5.

Extrait du *cartulaire de Saint-Guillem-du-Désert* dans Meyer, *Recueil d'anciens textes*, p. 164 et 167.

Langlade. — *Lous las d'amour*, poëme en langage de Lansargues (Montpellier, Hamelin frères, 1879).

Azaïs. — *Amfos de Barbastre*, conte en langage de Béziers (Montpellier, Hamelin frères, 1881).

A. Roux. — *Lou Vele e l'anel*, en vers de Lunel-Vieil (Montpellier, Hamelin frères, 1880).

Langlade. — *Malhan e Daudet*, églogue en langage de Lansargues (Montpellier, Hamelin frères, 1881).

Du même : *l'aulet e Gourgas*, églogue en même langage (Montpellier, Hamelin frères, 1882).

Chassary, Gautier et Vergne. — *Poésies languedociennes* en sous-dialecte des environs de Montpellier (Ibidem, 1882).

Donnadieu. — *Santo Marto del Soulèl*, légende en vers biterrois (Ibidem, 1884).

Verses Bezieirencs de Jacques Azaïs (Montpellier, Hamelin frères).

Roque-Ferrier. — *Fragment d'un poëme en langage de Bessan* (extrait de la *Revue des langues romanes*).

L'iou de Pascas, armanac rouman, qui se publie chaque année à Montpellier (Hamelin frères), est entièrement rédigé en patois. Première année, 1881.

Isère.

J.-J. Champollion — Figeac. — *Nouvelles recherches sur les patois de la France et en particulier sur ceux du département de l'Isère* (Paris, Goujon, 1809). Ce petit volume contient en appendice différentes pièces en patois de *Grenoble*, de *l'Oysan*, de *Trièves*, des proverbes dauphinois, un petit vocabulaire des patois de l'Isère, et il se termine par une notice bibliographique des ouvrages imprimés en patois du département de l'Isère.

Rivière. — *Notes sur le langage de Saint-Maurice de l'Exil*, canton de Roussillon (dans *Revue des langues romanes*, 2e série, VI, 11). Cf. *Romania*, VIII, 132.

Le même. — *Conte en patois de Saint-Maurice de l'Exil* (dans *Revue des langues romanes*, 2e série, VII, 184). Cf. *Romania*, VIII, 133.

Italie.

Sur les patois franco-provençaux d'Italie, voyez *Archivio glottologico italiano* (III, 61).

Montet. — *Histoire littéraire des Vaudois du Piémont* (Paris, Firsbacher, 1885). Cf. *Romania*, XIV, 319.

Jura.

Pyot. — *Statistique générale du Jura* (Lons-le-Saunier, Courbet, 1838), avec une étude sur les patois, p. 373 et suivantes.

Clédat. — *Le patois de Coligny et de Saint-Amour* (dans *Romania*, XIV, 549).

Landes.

De Grateloup. — *Grammaire gasconne et française* (1784), publiée dans *Revue des langues romanes*, 3ᵉ série, XVI, 5, et 4ᵉ série, I, 15).

Paul Meyer. — *Étude sur une charte landaise de 1268 ou 1269* (dans *Romania*, III, 433, et IV, 462). Cf. *Revue des langues romanes*, VIII, 19, et *Romania*, VIII, 404, note.

Languedoc.

Sauvages. — *Dictionnaire languedocien-français* (Nîmes, 1785, et Alais, 1820).

D'Hombres. — *Dictionnaire languedocien-français* (Alais, Brugueirolle, 1872). Cf. *Revue des langues romanes*, 3ᵉ série, II, 293.

Jeux et sournetas du Bas-Languedoc (dans *Revue des langues romanes*, V, 125).

Recueil des proverbes météorologiques et agronomiques des Cévennols (dans *Annales de l'Agriculture française*, 2ᵉ série, XIX).

Montel et Lambert. — *Chants populaires du Languedoc* (ont paru dans la *Revue des langues romanes*).

Lambert. — *Contes populaires du Languedoc* (dans *Revue des langues romanes*, 3ᵉ série, XIII, 184, etc.)

Chanson populaire languedocienne, publiée par Rolland dans *Romania*, XV, 117.

Chabaneau. — *Noël languedocien inédit* (dans *Revue des langues romanes*, 2ᵉ série, VII, 10).

Le même : Tɪ *interrogatif en Bas-Languedoc* (dans *Romania*, VI, 442).

Sur la double forme de l'article et des pronoms en languedocien, voyez *Romania*, V, 406 et 507.

Émile Labroue. — *Mémoire sur le poète Arnaud Daubasse* (Toulouse, 1873).

L'Armana de Lengado (continuation de l'*Armagna cevenou*), qui se publie chaque année à Alais, chez Brugueirolle et Cie (Paris, Thorin), est entièrement rédigé en patois.

Limousin.

Chabaneau. — *Grammaire limousine* (Paris, Maisonneuve, 1876). Cet excellent ouvrage, qui a d'abord paru dans la *Revue des langues romanes*, doit être recommandé à l'imitation de tous ceux qui veulent entreprendre des études de patois.

Foucaud et Richard. — *Poésies en patois limousin* (Limoges, Decourtieux, 1848-49).

Ruben. — *Poésies de Foucaud, édition philologique* (Didot frères, 1865).

Euglent. — *Deux chansons pastorales limousines* (dans *Zeitschrift für romanische philologie*, III, 397).

Colonie limousine en Saintonge Voy. *Charente*.

Clément-Simon. — *Proverbes recueillis dans le Bas-Limousin* (dans *Revue des langues romanes*, 3e série, III, 84).

Abbé Roux. — *Proverbes bas-limousins* (dans *Zeitschrift für romanische philologie*, VI, 526).

Leroux, Molinier et Thomas. — *Documents historiques bas-latins, provençaux et français,* concernant principalement la Marche et le Limousin (Limoges, Ducourtieux).

Sermons limousins, publiés dans Meyer, *Recueils d'anciens textes,* p. 40.

Annuari lemouzi per lou bel an de Dieu 1884 (Périgueux, Cassard frères), avec des textes patois.

Champeval. — *Deux lettres patoises de Baluze* (dans le *Bulletin de Brives*).

Attribution du langage des troubadours au dialecte limousin dans la leçon d'ouverture du cours de M. Chabaneau à la Faculté des Lettres de Montpellier. (*Revue des langues romanes,* 3e série, I, 157). Cf. *Romania,* VIII, p. 460.

Loire.

Coutume de Saint-Bonnet le Château, publiée dans la Mure, *Histoire du Forez,* III, pièces supplémentaires, p. 71, dans Meyer, *Recueil d'anciens textes,* p. 173, et dans l'*Histoire de Saint-Bonnet le Château,* par Vincent Durant (Lyon, 1885, I, 74).

Œuvres complètes de Jean Chapelon (St-Etienne, 1837).

Consultez la bibliographie qui précède le *Glossaire* d'Onofrio.

Loire (Haute).

Abbé Payrard. — *Noëls vellaves de l'abbé Cordat* (Le Puy, Freydier, 1876).

Smith. — *Un alleluia pascal en Velay* (dans *Revue des langues romanes,* 2e série, VI, 217).

Chassaing. — *Cartulaire des Templiers du Puy-en-Velay* (Paris, Champion, 1882). Cf. *Romania,* XIII, 167.

Lot.

La chanson de Jean Renaud en patois de Sérignac (dans *Romania,* XI, 107).

Coutume de Montcuq, dans Meyer, *Recueil d'anciens textes,* p. 186.

Lot-et-Garonne.

Roque Ferrier. — *Le langage de Villeneuve-d'Agen* (dans *Revue des langues romanes,* 3e série, X, 261).

Bladé. — *Proverbes et devinettes populaires recueillis dans l'Agenais* (Paris, Champion).

Le même : *Contes populaires agenais* (Toulouse, Baer).

Delbès. — *Lou Ritchouné* (2e édition, Agen, 1876).

Jasmin. — *Las papillotos.* (Agen, Chairou, 1843-63).

Magen et Tholin. — *Archives municipales d'Agen.* Cf. *Revue critique,* 1877, n° 99.

Rebouis. — *Coutume de Clermont-Dessus en Agenais* (dans *Nouvelle revue historique du droit,* 1881, p. 45). Cf. *Romania,* X, 447.

Coutume de Pujols (1309) dans *Archives historiques du département de la Gironde,* tome XVII. Cf. *Romania,* VII, 475.

Lozère.

Chanson populaire de la Lozère, publiée par Rolland dans *Romania,* XV, 115.

Lyonnais.

Onofrio. — *Essai d'un glossaire des patois de Lyonnais, Forez et Beaujolais, précédé d'une Bibliographie de ces patois* (Lyon, Scheuring, 1864).

Puitspelu. — *Sur quelques particularités curieuses du patois lyonnais* (Lyon, imprimerie Pitrat, 1883. — Extrait de la *Revue lyonnaise,* tome VI).

Du même : *Des verbes dans notre bon patois lyonnais* (Lyon, imprimerie Pitrat, 1883. — Extrait de la *Revue lyonnaise,* tome VI).

Du même : *Vieilles choses et vieux mots lyonnais* (Lyon, imprimerie Mougin-Rusand, 1885. Extrait de la *Revue lyonnaise*).

Du même : *Très humble essai de phonétique lyonnaise* (Lyon, Georg, 1885). Cf. *Revue des langues romanes,* 3e série, XIV, 149.

Du même : *Dictionnaire étymologique du patois du Lyonnais,* 1re livraison, A. — *Dardenna* (Lyon, Georg, 1877), excellent ouvrage dont nous rendrons compte avec plus de détails.

Du même : *Notes sur des mots lyonnais* (*antiron, cala*) dans *Romania,* XV, 435 et 436.

Du même : *Ambaissi, ambiorses en lyonnais* (dans *Revue des langues romanes,* 3e série, XVI, 309).

Monin. — *Etude sur la genèse des patois, et en particulier du roman ou patois lyonnais,* avec textes patois (Paris, Dumoulin, 1873).

Philipon. — *Phonétique lyonnaise au XIVe siècle* (dans *Romania,* XIII, 542).

Clédat. — *Le pronom neutre en lyonnais* (dans *Romania,* XII, 346).

Cornu. — *L'adjectif possessif féminin en lyonnais* (dans *Romania,* XV, 134). Cf. *Romania,* même tome, p. 430 et 434 (Philipon et Puitspelu).

Marche.

Leroux, Molinier et Thomas. — *Documents historiques, bas-latins, provençaux et français, concernant principalement la Marche et le Limousin* (Limoges, Ducourtieux).

Navarre

Voy. *Gascogne.*

Provence.

Pellas. — *Dictionnaire provençal et français* (Avignon, 1723).

Achard. — *Dictionnaire de la Provence et du Comtat venaissin* (Aix, 1785).

M. G. — *Nouveau dictionnaire provençal-français* (Marseille, Masvert et Camoin, 1823).

Avril. — *Dictionnaire provençal-français* (Apt, Cartier, 1840).

Honorat. — *Dictionnaire provençal-français* (Digne, Repos, 1846-50).

Mistral. — *Dictionnaire provençal-français* (Paris, Champion).

Chabaneau. — *TI interrogatif en provençal moderne* (dans *Romania*, VI, 442).

Sur l'article pluriel masculin dans le dialecte ancien et dans le patois moderne de la Provence, voy. *Romania*, III, 115 et 420.

L'abbé Albanès. — *Inventaires de diverses églises de Provence* (dans *Revue des Sociétés savantes*, 7e série, I, 148). Le dernier de ces inventaires est en provençal.

La chanson de Jean Renaud en patois provençal (dans *Romania*, XI, 105).

L'*Armana provençau*, qui se publie chaque année à Avignon chez Roumanille (Paris, Thorin), est entièrement rédigé en provençal.

Quant aux œuvres des félibres de Provence, elles sont trop connues, et à juste titre, pour qu'il soit utile de les énumérer ici.

Puy-de-Dôme

Mège. — *Souvenirs de la langue d'Auvergne, essai sur les idiotismes du département du Puy-de-Dôme* (Aubry, 1861).

Cohendy et Thomas. — *Strophes au Saint-Esprit en dialecte auvergnat* (dans *Romania*, VIII, 244). Le manuscrit de ce texte a été trouvé à Saint-Julien de Coppel, près de Billom. Cf. *Revue des langues romanes*, 3e série, II, p. 82 et suiv. — L'origine auvergnate a été contestée.

Charte du Puy-de-Dôme publiée dans Meyer, *Recueil d'anciens textes*, 171.

Pyrénées (Basses)

Raymond. — *Un règlement pour la saison thermale des Eaux Chaudes en 1576* (dans *Bulletin de la Société des Sciences, Lettres et Arts de Pau*, 1871-72, p. 111.) Cf. *Romania*, II, 506.

De Puymaigre. — *Chants populaires recueillis dans la vallée d'Ossau* (Eaux-Bonnes), dans *Romania*, III, 89.

Alart. — *Certificat délivré par les jurats de Pau* (1411), dans *Revue des langues romanes*, IV, 515.

Bémont et Meyer. — *Charte du pays de Soule* (dans *Romania*, V, 367). Cf. *Revue des langues romanes*, 2e série, II, no 11.

Pyrénées (Hautes)

Dejeanne. — *Contes de la Bigorre* (dans *Romania*, XII, 566.)

Quercy

Devic. — *Variations phonétiques de la sifflante s dans le languedocien parlé en Quercy* (dans *Mémoires de la société de linguistique de Paris*, III, 165).

Magen. — *Souvenirs d'une course en Quercy* (publication de la Société d'agriculture, sciences et arts d'Agen). Cf. *Romania*, II, 276, et IV, 154.

Rhône

Les *Œuvres de Marguerite d'Oyngt*, publiées par notre collaborateur M. Philipon (Lyon, Scheuring, 1877).—Marguerite d'Oyngt, prieure de Polletins, a vécu à la fin du XIIIe siècle. Elle mourut probablement en 1310, d'après l'opinion de M. C. Guigue. Le manuscrit de ses œuvres fait partie de la Bibliothèque publique de Grenoble ; il est du premier quart du XIVe siècle. Le Bois d'Oingt, chef-lieu de canton de l'arrondissement de Villefranche, et le village d'Oingt, sont situés au N. O. de Lyon. Le monastère de Polletins était situé de l'autre côté de la Saône, dans la paroisse de Mionnay, qui forme aujourd'hui une commune de l'arrondissement et du canton de Trévoux (Ain). Sur le mérite littéraire des œuvres de Marguerite d'Oingt, voy. J. Victor Leclerc, *Hist. littéraire de la France*, t. XX. Sur la publication de M. Philipon, voy. *Romania* VII, 42.

Pour le XIVe siècle, il faut citer les trois *syndicats* (procès-verbaux d'élections consulaires) de 1352, 1355, 1358, publiés par M. C. Guigue à la suite du *Cartulaire municipal de la ville de Lyon*, Lyon, 1876. On y remarque un mélange de français et de formes lyonnaises. Des fragments de ces syndicats avaient déjà été publiés par Godemard, dans les *Documents pour servir à l'histoire de Lyon*, et par Péricaud dans les *Notes et documents pour servir à l'histoire de Lyon*. De la même année que le premier de ces syndicats (1352) est une inscription en langue vulgaire qui fait partie du musée épigraphique de la ville de Lyon. Elle consacre l'institution d'une messe perpétuelle pour le repos des âmes d'une famille de Lyonnais dont plusieurs membres étaient morts de la peste en 1348. Cette inscription a été publiée par Artaud, dans la *Notice des antiquités et des tableaux du musée de Lyon*, par Comarmond, dans la *Description lapidaire du musée de Lyon*, enfin par Onofrio dans la bibliographie qui précède son *Glossaire* (v. ci dessus, article *Lyonnais*).

Dans *Lyon-Revue* et dans la *Revue lyonnaise*, M. Georges Guigue a publié plusieurs textes lyonnais, et notamment le *Livre de raison d'un bourgeois de Lyon au XIVe siècle* (*Lyon-Revue*), les *Possessions du prieuré d'Alix* (*Revue Lyonnaise*, 15 juillet 1883), le *Carcabeau du péage de Givors* (*Revue Lyonnaise*. 15 février 1883).

Philipon. — *Un Lyonnais à Paris au XIVe s.* (extrait de *Lyon-Revue*, 30 avril 1884). — Cf. *Romania*, XIII, 476.

Du même : *La Bernarda Buyandiri, tragi-comédie en patois lyonnasi du XVIIe siècle* (extrait de la *Revue lyonnaise*. — Lyon, Georg, 1885). Cf. *Romania*, XIII, 319.

Du même : *Chansons en patois lyonnais* (dans *Lyon-Revue*. Le premier article a paru dans le numéro de septembre 1886).

Puitspelu. — *Un Noël satirique en patois lyonnais*, Lyon, Storck, 1883. — Notre collaborateur Puitspelu se propose de publier bientôt une édition corrigée de ce noël.

Consultez la bibliographie qui précède le *Glossaire* d'Onofrio.

Rouergue

Vayssier. — *Le dialecte rouergat* (dans *Revue des langues romanes*, III, 78, 354).

Aymeric. — *Le dialecte rouergat* (dans *Zeitschrift für romanische Philologie*, III, 322). — Cf. *Romania*, IX, 163.

Constans. — *Essai sur l'histoire du sous-dialecte du Rouergue* (dans les *Mémoires de la Société des lettres, sciences et arts de l'Aveyron*, t. XII). Cf. *Rev. des langues romanes*, 3e série, IV, 249, et V, 27.

Durand. — *Notes de philologie rouergate* (dans *Rev. des langues romanes*, 3e série, VII, 62, 218; X, 157, 209; XI, 77, etc.). Cf. *Romania*, XI, 348.

Constans. — *Le livre de l'épervier, cartulaire de la commune de Millau*, suivi d'autres documents relatifs au Rouergue, Paris, Maisonneuve (publication de la *Société pour l'étude des langues romanes*).

Mazel et Vigouroux. — *Le testament de Couchard, dialecte en vers rouergats du XVIIe s.* (23e fascicule des publications de la Maintenance du Languedoc. — Montpellier, Hamelin frères, 1882).

Saône (Haute)

Pratbernon. — *Restes des langues et coutumes anciennes... dans les noms propres des terres et des cantons parcellaires de la Haute-Saône* (dans *Mémoires de la commission d'archéologie de la Haute-Saône*, t. I, fasc. 1.)

Dornier. — *Essai historique et voyages pittoresques dans l'arrondissement de Gray* (3 vol., Gray et Besançon, 1836).

Saône-et-Loire

Ragut. — *Statistique du département de Saône-et-Loire* (Mâcon, 1838), contenant une étude sur les patois de la Bresse Chalonnaise.

Lhuilier. — *Noels Maconnais*, traduits par Fertiault (à la suite des *Noëls bourguignons* de La Monnoye).

Savoie

Bauquier. — *Une particularité du patois de Queige* (dans *Romania*, V, 493). Cf. *Romania*, VI, 447.

L'abbé Pont. — *Origines du patois de la Tarentaise* (Paris, Maisonneuve, 1872), avec des échantillons des divers patois de cette région. Cf. *Revue critique*, 1872, nº 7.

Brachet. — *Dictionnaire du patois savoyard d'Albertville* (Albertville, Hodoyer). — Nouv. édit. sous presse.

Constantin. — *La muse savoisienne au XVIIe s. : la plaisante pronostiquation faite par un astrologue de Chambéry, avec la Moquerie savoyarde* (Annecy, imprim. Abry, 1884).

L'*Almanach de Dian de la Jeanne*, qui paraît chaque année à Chambéry (imprim. Ménard) contient à la fin quelques poésies patoises.

Savoie (Haute)

Constantin. — *Littérature orale de la Savoie, proverbes, devinettes, contes*, etc. (Annecy, imprim. Dépollier et Cie, 1882). Contient un petit chapitre sur la prononciation du patois d'Annecy.

Le même : *Chansons choisies de Joseph Béard en patois de Rumilly* (Annecy, imprim. Abry, 1866).

La *Revue savoisienne*, publication mensuelle de la Société florimontane (Annecy, imprimerie Abry) en est à sa 28e année. Le dernier numéro (janv. 1887) contient une chanson de Joseph Béard.

Tarn.

Couzinié. — *Dictionnaire de la langue romano-castraise* (Castres, Cantié, 1850).

L'abbé Gary. — *Dictionnaire patois-français à l'usage du département du Tarn et des départements circonvoisins* (Castres, imprimerie Pujol, 1845).

Chanson populaire de Brassac, publiée par Rolland, dans *Romania*, XV, 111.

Tarn-et-Garonne.

Trois versions différentes d'une chanson populaire, publiées par Rolland, *Romania*, XV, 121 et 124.

Var.

Bonnes indications bibliographiques dans le *Bulletin du bibliophile*, 1877. — Voy. ci-dessus *Généralités*.

Fragment du *Cartulaire de Lérins* dans Meyer, *Recueil d'anciens textes*, p. 162.

Giraud. — *Archives administratives ou Capitouls de la Cadière* (Toulon, 1851). — Extrait dans Meyer, *Recueil d'anciens textes*, p. 192.

Vaucluse.

Achard. — *Dictionnaire de la Provence et du Comtat Venaissin* (Aix, 1785).

Barjavel. — *Dictons et sobriquets patois des villes et villages du département de Vaucluse* (Carpentras, 1849).

Flore d'Apt, dans les *Annales de la Société historique d'Apt*, 2e année, p. 86.

Sabatier. — *Chansons hébraïco-provençales des Juifs Contadins* (Nîmes, Catélan, 1874). — Cf. *Romania*, III, 498.

Lieutaud. — *Un troubadour aptésien de l'ordre de St-François* (dans *Revue de Marseille et de Provence*, 1874, p. 121.) — Cf. *Romania*, IV, 510.

Alart. — *Document en langue vulgaire d'Avignon* (vers 1423), dans *Revue des langues romanes*, 2e série, t. IV, p. 12.

Pierre de Marelles. — *Lou poutoun de la princesso*, poème en sous-dialecte d'Avignon (Montpellier, Hamelin frères, 1884).

Vaudois (pays).

Rœsiger. — *Neu Hengstett, Geschichte und Sprache einer Waldenser Colonie in Württemberg* (Greifswald, Abel). — Cf. *Romania*, XII, 431.

Vienne (Haute).

La Chanson de Jean Renaud en patois de Limoges (dans *Romania*, XI, 104).

Guibert. — *Le livre de raison d'Etienne Benoist* (Limoges, Ducourtieux, 1882). — Cf. *Romania*, XII, 123.

Vosges.

Haillant. — *Flore populaire des Vosges* (Epinal, chez l'auteur).

Du même : *Essai sur un patois vosgien* (Uriménil), comprenant une grammaire et un dictionnaire (Epinal, chez l'auteur).

Du même : *Concours des patois vosgiens à la détermination de l'origine des lieux-dits des Vosges* (Ibid.).

Du même : *Bibliographie vosgienne de 1883*, 1884 (Ibid.)

Jouve. — *Noëls patois chantés dans la Meurthe et dans les Vosges* (Didot frères, 1864).

Le même. — *Coup d'œil sur les patois vosgiens* (Remiremont, Leduc, 1864).

Le chanoine Hingre. — *Deux poésies en patois de la Bresse* (Vosges). Extr. des *Annales de la société d'émulation des Vosges*.

Le même : *Légendes populaires, deux poésies en patois de la Haute-Moselotte* (Extrait du *Bulletin de la société philomatique vosgienne*, 1884-85).

Le même : *Monographie du patois de la Bresse* (Vosges). — Extr. du *Bulletin de la société philomatique vosgienne*, 1886-87.

CHRONIQUE

Au moment où nous mettons sous presse, on nous signale le prospectus d'une Revue des patois gallo-romans, qui doit être dirigée par M. Gilliéron. On pensera sans doute qu'il n'était pas très utile de fonder en même temps deux Revues de patois en France. C'est aussi notre avis. Mais M. Gilliéron était averti de notre projet, dès le mois de novembre dernier, par une demande de collaboration qui est restée sans réponse. Nous déclinons donc toute responsabilité dans la concurrence évidemment regrettable qui se produit.

— Outre les articles de fond et les notices bibliographiques, nos prochains numéros contiendront : 1º des *Comptes-rendus* détaillés des ouvrages les plus importants, 2º des *Mélanges*, comprenant des articles de peu d'étendue et des textes anciens ou modernes. Nous nous proposons notamment de publier des chansons patoises qui nous ont été envoyées par MM. Fertiault, Gonnet, Trouchon, directeur de l'Ecole normale de Mâcon, Liotard, instituteur à Beaufort (Drôme), Bourg, instituteur à Ruffieu (Ain), Martin, instituteur à Sainte-Cécile (Saône-et-Loire), etc.

— *Publications annoncées* :

ALPES (HAUTES). — *Istoria Petri et Pauli, mystère en langue vulgaire du briançonnais*, p. par l'abbé Guillaume (papier vergé, 6 fr. 50 ; dix exemplaires sur hollande à 20 fr. S'adresser au secrétariat de la *Société d'études*, à Gap).

DORDOGNE. — *Lo libre de vita de Bergerac*, texte du XIVᵉ siècle, doit paraître dans la livraison mai-juin du *Bulletin de la Société historique et archéologique de la Dordogne*.

POITOU. — *Grammaire historique du patois poitevin*, par M. Favraud, inspecteur primaire à Ruffec (Charente).

SAVOIE (HAUTE). — *Monographie du patois savoisien*, par M. Fenouillet, instituteur à Desingy.

VENDÉE. — *Glossaire du patois de l'Ile-d'Elle*, par l'abbé Simonneau.

— Noms des correspondants dont nous avons reçu les réponses avant le tirage de ce numéro :

MM. Bouteyre, instituteur à Pradelles (Haute-Loire), Bourgeois, à Franois (Doubs), Martin, à Sainte-Cécile (Saône-et-Loire), Jeanselme, à Aspres-sur-Buec (Hautes-Alpes), Verdan, à Grésy-sur-Isère (Savoie), Frebillot, à Baudricourt (Vosges), Chambon, à Meuglon (Drôme), Labas, à Sevrey (Saône-et-Loire), Chalendon, à Fay-le-Froid (Haute-Loire), Fenouillet, à Desingy (Haute-Savoie), Mazel, à Lavoûte-Chilhac (Haute-Loire), Plumerel, à Senonges (Vosges), Perron, à Abbenans (Doubs), Cornaud, à Barcillonnette (Hautes-Alpes), Sorgues, à Vitry-en-Charollais (Saône-et-Loire), Dégouilles, à Sassenay (Saône-et-Loire), Monnier, à Auxelles-Haut (territoire de Belfort), Chabert, à Saint-Lager (Rhône), Mourlot, à Rigney (Doubs), Lecolle, à Saint-Lager (Rhône), Dargaud, à Boisjean (Saône-et-Loire), Vion-Delphin, à Lagnieu (Ain), Truchot, à Sennecey-le-Grand (Saône-et-Loire), Boyer, à Craponne (Haute-Loire), Charpillet, à Broye-les-Pesmes (Haute-Saône), Chevalier, à Boëge (Haute-Savoie), Faivre, à Passonfontaine (Doubs), Carteron, à Grand-Combe-des-Bois (Doubs), Grenot, à Offranges (Jura), Lassauzé, à Charnay (Rhône), Ménard, à Cussy en Morvan (Saône-et-Loire).

M. Catillon, garde-forestier à la Chaume du Val-Pajol (Vosges).

Enfin MM. les directeurs des Ecoles normales de Lons-le-Saunier, de Privas et d'Albertville, m'annoncent les réponses des élèves-maîtres de leurs Ecoles.

Le Gérant : F. Vieweg.

Laval, imp. et stér. E. JAMIN, rue de la Paix, 41.

LES PATOIS DE LA RÉGION LYONNAISE

Nous avons indiqué dans notre premier numéro (pages 6 et suiv., et p. 80) les noms des correspondants dont les réponses nous étaient parvenues avant le tirage. Dorénavant, ces indications se trouveront toujours dans la Chronique.

Nous commençons aujourd'hui notre étude, et nous prions nos correspondants et nos lecteurs de nous adresser toutes les rectifications utiles (1). Car d'une part, il a pu nous arriver d'interpréter d'une manière inexacte les renseignements qui nous étaient fournis; d'autre part, ces renseignements ne sont pas toujours aussi abondants ni aussi précis que nous le souhaiterions, et il serait important de pouvoir fixer plus rigoureusement les limites des faits que nous établissons plus loin.

Notre premier questionnaire contenait une série de phrases dont les traductions patoises doivent nous permettre d'étudier : 1° les formes de l'article défini ; 2° celles de l'article indéfini ; 3° le dédoublement possible en deux catégories des mots féminins qui se terminaient en latin par un *a* ; 4° les caractéristiques du féminin et du pluriel ; 5° les formes des pronoms personnels.

I. — L'ARTICLE DÉFINI

Nous nous arrêterons d'abord à deux particularités communes aux diverses formes de l'article placé devant les mots commençant par des voyelles : la réduction de l'article singulier à *l*, et la sifflante de liaison au pluriel.

(1) Nous avertissons nos correspondants du Rhône et de l'Ain, que, grâce à la libéralité du Conseil général du Rhône et aux souscriptions volontaires des bibliothèques de l'Ain, ils trouveront la *Revue des Patois* dans toutes les bibliothèques pédagogiques de ces deux départements.

Réduction de l'article singulier à l' devant les voyelles.

Un fait commun à toute la France, c'est l'élision de la voyelle de l'article singulier, masculin ou féminin, devant les mots commençant par une voyelle. Dans ce cas l'article est donc uniformément *l'*.

Toutefois, nous avons à constater un phénomène curieux, c'est la suppression apparente de l'article devant le mot qui signifie *eau*, lorsque ce mot commence par un *yod* (*i* ou *y* suivi d'une voyelle). Pour prendre un exemple, dans la commune de la Truchère, canton de Tournus (Saône-et-Loire), « l'eau » se dit : *iô* ; « la couleur de l'eau » se dit : *la couleur de iô*. Voici comment on peut expliquer cette particularité : sous l'influence de l'*yod* qui commençait le substantif, le *l* qui constituait l'article s'est d'abord mouillé ; puis il s'est réduit à un simple *yod*, suivant la tendance naturelle qui pousse *l* mouillé à se transformer en *yod*, et qui fait que beaucoup de personnes prononcent en français *bataye* au lieu de *bataille, soley* au lieu de *soleil*. L'article réduit à *y* s'est ensuite confondu avec la voyelle initiale du substantif (1). On doit constater le même changement devant les autres substantifs, masculins ou féminins, qui commencent par un *yod*, quand il en existe d'autres, à moins que le fait ne soit particulier au mot qui désigne l'eau, à cause de l'emploi fréquent de ce mot. Ce phénomène doit s'être aussi produit dans des patois extérieurs à la région lyonnaise. Je prie mes lecteurs de vouloir bien me le signaler partout où ils pourront le remarquer.

Pour la région que j'étudie spécialement ici, j'ai constaté cette réduction de l'article dans les pays suivants :

SAÔNE-ET-LOIRE. *Arr. de Mâcon* : La Truchère (c. de Tournus) ; *arr. de Charolles* : Vitry-en-Charollais (c. de Paray-le-Monial), Bourbon-Lancy, Sivignon (c. de St-Bonnet-de-Joux), Les Guerreaux, La-Motte-St-Jean et

(1) Bien des gens suppriment le *l* du pronom personnel dans un cas semblable, et prononcent : « qu'est-ce qu'i y a », au lieu de « qu'est-ce qu'il y a. »

St-Agnan (c. de Digoin) ; *arr. d'Autun* : St-Bérain-
sous-Sanvignes (c. de Montcenis), Cussy-en-Morvan
(c. de Lucenay-l'Evêque) ; *arr. de Châlon* : St-Jean-de-
Vaux (c. de Givry), Sassenay (c. de Châlon), Fontaines
(c. de Chagny), Navilly (c. de Verdun) ; *arr. de Louhans* : Ormes (c. de Cuisery), Vérissey (c. de Montret),
Authumes (c. de Pierre). — Dans le même département,
mon correspondant de Bourg-le-Comte (c. de Marcigny,
arr. de Charolles) ne supprime l'article devant *iô* qu'a-
près la préposition *de*, et inversement, celui de Sennecey-le-Grand (arr. de Châlon) traduit « l'eau » par *yo*,
mais « la couleur de l'eau » par *la couleur de l'yo*.

JURA. *Arr. de Lons-le-Saunier* : Quintigny (c. de
Bletterans) ; *arr. de Dôle* : Offanges (c. de Montmirey),
La Loye (c. de Montbarrez), Chemin (c. de Tavaux).

HAUTE-SAÔNE. *Arr. de Gray* : Broye-les-Pesmes et
Montagney (c. de Pesmes), Apremont (c. de Gray), Gé-
ziers et Autoreille (c. de Gy), Villexon (c. de Fresne-St-
Mamès) ; *arr. de Vesoul* : Raze (c. de Scey-sur-Saône),
Boult (c. de Rioz). — Dans le même département, mes
correspondants de Germigney (c. et arr. de Gray) et de
Buthiers (c. de Rioz, arr. de Vesoul) ne suppriment l'ar-
ticle qu'après la préposition *de*.

DOUBS. *Arr. de Besançon* : Avanne (c. de Boussières),
Franois (c. d'Audeux), Rigney (c. de Marchaux).

Par exception, bien que le mot qui signifie « eau »
commence par un *yod*, je trouve l'article *l'* dans les réponses que j'ai reçues pour les pays suivants :

LOIRE. *Arr. de Roanne* : St-Haon-le-Châtel, et, dans
le canton de Charlieu, Pouilly et Nandac.

SAÔNE-ET-LOIRE. *Arr. de Mâcon* : Ameugny (c. de
St-Gengoux-le-National) ; *arr. d'Autun* : Epinac, An-
tully (c. d'Autun), Dezize (c. de Conches-les-Mines),
Charbonnat (c. de Mesvres) ; *arr. de Châlon* : St-Ger-
main-du-Plain, Sevrey (c. de Châlon), Marcilly (c. de
Buxy), St-Eusèbe (c. de Mont-St-Vincent).

L'article n'est jamais supprimé devant le mot qui signifie « eau », quand ce mot ne commence pas par
un *yod*.

La sifflante de liaison au pluriel.

Les formes de l'article pluriel se terminent généralement devant les voyelles par un *s* qui n'existe plus devant les consonnes, sauf dans quelques patois, et qui est un reste de *s* latin de « illos, illas ».

Ce *s* est ordinairement un *s* doux (z) comme en français. Toutefois, il est marqué par *ss*, et doit par conséquent se prononcer comme un *s* dur, dans les réponses que j'ai reçues pour deux cantons du département des Hautes-Alpes assez éloignés l'un de l'autre : Aspres-sur-Buech (arr. de Gap) et Chorges (arr. d'Embrun). Mon correspondant de Chorges me dit d'ailleurs que le patois de Chorges est identique à celui de St-Julien-en-Beauchêne, c. d'Aspres-sur-Buech, à 60 kilomètres de Chorges. La liaison m'est aussi indiquée par *s* dur, en Saône-et-Loire, aux Guerreaux, à La Motte-St-Jean et à St-Agnan, c. de Digoin, arr. de Charolles (une seule réponse).

Le *s* latin s'est transformé en *r* dans le patois de Cussy-en-Morvan, c. de Lucenay-l'Evêque, arr. d'Autun (Saône-et-Loire), où les pluriels de « l'âne, l'ole (l'aile) » sont : *lé-r-âne, lé-r-ôle* (1). Ce fait est à rapprocher de la mutation de *s* en *r* signalée par plusieurs romanistes dans un certain nombre de patois (Voy. *Revue des Patois*, I. 60).

Dans une bonne partie de la Bresse (département de l'Ain, arr. de Bourg), *s* latin de liaison est devenu *j* : à Salavre (c. de Coligny), à Boissey (c. de Pont-de-Vaux), à Lescheroux et à St-Julien-sur-Reyssouze (c. de St-Triviers-de-Courtes), à Courtes et à St-Jean-sur-Reyssouze (même canton), à Montrevel, à Viriat (c. de Bourg). Mais tandis que mes correspondants de Viriat, de Montrevel et de Courtes indiquent cette prononciation comme générale (2), les autres font des distinctions.

---

(1) Toutefois, on m'indique la prononciation *z* dans « éz ôte » = aux autres.

(2) Toutefois, dans les phrases traduites, mon correspondant de Montrevel marque la liaison par *z* devant un mot commençant par *eu*.

Sur deux réponses que j'ai reçues pour Lescheroux, l'une dit que *s* final se prononce *quelquefois* comme *z*, par exemple dans « leu-z-éfants » (les enfants), mais elle indique le son *j* devant un autre mot commençant par *é*; la seconde réponse pour Lescheroux et la réponse pour St-Jean-sur-Reyssouze indiquent la prononciation *z* devant les mots commençant par *é, i, u* ou *eu*, et *j* devant les mots commençant par *a, o, ou, on* ou *ain*. C'est en effet la loi que j'avais constatée dans le patois de Poisoux, c. de St-Amour (Jura), à quelques kilomètres de Coligny (voy. *Romania*, XIV, 549). Sur mes deux correspondants de Salavre (c. de Coligny), l'un dit que devant *a, ou, on, ain*, le *s* final se prononce toujours *j*, et tantôt *z*, tantôt *j*, devant les autres voyelles; le second indique la prononciation *j* comme générale, avec cette réserve que « *s* final *peut* se prononcer *z* devant *è*, par exemple dans *lez èfé = les enfants* ». La réponse de Boissey me donne *j* devant *a, o, ou, on, en*, — *z* devant *e, i, u*, — *s* devant *ain*. La réponse de St-Julien-sur-Reissouze me donne *z* devant *é, i, u*, — *j* devant *eu*, — *z, j* (?) devant *a, o, ou, on*, — *s* devant *ain*. Je sollicite, pour ces différents points, des réponses plus catégoriques, accompagnées d'exemples. D'ailleurs ce fait s'éclaircira quand nous aborderons la phonétique.

Dans la région des Dombes voisine de la Bresse (c. de Châtillon-sur-Chalaronne, arr. de Trévoux), je relève les mentions suivantes : « *s* final en liaison, devant les mots commençant par *é, i, u, eu*, se prononce comme le *z* français ; devant les mots commençant par *a, o, ou, on, ain*, il se prononce comme le *z*, mais très doux, se rapprochant beaucoup du *j* » (Chaveyriat) — « *s* final en liaison, devant les mots commençant par *é, i, u, eu*, se prononce absolument comme *z* ; devant les mots commençant par *a, o, ou, on, ain*, il se prononce comme un *z* très sifflant » (Neuville-les-Dames).

En dehors du département de l'Ain, nous retrouvons sporadiquement le changement de *s* final en *j* devant les voyelles : 1º dans l'*Isère*, à Pin, c. de Virieu, arr. de La Tour-du-Pin (1); 2º dans l'*Ardèche*, arr. de Privas,

____

(1) Pour Oyeu, même canton de Virieu, on m'indique la prononcia-

à Baix, c. de Chomérac, et à St-Pierreville (1) ; 3° dans la *Drôme*, arr. de Die, à Die et à Menglon (c. de Châtillon). — Dans la *Haute-Loire*, arr. d'Yssingeaux, pour St-Voy et le Chambon de Tence (c. de Tence) on m'écrit que *s* de liaison se prononce comme dans le français, *z*, mais en appuyant plus fortement, presque *j*. Une autre réponse pour la même commune de St-Voy indique purement et simplement le son *j*.

Enfin *s* de liaison se prononce comme le *th* anglais à Grésy-sur-Aix, c. d'Aix-les-Bains, arr. de Chambéry. Rapprochez ce que dit M. Brachet dans son *Dictionnaire du patois savoyard* : « Dans certaines parties de la Savoie, on prononce la lettre *z* avec le bout de la langue sur les lèvres, comme on le fait pour le *th* anglais devant une voyelle. »

Partout ailleurs, dans toute la région étudiée ici, la liaison, lorsqu'elle se produit, se fait comme en français par un *z*. Mais certains patois paraissent supprimer (ou avoir une tendance a supprimer) la sifflante de liaison, tantôt d'une façon générale, tantôt après l'article féminin, tantôt seulement devant un adjectif (par exemple dans *aux autres hommes, aux autres femmes*).

La suppression générale est indiquée : pour le *Jura*, à Bois d'Amont (c. de Morez (2), arr. de Saint-Claude) ; pour la *Loire*, dans deux cantons voisins, l'un appartenant à l'arr. de Roanne (Saint-Just-en-Chevalet, commune de Champoly), l'autre de l'arr. de Montbrison (Noirétable, commune de Saint-Didier-sur-Rochefort) (3).

tion *j* devant *é, i, u, eu*, et *z* devant *a, o, ou, on, ain*, ce qui serait précisément l'inverse de la règle signalée plus haut. Pour La Chapelle-de-la-Tour, c. de La Tour-du-Pin, on m'indique la prononciation *j* devant la seule voyelle *i*.

(1) A Payzac, canton de Joyeuse, arr. de Largentière, il semble qu'il y ait une distinction analogue à celle que nous avons signalée ci-dessus pour Poisoux dans la Bresse. Mais la réponse que j'ai reçue n'est pas claire. Même remarque pour Charbonnat, c. de Mesvres, en Saône-et-Loire.

(2) Dans une autre commune du même canton, à Longchaumois, toutes les liaisons sont marquées.

(3) Dans la réponse pour La Fouillouse, c. de Saint Héand, arr. de Saint-Etienne, la liaison est supprimée 5 fois 7.

Il est vrai que, dans la réponse reçue pour Champoly, l'article féminin pluriel est toujours écrit *les*, mais la comparaison avec la réponse de Saint-Didier (qui écrit *lé* devant les voyelles) me porte à considérer cette orthographe comme factice, et due à l'influence du français. — Pour le département de l'*Ain*, dans la réponse en patois de Cressin-Rochefort (c.etarr. de Belley), sur huit exemples où l'article pluriel est placé devant des mots commençant par des voyelles, six ne portent aucune indication de liaison. — Pour l'*Isère*, suppression générale de la liaison à Saint-Paul-les-Monestier (c. du Monestier de Clermont, arr. de Grenoble) (1). — Pour la *Drôme*, même suppression à Montjoux (c. de Dieulefit, arr. de Montélimar) dans sept exemples sur huit. L'exception est « lei-z-omei » = *les hommes*. Il n'y a pas d'exception, la forme de l'article pluriel étant aussi *lei*, dans la réponse que j'ai reçue pour Pont-de-Barret (même c. de Dieulefit) ; dans les autres patois qui ont la forme *lei*, la sifflante de liaison est constamment indiquée (2). — Pour la *Haute-Loire*, la suppression générale de la liaison est signalée à la Chaise-Dieu (arr. de Brioude) ; toutefois, mon correspondant écrit « las ala » = *les ailes*. Si c'est réellement une exception, il faut sans doute l'attribuer à l'euphonie : *la ala* serait trop dur, à cause de la rencontre des deux *a*.

Les patois qui suppriment seulement *s* de liaison devant les mots féminins commençant par des voyelles, sont : dans le *Doubs*, arr. de Pontarlier, Remoray (c. de Mouthe) et, dans le canton de Monthenoît, Gilley, Ville du Pont, Montbenoît, La Longeville, Maison du Bois, les Allemands (une seule réponse indiquant le patois commun à toutes ces localités). Dans le même canton, la réponse pour la commune de Lièvremont marque partout la liaison. — Dans la *Haute-Savoie*, les

----

(1) Dans une réponse pour La Motte-Saint Martin, c. de la Mure, arr. de Grenoble, suppression de la liaison dans deux exemples sur huit. Dans une autre réponse pour le même endroit, une suppression sur huit.

(2) Excepté à Bouvières (c. de Bourdeaux, arr. de Die), où elle est tantôt supprimée, tantôt maintenue, sans régularité.

Houches (1) (c. de Chamonix, arr. de Bonneville).—Dans
l'*Ain*, sur deux réponses reçues pour Cormaranche (c.
de Hauteville, arr. de Belley), l'une supprime la liaison
devant les féminins, l'autre la maintient partout. —
Dans l'*Isère*, suppression de la liaison devant les féminins (cinq fois sur six) à Champagnier (c. de Vizille,
arr. de Grenoble). — Parfois les patois qui suppriment
la liaison devant les féminins, la suppriment aussi devant les adjectifs même masculins (dans *aux autres
hommes*). Il en est ainsi dans le canton de Montbenoît
et à Remoray (Doubs), et à Cormaranche (Ain) d'après
l'une des réponses.

Enfin un certain nombre de réponses suppriment seulement la liaison devant les adjectifs (j'indique cette
particularité d'après les deux seuls exemples : *aux autres hommes, aux autres femmes* (2) : dans les *Vosges*,
canton de Dompaire (arr. de Mirecourt); dans le territoire de *Belfort*, à Grandvillars (c. de Delle); dans
l'*Isère*, à Saint-Clair-de-la-Tour (c. et arr. de la Tour-
du-Pin). La réponse pour Bermont (c. de Belfort) ne
supprime la liaison que devant *autres* masculin. Il en
est de même, en *Saône-et-Loire*, à Saint-Igny-de-Roche
(c. de Chauffailles, arr. de Charolles); dans l'*Ain*, à
Neuville-les-Dames (c. de Châtillon-sur-Chalaronne, arr.
de Trévoux), dans une réponse sur deux, l'autre faisant
la liaison partout; dans l'*Ardèche*, à Payzac (c. de Joyeuse, arr. de Largentière); dans la *Drôme*, à Baume-
de-Transit (c. de Saint-Paul-Trois-Châteaux, arr. de
Montélimar). Au contraire, on ne supprime la liaison
que devant *autres* féminin dans les réponses que j'ai
reçues pour les localités ci-dessous : *Doubs*, Pontets (c.
de Mouthe, arr. de Pontarlier) (3), *Jura*, Poulnay (c. de

(1) Mon correspondant des Houches a supprimé aussi la liaison
devant quelques masculins.

(2) Comme je n'avais pas prévu la particularité signalée ici, je n'a-
vais mis dans mon questionnaire que ces deux exemples d'articles
devant des adjectifs.

(3) Dans une autre commune de l'arr. et du c. de Pontarlier, aux
Fourgs, je constate aussi la suppression de la liaison devant *autres*
fém., mais on a oublié de traduire la phrase contenant *autres* mas-
culin.

Chaumergy, arr. de Dôle) ; *Saône-et-Loire*, Bourbon-Lancy (arr. de Charolles) ; *Ain*, Ruffieu (c. de Champagne, arr. de Belley), dans une réponse sur deux, l'autre faisant la liaison partout ; *Isère*, Saint-Michel-de-Saint-Geoirs (c. de Saint-Etienne-de-Saint-Geoirs, arr. de Saint-Marcellin), Péage-de-Roussillon (c. de Roussillon, arr. de Vienne), et la Chapelle-de-la-Tour (c. et arr. de la-Tour-du-Pin) dans une réponse sur deux.

ARTICLE MASCULIN SINGULIER

L'article masculin singulier a d'abord été généralement *lo* dans tout le domaine gallo-roman. Puis il est devenu *le* dans le nord et *lou* dans le midi : mais il est resté *lo* dans une partie de la région intermédiaire que nous étudions. On retrouve aussi, dans cette région, les deux formes essentielles *le* et *lou*, et en outre quelques formes rares, telles que *ël*, *lé* ou *lè*, *lu* (1). Nous allons passer en revue ces différentes formes, en commençant par les plus rares.

LÉ OU LÈ

« On trouve *lé*, dit M. Adam (*Les Patois lorrains*, p. 49) dans l'angle sud-est du département des Vosges ». C'est en effet la forme qui m'est donnée dans les réponses que j'ai reçues pour le sud-est de l'arrondissement de Remiremont : Le Thillot, Saulxures, et Basse-sur-le-Rupt (c. de Saulxures). C'est aussi la forme signalée par l'abbé Hingre dans ses études sur le patois de la Bresse (c. de Saulxures).

La forme *lé* m'est encore donnée pour le patois de Frangy (arr. de Saint-Julien) dans la Haute-Savoie.

Enfin la forme *lè* m'est indiquée pour deux points assez éloignés du département de Saône-et-Loire : Rigny-sur-Arroux (c. de Gueugnon, arr. de Charolles) et An-

(1) Mistral (*Dictionnaire*, art. *lou*) signale une cinquième forme, *liou*, dans le Velay : mais aucun de mes correspondants du Velay ne la mentionne.

tully (c. et arr. d'Autun),et,concurremment avec *le*,pour Chille, c. de Conliége, arr. de Lons-le-Saunier (Jura).

En dehors de notre région, je trouve *lé* dans les traductions de la Parabole de l'Enfant prodigue en patois d' «une partie de l'arr. de Confolens » (Charente) et en patois de Carcassonne, *lè* dans une traduction en patois de la Haute-Garonne.

EL

La forme *ël* est signalée par Adam (*l. c.*, p. 49) dans une partie du département de Meurthe-et-Moselle et dans les communes suivantes du département des Vosges (arr. de Neufchâteau) : Autigny-la-Tour (c. de Coussey), Vouxey (c. de Chatenois), Circourt (c. de Neufchâteau). Mes correspondants me la signalent aussi (toujours dans l'arr. de Neufchâteau) à Barville (c. de Neufchâteau) et dans le canton de Coussey ; mais on m'indique également la forme *le* pour le c. de Neufchâteau.

M. Adam attribue cette forme à une métathèse. Il ajoute que dans un assez grand nombre de communes, *eul* s'emploie concurremment avec *le*. Mais l'exemple qu'il cite pour le patois de Vouxey ne me paraît pas concluant : dans « l'è chevit chus l' pévè = *il est tombé sur le pavé.* » on peut se demander si l'apostrophe est bien placée et s'il ne faut pas écrire : « l'è chevit chus 'l pévè. »

En dehors de la région que nous étudions, on trouve *el* dans le patois de Cambrai (*Mélanges sur les langues*, p. 466).

LU

Cette forme est très rare. Dans le domaine de la langue d'oc, elle a été signalée par M. Chabaneau pour la Dordogne et le Limousin, concurremment avec *lou* (voy. *Grammaire limousine*, p. 188. Cf. Mistral, *Dictionnaire provençal-français*, art. *lou* et *lu*). Dans notre région, Gras (*Dict. du patois forézien*, p. 155) la mentionne pour le Forez, concurremment avec *lou* et *lo*, mais il n'indique pas dans quelle partie du Forez il l'a trouvée. Un de mes correspondants l'a relevée dans le patois de Cessieu, c. de La Tour-du-Pin (Isère) ; mais un autre me donne pour le même patois la forme *lo*, qui est d'ailleurs la plus répandue dans le canton de La Tour-du-Pin. Enfin, la forme *lu* m'est encore signalée dans trois cantons contigus de l'arr. de Valence : Bourg-de-Péage, Romans et Saint-Donat. On sait que les villes de Romans et de Bourg-de-Péage sont situées l'une en face de l'autre et ne sont séparées que par l'Isère. On dit *lu* à Bourg-de-Péage même, à Saint-Donat, et, pour le canton de Romans, à Triors (1) ; dans une autre partie du canton de Romans, à Châtillon-Saint-Jean, on dit *le*.

Nous verrons que *lu* est plus répandu comme forme de l'article masculin pluriel.

LOU

La forme provençale *lou* est particulièrement en usage dans les départements les plus méridionaux de la région que nous étudions. Elle paraît occuper la presque totalité du département des Hautes-Alpes. Je la relève dans les réponses qui me sont envoyées pour Aspres-sur-Buëch, Saint-Julien-en-Beauchêne (c. d'Aspres-sur-Buëch), Barcillonnette, Ribeyret (c. de Rosans), dans l'arr. de Gap, et pour Chorges, dans l'arr. d'Embrun. Les traductions de la Parabole de l'Enfant prodigue en patois de Gap (*Mélanges sur les langues*, p. 533; réimpression Favre, p. 123), d'Embrun (*Patois des Alpes Cottiennes*, p. 157), du Monêtier, arr. de Briançon (*Ibidem*, p. 155), la grammaire du patois du Queyras, c. d'Aiguilles, arr. de Briançon (*Ibid.*, p. 10), nous donnent aussi *lou*. Je n'ai trouvé une forme différente, *le*, que dans le patois de Briançon (*Ibid.*, p. 150). Cette ville est voisine d'une région dans laquelle la forme régulière de l'article est en effet *le* : la Savoie, et la partie italienne des Alpes Cottiennes. Le *Salut à l'Occitanie.... traduit en cent sept idiomes* (Montpellier, Hamelin frères,

____

(1) Mon correspondant de Triors indique par le signe de la voyelle brève, la briéveté de l'*u* de *lu*. Mon correspondant de Saint-Donat le marque d'un accent grave.

1886) donne des traductions du *Salut* dans les patois suivants des Hautes-Alpes : *arr. de Gap*, L'Epine (c. de Serres), Veynes et Orpierre ; *arr. de Briançon*, Aiguilles, Arvieux-Queyras (c. d'Aiguilles), Vallouise (c. de Largentière) ; *arr. d'Embrun*, Guillestre, Bas-Champsaur (commune de Breziers, c. de Chorges). Partout j'ai relevé la forme *lou* pour l'article masculin singulier.

Lou occupe aussi la plus grande partie du département de la Drôme ; c'est la forme qui m'est donnée dans toutes les réponses que j'ai reçues pour les arr. de Nyons, de Montélimar, et de Die : dans l'arr. de Nyons, Nyons et le Buis-les-Baronnies ; dans l'arr. de Montélimar, Suze-la-Rousse et Baume de Transit (c. de Saint-Paul-trois-Châteaux), Sauzet (c. de Marsanne), Pont-de-Barret et Montjoux (c. de Dieulefit), Taulignan (c. de Grignan) ; dans l'arr. de Die, Die, Menglon (c. de Châtillon), Bouvières (c. de Bourdeaux), Beaufort (c. de Crest). Les traductions de la *Parabole* et celles du *Salut à l'Occitanie* donnent aussi la forme *lou* pour les patois de Nyons et Buis, dans l'arr. de Nyons ; de Die et de Luc-en-Diois, dans l'arr. de Die ; de Marsanne, dans l'arr. de Montélimar. Mais la traduction du *Salut* en patois de Lus-la-Croix-Haute (c. de Châtillon-en-Diois) donne *le*.

Dans l'arr. de Valence, on a *lou* à Beaumont-lès-Valence (c. de Valence), Valence (d'après *Mél. sur les langues*, p. 529), Chanos-Curson (c. de Tain), Chabeuil et Montmeyran (c. de Chabeuil), Mirmande (c. de Loriol). C'est dans cet arrondissement que se trouve l'enclave de « lu » que nous avons signalée plus haut. En outre, on rencontre les formes *lo* et *le* dans la région voisine de l'arr. de Saint-Marcellin (Isère) : *lo* à Saint-Bonnet-de-Valclérieux (c. du Grand-Serre), *le* à Châtillon-Saint-Jean (c. de Romans) (1).

Le département de l'Ardèche est tout entier acquis à forme *lou* d'après les renseignements que j'ai reçus

(1) Dans le même canton, comme nous l'avons vu, on trouve la forme *lu* à Triors.

pour Gras (c. de Bourg-Saint-Andéol), Saint-Pierreville,
Lavilledieu (c. de Villeneuve-de-Berg), Baix (c. de Chomérac), Viviers, de l'arr. de Privas ; pour Vallon, Lablachère et Payzac (c. de Joyeuse), Jaujac (c. de Thueyts)
et Coucouron, de l'arr. de Largentière ; pour Le Cheylard, Saint-Victor (c. de Saint-Félicien), Devesset (c. de
Saint-Agrève), La Chapelle-sous-Chanéac (c. de Saint-
Martin-de-Valamas), Boffres (c. de Vernoud), de l'arr.
de Tournon. Les traductions de la Parabole donnent
aussi *lou* pour Privas (*Mél.*, p. 515 ; réimp. Favre,
p. 102), et pour Annonay, de l'arr. de Tournon (*Mél.*,
p. 516 ; réimpr. Favre, p. 104). Toutefois, M. Clugnet
(*Glossaire du patois de Gilhoc*) indique *lo* et *lë* (p. 47)
pour Gilhoc (c. de La Mastre, arr. de Tournon).

Le département de la Haute-Loire est divisé en trois
arrondissements disposés parallèlement de l'ouest à
l'est. Chacun de ces arrondissements contient dans sa
partie septentrionale (1) une région où l'on dit *le*
(voy. ci-dessous). Partout ailleurs on a *lou* : à Pinols,
dans l'arr. de Brioude ; à Freycenet-Latour (c. de Monastier), à Pradelles, à Fay-le-Froid, à Saint-Hostien
(c. de Saint-Julien-Chapteuil), à Saugues, à Cayres, dans
l'arr. du Puy ; à Tence et à Saint-Voy (c. de Tence),
dans l'arr. d'Yssingeaux. La traduction de la Parabole
donne aussi *lou* pour les environs du Puy (*Mél.*, p.
514 ; réimpr. Favre, p. 101).

La forme *lou* occupe encore la partie méridionale
de l'arrondissement de Grenoble, dans le voisinage
des Hautes-Alpes et de la Drôme. Je la relève pour
Mens, pour La Motte-d'Aveillans et La Motte-Saint-Mar-
tin (c. de La Mure), Saint-Paul-lès-Monestier (c. de Monestier-de-Clermont), Monestier-du-Percy (c. de Clelles).
Lou vodou de Sant-Brancassi, par G. Guichard, donne
la forme *lou* pour le canton de Mens, et le *Recueil de
poésies en patois du Dauphiné*, par Lapaume, la donne
aussi pour Sinard (c. de Monestier-de-Clermont). Nous
verrons que l'arrondissement-de-Grenoble offre concur-

---

(1) Et aussi dans la partie occidentale de l'arr. de Brioude (Lavoûte-
Chilhac).

remment les formes *lo* et *le*. Le canton de Vizille est à
peu près au centre de ces diverses formes ; aussi les réponses que j'ai reçues pour plusieurs communes de ce
canton, hésitent-elles tantôt entre *lo* et *le*, tantôt entre
le et *lou*. L'hésitation entre *le* et *lou* se produit à Saint-
Jean-de-Vaux. Il en est de même à La Garde, c. de
Bourg-d'Oisans. Dans la traduction de la Parabole en
patois de l'Oisan, publiée par Champollion, on a *lou,*
mais plusieurs communes du canton du Bourg-d'Oisans
disent *le* ; voyez plus loin.

Lou se trouve aussi dans le petit coin du département
de l'Isère (arr. de Vienne) qui confine à l'Ardèche,
à Péage-de-Roussillon (1), c. de Roussillon, et dans la
partie sud de l'arr. de Saint-Marcellin, près de la région
de la Drôme qui a la même forme, à Presles-en-Royans,
c. de Pont-en-Royans.

En négligeant pour le moment, sauf à y revenir, les
pays où la forme *lou* est sporadique, et en remontant
vers le nord, nous rencontrons, en Franche Comté, une
région étendue acquise tout entière à l'article *lou*. C'est
la forme qui m'est indiquée dans toutes les réponses que
j'ai reçues pour le département du Doubs : arr. de Pontarlier, à Levier et à Bians-les-Usiers (c. de Levier), à
Boujeons, Remoray et Pontets (c. de Mouthe), aux
Fourgs (c. de Pontarlier), au Sauget et à Liévremont
(c. de Montbenoît) ; arr. de Besançon, à Fertans, Re-
franche et Nans-sous-Sainte-Anne (c. d'Amancey), à
Epeugney (c. de Quingey), à Mamirolle (c. de Besançon), à Rigney (c. de Marchaux), à Franois et Ruffey
(c. d'Audeux), à Avanne (c. de Boussières) ; arr. de
Baume-les-Dames, à Nancray et Glamondans (c. de
Roulans), à Abbenans (c. de Rougemont), à Courtetain
et Passonfontaine (c. de Vercel), à Blussans et Geney
(c. de L'Isle-sur-le-Doubs), à Cour-les-Baumes (c. de
Baume-les-Dames) ; arr. de Montbéliard, à Russey et à
La Grand-Combe-des-Bois (c. de Russey), à Frambouhans (c. de Maîche), à Dampierre-sur-le-Doubs (c. de

(1) Mon correspondant pour le Péage-de-Roussillon écrit constamment *lou*, qu'il fait suivre, une fois, de *leu* entre parenthèses.

Pont-de-Roide). Tous les textes imprimés en patois du Doubs que j'ai pu consulter concordent avec ces renseignements directs. Je remarque seulement dans les proverbes en patois des Fourgs, publiés par M. Tissot (*Les Fourgs*, Besançon, 1873) la réduction fréquente de *lou* à *l'*, par exemple « l'fu », au lieu de « lou fu » = *le feu*.

Les trois arrondissements du département de la Haute-Saône sont disposés parallèlement de l'ouest à l'est, et chacun d'eux est borné au midi par le département du Doubs. Dans le voisinage du Doubs, c'est-à-dire dans leur partie méridionale, ces trois arrondissements offrent la forme *lou* : arr. de Gray, à Bonboillon (c. de Marnay), et à Autoreille et Géziers (c. de Gy) ; arr. de Vesoul, à Buthiers et à Boult (c. de Rioz), à Montbozon, à Noroy-le-Bourg, à Navenne et à Lavilleneuve (c. de Vesoul), à Raze (c. de Scey-sur-Saône) (1) ; arr. de Lure, à Villersexel, et à Coisevaux (c. d'Héricourt). La limite septentrionale de l'article *lou* (2) décrit ainsi un arc de cercle qui coupe le département de la Haute-Saône, englobant au centre la moitié environ de l'arr. de Vesoul, et s'infléchissant à droite et à gauche.

L'extrémité sud du département du Doubs est reliée à la partie septentrionale du département de l'Ain, qui est acquise aussi à l'article *lou*, par une bande de pays, offrant le même article, qui forme le sud du département du Jura. Le nombre relativement restreint des réponses que j'ai reçues pour le Jura ne me permet pas de fixer exactement les limites de *lou* dans ce département. J'ai relevé cette forme sur les points suivants : dans l'arr. de Poligny, à Foncine (c. de Planches) d'après un conte patois publié par M. Tissot (*Les Fourgs*, p. 276) ; dans l'arr. de Lons-le-Saunier, à Domblans (c. de Voiteur) d'après une chanson publiée dans les *Mélanges*

(1) Dans le même canton, à Chantes, on a la forme *le*.

(2) En dehors de la région que nous étudions, on trouve *lou* plus au nord dans une partie du département de Meurthe-et-Moselle : à Malzéville, arr. et c. de Nancy, d'après les *Patois Lorrains* d'Adam, et à Onville, c. de Chambley, arr. de Briey, d'après les traductions de la Parabole.

sur les langues (p. 46), à Clairvaux, d'après la *Statistique générale du Jura*, de Pyot (p. 383), à Bornay (c. de Lons-le-Saunier), à Blye (c. de Conliège) (1), à Poisoux (c. de Saint-Amour, Voy. *Romania*, XIV, 551); dans l'arr. de Saint-Claude, à Grandvaux (c. de Saint-Laurent) et à Moirans. —

Dans le département de l'Ain, l'article *lou* occupe l'arrondissement de Bourg, à l'exception de la pointe méridionale, et le nord-ouest de l'arr. de Nantua. Nous l'avons relevé, pour l'arr. de Bourg, à Peronnas et Viriat (c. de Bourg), à Saint-Julien, Courtes, Lescheroux et Saint-Jean (c. de Saint-Trivier-de-Courtes), à Salavre (c. de Coligny), à Montrevel, à Boissey (c. de Pont-de-Vaux), à Saint-Jean (c. de Pont-de-Veyle), à Chavannes-sur-Suran (c. de Treffort) (2); pour l'arr. de Nantua, à Bouvent (c. d'Oyonnax) et à Izernore (3). Dans la partie nord de l'arr. de Trévoux, sur les confins de l'arr. de Bourg, on a *lou* à Chaveyriat et à Vonnas (c. de Châtillon-sur-Chalaronne).

Entre les deux grands domaines de *lou* que nous venons de déterminer dans la région qui fait l'objet de notre étude, l'un au sud, l'autre au nord, on retrouve sporadiquement cette forme sur quelques points des départements de la Loire et de l'Isère. On dit *lou* à Saint-Étienne (4): voyez les textes cités par Gras (*Dictionnaire du patois forézien*, p. 255 et 258) et les œuvres des poètes du cru, les Chapelon, Philippon et Linossier. On dit aussi *lou* dans une partie du canton de Saint-Haon-le-Châtel (arr. de Roanne). Dans les textes cités par Gras pour le canton de Saint-Jean-Soleymieux (arr. de Mont-brison), on a tantôt *lou* et tantôt *le*. Dans l'Isère, en dehors des parties de ce département qui se rattachent directement au domaine méridional de *lou*,

(1) Nous avons vu qu'une autre commune du même canton a les formes *lè* et *le*.

(2) Nous verrons qu'à Treffort même, on trouve la forme *lo*.

(3) Nous verrons qu'une autre commune du canton d'Izernore a la forme *lo*.

(4) La réponse à mon questionnaire qui m'a été faite en patois de Saint-Etienne donne *le*, mais j'imagine qu'il y a erreur.

cette forme m'est signalée à Chaponnay et à Marennes (c. de Saint-Symphorien d'Ozon), à Roche (c. de La Verpillière), pour l'arr. de Vienne ; et à Saint-Didier-de-La-Tour, c. et arr. de La Tour-du-Pin (1).

LE

En dehors et à l'est de la France, l'article *le* se rencontre dans les parties alpines du Piémont (Oulx et vallée de Pragelas, d'après le *Patois des Alpes Cottiennes*, p. 152 et 153) et dans la presque totalité de la Suisse française (voyez les traductions de la Parabole et les travaux de MM. Hœfelin, Cornu, Gilliéron). On ne s'étonnera donc pas que nous trouvions cette forme de l'article dans les départements de notre région qui confinent à l'Italie et à la Suisse. Nous l'avons déjà signalée dans un coin du département des Hautes-Alpes (Briançon). Elle s'étend sur la Savoie presque tout entière. Pour le département de la Savoie, nous la relevons à Saint-Georges d'Hurtières (c. d'Aiguebelle, arr. de Saint-Jean-de-Maurienne), à Mercury-Gémilly (c. d'Albertville), à Grésy-sur-Isère, à Beaufort, dans l'arr. d'Albertville ; à Grésy-sur-Aix (c. d'Aix-les-Bains), dans l'arr. de Chambéry. Toutefois, d'après les textes cités dans les *Origines du patois de la Tarentaise*, par l'abbé Pont, la forme *lo* occuperait la Haute Tarentaise (arr. de Moutiers). Pour la Haute-Savoie, on trouve *le* à Meythet (c. d'Annecy) à Annecy même (d'après les Proverbes publiés par M. Constantin), à Rumilly (sous la forme apostrophée *l'*, d'après les chansons de J. Béard), dans l'arr. d'Annecy ; à Desingy (c. de Seyssel) dans l'arr. de Saint-Julien (2) ; à Margencel, Authy et Sciez (c. de Thonon) et à Boëge, dans l'arr. de Thonon. Mais on me signale la forme *lo* à Houches, c. de Chamonix, arr. de Bonneville.

En continuant à suivre la frontière de Suisse, nous

(1) Dans ce même canton de La-Tour-du-Pin, nous avons déjà constaté l'emploi de la forme *lu*, et nous verrons qu'on trouve auss les formes *le* et *lo*.

(2) Dans le même arr., nous avons signalé la forme *lé* à Frangy.

arrivons au département de l'Ain. L'article *le* est seul employé dans les réponses que nous avons reçues pour l'arrondissement de Gex : à Gex même (1), à Challex (c. de Collonges), à Versonnex, Vesancy et Thoiry (c. de Ferney). On le trouve ensuite dans la partie de l'arr. de Nantua qui confine à la Haute-Savoie en longeant le Rhône, à Arlod (c. de Châtillon de Michaille) (2), et dans celle qui confine à l'arr. de Belley, à Petit-Albergement (c. de Brénod) (3). L'arr. de Belley paraît presque tout entier acquis à la forme *le*. Nous la trouvons à Belley (4), Peyrieu et Cressin-Rochefort (c. de Belley), à Virieu-le-Grand, à Ruffieu et à Fitigneu (c. de Champagne) (5), à Sutrieu, à Hauteville et à Cormaranche (c. d'Hauteville) (6), à Lagnieu (7), à Corbonod (c. de Seyssel) (8). Pour l'arr. de Bourg, nous trouvons *le* dans la pointe méridionale, à Pont-d'Ain, Druilliat et Tossiat (c. de Pont-d'Ain). Enfin on remarque des traces éparses de *le* dans l'arr. de Trévoux, à Miribel (c. de Montluel, tout près du département de l'Isère) (9), à Rigneux-le-Franc (c. de Meximieux), à Reyrieux (c. de Trévoux). On a *lo* (voy. plus loin) dans d'autres parties des cantons de Meximieux et de Trévoux. Pour Marlieux (c. de Villars) (8),

(1) Cf. Le Duc, *Chansons patoises*, p. 291.

(2) D'autres communes du même canton, comme nous le verrons plus loin, ont la forme *lo*, qui est la plus répandue dans cet arrondissement.

(3) Sur un autre point du même canton, on a la forme *lo* ; voy. plus loin.

(4) Toutefois, dans les *Noëls bressans* de Le Duc, on trouve *lou* et *lo* pour Belley, (p. 128); mais dans les *Chansons patoises* publiées par le même, on a *le* pour le même pays.

(5) Cf. Le Duc, *Chansons patoises*, p. 143.

(6, 7, 8) Sur d'autres points des mêmes cantons, on a la forme *lo* ; voyez plus loin.

(9) Dans le terrier de Miribel, publié par M. Philipon (*Revue des Patois*, I, 35), et qui appartient au commencement du XIVᵉ siècle, la forme de l'article est *lo*. Mais on ne s'étonnera pas que, du XIVᵉ au XIXᵉ siècle, elle ait pu passer de *lo* à *le*. La persistance de *lo* dans les pays circonvoisins permet de croire que cette transformation est récente.

(10) Dans un texte présenté par Le Duc (*Ch. patoises*, p. 378) comme émanant de Marlieux, on rencontre la forme *lou*. Mais ce texte est un

j'ai reçu deux réponses contradictoires, l'une donnant *lo* et l'autre *le*. Ailleurs, à Trévoux même, à Baneins (c. de Saint-Trivier-sur-Moignans), mes correspondants hésitent entre *le* et *lo*, Ces hésitations s'expliquent sans doute par un son intermédiaire entre ces deux formes.

En suivant toujours notre frontière orientale, il faut sauter les départements du Jura (1) et du Doubs pour retrouver *le* dans le territoire de Belfort, à Grandvillars (c. de Delle), à Bermont (c. de Belfort ; ce canton a aussi la forme *lo*), et dans le canton de Fontaine.

Tous les pays que nous venons de parcourir peuvent être considérés comme se rattachant, pour la forme de l'article, aux patois de la Suisse française. Si nous redescendons maintenant du nord au sud, en suivant la limite occidentale de notre région, nous trouverons encore l'article *le* dans une série de patois qui se rattachent au domaine du français central.

M. Adam, dans son étude sur les patois lorrains, constate la présence de *le* dans la région occidentale du département des Vosges : à Ménil-en-Xaintois (c. de Mirecourt), à Laneuveville-sous-Montfort et à Lignéville (c. de Vittel), à Saint-Baslemont (c. de Darney), dans l'arr. de Mirecourt ; à Trampot, Pargny et Landaville (c. de Neufchâ'eau), à Maconcourt, Vouxey et Houécourt (c. de Châtenois) et à Bulgnéville, dans l'arr. de Neufchâteau. Dans le même arrondissement de Neufchâteau, cette forme nous est encore signalée à Dommartin-sur-Vraine (c. de Chatenois) et à Ainvelle (c. de Lamarche) (2).

La partie occidentale du département de la Haute-Saône est également acquise à l'article *le*. Nous le trouvons à Baulay (c. d'Amance), à Jussey, à Betoncourt-les-Ménétriers (c. de Vitrey) et à Chantes (c. de Scey-sur-Saône) (3), dans l'arr. de Vesoul ; à Dampierre-sur-Salon,

---

article de journal, publié sous un pseudonyme, et dont la provenance est contestable.

(1) Nous allons revenir sur le Jura, qui offre *le* dans sa partie occidentale.

(2) On trouve aussi *lo* dans ce canton.

(3) Nous avons vu qu'une autre commune de ce canton avait **lou**

à Germigney et à Apremont (c. de Gray), à Montagney et à Broye-les-Pesmes (c. de Pesmes), à Vellexon (c. de Fresne-Saint-Mamès), à Oyrières (c. d'Autrey) et à Champlitte, dans l'arr. de Gray.

Même forme dans la partie nord-ouest du département du Jura. Il y a unanimité dans les réponses que j'ai reçues pour l'arr. de Dôle (Tavaux, c. de Chemin; Foulnay, c. de Chaumergy; Offlanges, c. de Montmirey; La Loye, c. de Montbarrey). Ajoutez Quintigny (c. de Bletterans), dans l'arr. de Lons-le-Saunier (1).

Le se trouve dans toutes les réponses que j'ai reçues pour le département de Saône-et-Loire, à l'exception de deux cas de *lè*, que nous avons signalés. Ces réponses viennent des pays suivants : St-Racho (c. de La Clayette), Oudry (c. de Palinges), Vitry-en-Charollais (c. de Paray-le-Monial), Les Guerreaux, La Motte-St-Jean, St-Agnan (c. de Digoin), Bourbon-Lancy, Toulon-sur-Arroux, La Guiche, Collonges et Joncy (c. de La Guiche), Bourg-le-Comte (c. de Marcigny), Sivignon (c. de St-Bonnet-de-Joux), St-Igny-de-Roche (c. de Chauffailles), dans l'arr. de Charolles; St-Amour et Chânes (c. de La Chapelle-de-Guinchay), Clessé (c. de Lugny), La Truchère (c. de Tournus), Matour, Authumes (c. de Pierre), Ameugny, Malay, Sigy-le-Châtel (c. de St-Gengoux-le-National), Ste-Cécile (c. de Cluny), Sagy (c. de Beaurepaire), St-Martin-de-Senozan, St-Sorlin et Solutré (c. de Mâcon), Tramayes et Germolles (c. de Tramayes), dans l'arr. de Mâcon; Cussy-en-Morvan (c. de Lucenay-l'Evêque), St-Bérain-sous-Sanvigne (c. de Montcenis), Dezize (c. de Conches-les-Mines), Charbonnat-sur-Arroux (c. de Mesvres), Epinac, Issy-l'Evêque, dans l'arr. d'Autun; Navilly (c. de Verdun), Mercurey et St-Jean-de-Vaux (c. de Givry), Sevrey et Sassenay (c. de Châlon), St-Eusèbe (c. de Mt-St-Vincent), St-Germain-du-Plain, Marcilly (c. de Buxy), Fontaines (c. de Chagny), St-Vallier (c. de Monceau-les-Mines), Sennecey-le-Grand, dans l'arr. de Châlon; Bosjean (c. de St-Germain-du-

_____

(1) Dans ce même arrondissement, nous avons vu que la réponse pour Chille, c. de Conliège, hésite entre *le* et *lè*.

Bois); La Chapelle-Thècle (c. de Montpont), Savigny-en-Revermont (c. de Beaurepaire-en-Bresse), Branges (c. de Louhans), Ormes (c. de Cuisery), Vérissey (c. de Montret), Le Miroir (c. de Cuiseaux), dans l'arr. de Louhans.

L'article *le* est généralement employé dans le département de la Loire, sous réserve d'une région assez restreinte où l'on trouve *lo*, comme nous le verrons plus loin, et de quelques enclaves de *lou*, que nous avons déjà signalées. On a *le* à Renaison, St-Rirand et Ambierle (c. de St-Haon-le-Châtel), à Pouilly et à Nandax (c. de Charlieu), à Belmont, à St-Cyr-de-Favières (c. de St-Symphorien-de-Lay), à Juré et à Champoly (c. de St-Just-en-Chevalet), dans l'arr. de Roanne ; à St-Didier-sur-Rochefort (c. de Noirétable), à Ailleux (c. de Boën), à Boën même (d'après les textes qui suivent le *Dictionnaire du patois forézien*, de Gras), à Feurs (d'après Gras), à Moingt (c. de Montbrison), à Montbrison même (d'après Gras), à Chambles (c. de St-Rambert), à Rozier, Estivareille et Usson (c. de St-Bonnet-le-Château) (1), dans l'arr. de Montbrison ; à La Fouillouse (c. de St-Héand), à St-Chamond et à Izieux (c. de St-Chamond), à Firminy (c. du Chambon), à Bourg-Argental, et, d'après Gras, à Jonzieu (c. de St-Genest-Malifaux), dans l'arr. de St-Etienne.

Le nord du département de la Hte-Loire est également acquis à la forme *le* : La Chaise-Dieu et Lavoûte-Chilhac, dans l'arr. de Brioude ; Craponne, dans l'arr. du Puy ; La Chapelle-d'Aurec (c. de Monistrol), dans l'arr. d'Yssingeaux.

L'article *le* occupe donc la partie orientale et la partie occidentale de la région que nous étudions. Entre les deux, au centre, se placent les départements de l'Isère et du Rhône, qu'il nous reste à parcourir.

Le département du Rhône se partage entre les formes *lo* et *le*, la première étant plus répandue dans l'arr. de Lyon, et la seconde dans l'arr. de Villefranche, notamment à St-Bonnet-de-Bruyères (c. de Monsols), Pont-

______

(1) Usson, d'après Gras.

Trambouze (c. de Thizy), Charnay (c. d'Anse) (1), St-La
ger (2), Odenas et Cercié (c. de Belleville),Quincié et les
Ardillats (c. de Beaujeu), Blacé et Vaux-Rhône (c. de
Villefranche).

Dans le département de l'Isère, on rencontre sporadiquement l'article *le*, à St-Jean-de-Bournay, à Revel (c. de
Beaurepaire) (3), à la Côte-St-André et à Gillonay (c. de
La Côte-St-André) (4), à Corbas (c. de St-Symphorien-
d'Ozon) (5), dans l'arr. de Vienne ; à La Tour-du-Pin et à
Vignieu (c. de La Tour-du-Pin), à St-Savin (c. de Bour-
goin), dans l'arr. de La Tour-du-Pin ; à Vinay, dans
l'arr. de St-Marcellin ; au Fréney-d'Oisans, à Auris-en-
Oisans, Livet-et-Gavet et Villard-Reculas (c. de Bourg-
d'Oisans), à Voreppe (c. de Voiron), au Guâ (c. de Vif),
à Champ (c. de Vizille),à Chapareillan (c. du Touvet) (6),
dans l'arr. de Grenoble. Joignons un coin du département de la Drôme, dans les voisinage de l'Isère : Châtillon St-Jean, c. de Romans, arr. de Valence.

LO.

La forme *lo* n'occupe pas de grandes régions com-
pactes, comme il arrive pour *lou* et pour *le*, si ce n'est
dans le nord. Mais on la rencontre par îlots plus ou
moins étendus dans la plupart des départements que
nous étudions.

Nous avons déjà vu que M. Clugnet (*Glossaire du patois de Gilhoc)* signale l'article *lo* sur un point du département de l'Ardèche, à Gilhoc, c. de La Mastre, arr.
de Tournon.

Un autre cas de *lo*, qui paraît tout à fait isolé, est celui
de Houches, c. de Chamonix, arr. de Bonneville, en

(1) Mon correspondant pour Charnay indique que la voyelle de l'ar
ticle masculin singulier est entre *o* et *e*.

(2) Mon correspondant pour St-Lager indique que la voyelle de l'article masculin singulier est entre *e* et *eu*.

(3, 4, 5) On a *lo* dans d'autres parties des cantons de Beaurepaire,
de la Côte-St-André et de St-Symphorien-d'Ozon.

(6) D'autres communes du canton du Touvet ont *lo*,

Hte-Savoie. C'est d'ailleurs la seule réponse que j'aie reçue pour cet arrondissement.

Dans le département de la Drôme, *lo* m'est indiqué à St-Bonnet-de-Valclérieux (c. du Gᵈ-Serre, arr. de Valence).

St-Bonnet-de-Valclérieux est à proximité de l'arr. de St-Marcellin (Isère). Cet arrondissement est presque tout entier acquis à la forme *lo* ; nous la trouvons à Vatilieu, St-Paul-d'Izeaux, La Forteresse (c. de Tullins), à Sillans, Penol, St-Michel-de-St-Geoirs (c. de St-Etienne-de-St-Geoirs), à St-Bonnet-de-Chavagne (c. de St-Marcellin). Nous avons encore *lo* à La Terrasse, St-Hilaire et La Buissière (c. du Touvet), à St-Pierre-d'Allevard, Pinsot et Moutaret (c. d'Allevard), à Bresson, Roveysieux, Le Sappey, St-Ismier et Bernin (c. de Grenoble), à Grenoble même (d'après les textes patois publiés), à Pontcharra (c. de Goncelin), à Noyarey (c. de Sassenage), à Méaudre et à Lans (c. de Villard-de-Lans) (1), dans l'arr. de Grenoble ; aux Côtes-d'Arey (c. de Vienne), à St-Pierre-de-Chandieu et à St-Georges-d'Espéranche (c. d'Heyrieux), à Beaurepaire et Pommier (c. de Beaurepaire) (2), à Semons et à Faramans (c. de La Côte-St-André) (3), à Jons (c. de Meyzieu) (4), dans l'arr. de Vienne ; à Pressins et à Chimilin (c. de Pont-de-Beauvoisin), à Charavines, Oyeu et Le Pin (c. de Virieu), aux Avenières (5) (c. de Morestel) (6), à La Chapelle-de-La-Tour, Crémieu et St-Clair-de-la-Tour (c. de La Tour-du-Pin) (7), dans l'arr. de la Tour-du-Pin.

(1) Pour une autre commune du canton de Villard-de-Lans, Autrans, je constate une hésitation entre *lo* et *le*. De même pour Champagnier, c. de Vizille.

(2, 3) Nous avons vu qu'on a *le* dans d'autres communes des cantons de Beaurepaire et de La Côte-St-André.

(4) Pour Meyzieu, même hésitation entre *lo* et *le*.

(5) Une autre réponse pour les Avenières m'indique non pas *lo*, mais « *lou* très adouci. »

(6) Pour Bouvesse-Quirieu, dans le même canton de Morestel, je constate une hésitation entre *le* et *lo*.

(7) Pour Faverges, dans le même canton de La Tour-du-Pin, je constate une hésitation entre *le* et *lo*. Nous avons vu, d'ailleurs, que le canton de La Tour-du-Pin offre aussi les formes *le*, *lou* et *lu*.

Pour le département de la Loire, nous trouvons *lo* dans la partie orientale des arrondissements de Roanne et de Montbrison (1), entre le cours de la Loire et les monts du Lyonnais, à la limite du département du Rhône : à Fourneaux (c. de St-Symphorien-de-Lay) (2), à Ste-Colombe (c. de Néronde), dans l'arr. de Roanne; à Essertines-en-Donzy (c. de Feurs), à Viricelles (c. de St-Galmier), dans l'arr. de Montbrison. Enfin dans l'arr. de St-Etienne, on trouve *lo* à Rive-de-Gier (voyez les poésies de Roquille) sur les confins de la partie du Rhône qui a la même forme d'article.

Le Rhône a *lo* à Longes (c. de Condrieu), à Grezieux-le-Marché (c. de St-Symphorien-sur-Coise), à Mornant (d'après Monin, *Patois lyonnais*), dans l'arr. de Lyon (3); à St-Véran et à Létra (c. du Bois d'Oingt), dans l'arr. de Villefranche.

Dans le département de l'Ain, l'arr. de Trévoux offre un grand mélange des formes *lo* et *le*. Nous avons indiqué les pays où on dit *le* et ceux où on hésite. On dit *lo* à St-Maurice-de-Gourdans, Bourg-St-Christophe et Faramans (c. de Meximieux), à Illiat (c. de Thoissey), à Neuville-les-Dames (c. de Châtillon-sur-Chalaronne) (4). Dans l'arr. de Belley, où *le* domine, on a quelques exemples de *lo* : à Torlier (c. d'Hauteville), à Vaux (c. de Lagnieu), à Seyssel et à St-Rambert (d'après les *Noëls bressans* publiés par Le Duc). C'est *lo* qui domine dans l'arr. de Nantua et dans la partie voisine de l'arr. de Bourg; nous avons relevé cette forme à St-Alban (c. de Poncin), à Brion (c. de Nantua) et à Nantua même (d'après les *Noëls* de Le Duc), à Cor-

(1) Je la trouve aussi (conjointement avec *leu*) à l'autre extrémité du département, dans les monts de la Madeleine, d'après une chanson publiée par Gras. Ce fait est à rapprocher de l'attribution de la même forme à l'Auvergne par Mistral (*Dictionnaire*, art. *lou*).

(2) Dans le même canton, on a *le* à St-Cyr-de-Favières.

(3) C'est aussi la forme de l'article dans les textes littéraires en patois lyonnais du xviiie et du xixe siècle, et à plus forte raison dans les textes antérieurs.

(4) Rappelons que, dans une partie de ce canton, on a la forme *lou*.

celles (c. de Brénod) (1), à St-Germain-de-Joux et à Villes
(c. de Châtillon-de-Michaille) (2), à Ceignes (c. d'Izernore), dans l'arr. de Nantua ; à Grand-Corent, Ceyzériat et Villereversure (c. de Ceyzériat) et à Treffort (3),
dans l'arr. de Bourg. En résumant les renseignements
que nous possédons sur le département de l'Ain, nous
pouvons dire d'une façon générale que *lou* domine dans
la Bresse, *le* dans le pays de Gex et une partie du Bas-
Bugey, *lo* dans le Bugey et le Revermont, et que les
Dombes se partagent entre *lo* et *le*.

En remontant vers le nord, nous trouvons un îlot de
l'article *lo* dans un coin du département du Jura voisin
de la Suisse, à Longchaumois et à Bois-d'Amont (c. de
Morez, arr. de St-Claude).

Enfin la région la plus étendue qui soit occupée sans
interruption par l'article *lo*, comprend le nord de l'arr.
de Lure, dans la Haute-Saône, la partie voisine du territoire de Belfort (l'autre partie de ce territoire se rattachant au sud de l'arr. de Lure et au département du
Doubs, qui ont la forme *lou*), et le département des
Vosges presque tout entier, à l'exception de la partie
orientale de l'arr. de Remiremont, où l'on trouve *lé*, et
du nord de l'arr. de Neufchateau, qui offre *le* et *eul*.
Voici les villes et cantons de cette région pour lesquelles
j'ai des attestations formelles de la présence de l'article
lo : Haute-Saône. Aillevillers (c. de St-Loup), Bouli-
gney (c. de Vauvillers), Melisey, Clairegoutte (c. de
Champagney), Raddon (c. de Faucogney), Villers-les-
Luxeuil (c. de Saulx), dans l'arr. de Lure, et un village
de l'arr. de Vesoul qui confine à l'arr. de Lure, Mer-
suay (c. de Port-sur-Saône) ; Territoire de Belfort,
le canton de Rougemont-le-Château, celui de Giroma-
gny (notamment Auxelles-Haut), et une partie du canton de Belfort ; Vosges, Tendon (c. de Remiremont) et
le canton de Plombières, dans l'arr. de Remiremont ;

(1, 2) On a *le* dans d'autres parties des cantons de Brénod et de
Châtillon-de-Michaille (voy. plus haut).

(3) Dans une autre partie du canton de Treffort, on a la forme *lou*
qui est la plus répandue dans l'arr. de Bourg.

Gérardmer, les cantons de St-Dié (notamment Taintrux), de Senones (notamment Le Mont), de Fraize, Provenchères-sur-Fave, Raon-l'Etape, Brouvelieures, dans l'arr. de St-Dié ; Moyemont et Roville-aux-Chênes (c. de Rambervilliers), Gruey-les-Surance (c. de Bains), Xertigny et Uriménil (c. de Xertigny), et les cantons de Châtel, de Bruyères et d'Epinal (notamment St-Laurent), dans l'arr. d'Epinal ; les cantons de Darney, de Dompaire et de Mirecourt (notamment Remicourt), dans l'arr. de Mirecourt ; et une partie du canton de Lamarche dans l'arr. de Neufchâteau.

En dehors de la région que nous étudions, l'article *lo* s'étend encore, d'après M. Adam, sur la plus grande partie du département de Meurthe-et-Moselle. Je le relève aussi dans la traduction de la Parabole en patois d'Altkirk (Alsace).

Dans un prochain numéro, nous étudierons les formes contractes (*français* « du, au ») de l'article masculin.

L. CLÉDAT.

UN CONTE EN PATOIS LYONNAIS

DU COMMENCEMENT DU SIÈCLE

Lorsque, vers 1806, le bureau chargé de la direction de la Statistique de l'Empire résolut de recueillir des traductions de la parabole de *l'Enfant prodigue* dans les divers patois de la France, Cochard était conseiller de préfecture du Rhône. Il fut chargé, en cette qualité, de rassembler les traductions pour le département. Cochard avait le goût des recherches érudites et s'acquitta de sa tâche avec zèle et conscience. Notre dessein est de publier un jour l'ensemble des traductions qu'il a faites ou recueillies et dont plusieurs sont demeurées inédites (1).

Mêlé avec elles, nous avons rencontré un conte patois intitulé : *Dialogue de deux hommes de la paroisse de... qui étaient au cabaret.* La paroisse, c'est Saint-Symphorien-le-Château, aujourd'hui Saint-Symphorien-sur-Coize, gros bourg sur les limites du Forez. En effet, la Parabole en patois de St-S. offre non seulement les mêmes particularités phonétiques et orthographiques, mais le manuscrit est de la même main que le conte (2), écrit de la même encre sur le même papier. Cochard avait certainement demandé la traduction à quelqu'un du pays, qui a complété l'envoi par le conte, lequel d'ailleurs, par sa physionomie populaire, est bien plus intéressant que la parabole.

Tous les contes de ce genre sont empruntés à un fonds commun, et l'on serait bien empêché de trouver à chacun son père, même putatif. Le nôtre a sa physionomie personnelle, très française, voire très lyonnaise. On rencontre bien dans les *Kinder und Hausmärchen*, des frères Grimm, un conte (*Les quatre frères adroits*),

(1) Nous en devons la communication à l'obligeance de M. Véricel, acquéreur des manuscrits de Cochard.

(2) Cette main n'est pas celle de Cochard.

fondé sur une idée analogue à la nôtre, mais la parenté est si éloignée que les cousins sont méconnaissables.

Dans le récit lyonnais un père a trois fils qui voyagent pour choisir un métier. L'un se fait maréchal-ferrant, l'autre barbier, l'autre maître d'armes. Dans le récit allemand les fils sont quatre ; l'un se fait voleur (1), le deuxième astronome, le troisième chasseur, le quatrième tailleur. Les deux auteurs font distinguer les jeunes gens à leur retour par des exploits extraordinaires. Là s'arrête la ressemblance. L'histoire des Grimm a tout l'appareil féerique : fille de roi, dragon, enchantements, etc. L'histoire du paysan lyonnais est réaliste et narquoise et n'a cure des miracles. Les exploits n'ont pas le caractère du merveilleux, mais celui de grosses gasconnades.

Toutefois, il existe de notre conte une version française beaucoup plus rapprochée, que j'ai souvenir d'avoir lu dans ma plus tendre enfance, vers 1837 ou 1838. Si, après tant d'années la mémoire ne me faut, c'était dans un recueil périodique, le premier, je crois, qu'on ait eu l'idée de faire pour les enfants (2). Le *Journal des Enfants*, de 1837, était loin du *Magasin d'éducation*. Les gravures ressemblaient assez à celle du *Messager boîteux de Berne*, et le papier aussi. Je n'y puis cependant songer sans un souvenir de plaisir. Là parurent les *Aventures de Jean-Paul Choppart* et l'*Histoire de Robert-Robert et de son cousin Lavenette*, de Louis Desnoyers, qui ont eu depuis tant de succès en librairie. Le conte n'était guère que le squelette du nôtre. Il y avait aussi des différences de détail. Le maréchal ferrait les quatre chevaux d'un carosse ; à Saint-Symphorien,

---

(1) Je remarque que le côté moral des contes allemands est en général fort négligé. C'est ainsi que Petit-Poucet se fait vendre par son père pour tromper les acheteurs et revenir chez lui. Dans le *Roi-Grenouille* une action fort méchante de la fille du roi est récompensée par la délivrance du prince enchanté et le mariage qui en est la conséquence. Il y a loin de ceci à la recherche de moralité des contes de Perrault.

(2) C'est aussi là que je lus pour la première fois le joli conte de Grimm, *Les Musiciens de Brême*.

c'est seulement le cheval d'un postillon, ce qui est déjà
suffisant, si l'on songe que c'était au galop. Le maître
d'armes faisait un parapluie de son épée à sa mère, ce
qui était plus édifiant qu'à Saint-Symphorien, où c'est à
lui-même. Le père partageait son bien également entre
ses trois enfants. Chez nous la question narquoise qui
termine le conte est bien plus drôle. La mise en scène,
le dialogue, le parler paysan, les réflexions d'une apparence naïve, les détails comiques, appartiennent tous à
notre auteur, qui avait infiniment d'esprit, du moins de
celui que nous aimons, nous autres Lyonnais.

Il avait moins de lettres que d'esprit, ce qui n'est pas
un mal, au contraire, quand il s'agit de littérature populaire. Sa version française a plus d'une faute d'orthographe. Sa version patoise fourmille de fautes, non que
l'auteur ne sût parfaitement « sa langue, » cela se voit
de reste, mais il ne savait comment exprimer les sons,
et a recours aux indications phonétiques les plus
bizarres. Il eût été facile de donner un texte rectifié,
mais nous avons préféré une édition « diplomatique (!) »,
sauf à faire les corrections en note. Il nous semble qu'il
en doit toujours être ainsi pour la première édition d'un
document quelconque, afin de fournir d'abord une base
rigoureuse à la critique.

L'auteur a joint au texte une traduction « littéraire »,
que nous donnons en regard.

P. S. Les lignes qui précèdent étaient imprimées en épreuves,
lorsque j'ai pu me procurer une édition complète des *Kinder und
Hausmärchen*. C'est celle de W. Hertz, Berlin, 1886. J'y trouve, sous
le n° 125, *Die drei Brüder*, le conte lyonnais dans ses principales
lignes, à côté de celui que j'ai cité plus haut, *Die vier kunstreichen
Brüder* (n° 129). Celui-ci existait seul dans les éditions que j'avais
eues entre mains. Je me permets de continuer à trouver le conte
lyonnais très préférable aux autres sous le rapport pittoresque.

Dans le n° 125, le père donne sa maison au troisième fils, le maître
d'armes, ce qui me semble positivement une injustice envers les
autres, et en tout cas, est infiniment moins comique que de laisser
trancher la question par le lecteur. Il est vrai que les trois frères ha-
bitent en commun la maison, et finissent par être enterrés dans la
même fosse, détail édifiant dont le conte lyonnais ne s'inquiète pas.

Dialogo de doux homos de la parochi de..... qu'eriant ou cabaret.

De ce que je bérons cella chôpina, se vot (¹) voglis (²), paure (³) Guillot, je vots (⁴) racontarai ce que m'a étau diit lot jor de la féri où cabaret de la Catin d'où (⁵) bor , a dont (⁶) que je fiot (⁷) la pachi (⁸) de la péri de bou que sont incor en noutron étroblot (⁹). —

Dialogue de deux hommes de la paroisse de..... qui étaient au cabaret.

Pendant que nous boirons cette chopine, si vous voulez, père Guillot, je vous raconterai ce qui m'a été dit le jour de la foire, au cabaret de la Catherine du bourg, alors que je fis le marché de la paire de bœufs qui sont encore dans notre écurie. — Hé ! vous me ferez

(1) *Vos* en patois se prononce bref (*vò*). L'auteur ajoute un *t* pour marquer le son bref. Le Lyonnais prononce brefs tous les *o* suivis d'un *t* : *pot, mot, gigot. sot.*

(2) *Voglis,* prononcez *volhi*. L'auteur emploie la graphie *gl* pour marquer *l* mouillée, et il a soin d'en prévenir dans une note de la *Parabole* : « *Gli* se prononce comme *gli* en italien. » Il est probable qu'il l'a fait sur la recommandation de Cochard, qui employait cette graphie.

(3) *Paure* pour *pôre* p a t r e m. L'auteur a trouvé que l'accent circonflexe (*ô*) n'indiquerait pas encore suffisamment l'ouverture de la voyelle, et il emploie partout la diphtongue *au* ; par exemple pour *ô* final (a r e) des verbes de la 1ʳᵉ conjugaison. Voici encore une note de la *Parabole* : « Il est aussi trés difficile d'imiter en français le son des infinitifs et participes, *amassau, donnau* et cœteras (*sic*). La dernière syllabe de ces mots sonne comme un *o*, mais plus encore comme un *au.* »

(4) *Vots.* Ici l'auteur a ajouté une *s* après le *t* pour marquer le pluriel, ce qu'il avait oublié la première fois.

(5) *D'où* pour *dou.* Le mss. fourmille de ces incorrections.

(6) *A dont* pour *adon* (vieux fr. *adonc*).

(7) *Fiot* pour *fiò(s)*. Ce *o* euphronique s'ajoute quelquefois a la 1ʳᵉ personne du passé défini des verbes en *i*, lorsque le mot est monosyllabe : *je dios* « je dis » ; mais *je finé* « je finis ». Aujourd'hui, sous l'influence du français, on dit *je fis*.

(8) *Pachi* p a c t a.

(9) *O* post-tonique, en lyonnais, a un son entre *o* et *e* muet. Pour l'exprimer, l'auteur n'a rien trouvé de mieux que d'ajouter un *t* à *o !* Mais on a vu (note 1) qu'il l'ajoute aussi à *o* tonique pour exprimer le son bref, ce qui « ajoute » surtout à la confusion. Il faut donc lire *étróblo*. Le mot est ici masculin. Il en est de même à Rive-de-Gier, mais dans la plus grande partie du Lyonnais, il est féminin : *étrobla* s t a b u l a.

Dia! (¹) paure Blanc, vots me faris plésit (²).

— Je vot diirai (³) dont, se je m'en sovenot bien, qu'in certein (⁴) homo que s'apelove Gliodot (⁵) Gui, ayet elevau très garçons que fesiant, mon ami, très cholands (⁶) bien bragords (⁷). Se o (⁸) falet travaillit, ys aloviant (⁹) farmot, mé avouai, ys ne se fesiant pau praï par migit la sopa et picau la fricassia. La diimingi (¹⁰) vot lotz (¹¹) ariaus vus bien farôs (¹²) qu'apichayauviant (¹³) le

plaisir, père Blanc.

Je vous dirai donc, si je m'en souviens bien, qu'un homme, qui s'appeloit Claude Guy, avoit élevé trois garçons, qui fesoient, mon ami, trois beaux jeunes gens. S'il falloit travailler, ils alloient ferme, mais aussi ils ne se faisoient pas prier pour manger la soupe et piquer la fricassée. Le dimanche vous les auriez vus bien mis, guetter les filles pour les amener faire l'amour; ce

(1) *Dia!* C'est le vieux fr. *dea.* On dit habituellement *dia mé!* ce qui est peut-être *dia* + magis au sens affirmatif.

(2) *Plésit,* lisez *plési.* L'auteur ajoute communément un *t* pour remplacer *r* tombée.

(3) *Diirai.* Voici encore une note de l'auteur : « *Diisit,* la prononciation de ces préterit *(sic)* est très difficile à imiter. Elle tient du *dz* et du *dj* (cette observation est fort juste). Néanmoins il me semble qu'en appuyant un peu fort sur deux *i* on lui donne uue prononciation assez ressemblante. » Ce n'est pas notre avis, mais voilà le lecteur prévenu de la signification phonétique du groupe *ii,* du moins lorsqu'il est précédé de *d.* Il en est de même lorsqu'il est précédé de *t.*

(4) *Certein* ; on dit généralement *çartain.*

(5) *Gliodot* lisez Lɪᴀᴜᴅᴏ.

(6) *Choland* ou mieux *chaulant* n'est pas suffisamment traduit par « jeune homme ». Il a la signification particulière de garçon porté à l'amour. Peut-être de calere. Cf. un « homme chaud » pour un « homme porté à l'amour ».

(7) *Bragords* ; c'est le vieux fr. *bragard,* gentil, aimable.

(8) *O* est le pronom neutre, distinct du pronom personnel *al.*

(9) *Aloviant* ; on dirait aujourd'hui *alliant.*

(10) *Diimingi* v. note 3.

(11) *Lotz* pour *lo(s).* Je ne sais pourquoi l'auteur a eu la fantaisie de substituer un *z* à l'*s* accoutumée.

(12) *Farôs.* C'est le *faraud* du fr. populaire.

(13) *Apichayauviant* ; deux remarques : 1o *i* s'est nasalisé aujourd'hui dans tout le Lyonnais. *Apinchi* adspectare (cf. pr. *pinchina* pectinare) ; 2o Le *Dialogo* et la *Parabole* ajoutent à l'imparfait des verbes de la 1re conjugaison en *i* la flexion *ôv* par analogie avec les verbes en *ô,* plus une voyelle intercalaire. *Chantô, je chantôvo,* mais

filles par le menau fre-
cautau (¹) ; ce que fesiet
brure (²) le môres (³), que
ne poyant pau tegni
gloux (⁴) filles de rejuint,
(⁵) quand cellots gail-
laurds les ayant (⁶) gui-
gnis. Stu juet durit coqui
(⁷) tion, mais pu sen (⁸)
lot paure, que se sintiet
coqui liaurds den (⁹) sa
lieta (¹⁰) diisit in sé à sots
très garçons : Assa ! vots
otrots (¹¹), vots vequia
grands ; o vots faut prendre (¹²) chauquin ina profession. Se vots êtes
com'o se dé, et que vots
gardiis bien la craintii
(¹³) de Diiu, vots faris voutron chamin, se plat a

qui fesoit gronder les
mères, qui ne pouvoient
contenir leurs filles dans
le devoir, quand ces gail-
lards les avoient appelées
par leurs signes. Ce jeu
dura quelque tems, mais
ensuite le père, qui se
sentoit quelques liards
dans son tiroir, dit un
soir à ses trois garçons :
Allons, vous autres, vous
voilà grands, il faut que
vous appreniez chacun
un métier. Si vous êtes
comme on doit être, et
que vous craigniez Dieu,
vous ferez votre chemin,
s'il plaît à Dieu et à la
bonne Vierge. Pour moi
je vous aiderai de tout

apichi, j'apich[ay]ovo, et à la 3ᵉ personne du pluriel *apichayauviant*
suivant la graphie de l'auteur. Je ne sais si cela existe encore à St.
Symphorien, mais dans la région lyonnaise en général, il n'y a pas de
syllabe intercalaire : *apinchi, j'apinchôve ;* et aux 2ᵒ et 3ᵉ personnes
du pluriel la flexion *ov* disparaît. Voici le paradigme complet à Craponne : *J'apinchovo, t'apinchôve, al apinchôve, nos apinchôvons, vos
apinchiôs, is apinchiant.*

(1) *Frecautau* fricare, avec suff. fréquentatif *otô.* Malgré l'étymologie un peu roide, le mot, sans être noble, n'a pas le caractère obscène,

(2) *Brure.* C'est le fr. *bruire ; i* est tombé comme dans *essuire*
devenu *essure.*

(3) *Môre.* L'auteur, qui écrit *paure,* écrit *môre,* je ne sais pourquoi.

(4) *Gloux* prononcez *liou* (v. note 2).

(5) *Tegni de rejuint,* tenir joint, serré de près, que l'auteur traduit à la façon de Bitaubé par « retenir dans le devoir ».

(6) *Les ayant,* prononcez *le-z-a-yant.*

(7) *Coqui* pour *quauqui* qualisquam.

(8) *Pu sen,* prononcez *pussin,* paraît être la réunion de *puis ains.*

(9) *Den,* prononcez *din.*

(10) *Lieta,* contraction de *layette* au vieux sens de *tiroir.*

(11) *Otrots* pour *autros* « autres »

(12) *Prendre,* prononcez *prindre.*

(13) *Craintii.* Les deux *i* sont ici pour marquer la prononciation
particulière de *t* (v. note 3, page 111) et non pour indiquer l'insistance
sur *i,* qui est au contraire atone.

Diiu et la bona Viergie. Per me, je vots édiirai tot ce que je porai. Quand pu sen (1) vots tornarios, celuqui de vots très que soura lo mi sa profession, sera l'heretiit (2), et a paussara lots otrots de four (3). Stots très cholands, quant ys entendiiront (4) yquiin (5), se leviront de suitii et remarçayiront (6) gloux paure.

O ayet in visin qu'ayet de son lau (7) très boglies (8) que n'étiant pau diferentes (9) et qu'ayant (10)

mon pouvoir. Quand vous reviendrez, celui de vous qui sera le plus habile dans son art, sera mon héritier. En entendant cette injonction, nos trois jeunes gens se levèrent et remercièrent leur père.

Il y avoit un voisin qui, de son côté, avoit trois filles qui n'étoient pas laides, et qui avoient

(1) *Pu sen* v. note 8, page 112.

(2) *Heritii*. Ici, à l'inverse de *craintii* (note 13, page 112), les deux *ii* marquent l'insistance sur la voyelle tonique.

(3) *De four* de foris. L'auteur a omis de traduire le membre de phrase : « et il poussera les autres dehors ».

(4) *Entendiiront*, prononcez à peu près *intindgiront*.

(5) *Yquiin*, prononc. *iki-in*, avec *k* palatal, « ceci ». Il s'écrit ordinairement *iquien*. Est-ce *eccu'hunc* ?

(6) *Remarçayiront*. On dit aujourd'hui, dans le Lyonnais, *remarciront*.

(7) *Lau* pour *lo* latus.

(8) *Boglies*, prononcez *bolhi* (v. note 2, page 110). Le pluriel est *bolhe* et non *bolhis*. De bagacula (?), du rad. *bag* qu'on trouve dans le v. pr. *bagasse*, l'it. *bagascia* et le v. fr. *baiesse*. Dans *bolhi* on a fait usage du suffixe *ucula* au lieu du suffixe *acea* qui est dans *bagascia*.

(9) *Diferentes* pour *indifférentes*, comme à Lyon *munquablement* pour *immanquablement*. Même locution en Berri. C'est bien à tort que Jaubert y voit une ellipse : « différent (de ce qui est bon) », car le mot, en ce sens, ne s'emploie qu'avec la négation. On ne dit jamais « une chose *différente* », et c'est au contraire *indifférent* qui veut dire médiocre, ordinaire. « Une terre *indifférente* », une terre qui produit peu. Donc ici, trois filles qui n'étaient pas « différentes », ce sont trois filles qui n'étaient pas « indifférentes », et trois filles qui n'étaient pas indifférentes, ce sont trois filles pour lesquelles on n'était pas indifférent. Cette dernière interversion des sens a des exemples. Cf. une rue passante » pour une rue où il y a des passants, et « avoir le fouet » pour être fouetté.

(10) *Ayant*, prononcez *a-yant* et non *ai-yant*.

coqui vês (¹) frecautau (²) avouai noutrons cholands. Dret que (³) lo solé comencit (⁴) à liure, ys aliront les (⁵) apichit par gleux (⁶) diire àdiiu. Al se betiront à plourau, bonigens! (⁷) quand al viront que glioux galand alauyiant (⁸) modau (⁹). Chocuin de stosici disiet à la sina : Caisis-te (¹⁰) dont ; o ne faut pau te chagrinau ; je tornarai dret que je sourai ma profession ; je nots mariarons ension (¹¹), et je volot que t'ayêses la plus bella chêna que se set vu den (¹²) la parochi. Yquien (¹³) le fit rire una braisa (¹⁴), mé o n'ère que d'in lau. Le

quelquefois parlé d'amour avec nos trois garçons. Aussitôt que le soleil commença à paroître, ceux-ci allèrent les guetter pour leur faire leurs adieux. Elles se mirent à pleurer en voyant qu'ils alloient partir. Chacun disoit à la sienne : Apaise-toi donc, il ne faut pas te chagriner ; aussitôt que je saurai mon métier je reviendrai et nous nous marierons, et je veux que tu ayes la plus belle chaîne qui se soit vue dans la paroisse. Cela les faisait rire, mais ce n'était *que d'un côté (sic)*. Les pauvres filles, hélas ! savoient bien que les gar-

(1) *Vês* vicis.

(2) *Frecautau;* en traduisant par « parler d'amour », l'auteur adoucit fortement son propre texte.

(3) *Dret que* ; « aussitôt que ». Drictum quod se prête mieux au sens et à la forme que trans quod.

(4) *Comencit* prononcez *comincit*.

(5) *Les apicht* est mal noté. Lisez *le* article, + *z* euphonique : *le-z'apicht*.

(6) *Gleux* prononcez *liéu*. Remarquez que *leur*, pronom possessif, se distingue de *leur*, pronom personnel. Nous avons vu que le premier est *liou* ; le second est *lieu*.

(7) *Bonigens* prononcez *bonigin !* L'auteur n'a pas cru assez littéraire de traduire cette exclamation, qui est cependant charmante : « bonnes gens ! » et se prononce sur un ton de compassion analogue à celui du *pêchaire* du bas Dauphiné.

(8) *Alauviant.* L'auteur a changé ici son orthographe (v. note 9, page 111).

(9) *Modau* pour *modo* motare.

(10) *Caisis-te* pour *Quaisi-te*. *Quaisi* « se taire », formé sur quies.

(11) *Ension* prononcez *insion* ; c'est du moins le mot d'aujourd'hui in simul. On dit aussi *insian*.

(12) *Den* prononcez *din*.

(13) *Yquien.* L'auteur change son orthographe. V. note 5. page 113).

(14) *Una braisa.* L'auteur, qui dit *in* unum au masculin, dit *una* au féminin. Je ne sais si c'est une faute. On dit aujourd'hui *ina*. *Ina braisa*, un tant soit peu, littéralement une miette.

pouré filles, bonigens !
sayant assé que lots gar-
çons font sovent (1) petafin (2) de le nigaudes que
se fiont en elloux (3).

Apré qu'ys se firont (4)
tretouts embrassit, lots
très cholands s'en agli-
ront drèt à Paris. En ari-
vant, ys se firont bien
poudrau (5), et ys agliront
se permenau. Ys avisau-
viant la reviri quant o
vegni une (6) marcia (7),
que fésiet tant codre le
dames et lots monsius
qu'o vere (8) joli de z-ou

cons font *mauvaise fin*
(*sic*) des niaises qui se
fient à eux.

Lorsqu'ils se furent em-
brassés, ils allèrent droit
à Paris. En arrivant, ils
allèrent se promener. Ils
regardoient la rivière,
lorsqu'il survint une on-
dée qui fesoit courir si
fort les dames et les messieurs que c'étoit diver-
tissant à voir. Ils se reti-
rèrent pour se coucher ;
ils dormirent bien, et le

(1) *Sovent*, prononcez *sovin*.

(2) *Petafin*. Contraction de *pute fin*. *Feire petafin* d'une chose,
l'abîmer, la gâter. D'où plus souvent *petafinô*, abîmer. *Pute* n'est
pas ici pu t a, mais p u t i d a.

(3) *Elloux*, prononcez sans doute *élou*, *x* paraissant ajouté par
analogie avec celle du fr. *eux*. On dit dans toute la contrée de Mornant *ellos*, en faisant sentir *s*.

(4) *Firont*, souvent employé pour *furont* « furent ». Quand « j'avais
des culottes de fromage blanc », ma mère me chantait souvent une
chanson où *firons* signifiait tour à tour « fûmes » et « fîmes », et
qui m'impressionnait fort, non à cause de cette particularité phonétique, mais à cause du mot *pôti*.

> Quand nous *firons* à San-Remy
> Nous *firons* feire in grous pôti,
> D'ina groussa liure (bis) ;
> Y a par të.
> Y a par më,
> Y a par të, ma mia !

(5) *Poudrau*. Cette particularité montre que le conte a été écrit à
une époque presque contemporaine de celle où l'on se poudrait les
cheveux.

(6) *Une* (v. note 14, page 114). La finale *e* au lieu de *a* est certainement un lapsus occasionné par l'influence du français.

(7) De (i m)-m e r s i a pour *im-mersio*. La forme primitive était *me-
rsia*, dont *e* a passé à *a* sous infl. de *r*.

(8) *O vere*, lisez *o-v-ére*, c'est-à-dire *o*, pronom neutre, et *ere*, imparfait du verbe « être », reliés par un *v* euphonique.

(¹) virà (²). Ys se reti- | lendemain ils choisirent
iriront par se couchit ; | chacun leur métier. L'aî-
y dormiront bien, et lot | né se fit maréchal, le se-
lendemon (³), ys chusês- | cond barbier, et le troi-
siront chocuin gloux pro- | sième maître d'armes
fession. Lo plus vi (⁴) se | dans un régiment.
fit marichaux, lot second |
se fit barbi, et lot trésiè- |
mot se fit mètre d'aurmes |
den-en (⁵) régiment. |

Ici (⁶) paure Blanc se | Ici père Blanc se sentit
sentiit lo gosit essu (⁷) | le gosier sec, et il se tut
et se caisit un moment (⁸) | un moment pour trin-
par trincau avouai lot | quer avec le père Guillot.
paure Guillot ; pus en (⁹) | Ensuite il reprit ainsi la
a repregni comiquien (¹⁰) | parole : Il me semble que
la parola : O semble (¹¹) | l'atmosphère est chargée
que la niola (¹²) est cofla ; | et que nous pourrions
al poret ben pissit (¹³). | bien avoir de la pluie.
En tous caus, je sont ici | En tous cas, nous som-
à la souta, et après sta | mes ici à l'abri, et après
chopina, o n'en pot ve- | cette chopine il en peut
gni in autra (¹⁴). Lo pore | venir une autre. — Ho !
Guillot repondiit : O ne | dit le père Guillot, ce ne

(1) *Z-ou.* *Ou* représente le fr. *y,* et *z* est une liaison euphonique sans doute parce que l'élision *d'ou* ferait confusion avec l'article *dou* « du ». Quant à *ou,* c'est, je crois, *hoc.*

(2) *Vira* « voir ». Ce mot déroute toutes mes notions du patois. Partout l'on dit *veire.* Ce n'est cependant pas un lapsus, car l'auteur répète le mot plus loin.

(3) *Lendemon* « lendemain ». Ce *on* anus n'appartient guère qu'à Rive-de-Gier.

(4) *Vi* « vieux ». Le lyonnais en général dit *viu.*

(5) *Den-en* prononcez *din n'-in.*

(6) *Ici ;* « ici » l'auteur semble avoir oublié le patois pour le français. On dit partout *iqui.* Pourtant il répète plus loin *ici.*

(7) *Essu,* participe d'*essure* ex-sugere.

(8) *Moment,* prononcez *momint.*

(9) *Pu sen,* (v. note 8, page 112).

(10) *Comiquien* lisez *comm'iquien* « comme cela ».

(11) *Semble,* prononcez *simble.*

(12) *Niola* nebula.

(13) *Pissit.* On voit que l'auteur a traduit en style noble.

(14) *Autra,* on dit aujourd'hui *outra.* Peut-être est-ce un oubli de l'auteur.

sera qu'ina foumassia (¹) que ne nots empachira (²) pau de nots en alau. Se je nots amusayauviant trop taurd, noutra groussa (⁴) seret in pena, et all (³) bruret. Mé j'ons incore lo tion de nots rendre (⁵) et de vegni à la fin de voutron recit.

Et (⁶) ben dont, diisit paure Blanc, je vouai lot contenui. In jor que lot paure Gui ere ou pi (⁷) d'ou fuet, pace que o fèsiet fret et qu'o ayet chut de nê, a vit entrau (⁸) soux très garçons. L'un (⁹) portove in martio, l'autrot in rasot et lot trèsiemot in soprot. Après qu'ys l'uront embrassit gloux paure, et qu'ys gli ossiront devisau coqui momants, coma ys erians (¹⁰) fatiicau, ys agliront

sera qu'un *grain* (*sic*), qui ne nous empêchera pas de nous en aller. Notre femme seroit en peine, et ensuite elle gronderoit. Mais nous avons encore le temps de nous rendre et de venir à la fin de votre récit.

Et bien donc, reprit le père Blanc, je vais le continuer : Un jour que le père étoit auprès du feu, parce qu'il fesoit froid et qu'il étoit tombé de la neige, il vit entrer ses trois garçons. L'un portoit un marteau, l'autre un rasoir, et l'autre un sabre. Lorsqu'ils eurent embrassé leur père et qu'ils eurent causé quelques moments avec lui, comme ils étoient fatigués, ils allèrent se cou-

---

(1) *Foumassia* « petite pluie fine et de peu de durée ». On dit généralement *fumassia*, de « fumée » avec suffixe péjor. *asse*. Une pluie très fine a quelque analogie avec de la fumée.

(2) *Empachira*, prononcez *impachira*.

(3) *Groussa* ; c'est le terme familier qu'on emploie pour dire « notre femme ». A Lyon on dit *la bourgeoise*.

(4) *All* ; l'auteur écrit tantôt *al*, tantôt *all* « elle ». Je doute que cette forme existe encore. Dans la plus grande partie du Lyonnais on dit *le* ; à Rive-de-Gier *i* devant les consonnes, et *il* devant les voyelles.

(5) *Rendre*, prononcez *rindre*.

(6) *Et*, lisez *eh !*

(7) *Ou pi d'ou fuet*, littéralement « au pied du feu ». *D'ou*, lisez *dou*.

(8) *Entrau*, prononcez *intrô*.

(9) *L'un*. L'auteur fait la remarque suivante : « Ici *un*, substantif, se distingue d'*in* adjectif. » Et il ajoute assez naïvemement : « Cette distinction est en faveur de l'harmonie ». La vérité est que, pour la clarté grammaticale, la distinction existe dans tout le Lyonnais. Seulement « un », substantif, se dit, cette fois pour l'harmonie, *yun*, à Rive-de Gier *yon*. Cf. allem. *ein* et *einer*, angl. *a* et *one*.

(10) *Erians* ; évidemment pour *ériant*.

se couchi. Lot lendemant lot paure, que ne volet gin d'orreur (¹) den sâ decision, assemblit totâ sa familli par jugi avouai elloux. Quand ys firont tous presents, lô parmi, qu'èré marichaux, vit in pôstillon que galopauve su in chiviô que n'ayet gin de fers oux pis. A diisit: Lessis-me fère ; et à lot fari pendant qu'a galopauve. Ma fiota (²), lot paure restii entunau, et a cru ben que son bien seret à stui-ci ; quand lot second vit una liura (³) que venait corant. A dont a diisit : Vots alau vira (⁴) lot qun de nots doux amerite d'être l'héretiit, et à fit la borba a la liura pendant qu'al coriet tant qu'al ayet de chombes (⁵). Lot paure ne sayet que n'en diire, quand lot plus jouainot diisit: O moglie, (⁶) totore (⁷) voutres echines seront trempes. Vots alau vira si je saî maneyit mon sauprot. In efat, a n'en joiit si bien

cher. Le lendemain le père, qui ne vouloit point *d'erreur (sic)* dans sa décision, assembla sa famille pour juger avec chacun d'elle. Lorsqu'il furent tous présents, le premier, qui étoit maréchal, vit un postillon qui galopoit sur un cheval qui n'avait point de fers aux pieds. Il dit : Laissez-moi faire ; et il le ferra pendant qu'il galopoit. Le père *resta étonné (sic)*, et crut que son bien seroit à celui-ci. Mais le second voyant un lièvre qui venoit en courant, dit : Vous allez voir qui de nous deux mérite d'être l'héritier. Et il fit la barbe au lièvre pendant qu'il couroit tant qu'il pouvoit. Le père ne savoit qu'en dire, lorsque le plus jeune dit : Il pleut, et dans un moment vous aurez le *dos (sic)* trempé. Vous allez voir si je sais manier mon sabre. En effet, il en joua si bien sur sa tête qu'il ne tomba pas une goutte

---

(1) *Orreur. Horreur* est exigé chez nous pour « erreur ». J'avais un maçon qui mettait au pied de tous ses mémoires : « Horreur ne fait pas contre », bonne précaution pour indiquer qu'erreur ne fait pas compte.

(2) *Ma fiota*, euphémisme pour « ma foi ! » parce que « ma foi » était réputé un péché, « un serment prêté en vain ».

(3) *Liura* leporá. « Lièvre » est féminin chez nous.

(4) *Vira*, v. note 2, page 116).

(5) « Courir tant qu'on a de jambes », expression pittoresque très usitée à Lyon.

(6) *O moglie*, lisez o *molhe* « il mouille », constamment employé pour « il pleut ».

(7) *Totore* « tout à l'heure » (ad) totam horam.

su sa tête, qu'o ne chayit pau salament (1) in degot de plevi su sa roba (2). — Devinaus vore (3) où qun d'oux (4) trè lo paure baillit son bien ?

de pluie sur son habit. Devinez maintenant auquel des trois le père donna son bien ?

PUITSPELU.

(1) *Salament*, prononcez *salamin*, forme patoisée de « seulement ».

(2) *Roba*, comme en ital., est pris au sens général de vêtement.

(3) *Vore* « maintenant » : hora avec prosthèse d'un *v* euphonique ; certains endroits ont préposé *y* : *yore*.

(4) *D'oux*, lisez *dous* « des ».

RANDONNÉE

MINETTE ET LA ROULETTE

Si, comme jeux de l'enfance, les Randonnées prennent place parmi les traditions populaires, comme spécimen de nos idiomes vulgaires, elles n'ont pas moins droit de figurer dans les études de linguistique ; c'est á ce titre que je viens adresser à la *Revue des Patois* la Randonnée de « Minette et la Roulette », que j'ai entendue autrefois dans le Bessin. Cette randonnée n'est rien moins qu'inconnue ; M. E. Rolland l'a publiée en 1883 dans ses *Rimes et Jeux de l'enfance*; M. J. Fleury en a également depuis donné une version dans son *Essai sur le patois de la Hague* (1) ; mais ces textes diffèrent notablement de celui que l'on trouvera plus loin, non-seulement au point de vue phonétique, mais aussi pour la forme du récit ; chose qui ne doit pas surprendre, car l'on sait combien les contes populaires varient d'un pays à l'autre et même d'une commune à une autre, on pourrait dire d'un narrateur à un autre narrateur.

Ne me fiant pas entièrement à mes souvenirs d'enfance, je me suis adressé a l'instituteur de Formigny, mon village natal, et deux de ses élèves lui ont remis deux versions en patois qui ne sont pas entièrement semblables, et qui diffèrent dans plusieurs passages de celle que je connaissais. J'ai reçu d'un de mes amis de Bayeux une version bien autrement différente et pour la forme du récit, tout y est au discours direct, et pour la langue, le français a fait place au patois. C'est aussi une version française que m'a communiquée mon compatriote et ami, M. Emile Legrand, professeur á l'Ecole des langues

(1) On en trouve également plusieurs versions dans le tome II des « *Poésies populaires de la France* » qui se trouvent en manuscrit à la Bibliothèque nationale. Il faut aussi en rapprocher la *Montado* de Tarn-et-Garonne, publiée dans le n° du 25 mars 1887 de la *Revue des traditions populaires*.

orientales, et originaire de Fontenay-le-Marmion, village de l'arrondissement de Caen. Il l'a écrite sous la dictée de Mme Legrand sa mère, ainsi que la plupart des chansons populaires si curieuses qui ont paru en 1881 dans la *Romania*. Enfin M. E. Rolland a eu la complaisance de me donner un texte de « Minette et la Roulette » qu'il avait reçu de M. Picquot, instituteur à Gréville dans la Hague, texte différent de celui qu'a publié M. J. Fleury. Je donnerai en note les variantes les plus curieuses que présentent les diverses versions et je ferai suivre celle de Formigny qui est en patois de la version francisée de Fontenay-le-Marmion ; on aura là un exemple des différences profondes que présentent si souvent, dans une même région, les monuments de la tradition populaire.

Je n'ai qu'un mot à ajouter sur la manière dont j'ai reproduit ma randonnée ; la version de M. Legrand étant en français, je la donne telle qu'il l'a transcrite lui-même ; quant à celle de Formigny, je me suis attaché à reproduire aussi fidèlement que possible les sons du patois ; j'y suis parvenu en me servant presque exclusivement des lettres de l'alphabet français ; je n'ai pas besoin de dire quelle valeur j'attribue à ces lettres, je ferai remarquer seulement que *e* précédé de *é* ou *è* indique que ces voyelles sont longues et qu'après une consonne cet *e* marque cette légère résonnance qui rend seule possible en français la prononciation des explosives finales. Pour les autres signes, *ë* représente le son de l'*e* muet de *que*, c'est à dire *ö* ; *è*, le son intermédiaire à *e* muet et à *é* fermé de l'*è* des monosyllabes *me* (moi), *te* (toi), ainsi que de l'*e* devenu final par la chute de l'*r*, comme dans *mè* (mer), etc.; *ll* est l'*l* mouillé bas-normand qu'on entend dans les groupes *cl*, *gl*, etc.

I. — Version de Formigny (¹).

An rôli rôlân ma rôlette amôn (²) lé cân, j'rencontri

(1) Je désigne par A et B les deux versions des élèves de l'école communale de Formigny, par J celle que j'ai entendue dans mon enfance, F la version de Fontenay-le-Marmin, G celle de Gréville, qui est en patois de La Hague, et X la version de Bayeux.

(2) A et B : anvô le cân.

Minette, qui m' prî (¹) ma rôlette, j' li (²) dî Minette,
ran (³) mé ma rôlette ; é m'dî quë j'n'érée pâ ma rôlette,
avan (⁴) que j'n'li û donné crôtelette (⁵). J'm'ân fu
trouvé ma mère por qu'é m'dôni (⁶) crôtelette ; é m'dî
que je n'érée pas crôtelette, qu'é n'û lé cllée (du buf-
fet) (⁷). J'm'an fu trouvé man père por qu'i m'donî lé
cllée ; i m'dî qu'i në m'lé donneré pâ, avan qu'i n'û hure
dë lou. J'm'an fu trouvé l'lou por qu'i m'donî d'sa hure ;
i m'dî qu'i n'më don'ré pâ d'sa hure qu'i n'û gambe (⁸)
de vée. J'm'an fu trouve l'vée por qu'i m'donî d'sa gambe ; i m'dî que j'n'érée pâ d'sa gambe, avân qu'i n'û lé
d'vaque. J'm'an fu trouvé la vaque por qu'é m'donî de
san lé ; é m'dî qu'é n'm'an don'ré pâ avân qu'é n'û
d'l'erbe du pré. J'm'an fu trouvé l'pré por qu'i m'donî
d's'n erbe, i m'dî qu'i n'm'an doneré pâ, avân qu'i n'û
l'cou d'fâ (⁹). J'm'an fu trouvé lé faucôu por qu'i m'donî
l'cou de fâ ; i me dî qu'i n' don'ré pâ l'cou d'fâ, avân qu'i
n'û du lar d'por. J'm'an fu trouvé l'por por qu'i m'donî

(1) A et B : rapi.

(2) B a passé toute cette proposition, A écrit « j'yin » pour « j'li. »

(3) A dit : «Bal'mé ma rôlette, » et ajoute « j'të bal'rè crôtelette, »
supprimant ainsi la réponse de Minette.

(4) G : d'vân.

(5) Croûtelette, forme conservée par F.

(6) A : « bayî, » ainsi que partout à la place de « donî. »

(7) A et B ne donnent pas de complément à cllée.

(8) X : pied de veau. G : tchuêsse, *cuisse*.

(9) Telle est la version de A et B. Dans le récit que j'ai entendu
dans mon enfance on disait, autant qu'il m'en souvient, et la version
de Bayeux confirme ce souvenir incertain : « I m'dî qu'i n'më don'rè
pà d's'n erbe avân qu'i n'fû fauqui (ou fôqui) ; j'm'an fu trouvé la fâ
por qu'è fôquî l'prè, è m'dî qu'n'fôqu'ré pâ lé prè avân qu'é n'û
d'grèsse dë por. » — La version française de Bayeux dit ici, — je la
donne telle qu'elle m'a été communiquée — :

> Je m'en fus trouver le pré.
> Pré, donne-moi de ton herbe.
> Tu n'auras pas de mon herbe
> Avant que je ne sois fauché.
> Je m'en fus trouver la faux ;
> Faux, fauche-moi de l'herbe.
> Je ne faucherai pas d'herbe
> Avant que je ne sois graissée.
> Je m'en fus trouver le cochon, etc.

d'son lar ; i me dî qu'i n'mé don'ré pâ de son lar, avân qu'i n'û du gllan d'quêne. J'm'an fu trouvé l'quêne por qu'i m'donî d'san gllan ; i m'dî qu'i n'm'an don'ré pâ, avân qu'i n'û du van d'la mé. J'm'an fu trouvé la mé por qu'è m'donî d'san van ; è m'dî qu'è n'm'an don'ré pâ, avân qu'è n'fû salée (¹).

Par bonheur et par chance j'avée trée grin d'sè dân ma manche ; j'ansali la mé, la mé m'anvanti ; j'anvanti l'quêne, l'quêne m'anglanti ; j'anglanti l'por, l'por m'anlardi ; j'anlardi l'faucôu, l'faucôu m'anfauqui (²) ; j'anfauqui l'pré, le pré m'anerbi ; j'anerbi la vaque, la vaque m'anléti ; j'anléti le vée, lé vée m'angambi (³) ; j'angambi l'lou, l'lou m'anhuri ; j'anhuri man père, man père m'anclléti ; j'anclléti ma mère, ma mère m'ancrôti ; j'ancrôti Minette, qui m'randi ma rôlette (⁴).

II. — VERSION DE FONTENAY-LE-MARMION

Rouli roulant
Ma quérette amont les camps.
J'ai rencontré Minette
Qui m'a pris ma roulette (⁵).
Je lui ai dit: Minette,
Rends-moi ma roulette.
Tu n'auras pas ta roulette
Que tu ne me donnes de la hure de loup (⁶).
Je m'en fus(⁷) au loup :

(1) Dans la version de Gréville comme dans celle de M. J. Fleury, la mer ne met pas de condition ; la version de M. J. Fleury commence la ritournelle : « la mé m'envente », aussitôt après « qu'è m'donnit d'son vent » ; la version de Gréville ajoute : « O m'dî d'en prendre à bannelâ », mais elle supprime « la mé m'envente ».

(2) Ceci est la version de A et B ; celle que je crois me rappeler disait : « J'angrêssi la fâ, la fâ m'anfôqui, j'anfôqui l'pré, l'pré m'anerbi » ; la version de Bayeux dit tout simplement :

J'engraissi la faux, la faux m'enherbi.

(3) X : m'empièti.

(4) F, on va le voir, ajoute : «Je t'avais ti pas bien dit Minette, que tu me rendrais ma roulette».

(5) M. E. Legrand pense que roulette ici signifie « bourdelot », « chausson » ; pomme ou poire cuite entourée de pâte.

(6) On voit que F transpose la place de la hure.

(7) Il faut remarquer cette tournure qui n'a d'analogue dans aucune autre version.

Loup donne-moi de ta hure.
Tu n'auras pas de ma hure
Que tu ne me donnes croutelette (¹).
Je m'en fus à ma mère :
Ma mère, donnez-moi croutelette.
Tu n'auras pas croutelette
Que tu ne me donnes les clefs de la huchette.
Je m'en fus à mon père :
Mon père, donnez-moi les clefs de la huchette;
Tu n'auras pas les clefs de la huchette
Que tu ne me donnes de la cuisse de veau.
Je m'en fus au veau :
Veau, donne-moi de ta cuisse.
Tu n'auras pas de ma cuisse
Que tu ne me donnes du lait de la vache.
Vache, donne-moi de ton lait.
Tu n'auras pas de mon lait
Que tu ne me donnes de l'herbe de la faulx.
Je m'en fus à la faulx :
Faulx, donne-moi de ton herbe.
Tu n'auras pas de mon herbe
Que tu ne me donnes de la graisse de porc.
Je m'en fus au porc :
Porc, donne-moi de ta graisse.
Tu n'auras pas de ma graisse
Que tu ne me donnes du gland du chêne.
Je m'en fus au chêne :
Chêne, donne-moi de ton gland.
Tu n'auras pas de mon gland
Que tu ne me donnes du vent de la mer.
Je m'en fus à la mer :
Mer, donne-moi de ton vent.
Tu n'auras pas de mon vent
Que tu ne m'ensales.
J'avais par hasard et par chance
Trois brins de sel dans ma manche.
J'ensale la mer,
La mer m'envente,

(1) Il est assez singulier que le loup demande une croutelette,
c'est à dire du pain et non de la chair.

J'envente le chêne,
Le chêne m'englande,
J'englande le porc,
Le porc m'engraisse,
J'engraisse la faulx,
La faulx m'enherbe,
J'enherbe la vache,
La vache m'enlaite,
J'enlaite le veau,
Le veau m'encuisse,
J'encuisse mon père,
Mon père m'enclée,
J'enclée ma mère,
Ma mère m'encroûte,
J'encroûte le loup,
Le loup m'enhure,
J'enhure Minette ;
Minette m'a rendu roulette.
Je t'avais ti pas bien dit, Minette,
Que tu me rendrais ma roulette.

CH. JORET.

MÉLANGES ET TEXTES

I

LÉGENDE EN PATOIS DE LA BOLLE (VOSGES) (¹).

Ce conte a été recueilli par moi de la bouche de ma grand-mère, originaire du pays, et aujourd'hui âgée de 87 ans. Elle le tenait elle-même de sa famille.

Dous jwöne jans étènn fianci pou si märiè. I venèns ä Sèn-Diè chu lo prête pou s'fare publiè zio ban. I rekhèns ènswönn; l'om se pedë dä sè bèyès ; lä fou lä, qu'ôs qu'il ärivë ? El rènnalë to pwa lé ä lä Bôle. So chalan ne lä retrevë pu, i rènnalë to pwa lu. Quant i feü ô hô do rèn di Tièche, quéqu' chôze lo peurnë, i n' särô demâle ç' que c'ièr ; i falë k'i sévës. Çä lo mwanë ä la r'vèr (2), ä lä pièce lä pu méchante, qui s' höche lo Trou Mwanô. Lo valä su lo bor dä r'vèr bièn esbôbî, i rwati de tot li coté pou war qui a ç'que l'avou amwanë to lä. I n'wayë rin. I retournë chu zio, il an fayë öne mälèdé, il an mourë. Tout li jans do vilätje dehöne que c'ièr lo diâb. Donc li jans dotènu si bin que pahwönn n'äprekhë (3) lä môhon (4).

F. Brunot.

Deux jeunes gens étaient fiancés pour se marier. Ils venaient à St-Dié chez le prêtre pour faire publier leurs bans. Ils ressortaient ensemble ; l'homme se perdit de sa jeune fille ; cette (la) fois, qu'est-ce qu'il arriva ? Elle s'en retourna toute seule à la Bolle. Son galant ne la retrouva plus, — il s'en retourna tout seul. Quand il fut au haut de la côte des Tiges (4), quelque chose le prit, il ne saurait démêler ce que c'était ; il fallait qu'il suivît. Ça le mena à la rivière à l'endroit le plus dangereux qui s'appelle le Trou Moineau. Le voilà sur le bord de la rivière, bien étonné, il regarda de tous les côtés pour voir qui est-ce qui l'avait amené là. Il ne voyait rien. Il retourna chez lui il en fit une maladie, il en mourut. Tous les gens du village disaient que c'était le diable. Donc les gens craignaient si fort que personne n'approchait la maison.

(1) La Bolle est un hameau situé à 3 kil. de Saint-Dié, dans la vallée du Taintroué. — L'orthographe suivie pour la transcription de ce conte est conforme aux recommandations contenues dans l'avertissement publié en tête du premier fascicule de la *Revue des patois*. Toutefois, notre patois employant les sons que l'orthographe allemande rend par *ä* et par *ö*, nous nous servons aussi de ces signes. Nous n'écrivons que les lettres qui se prononcent : on devra donc prononcer les mots *dous*, *jans*, etc., en faisant sentir *s* final, *tout* en faisant sonner le dernier *t*. Le *n* est redoublé quand la voyelle précédente, nasalisée, est suivie d'un *n* prononcé.

(2) Les Tiges, lieu dit sur la route de Saint-Dié à la Bolle.

(3) La rivière dont il est ici question est la Meurthe.

(4) Dans *äprekhë*, *kh* a le son du *ch* allemand doux.

(5) La maison des Tiges est encore connue sous le nom de maison du Petit-Sorcier.

II

CHANSONS POPULAIRES EN PATOIS DE L'AVEYRON.

Chanson à boire.

| Lou brabé homme. | *Le brave homme.* |

Diou counserbé
L'aubre de lo combo torto !
O mai oquél qué lo plontat !
Sons oquél iou serio muort ;
L'ago aurio pouirét moun cuors

Dieu conserve
L'arbre à la jambe torte !
Aussi celui qui l'a planté !
Sans lui je serais mort ;
L'eau aurait pourri mon corps.

Et quou iou serai muort,
Entendrés ploura les oustéses,
Qué cridoran, o bras oubert :
— « Ai ! lou brabé homme
Qué perden ! »

Et quand je serai mort,
Vous entendrez pleurer les hôtesses
Qui crieront à bras ouverts :
— « Oh ! le brave homme
Que nous perdons ! »

Ce morceau, tout informe qu'il est comme vers, est jeté avec une verve remarquable. C'est un vrai cri d'ivrogne. Un poëte de profession aurait mieux rimé, mais au fond n'aurait pas mieux dit.

Bourrée, chanson à danser.

Belle l'o t'au fatse,
   Mie ;
Belle l'o t'au fatse !
T'au jougat lou tour ;...
   Lou te lo jogue
   Cadajour !

On te l'a faite belle,
   Amie ;
On te l'a faite belle !
On t'a joué le tour ;...
   On te le joue
   Chaque jour.

Cette bourrée est encore dansée par les habitants de Laguiole (Aveyron).

Pierrounette.

1

L'altré jiour iou mo mariai,
Din lou temts de la calour,
   Pécaïro !
Din lou temts de la calo ur,
   M'omour !

1

L'autre jour je me marie,
Dans le temps de la chaleur,
   Pécaire !
Dans le temps de la chaleur,
   Mon amour !

<table>
<tr><td>

2

Ni pringaire un bieil renaïre
Que renaïvo nuit et jiour,
 Pécaïro !
Que renaïvo nuit et jiour,
 M'omour !

3

Dou gran moti mou criavo :
— « Mi jounetto, lèva-vous,
 Pécaïro !
Mi jounetto, leva-vous
 M'omour ! »

4

— Oun boulès-bous que gone?
Es très houros d'avant jiour,
 Pécaïro !
Es très houros d'avant jiour,
 M'omour ? »

5

— « Tou fielouaras to fielousetto,
Et iou forai mous poillossons,
 Pécaïro !
Et iou forai mous poillossons,
 M'omour !

6

Nous oun oren o lo flaire
O lo flaire de Sain-Flour,
 Pécaïro !
O lo flaire de Sain-Flour,
 M'omour !

7

Les bendren six yards la piece,
Aquo fora très sos les dous,
 Pécaïro !
Aquo fora très sos les dous,
 M'omour !

8

« N'i croumporen oune sometta
Que nous portero tous les dous,
 Pécaïro !
Que nous portero tous les dous,
 M'omour ! »

9

Si eren pas al mieto-costa,
Qu'é nous sevenet toutes dous,
 Pécaïro !
Qu'é nous sevenet toutes dous,
 M'omour!

10

Pierrounetto s'y coupa l'espauletto
Laudinou s'y coupa lou genouil,
 Pécaïro !
Laudinou s'y coupa lou genouil
 M'omour !

</td><td>

2

Je pris un vieux grondeur
Qui grondait nuit et jour,
 Pécaire !
Qui grondait nuit et jour,
 Mon amour !

3

De grand matin (il) me criait :
— « Ma jeunette, levez-vous,
 Pécaire !
Ma jeunette, levez-vous
 Mon amour ! »

4

— « Où voulez-vous que j'aille ?
Il est trois heures d'avant jour,
 Pécaire !
Il est trois heures d'avant jour,
 Mon amour ! »

5

— « Tu fileras ta quenouille,
Et je ferai mes paillassons,
 Pécaire !
Et je ferai mes paillassons,
 Mon amour !

6

Nous nous en irons à la foire,
A la foire de Saint-Flour,
 Pécaire !
A la foire de Saint-Flour,
 Mon amour !

7

Nous les vendrons six liards la pièce,
Cela fera trois sous les deux,
 Pécaire !
Cela fera trois sous les deux,
 Mon amour !

8

« Nous en achèterons une mule
Qui nous portera tous les deux,
 Pécaire !
Qui nous portera tous les deux,
 Mon amour ! »

9

Nous n'étions pas à mi-côte
Qu'elle nous fit tomber tous les deux,
 Pécaire !
Qu'elle nous fit tomber tous les deux,
 Mon amour !

10

Pierrounétte s'y coupa l'épaule,
Claude s'y coupa le genou,
 Pécaire !
Claude s'y coupa le genou,
 Mon amour !

</td></tr>
</table>

11	**11**
— « Leva-vous, ma mignounetto,	« Levez-vous, ma mignonnette,
Nous oun oren o Son-Flour,	Nous nous en irons à Saint-Flour,
Pécaïro !	Pécaïré !
Nous oun oren o Son-Flour	Nous nous en irons à Saint-Flour,
M'omour !	Mon amour !
12	**12**
« Croumporén sie yards d'emplastre ;	Nous achèterons 6 liards d'emplâtre,
Nous emplastreron toutes dous,	Nous nous emplâtrerons tous les deux
Pécaïro !	Pécaïré !
Nous emplastreron toutes dous,	Nous nous emplâtrerons tous les deux
M'omour ! »	Mon amour ! »

Cette chanson, remarquable par sa naïveté, est chantée dans plusieurs contrées de l'Aveyron, et particulièrement à Laguiole.

F. FERTIAULT.

III

CHANSONS POPULAIRES EN PATOIS DU BOIS-D'OINGT
(RHONE).

N° 1.

La chanson suivante se chante sur l'air du psaume *In exitu Israël de Ægypto.*

Dze voui vo tçantô lou vépre de Sant-Apollomô,	Je vais vous chanter les vêpres de St-Apollinaire,
Le lut èn ou, la teivre èn bô.	Le loup en haut, la chèvre en bas.
Le lu dit à la teivre : « Decèn dan sô bô. »	Le loup dit à la chèvre : « Descends donc en bas ».
La teivre li repondi : « Dze ne si pô si béte, te me mèndzeriô. »	La chèvre lui répondit : « Je ne suis pas si bête, tu me mangerais. »
Le lu li di : « Dze ne si pô fi de lou Jui :	Le loup lui répondit : « Je ne suis pas fils des Juifs :
Dze ne fai pô grô lou vèndredi ».	Je ne fais pas gras les vendredis. »
La teivre fu si béte que le decèndi sô bô.	La chèvre fut si bête qu'elle descendit en bas.
Le lu la pri par la barbitce et li fi criô : ô barbaro o ! (1)	Le loup la prit par la barbiche et lui fit crier : ô barbaro o !

N° 2.

La chanson suivante se rapporte à la rivalité survenue, vers 1830, entre deux cités voisines : le Bois-d'Oingt et Saint-Véran. Le différend s'était produit à l'occasion

(1) L'orthographe de cette chanson a été rendue conforme au système exposé dans l'Avertissement de la *Revue.*

d'une jeune personne du Bois-d'Oingt, « la Dodon », renommée pour sa beauté, et qui avait été donnée en mariage à un jeune homme de Saint-Véran. Les jeunes gens du Bois-d'Oingt qui s'étaient tour à tour disputé sa main avaient conçu un vif dépit de ce mariage, et ils s'étaient promis de ne le respecter que si leur rival préféré leur faisait don d'une somme qu'ils avaient fixée. Malheureusement l'indigène de Saint-Véran qui avait admis, en principe, ce tribut, n'avait consenti à en payer qu'une fraction, et le dépit des autres s'était encore accru d'autant. De là, rivalité et haine entre les deux communes, dont les jeunes gens cherchaient toutes les occasions de se rencontrer pour mesurer leurs forces. C'était généralement dans les foires et dans les vogues que ces luttes avaient lieu, et la place restait généralement aux Fauvi (habitants du Bois-d'Oingt) (1), qui, plus nombreux, chassaient les Gorli (habitants de Saint-Véran) (2) de ces sortes d'assemblées.

La lutte entre les deux communes a duré près de 40 ans ; elle s'est terminée par la mort de quelques-uns, par la prison pour d'autres, et je ne jurerais pas que toute inimitié fût éteinte entre les deux bourgades.

La chanson célèbre la victoire des Fauvi sur les Gorli à la vogue des Grands-Ponts (commune de Légny), le jour du dimanche des Brandons (on a coutume de manger des bugnes à la vogue des Brandons qui attire une nombreuse population venue quelquefois de très loin). Ce jour-là, les Fauvi postés sur le pont en avaient défendu l'accès aux Gorli qui venaient danser à la vogue, puis il les avaient poussés dans la rivière, assez grosse à cet endroit et dans cette saison de l'année, et les Gorli avaient dû la traverser, non sans se mouiller.

(1) *Fauvi* vient du mot « fève » ; il fait allusion à un ancien usage du Bois-d'Oingt, d'après lequel, chaque année, le jour de la vogue, les jeunes gens de cette commune distribuaient aux pauvres accourus de tous côtés une soupe de fèves.

(2) *Gorli* vient de *gorle* = *courge*. C'était à cette époque la culture en honneur à Saint-Véran.

On dit qu'à San Veran Y a tan na bella fena : Sa gourdzi E d'alambi, Et son nô effilô Comme on rôble de l'or.	*On dit qu'à St-Véran* *Il y a une si belle femme :* *Sa gorge* *Est comme une alambic,* *Et son nez effilé* *Comme un râble de four.* (1)
Lou Gorli é la Doudon Lontain se rapeleront D'avai reçu la porsuiti La diumène du Braudon : I-z-on passô la reviri To dret à coutô du pont (bis).	*Les Gorlis et la Dodon* *Longtemps se rappelleront* *D'avoir reçu la poursuite* *Le dimanche des brandons :* *Ils ont passé la rivière* *Tout droit à côté du pont.*
La granda Doudon de loin In se maneyant le groin Disôve : proni coradze Mou brôve San Verani, Vo solé feré tapadze In mindzant de bugne ici.	*La grande Claudine de loin* *En se caressant le groin* *Disait : prenez courage.* *Mes braves St-Véran,* *Vous seuls ferez tapage* *En mangeant des bugnes ici.*
Celou de San Veranda Dansant bien l'allemanda, Le diumène du Braudon Sont venu à lou pont Danché un rigodon Sin fluta ni violon.	*Ceux de St-Véran* *Qui dansent l'allemande,* *Le dimanche des brandons* *Sont venus aux ponts* *Danser un rigodon* *Sans flûte ni violon.*
To le monde é suprè De vai on paré affer De vai a plin de dzeur Tote le gorle in fleur, Et l'aliti du Boë Qué l'au mu pe le vair.	*Tout le monde est surpris* *De voir une pareille affaire,* *De voir en plein jour* *Tant de courges fleuries,* *Et l'élite du Bois (d'Oingt)* *Qui est la haut pour les voir.*
Celou de San Veran No reprotçon le fauvé, On a vu lou Fauvi Tcharayé lou Gorli Dedin le bi, nadgé Sin se féré prié.	*Ceux de St-Véran* *Nous reprochent les fèves,* *On a vu les Fauvis* *Porter les Gorlis* *Dedans le bief, nager* *Sans se faire prier.*
La granda Doudon Drèti su le pont Petchôve lou Gorli a l'hameçon. Bien, bien, sin seré bien Si lou Gorli revenôve à la nadze ; Bien, bien, sin seré bien De lou Gorli ou nin fasse de marins.	*La grande Claudine* *Droite sur le pont* *Pêchait à l'hameçon les Gorlis.* *Bien, ça serait bien* *Si les Gorlis revenaient à la nage ;* *Bien, bien, ça serait bien* *Si des Gorlis on faisait des marins.*

(1). C'est l'instrument dont se servent les boulangers pour retirer les cendres du four.

N° 3.

Les couplets qui suivent se chantent le soir du 30 avril, lorsque les garçons du pays viennent à la lune recueillir de porte en porte une offrande dont le produit doit être employé, la nuit même, à payer les frais d'une petite fête (¹).

> Vetia veni le dzouli mai (²).
> Habitant, réveille, habitant réveille-toi,
> Viens boire à ma bouteille.

Si l'on donne quelque chose, le chœur reprend :

> Dans mon jardin je m'en irai,
> Un bon bouquet j'amasserai,
> Habitant réveille, habitant réveille-toi,
> Viens boire à ma bouteille.

Si l'on ne répond pas rapidement, le chœur dit :

> Si vous ne voulez rien nous donner,
> Il ne faut pas nous retarder,
> Car la nuit s'en va
> Et le jour vient. Ah !
> Joli mois de mai !

Enfin, si l'on ne donne rien, on est gratifié du couplet suivant :

> Si vo ne voli rèn no donnô,
> Dze von vo tçantô la deborrassaizou (³) :
> Vetia veni le dzouli mai,
> Le c... me deborasserai, deborasse ;
> Deman, a vutron dedzuno,
> Vo mèndzerai le piourcé (⁴) !

Il y a une variante au début :

> Vetia veni le dzouli mai :
> Dzoune filles, veni vai,
> Veni tote vaire,
> Vetia vos amants que vo venant vaire !

Dʳ GONNET.

---

(1) On trouvera plusieurs chants de quête analogues dans Le Duc, *Chansons patoises*, p. 79 et suiv. (Note de la R.).

(2) C'est-à-dire : *Voici venir le joli mois.*

(3) C'est-à-dire : *Nous allons vous chanter l'épilation.*

(4) *Piourcé = peau.*

IV

PATOIS DE CORMARANCHE (AIN)

Traduction de la *Benaïta* de Brillat-Savarin (1)

Par M. Tronchon, directeur de l'Ecole normale de Mâcon

Dè lé felyes dou veladzo	*Des filles du village*
Notra Bénaïta è la flyor;	*Notre Benoîte est la fleur ;*
Ly'è gran, ly'è brûva, ly'è sâdzo,	*Elle est grande, jolie et sage,*
E nia rèn sou sen onor.	*Il n'y a rien sur son honneur.*
Per écawré ly'é valyènta,	*Pour battre le blé elle est vaillante,*
Pé trêré, ménâ lo bwo ;	*Pour traire, mener les bœufs ;*
La gran Diûna què sè vêntè,	*La grande Jeanne qui se vante*
Nè porre la tegni co.	*Ne pourrait lui tenir coup.*
Tyé mé vin sarvi, ma felye,	*« Chez moi viens servir, ma fille »,*
La dezévè l'êncourâ,	*Lui disait le curé,*
Tye vivré dégèn ma famelye	*« Tu vivras dans ma famille,*
E maïtressa (2) tye saré.	*Et maîtresse tu seras. »*
Oh ! non, répônde Bénaïta,	*— « Oh non ! répondit Benoîte,*
Vo mé faîté trô d'onor ;	*Vous me faites trop d'honneur,*
Vo vivé d'ègue bénaïta,	*Vous vivez d'eau bénite,*
E lye mé fâ mâ ou couor.	*Elle me fait mal au cœur. »*
On dzor sô ôn cerezié	*L'autre jour, sous un cerisier,*
Dè Béllaï ôn gran gorman	*De Belley un grand gourmand*
Vollévè la caressié	*Voulait la caresser*
E la balyi dè riban.	*Et lui donner des rubans.*
O crévè fârè à sa guisa,	*Il croyait faire à sa guise,*
Maî lyaï, d'ôn gran cô dè pouèn,	*Mais elle, d'un grand coup de poing,*
Le foti degèn la oisa (*ou la saï*)	*Le jeta dans la haie (cisé)*
E le fe saïnâ le grouèn.	*Et lui fit saigner le nez (groin).*
Partant ma Benaïta m'âmè,	*Pourtant ma Benoîte m'aime*
E lye mo-z-a dë to nè.	*Elle me l'a dit tout net.*
Bàstièn, Piaêrro et Guelyâmè	*Bastien, Pierre et Guillaume*
An-z-aou to traï lou pagué.	*Ont tous trois eu leur paquet.*
D'or ôn emplîrre na béna	*D'or on emplirait une benne*
Qu'ôn nè l'are pâs dè mé (*maï*)	*Qu'on ne l'aurait pas de moi :*
Câr chô qu'a na brâva fèna	*Celui qui a une honnête femme*
E plye reisso què le raï (3).	*Est plus riche que le roi.*

(1). Cette chanson de Brillat-Savarin a été d'abord publiée dans le *Moniteur de l'Ain*, en octobre 1878. Elle fait partie des *Chansons patoises*, réunies par Le Duc.

(2) Ou plutôt *mêtra*.

(3) Cette pièce, rapprochée de la chanson originale de Brillat-Savarin, pourra servir à comparer le patois de Cormaranche avec celui de Belley. Le traducteur a dû sacrifier quelquefois la rime à l'exactitude de la traduction. L'accent circonflexe, sur une syllabe formée d'un son nasal, indique que ce son doit être prolongé.

V

CONTE POPULAIRE EN PATOIS DE GERMOLLES

(SAÔNE-ET-LOIRE)

Envoyé par M. Combier, instituteur-adjoint à Lyon

Y avô inne voe on lou c'avô bian fan. A rencontre on rena que se premenô le lon de la revire. Al le demande c'man i fôdré fére pe trôva à mandzi. Le rena le répon :

« Avise itye dan la revire, c'man y-z-i a de poéçon ; te n'o qu'à mitre ta queuve dans l'éye, le poéçon an fre, i van teu veni se catzi dedan, apré te l'aratzerô é nôz en van mandzi nôton su. »

Le lou fayi c'man le rena l'avô de, é u bô de deuve-z-ure, quan le rena vi que y étô bian dzela, a deci u lou :

« Tire, lou, tire, t'en amene dé biô »

Le lou teri tan que sa queuve aratzi.

On môman apré, i viran dé bredzi en trouin de bieulyi de tzande :

« Se noz alin lé trôva, que le rena deci u lou, nô lé demanderin on batron (1) pe remitre à la pièce de ta queuve ? — Ié bin encô vré, ce que te di ! alins-y ! »

Quan le batron fi étatzi, c'man y fayô bian fre, lé bredzi sôtin à la bourde (2).

« Se nôz y sôtin éri ? que le rena deci. — Ma foe dze vu bin ! »

Mé vela que le feuve se miti u batron du lou. Al u biô cori, i ne le tui pô, u contrére ; mé a

Il y avait une fois un loup qui avait bien faim. Il rencontre un renard qui se promenait le long de la rivière. Il lui demande comment il faudrait faire pour trouver à manger. Le renard lui répond :

« Regarde ici dans la rivière, comme il y a des poissons ; tu n'as qu'à mettre ta queue dans l'eau, les poissons ont froid, ils vont tous venir se cacher dedans, après tu la retireras et nous allons en manger notre saoul.

Le loup fit comme le renard lui avait dit, et au bout de deux heures, quand le renard vit que c'était bien gelé, il dit au loup :

« Tire, loup, tire, tu en amènes des beaux. »

Le loup tira tant que sa queue arracha.

Un moment après, ils virent des bergers en train de teiller du chanvre :

« Si nous allions les trouver, dit le renard au loup, nous leur demanderions une tresse pour remettre à la place de ta queue ? — C'est bien encore vrai, ce que tu dis ! Allons-y ! »

Quand la tresse fut attachée, comme il faisait bien froid, les bergers sautaient par dessus leur feu.

« Si nous y sautions aussi ? dit le renard au loup. — Ma foi je veux bien. »

Mais voilà que le feu se mit à la tresse du loup. Il eut beau courir, cela ne l'éteignit pas, au contraire ;

(1) Un *batron* est une grosse tresse de chanvre.

(2) Une *bourde* est un grand feu. Le deuxième dimanche de carême, tous les jeunes gens des deux sexes se réunissent pour faire une grande *bourde* autour de laquelle on danse.

còrô, mé y brulô. Se bian qu'y le buciyi c'man on côtzon que nô vin de tué.

Lé bredzi se mitron a creyi : « Lô ! (1), le lou qu'é tô brulô, i ne le tzoume pieù que dou pòe su le nô, encor i le fé bian mô ! lô ! lô ! » (2).

plus il courait, plus cela le brûlait. Si bien qu'il fut tout buclé, comme un porc qu'on vient de tuer.

Les bergers se mirent à crier : « Le loup qui est tout brûlé, il ne lui reste que deux poils sur le nez, encore cela lui fait bien mal ! » (3).

VI

LA PAUVRE DZONE

Chanson populaire en patois de Saint-Amour
(Saône-et-Loire)

Envoyée par M. J. Martin, instituteur à Ste-Cécile.

La puvre Dzone avait on mauvé
      [couteillon. (*bis*)]
Crégin de ne lou po rontre,
Alle l'a pourté en maesson,
  La puvre Dzone,
Alle a pourté en maesson
  Son mové couteillon.

La pauvre Jeanne avait un mauvais
      cotillon. (bis)]
Croyant ne pas l'user,
Elle l'a porté en moisson,
La pauvre Jeanne,
Elle a porté en moisson
Son mauvais cotillon.

La puvre Dzone avé na cuvé de
      [pulyon. (*bis*)]
Crégin de ne lu po vindre,
Alle lus a tui mindzi a tso ion,
  La puvre Dzone,
Alle a tui mindzi a tso ion
  Sa cuvé de pulyon

La pauvre Jeanne avait une couvée
      [de poussins. (bis)]
Croyant ne pas pouvoir les vendre,
Elle les a tous mangés un par un,
La pauvre Jeanne,
Elle a tout mangé un par un
Sa couvée de poussins.

La puvre Dzone avé on froumodze
      [pourri. (*bis*)]
Crégin de ne lou po vindre,
Alle la carraï u fumi,
  La puvre Dzone,
Alle a carraï u fumi
  Son froumodze pourri.

La pauvre Jeanne avait un fromage
      [pourri. (bis)]
Croyant ne pas pouvoir le vendre,
Elle l'a jeté au fumier,
La pauvre Jeanne,
Elle a jeté au fumier
Son fromage pourri.

La puvre Dzone a monté su son
      [nouï. (*bis*)]
La rusé ère troup frède,
Car alle a pris la tu,
  La puvre Dzone,
Car alle a pris la tu,
  Alle a redescindu.

La pauvre Jeanne a monté sur son
      [noyer. (bis)]
La rosée était trop froide,
Car elle a pris la toux,
La pauvre Jeanne,
Car elle a pris la toux,
Elle est redescendue.

(1) *Lô* est un cri qu'on pousse pour effrayer les bêtes dangereuses.

(2) Ces paroles des bergers sont en patois d'Ouroux et de Monsols, communes dans lesquelles les loups étaient autrefois en abondance. En patois de Germolles on dirait : « brula. »

(3) Cette histoire du loup et du renard est fort répandue. Voyez Adam, *Patois lorrains*, p. 414 ; Gras, *Patois forézien*, p. 220 ; *Romania*, VIII, 133 et 596. [Note de la R.]

COMPTES-RENDUS

H. Moisy. — **Dictionnaire de patois normand indiquant particulièrement tous les termes de ce patois en usage dans la région centrale de la Normandie, pour servir à l'histoire de la langue française, etc.** Caen, le Blanc-Hardel, sans date (1886). In-8, de CXLVI, 701 pages. Prix 15 francs.

Voici un livre auquel il n'a manqué pour être excellent que d'être fait d'après une meilleure méthode ; fruit de longues et patientes recherches et du travail le plus consciencieux, il semblerait devoir répondre à toutes les exigences de la science ; malheureusement l'auteur a obéi, en l'entreprenant à une idée préconçue et fausse, et il ne s'est pas fait une idée exacte de ce que doit être un Dictionnaire de patois. C'était déjà une pensée malheureuse que de vouloir faire « servir » l'étude du parler populaire d'une province « à l'Histoire de la langue » littéraire, et elle a porté M. H. M. à établir entre des formes normandes et françaises des rapprochements forcés ; ç'a été une pensée plus funeste encore que de prendre pour champ de ses études une région aussi étendue et aussi mal définie que « la région centrale de la Normandie », et encore si M. H. M. s'y était tenu ! Mais involontairement il a fait entrer dans son glossaire des mots qui appartiennent, non au patois du centre, mais aux patois de l'Est et de l'Ouest de cette province ; c'est même dans des ouvrages qui leur sont consacrés qu'il est allé le plus souvent chercher ses exemples : comment être surpris dès lors qu'ils soient en contradiction avec les formes qu'ils doivent prouver ? et comment aussi la phonétique que M. H. C. a donnée pourrait-elle, dans ces conditions, être celles d'un patois normand déterminé ? Un autre défaut de son Dictionnaire, c'est que les mots n'y sont point représentés comme ils se prononcent ; ils sont écrits un peu au hasard, avec une orthographe qui ne peut en donner une idée nette et précise et qui rappelle trop souvent les bizarreries et l'irrégularité de l'orthographe française. Dire que les étymologies sont souvent aventurées, est chose aussi à laquelle il faut s'attendre : *Essiau*, par exemple, est donné comme « une forme corrompue de *eissie* (issue) » et dérivé d'*exire*, quand les citations, données à l'appui de ce mot, présentent la forme *esseaulx*, laquelle nous reporte à *axicellus*, etc.

Mais si j'ai ainsi largement fait la part de la critique, il n'est que juste que je fasse aussi celle de l'éloge, le *Dictionnaire de M. H. M.* est une mine de renseignements précieux sur le parler populaire de la Normandie ; par le nombre de mots qu'il donne, il l'emporte de bien loin sur tous les ouvrages du même genre qui l'ont précédé et ces mots sont en général bien définis. Ce n'est pas en vain non plus que M. H. M. a pendant vingt ans vécu dans l'intimité des textes normands ; on trouve dans les exemples si nombreux destinés à éclaircir ou expliquer les vocables de son Dictionnaire, les indications les plus curieuses, des allusions vraiment inappréciables à des faits historiques, à d'anciennes coutumes, etc. Enfin, un appendice étendu nous donne la dénomination de tout ce qui se rapporte en Normandie aux usages locaux, à la manière de vivre, aux traditions, aux métiers, etc., ainsi que les noms patois si curieux des animaux, des végétaux et des minéraux : véritable encyclopédie normande du plus haut intérêt. On voit par là quelle richesse d'informations offre le Glossaire de M. H. M. ; aussi, malgré ses défauts, il est et restera longtemps indispensable à quiconque s'occupe non seulement du patois, mais encore de l'histoire de la Normandie.

Charles JORET.

N. DU PUITSPELU. — **Dictionnaire étymologique du patois lyonnais,** (Lyon, Henri-Georg, in-8º).

Le dictionnaire étymologique n'est pas entièrement publié encore, tant s'en faut ; la première livraison seule (A.-Dardenna) a paru. Il serait donc prématuré d'entreprendre un examen détaillé de l'ouvrage et de le dépouiller ligne par ligne pour y trouver à faire quelques observations, dont la liste, étant donné le soin et la science de l'auteur, serait fort maigre.

Cependant on peut déjà, d'après cette centaine de pages, juger que le travail de M. Nizier du Puitspelu sera une œuvre consciencieuse et considérable, beaucoup plus complète que la plupart des recueils de ce genre et particulièrement que le vocabulaire inédit de Cochard, qui date du commencement de ce siècle et auquel celui-ci ajoute une foule de mots. L'auteur, qui est un modeste, n'a cependant pas cherché à grossir son volume, et il nous annonce qu'il a élagué comme inutiles tous les mots qui ont une ressemblance trop grande avec le français. Pour ceux qui dérivent en effet du français, voilà qui va bien, mais tous les termes autochtones doivent, à notre avis, être mentionnés, fût-ce sans autre explication, de façon à pouvoir être retrouvés et signalés dans les comparaisons qu'on fait souvent des dialectes. S'en tenir aux mots absolument originaux de forme serait, du reste fausser un peu la physionomie du patois lyonnais en la faisant trop particulière. Il sera bien facile à l'auteur de combler cette lacune dans les livraisons qui vont suivre, et de réparer dans son *errata* définitif les omissions de la première.

Ce qui lui a plus coûté, nous dit-il, que le rassemblement des mots, ce sont les études sur leur origine. Nous l'en croyons volontiers, et nous ne recommanderons pas son exemple à la masse des patoisants. Oser faire un dictionnaire historique d'un dialecte, dans l'état où sont encore en France les études romanes, est une témérité ; mais M. Nizier du Puitspelu qui n'est pas, quoiqu'il en dise, un amateur, pouvait se la permettre et par conséquent devait la tenter. En effet, il nous a semblé que même dans cette « recherche de l'impossible, » comme il dit, il n'a pas si mal réussi. Les étymologies nouvelles proposées dans ce premier volume, peu nombreuses il est vrai, n'ont rien d'invraisemblable ; plusieurs des anciennes au contraire, acceptées jusqu'ici par tradition, sont justement discutées. L'auteur doit cette sûreté de jugement à l'habitude qu'il a de la méthode comparative et aux rapprochements constants qu'il fait entre son dialecte et les voisins. Il connaît également les exigences rigoureuses de la phonétique, qu'il a spécialement étudiée en vue de son patois dans son *Très humble Essai de phonétique lyonnaise*. Cet essai forme pour ainsi dire la base du Dictionnaire, aussi l'auteur a-t-il l'intention de le faire réimprimer en tête du nouvel ouvrage. C'est une promesse à laquelle nous ne pouvons qu'applaudir.

Une réserve cependant. Puisque le lecteur aura sous la main à la fois les règles générales théoriques contenues dans cette introduction et les applications de ces mêmes règles éparses dans tout le dictionnaire, pourquoi renvoyer sans cesse des unes aux autres, des mots aux paragraphes correspondants de la phonétique ? L'auteur a déjà restreint le nombre de ces mentions. Ne pourrait-on aller plus loin encore ? Quel intérêt y a-t-il à trouver à presque tous les verbes en ô l'indication suivante : *avec le suffixe ô (14, 1, ou 2, ou 4)*. Il vaudrait mieux, il nous semble, réserver ces références pour les cas particuliers.

Il suffira pour cela de faire avec et autour de la phonétique un bon résumé de toutes les observations générales, d'y indiquer les particularités de notre dialecte, leur géographie, et, s'il est possible, un peu de leur histoire. Ce sera là la préface naturelle du livre, indispensable à tous ceux que le hasard n'a pas fait naître ou vivre autour de Saint-Georges. Nous la demandons, cette préface, à M. Nizier du Puitspelu, avec d'autant plus d'insistance que nous le savons capable de la faire très humblement, mais très bien, avec cette sûreté de méthode dont nous le félicitons et à laquelle on reconnaîtrait volontiers un romaniste de profession, si on ne savait que l'auteur s'est mis sur le tard, et depuis quelques années seulement, à ce genre d'études où il réussit si complètement.

FERDINAND BRUNOT.

NOTICES BIBLIOGRAPHIQUES (1).

GÉNÉRALITÉS

Joret. — *Changement de* R *en* s *(z) et en* DH *dans les dialectes français* (dans *Mémoires de la Société de linguistique de Paris*, III, 154).

Bulletin bibliographique de la langue d'oc pendant les années 1872, 1873 et 1874 (dans *Revue des langues romanes*, VII, 428).

Lücking. — *Die ælteste franzœsischen Mundarten* (Berlin, Weidmann, 1877). Cf. *Romania*, VII, 111 ; *Literarisches Centralblatt*, 1878, n° 4 ; *Zeitschrift für romanische philologie*, II, 152 ; *Ienaer Literaturzeitung*, 1878, n° 21, et *Revue critique*, 1878, art. 210.

Meissner. — *Le mélange des dialectes dans le français* (dans *Archiv für das Studium der neueren Sprachen*, L, 191) Cf. *Romania*, II, 143.

Französisches AI *statt des früheren* oi (dans *Zeitschrift für stenographie und orthographie*, 1871, n° 4) Cf. *Romania*, II, 144.

Sur le dialecte de l'*Alexis* en vers octo-syllabiques, voy. *Romania*, VIII, 167.

Jaubert. — *Glossaire du Centre* (Paris, Chaix, 1864, et *Supplément* en 1869). Ce glossaire embrasse : le Berry tout entier, le Nivernais, y compris le Morvan, la partie septentrionale du Bourbonnais, jusqu'à Moulins et Montluçon, la lisière nord de la Marche passant rapidement au Limousin, la lisière du Poitou et de la Touraine, la portion du Blaisois et de l'Orléanais située sur la rive gauche de la Loire et comprenant leurs parts respectives de la Sologne. Il s'applique ainsi aux départements du Cher, de l'Indre, de la Nièvre, du Loiret, de l'Yonne, de la Côte-d'Or, de Saône-et-Loire, de l'Allier, de la Creuse, de la Vienne, de l'Indre-et-Loire et du Loir-et-Cher.

Behrens. — *Grammatikalische und lexikalische Arbeiten über die lebenden Mundarten der langue d'oc und der langue d'oïl* (dans *Zeitschrift für neufranzös. Spr. und Litt.*, IX, 92). Bibliographie importante, qui servira à compléter les présentes notices.

Ain

Valentin Smith et G. Guigue. — *Bibliotheca Dumbensis*. Le n° 75 de *Lyon-Revue* (1887, p. 178) contient la traduction française d'un article consacré à cet ouvrage par M. Suchier dans le *Literaturblatt für... romanische philologie*. M. Suchier donne une liste des docu-

---

(1) Notre collaborateur, M. Brunot, s'est chargé, dans ces notices bibliographiques, du dépouillement des périodiques allemands.

ments et inscriptions du département de l'Ain qui ont été imprimés.

Aisne

Deux chartes de Soissons dans *Revue des Sociétés savantes*, 6e série, I, 76. Cf. *Romania*, IV, 508.

Alpes (Hautes) (1)

Chaix (sous-préfet à Briançon, de 1800 à 1815). — *Préoccupations statistiques, géographiques, pittoresques et synoptiques du département des Hautes-Alpes*, 1 vol. in 12, 983 pages (Grenoble, Allier, 1845). Cet ouvrage est devenu fort rare, les exemplaires ayant été poursuivis et détruits par le clergé. Le chap. XII (p. 312) est consacré à la linguistique avec divers exemples des xii, xiii et xive siècles, et contient un recueil de proverbes en dialecte vaudois.

Ladoucette. — *Histoire, topographie, antiquités, usages, dialectes des Hautes-Alpes* (3e éd. Paris, Gide et Cie, 1848). Sur les dialectes, voy. p. 604.

Alsace

Oberlin. — *Essai sur le patois des environs du Ban de la Roche.* Voy. *Lorraine.*

Henri Lahm. — *Le patois de la Baroche* (val d'Orbey, Haut-Rhin), étude publiée dans les *Romanische Studien*, II, 7, p. 1.

Anglo-normand

P. Meyer. — *Fabliau anglo-normand* (dans *Romania*, I, 69).

Du même. — *Mélanges de poésie anglo-normande* (dans *Romania*, IV, 370).

Du même. — *La vie de St-Grégoire le Grand, par frère Angier, religieux de Sainte-Frideswide* (dans *Romania*, XII, 145).

Du même. — *Le manuscrit 8336 de la Bibliothèque de Sir Thomas Phillips* (dans *Romania*, XIII, 497).

Vising. — *Etude sur le dialecte anglo-normand du XIIe siècle* (Upsala, Edquist). — Cf. *Romania*, XI, 461.

Du même. — *Versification anglo-normande* (Upsala, 1884). Cf. *Romania*, XV, 144.

Stürzinger. — *Orthographia gallica* (Heilbronn, Henninger, 1884). Cf. *Romania*, XIII, 488.

Scheibner. — *Ueber die herrschaft der franzœsischen Sprache in England.* Cf. *Literaturblatt für germanische und romanische philologie*, 1881, mai, col. 176.

Brekke. — *Etude sur la flexion dans le voyage de St-Brandan* (Paris, Vieweg, 1885). Cf. *Zeitschrift für rom. philologie*, IX. 158.

Hammer. — *La langue du Brandan anglo-normand* (dans *Zeitschrift für romanische philologie*, IX, 75).

(1) Ces notes complémentaires sur les Hautes-Alpes nous ont été obligeamment fournies par M. de Cazenove.

Boucherie. — *Petit traité de médecine en langue vulgaire* (dans *Revue des langues romanes*, VII, 62). Cf. *Romania*, IV, 495.

Sur la prononciation de *r* médial à Jersey, voy. *Romania*, VI, 256.

La neuve annaïe, almanach jersiais (Le Gros, éditeur).

Métivier. — *Dictionnaire franco-normand du dialecte de Guernesey* (Londres, 1870).

Sur les caractères distinctifs des manuscrits écrits en Angleterre, voy. *Romania*, II, 1.

Stengel. — *Desputoison de l'âme et du corps* (dans *Zeitschrift für romanische philologie*, IV. 74).

Du même. — *John Gower's Minnesang und Ehezuchtbüchlein* (Marburg, Friedrich, 1886). Cf. *Romania*, XV, 641.

La manière de langage qui enseigne à parler et à écrire le français, modèles de conversation composés en Angleterre à la fin du XIVe siècle (dans *Revue critique*, numéros complémentaires de 1870). Cf. *Romania*, II, 368.

Schlœsser. — *Die Lautverhæltnisse der Quatre livres des Rois* (Bonn, Georgi, 1886). Cf. *Romania*, XV, 641.

Suchier. — *Ueber die Mathæus Paris Zugeschriebene Vie de seint Auban* (Halle, Niemeyer, 1876). Cf. *Romania*, VI, 145, et *Zeitschrift für romanische philologie*, II, 338.

Du même. — *Bibliotheca normannica.* Voy. ci-dessous *Normandie*.

Angoumois

Tendering. — *Das poitevinische Katharinenleben* (Barmen, 1885). L'auteur conclut que ce texte appartient au sud de l'Angoumois.

Goerlich. — *Les dialectes du Sud-Ouest de la langue d'oïl* (tome III des *Französischen Studien* de Kœrting et Koschwitz. Heilbronn, Henninger).

Anjou

Tardif. — *Coutumes d'Anjou* (Paris, Picard).

Görlich. — *Die nordwestlichen Dialekte der langue d'oïl*, étude des dialectes de Bretagne, Anjou, Maine et Touraine (Heilbronn, Henninger, 1886).

Aunis

Goerlich. — *Les dialectes du Sud-Ouest de la langue d'oïl* (dans le tome III des *Franzoesischen Studien* de Kœrling et Koschwitz. Heilbronn, Henninger).

Auvergne

Il se publie à Clermont-Ferrand un *Almanach chantant de l'Auvergne, du Bourbonnais et du Velay*. Nous avons sous les yeux l'année 1885, qui contient une poésie patoise, *Le coq ou les deux paysans*, par M. Symphorien Espinasse. C'est un spécimen du patois de la Limagne d'Auvergne.

Bagnard. — Voy. *Valais (canton du)*.

Béarn

Lamaysouette. — *Imitatiou de Jésu-Chrit traduside en béarnés* (Pau, 1870).

Beaujolais

Dictionnaire d'Onofrio. Voyez l'article *Lyonnais* dans les Notices du numéro précédent.

Belfort (Territoire de)

Horning. — *Die ostfanzösischen Grenzdialekte zwischen Metz und Belfort.* Voy. *Lorraine*.

Belgique

Scheler. — *Trouvères belges au XIII° siècle.* Cf. *Zeitschrift für romanische philologie*, II, 476.
Voy. *Wallons (pays)*.

Bessin, voy. *Normandie*

Bourgogne

Mignard. — *Histoire de l'idiome bourguignon* (Dijon, Lamarche et Drouelle, 1856). Ce volume contient un glossaire bourguignon, une grammaire comparée de l'idiome bourguignon, un chapitre intitulé « Du rapport des dialectes à l'idiome et des dialectes entre eux », où sont rattachés à l'idiome bourguignon les dialectes champenois, nivernais, mâconnais, bressans, franc-comtois, lyonnais, un chapitre sur l'idiome lorrain, une bibliographie raisonnée de l'idiome bourguignon, une bibliographie spéciale des noëls et en particulier des noëls de La Monnoye, et un recueil de poésies bourguignonnes.

Fertiault. — *La vraie lumière, noël en patois bourguignon* (Mâcon, imprimerie Durand).

Du même : *Lé deu veigneron, diailogue antre Toma et Simon* (Mâcon, imprimerie Durand, 1884).

Mignard. — *Vocabulaire raisonné et comparé du dialecte et du patois de la province de Bourgogne, ou étude sur l'histoire et les mœurs de cette province d'après son langage* (Dijon, 1870, in-8).

La Monnoye (Gui-Barôzai). — *Noëls bourguignons*, traduits par Fertiault (Paris, Lavigne, 1842, Vannier, 1858 ; Bruxelles, Mertens, 1865).

P. Meyer. — *Notice sur un manuscrit bourguignon* (dans *Romania*, VI, 1 et 600). Cf. *Zeitschrift für romanische philologie*, I, 450 (compte-rendu du n° 21 de la *Romania*).

Sur l'origine bourguignonne du ms. des *Lorrains* de Dijon, voy. *Romania*, III, 88.

Bretagne

Sur quelques traits de phonétique bretonne, voy. *Romania*, IX, 446.

Görlich. — *Die nordwestlichen Dialekte*. Voy. *Anjou*.

Calvados

Joret. — *Chanson normande* du Calvados (dans *Romania*, V, 373).

Particularité du patois de Dozulé, signalée par M. Joret dans *Romania*, XII, 591.

Fleury. — *Quelques traits phonétiques du patois haguais* (dans *Romania*, XIII, 426).

Du même. — *Essai sur le patois normand de la Hague* (Paris, Maisonneuve, 1886, 368 pages, in-8). — Cf. *Revue critique*, 28 mars 1887, p. 251, et un article de Gilliéron dans *Literaturblatt für... romanische philologie*, Janvier 1887 : (Ce livre contient une phonétique et une grammaire de 90 pages, un glossaire de 2,300 mots (200 pages) et un appendice où on ne retrouve que des textes déjà connus ou des observations empruntées à d'autres philologues. — Le glossaire est la partie la plus importante du livre, malgré un système de transcription défectueux. Toutefois il ne donne pas une idée exacte du patois étudié. L'auteur, originaire de Gréville, n'a guère devant les yeux que son propre patois ; or il y a des différences importantes entre les dialectes du pays, aussi bien au point de vue lexicologique qu'au point de vue phonétique. On peut même dire que la Hague n'est pas une unité linguistique, il se parle sur certains points des dialectes plus voisins de celui du Val de Saire que de celui de la Hague. — La phonétique et la morphologie ont peu de valeur, l'auteur n'a ni méthode, ni système, comme en témoignent des erreurs nombreuses et très graves).

Catalogne.

Cambouliu. — *Essai sur la littérature catalane* (Durand, 1857).

Milà y Fontanals. — *Romancerillo catalan* (2e édition. — Barcelone, Verdaguer). Cf. *Romania*, XI, 632.

M. Milà y Fontanals a publié dans la *Revue des langues romanes* divers articles sur le catalan, notamment : *Enigmes populaires catalanes* (2e série, I, 22, et III, 1) ; *Roman catalan en prose* (2e série, II, p. 225 et suiv.), *Mélanges de langue catalane* (2e série, III, 225) ; *Phonétique catalane* (2e série, I, 146) ; *Lo sermo d'en Muntaner* (3e série, II, 218 ; III, 38, et V, 1).

Dans la même Revue (tomes III et suiv., jusques et y compris le tome III de la 2e série), M. Alart a publié une série de textes catalans anciens, et aussi des remarques sur plusieurs particularités de la langue catalane (2e série, IV, 15 septembre, et 3e série, II, p. 45), sur le son catalan *ny* (VII, 446), sur des formules de conjuration (2e série, III, 9). De ces études est sorti un volume intitulé : *Documents sur la langue catalane des anciens comtés de Roussillon et de Cerdagne* (Paris, 1881 ; 235 et 28 pages).

Dans le *Jarbuch für romanische und englische Literasur* (V), M. Mila y Fontanals a publié un mémoire sur la poésie catalane des XIVe et XVe siècles.

Du même : *Poètes catalans*, dans un volume de la *Société pour l'étude des langues romanes* (Montpellier, 1876).

Du même, dans la *Renaxensa, revista catalana* (V, 3) : *Quatre mots sobre l'ortografia catalana*.

Du même, dans *Lo gay saber* (Barcelone,15 décembre 1879, p.312): *Un manuscrit del arxiu capitular*. Cf. *Romania*, IX, 168.

Du même : *Estudios de lengua catalana* (Barcelone, Verdaguer, 1875). Cf. *Romania*, IV, 288.

Konrad Hofmann. — *Ein Katalanisches Thierepos von Ramon Lull* (Munich, 1872). Cf. *Romania*, III, 111, *Rivista di filologia romanza*, II, 116, et *Jarbuch für romanische Literatur*, N. F., I, 368.

Amer. — *Genesi de Scriptura* (Barcelone, Verdaguer, 1873, dans la *Biblioteca catalana* de Mariano Aguilo y Fuster). Cf. *Romania*, IV, 481.

Balaguer y Merino. — *Ordinacions y bans del comtat d'Empurias* (dans *Revue des langues romanes*, 3e série, I, 18 et 179).

Du même : *La traduccio catalana del Flos sanctorum* (dans *Revue des langues romanes*, 3e série, V, 56). Cf. *Romania*, X, 441.

Ch. de Tourtoulon. — Texte catalan du XIVe siècle (dans *Revue des langues romanes*, III, 175). Cf. *Romania*, I, 500.

P. Meyer. — *Traités catalans de grammaire et de poétique* (dans *Romania*, VI, 341 ; VIII, 181 ; IX, 51). Le même signale une particularité du catalan dans *Romania*, I, 104.

Du même : *Mélanges catalans* (dans *Romania*, X, 223).

Du même : *Nouvelles catalanes inédites* (dans *Romania*, XIII, 264).

Foerster. — *Dialogue de Buc et de son cheval* (dans *Zeitschrift für romanische Philologie*, I, 79). Cf. *Romania*, VI, 474, et XI, 126.

Chabaneau. — *Extrait d'une traduction catalane de la légende dorée* (dans *Revue des langues romanes*, 2e série, VI, 214).

Mussafia. — *Die catalanische metrische Version der sieben Weisen Meister* (Vienne, Gerold, 1876). Travail extrait du tome XXV des *Mémoires de l'Académie de Vienne*. Cf. *Romania*, VI, 297, et XI, 123.

Puiggari. — *Dos flors lliterarias de l'edat mitxana* (dans *La Renaxensa, revista catalana*, V, 21). Cf. *Romania*, IV, 155.

Pin y Solars. — *Poésies religieuses de la Catalogne* (dans *Revue des langues romanes*, VII, 226).

Manuel de Bofarull. — *Poesias religiosas catalanas* (dans *Revista historica-latina*, Barcelone, tome II). Cf. *Romania*, IV, 508.

Du même : *Opusculos ineditos del cronista catalan Pedro Miguel Carbonell* (Barcelone, 1864-65).

Du même : *Sistema grammatical y Crestomatia de la lengua catalana* (Barcelone, 1864).

Vidal y Valenciano. — *La Comedia di Dant Allighier traslatada en rims vulgars cathalans per N'Andreu Febrer* (Barcelone, Verdaguer, 1878). Cf. *Romania*, VIII, 454.

Recull de exemplis e miracles (Barcelone, Verdaguer, 1881, dans la *Biblioteca catalana* de D. Mariano Aguilo y Fuster). Cf. *Romania*, X, 277.

Baist. — *Version catalane de la Visio Tundali* (dans la *Zeitschrift für romanische Philologie*, IV, 319). Cf. *Romania*, X, 299.

Manuscrit d'un poème catalan sur la Passion et le Jugement dernier, signalé dans *Romania*, X, 449.

Maspons y Labros. — *La Rondallayre*, contes populaires catalans (Barcelone, Verdaguer, 1871). Cf. *Romania*, I, 257.

Cornu. — *L'A prosthétique en catalan* (dans *Romania*, XI, 75).

Mariano Aguilo. — *Cançoner de les obretes en nostra lengua materna mes divulgades durant los segles XIV, XV c XVI* (Barcelone, Verdaguer). Cf. *Romania*, XI, 127 et 171, et aussi X, 499, note 2.

Pepratx. — *Comparaisons populaires en catalan-roussillonais* (dans *Revue des langues romanes*, 3e série, VI, 286).

Sanpere y Miquel. — *Un estudi de toponomastica catalana* (Barcelone, Verdaguer, 1880). Cf. *Romania*, XI, 430.

Du même : articles sur des questions catalanes dans *Revista de ciencias historicas* de Barcelone. Cf. *Romania*, XI, 449.

Morosi. — *L'odierno dialetto catalano d'Alghero* (dans les *Miscellanea in memoria di Napoleone Caix e Ugo Angelo Canello*, p. 313. — Firenze, successori Le Monnier, 1886). Dans le même volume, p. 373, se trouve une aubade catalane, publiée par Mila y Fontanals.

Libre del orde de Cavagleria de Ramon Lull (Barcelone, Verdaguer, 1879). Cf. *Romania* XII, 605.

Ortografia de la lengua catalana, por la real Academia de buenas letras (Barcelone, Jepus).

Thomas. — *Les proverbes de Guylem de Cervera* (dans *Romania*, XV, 25).

Morel-Fatio. — *Fragment d'un conte catalan traduit du français* (dans *Romania*, V, 453).

Du même : *Sur un prétendu fragment inédit de Desclot* (dans *Romania*, V, 233).

Du même : *Mélanges de littérature catalane* (dans *Romania*, X, 497 ; XII, 230 ; XV, 192). Cf. *Romania*, XI, 175.

Du même : *Proverbes rimés de Raimond Lull* dans *Romania*, XI, 188).

Du même : *Poème barcelonais de 1473* (dans *Romania*, XI, 333).

Vidal. — *Documents sur la la langue catalane des anciens comtés de Roussillon et de Cerdagne*, publiés dans la *Revue des langues romanes*. Les derniers articles parus sont dans le t. XVI de la 3e série (p. 257) et dans le t. I de la 4e série (p. 59).

Franc. Pelay Briz. — *Cansons de la Terra, cants populars catalans* (Barcelone, 1866-77, 5 vol.).

Jochs florals de Barcelona (Barcelone, 1859-82, 24 vol.).

Cardona. — *Dell' antica letteratura catalana* (Naples, 1880).

Vogel Eberhard. — *Neucatalanische Studien* (Paderborn und Münster, Schöningh, 1886, 194 p. in-8). Cf. un article de Morel-Fatio dans *Literaturblatt für romanische philologie*, Janv. 1887 : (L'auteur s'est trop hâté de publier le résultat d'études encore incomplètes. Son travail contient une grammaire avec une phonétique très développée, une bibliographie, une histoire littéraire, etc... Le plan était bon, mais les recherches n'ont pas été poussées assez loin. Des livres essentiels sont inconnus à M. Vogel, ainsi la grammaire de Ballot, les Etudes de Mila, etc. — La partie littéraire résume Tubino, auquel cependant sont ajoutées des observations sur la Rythmique de l'Atlantida, de Jacinto Verdaguer. Or cet auteur qui parle une langue savante et originale ne peut servir de base à des recherches sur le catalan. On trouverait sur la langue parlée des données beaucoup plus sûres dans les comédies de Serafi Pitarra par exemple. — Il y a aussi des erreurs philologiques, dont l'une sur l'étymologie de *petit* rapporté à *peditum* + le suffixe *it*. — Le travail de M. Vogel n'est du reste pas un mauvais début, l'auteur aura seulement besoin d'approfondir plus un sujet qu'il n'a traité que d'une façon un peu superficielle).

Champagne.

Tarbé. — *Recherches sur l'histoire des patois de Champagne* (Paris, Techener, 1851).

Introduction de formes champenoises ou lorraines dans un texte de l'Ile de France, voy. *Romania*, I; 423.

Histoire queurieuse et terrible doou tems du monsieur du Malberoug (Paris, Techener, 1851).

Charente.

Boucherie. — *Une colonie limousine en Saintonge* (Saint-Eutrope), dans la *Revue des langues romanes*, 2ᵉ série, I, nᵒ 5.

Côte-d'Or.

Bonnardot. — *La Chanson du Chevreau* (Beaune), publiée dans *Romania*, I, 219.

Clément Janin. — *Sobriquets des villes et villages de la Côte-d'Or*, — arr. de Dijon (Dijon, impr. Carré, 2ᵒ éd. 1880).

Du même. — *Sobriquets des villes et villages de la Côte-d'Or*, — Beaune, Semur et Châtillon.

Créole.

Thomas. — *Grammaire créole.* Cf. *Revue critique*, 1872, nᵒ 10.

Gaidoz. — *Note bibliographique sur le créole français* (dans *Revue critique*, 1881, nᵒ 35).

Fortier. — *The French Language in Louisiane and the Negro-French Dialect* (dans les *Transactions of the Modern language Association of America*, I, 96). Cf. *Romania*, XV, 635.

Saint-Quentin. — *Introduction à l'histoire de Cayenne, suivie d'un recueil de contes, fables et chansons en créole* (Antibes, 1872).

Voy. *Maurice (île)*.

Dauphiné.

Abbé Moutier. — *Grammaire dauphinoise, dialecte de la vallée de la Drôme* (Montélimar, 1882).

Du même. — *Un brounché de Nouvèus doufinens, parlar de Louriou*, recueil de Noëls dauphinois (Montélimar, 1879).

Dordogne

A. Chastanet. — *Counteis e viorlas* (Ribérac, Delacroix, 1877).

Le *Bulletin de la Société historique du Périgord* a commencé à publier (XIV, p. 104 et 194) le *Livre de Vie* de la ville de Bergerac, texte dialectal du XIVe siècle, que nous annoncions dans la Chronique de notre premier numéro. Cette publication, aussi intéressante pour l'historien que pour le philologue, est due à M. Ch. Durand.

Eure-et-Loir.

Desgranges. — *Mots ou langage de la campagne du canton de Bonneval* (dans *Mémoires de la Société des Antiquaires*, II, 420).

Fribourg (canton de)

Dans le *Jarbuch für romanische und englische Sprache und Literatur* (XV, 133, 267 et 407) : *Recherches sur les patois romans du canton de Fribourg*, par Hœfelin, comprenant une grammaire, un choix de poésies populaires et un glossaire. Publiées à part chez Teubner (Leipzig, 1879).

L'*Introduction à l'étude des dialectes du pays Romand* de Ayer (Voy. *Suisse*) contient quelques textes en patois de la Gruyère.

Dans les *Romanische Studien* (I, 358), M. Cornu a réimprimé, d'après un système orthographique particulier, le Ranz des vaches de la Gruyère et la chanson de Jean de la Bollièta.

Dans *Romania* (IV, 195), *Chants et contes populaires de la Gruyère* par J. Cornu, avec un sommaire des flexions et un glossaire.

Dans *Romania* (IV, 76), *Proverbes patois du canton de Fribourg et spécialement de la Gruyère*, par J. Chenaux et J. Cornu.

Garonne (Haute-).

Noulet. — *Las Nonpareilhas Receptas*, publiées d'après l'édition de Toulouse, 1555 (Paris, Maisonneuve, 1880).

Gascogne.

D. J. — *Documents pour servir à l'histoire des patois gascons* (dans *Revue de linguistique*, XVI, 163).

Genève (Canton de)

(Humbert). — *Glossaire genevois* (Genève, Marc Sestié, 1820).

Humbert. — *Nouveau glossaire genevois* (1856).

Dans le t. XIX des Mémoires de la *Société d'Histoire de Genève*, se trouve un article de notre collaborateur M. Ritter, intitulé *Recherches sur le patois de Genève* (indications bibliographiques) Cf. *Romania* IV, 154.

[M. Philippe Plan, conservateur de la Bibliothèque de Genève, mort à 58 ans, le 14 juillet 1885, était un littérateur aimable et distingué. Il s'intéressait beaucoup aux patois, et il a publié deux textes de la fin du XVIIe siècle, qui sans doute sont l'œuvre d'un ecclésiastique genevois :

La Chanson de Rocati (Mémoires de la Société d'Histoire de Genève, tome XIX). Cette chanson est un récit de l'Escalade de Genève (1602) ; elle est mutilée, le commencement ayant été déchiré dans le manuscrit que possédait M. Plan ; ce qui reste se compose de cent cinquante quatrains et d'un court épilogue.

La conspiration de Compesières, poème en patois savoyard. Genève, lib. Cherbuliez, 1870, 98 pages, 8o. Ce joli volume (imprimé par M. Fick, dessins d'Alfred Du Mont), contient un poème en 181 quatrains, suivis d'un court épilogue. Dans l'introduction, M. Plan a esquissé en quelques traits l'histoire de la disparition du patois à Genève, et indiqué les circonstances historiques auxquelles il est fait allusion dans le récit de cette conspiration (imaginaire) de Compesières. Il s'agit d'une série de tracasseries que la petite République de Genève avait à supporter de la part de son puissant voisin, en 1695.

M. Philippe Plan avait projeté une réimpression du *Cruel assiègement de la ville de Gais, qui a été fait et mis en rime par un citoyen de la dicte ville de Gais en leur langage. Lyon, 1594* (1). Ce morceau, qui est ce qu'on appelle aujourd'hui un monologue dramatique, trouvera peut-être sa place dans le Recueil des pièces de l'ancien théâtre français, que MM. Anatole de Montaiglon et Georges Picot se sont proposé de mettre au jour (Voir le *Bulletin de la Société des anciens textes français*, séances des 25 avril 1875, 13 janvier 1876, 22 mai et 26 juin 1878 ; rapports de M. Paul Meyer, 21 juin 1876 et 19 mai 1878).

Enfin, dans la *Bibliothèque universelle* de Lausanne (août 1872), M. Plan a publié un article : *Le peintre Hornung et son livre (Gros et menus propos)*, où il donne des détails bibliographiques très complets sur les morceaux les plus remarquables qui, dans notre siècle, aient été écrits en patois genevois.

EUGÈNE RITTER.]

(1) Ce poème paraît être autre chose que celui qui est mentionné dans les passages suivants, et qui est d'une autre date : « Les troupes étrangères qui étaient à Genève (1567) donnèrent, en passant, l'alarme à Gex et à Versoix, dont les habitants prirent une terreur panique et abandonnèrent ces deux bourgs. C'est ce qu'on a depuis appelé la guerre de Gex, aussitôt finie que commencée, dont on a fait un poème en vers burlesques, en langage du pays. » (Spon. *Histoire de Genève*, éd. de 1734. I, 419.) Senebier, dans le premier volume de l'*Histoire littéraire de Genève*, page 76, cite au milieu d'une liste de documents à consulter : *La gazetta de la guerra Zay : Zay susay, Zay la vella et Zay la comba*, 8o 1568. Cf. *Bulletin de l'Institut genevois*, XXV, 353.

Gruyère, voy. *Fribourg (canton de)*.

Guernesey, voy. *Anglo-normand*.

Hainaut.

D'Herbomez. — *Etude sur le dialecte du Tournaisis au XIII° siècle* (Tournay, Casterman, 1881. Extrait des *Mémoires de la Société historique de Tournay*). Cf. *Romania*, XI, 144.

Settegast. — *Ly histore de Julius César, de Jehan de Tuim* (Halle, Niemeyer, 1881). Cf. *Romania*, XII, 380.

Schwalke. — *Versuch einer Darstellung der Mundart von Tournai im Mittelalter* (Halle, dissert. de docteur).

Hérault.

J. B. Favre. — *Obras lengadoucianas* (Montpellier, 1878).

Laurès. — *Lou campestre, poésies languedociennes suivies d'un glossaire*, dialecte des environs de Béziers (Montpellier, 1878).

Roqueferrier. — *Quatre contes languedociens recueillis à Gignac* (Paris, Maisonneuve, 1878. — Extrait de la *Revue des langues romanes*).

Ile-de-France.

G. Raynaud. — *Poésies inédites de Jean Moniot, trouvère parisien du XIII° siècle* (dans le *Bulletin de la Société de l'histoire de Paris*).

Metzke. — *Der dialect von Ile de France im XIII und XIV Jahrhundert* (Breslau).

Ille-et-Vilaine.

Sébillot. — *Blason populaire de la Haute-Bretagne*, Ille-et-Vilaine, contenant des dictons patois (dans *Revue de linguistique*, XIX, 324).

Orain Ad. — *Glossaire patois du département d'Ille-et-Vilaine, suivi de chansons populaires avec musique* (Paris, Maisonneuve et Leclerc, 1886, 224 p. 8°). Cf. Gilliéron dans *Literaturblatt für romanische Philologie*, 4 avril 1887 : (Travail sans prétentions scientifiques. C'est une collection de mots faite par un habitant du pays, avec un recueil de trente chants populaires, dont beaucoup sont charmants, accompagnés de leur mélodie. — Le travail philologique est loin d'être irréprochable. La transcription, appuyée sur l'orthographe française, est mauvaise et ne peut servir aux recherches phonétiques. — Les localités auxquelles appartiennent les termes cités ne sont pas non plus distinguées avec précision : le domaine qui leur est attribué est tantôt trop vaste, tantôt trop restreint. L'auteur eût dû s'attacher à un dialecte particulier qu'il a entendu parler, et en noter les formes avec exactitude. Ce n'était pas très difficile, car le département d'Ille-et-Vilaine ne se distingue pas par une grande variété phonétique de formes ; les idiomes qu'on y parle soulèvent des questions générales curieuses, mais tout autres, et qui se rapportent au recul de la langue bretonne). — Ce glossaire a d'abord paru dans la *Revue de linguistique*, t. XVII, XVIII et XIX.

Leroux. — *Le patois de la Mée.* Voy. *Loire-Inférieure.*

Indre-et-Loire

A. Brachet. — *Vocabulaire tourangeau* (dans *Romania*, I, 88).

J. Delaville-Leroulx. — *Registres des comptes municipaux de la ville de Tours* (Paris, Picard).

Isère.

Rivière Bertrand. — *Traduction de Mireille en dialecte dauphinois, précédée de notes sur le langage de St-Maurice de l'Exil* (Paris, 1881. Publication de la *Société pour l'étude des langues romanes*).

Jersey, voy. Anglo-normand.

Jura.

U. Robert. — *Un vocabulaire latin-français du XIVe siècle, suivi d'un recueil d'anciens proverbes* (dans *Bibliothèque de l'Ecole des Chartes*, XXXIV, 33). Cf. *Romania*, II, 273.

Liége.

P. Meyer. — *Rapport sur d'anciennes poésies religieuses en dialecte liégeois* (dans *Revue des Sociétés savantes*, 5e série, VI, 236). Cf. *Romania*, III, 432.

Horning. — *Etudes sur le wallon des environs de Liége* (dans *Zeitschrift für romanische philologie*, IX, 480).

Limousin.

L'abbé Roux. — *Sourcelages lemouzis*, énigmes limousines (Montpellier, 1877).

Loir-et-Cher.

Talbert. — *Du dialecte blaisois* (Paris, Thorin, 1874). Cf. *Revue critique*, 1875, no 13.

Loire-Inférieure.

Leroux Alcide. — *Marche du patois actuel dans l'ancien pays de la Mée* (Haute-Bretagne), Paris, Lechevalier, 1886, 66 p. in-8. Cf. Gilliéron dans *Literaturblatt für romanische Philologie*, 4 avril 1887 : (Le domaine de l'ancien pays de la Mée est limité par la Loire, la Vilaine, l'Erdre et le Semnon, il touche aux pays de langue bretonne et a l'étendue d'un département moyen. — Il est impossible de considérer avec l'auteur le dialecte de ce pays comme une unité linguistique, il est plus impossible encore d'admettre qu'il s'étende depuis la Bretagne bretonnante jusqu'à la Mayenne (inclus.), de la Loire aux environs de St-Malo. Il y a sur ce territoire une foule de patois et aussi des idiomes qui ont le français et non le gallo-roman pour base. — Le système orthographique est celui du français, au point que l'auteur écrit par exemple *eu* dans *pasteur* en avertissant que cet *eu* se prononce *ou* (patou). — L'ouvrage commence par une introduction sur la prononciation, puis viennent une grammaire et un lexique. Le lexique est intéressant surtout parce qu'il fournit des mots qui ont appartenu à la langue littéraire. Mais leur domaine n'est pas assez exactement limité. — Les tentatives étymologiques ont échoué, et l'auteur, qui n'est qu'un amateur, eût mieux fait de s'en abstenir).

Lorraine.

Oberlin. — *Essai sur le patois lorrain des environs du comté du Ban-de-la-Roche* (Strasbourg, 1775).

Clesse. — *Essai sur le patois lorrain* (Paris, Berger-Levrault).

Gérard. — *Les patois lorrains* (Nancy, 1877), discours de réception à l'Académie de Stanislas.

Adam. — *Les patois lorrains* (Paris, Maisonneuve, 1881).

Hentschke. — *Die Lothringische Perfekt-Endung* « ont » (dans *Zeitschrift für romanische philologie*, VIII, 122).

P. Meyer. — *Notice d'un manuscrit lorrain* (dans *Bulletin de la Société des anciens textes français*, 1884, n° 2).

Bonnardot. — *Le psautier de Metz* (Paris, Vieweg), 2 vol., le second contenant une grammaire, un glossaire et des variantes.

Apfelstedt. — *Lothringischer Psalter des XIV. Jahrhunderts* (Heilbronn, Henninger). L'introduction est une grammaire élémentaire des principaux monuments anciens appartenant au dialecte lorrain.

Fallot. — *Recherches sur le patois de Franche-Comté, Lorraine et Alsace* (Montbéliard, 1828).

Bonnardot. — *Document en patois lorrain relatif à la guerre entre le comte de Bar et le duc de Lorraine, XIV° siècle* (dans *Romania*, I, 328).

Du même. — *Variétés lorraines* (présentées comme supplément au travail précédent, dans *Romania*, II, 245).

Du même. — *Rapport sur une mission littéraire en Lorraine* (dans *Archives des missions scientifiques et littéraires*, 3° série, I, 247). Cf. *Romania*, III, 126.

Du même. — *Chartes françaises de Lorraine et de Metz* (Paris, Durand et Pedone-Lauriel). Cf. *Revue critique*, 1874, art. 44.

Du même. — *Dialogus anime conquerentis et rationis consolantis, traduction en dialecte lorrain du XII° siècle* (dans *Romania*, V, 269 ; VI, 141). Cf. *Zeitschrift für romanische Philologie*, I, 397 et 556.

Du même. — *Notice du ms. 189 de la bibliothèque d'Epinal* (dans *Bulletin de la Société des anciens textes français*, 1876, p. 64).

De Bouteiller et Bonnardot. — *La guerre de Metz en 1324.* Cf. *Revue des langues romanes*, 2° série, I, 220.

Introduction de formes champenoises ou lorraines dans un texte de l'Ile de France, voy. *Romania*, I, 423.

Horning. — *Etudes sur les dialectes des Vosges et de la Lorraine* (dans *Zeitschrift für romanische philologie*, IX, 497).

Du même : *Die ostfranzösischen Grenzdialekte zwischen Metz und Belfort*, (Heilbronn, Henninger, 1887). C'est le V° volume des *Fran-*

zösische *Studien* de Körting et Koschwitz. Nous donnerons de cet ouvrage un compte-rendu détaillé.

Les publications spéciales sur le dialecte Messin sont indiquées à *Meurthe-et-Moselle*.

Lozère.

Caïx. — *Romance dite de Clotilde, qui se chante encore dans les montagnes de la Lozère* (dans *Mémoires de la Société des Antiquaires*, VIII, 225).

Lyonnais.

Puitspelu. — *Vieilles choses et vieux mots lyonnais*, 2e fasc. (Extr. de la *Revue Lyonnaise*). L'auteur étudie les mots lyonnais suivants : *arpelleur, alna, anina, melin, beche, boche*. -

Du même, dans la *Revue des langues romanes*, 4e série, I, 156, notes sur les mots lyonnais *bolhi* ou *bôye, charat, maigna* ou *meigna*.

Maine.

Görlich. — *Die nordwestlichen Dialekte*; voy. *Anjou*.

Manche.

Romdahl. — *Glossaire du patois du Val de Saire* (Linkoeping, 1881). Cf. *Romania*, XII, 125.

Le Héricher. — *Des noms de lieu de la Manche*, (Paris, 1881).

Marne.

Parabole de l'Enfant prodigue dans l'idiome de Courtisols (dans *Mémoires de la Société des Antiquaires*, V. 347).

Remarques diverses sur le patois de Courtisols dans le même volume de la même collection, p. 353 et 357. Voyez aussi *Romania*, V. 407.

Piétrement. — *Le patois briard du canton d'Esternay* (dans *Revue de linguistique*, XX, no d'avril).

Marne (Haute).

De Wailly. — *Mémoire sur la langue de Joinville*, (tome XXVI des *Mémoires de l'Académie des inscriptions*).

Du même. — *Addition au mémoire sur la langue de Joinville* (dans *Bibl. de l'E. des Chartes*, XLIV, 12). Cf. *Romania*, XIII, 163.

Maurice (Ile).

Bos. — *Note sur le créole que l'on parle à l'île Maurice* (dans *Romania*, IX, 571).

Bessac. — *Étude sur le patois créole mauricien* (Paris, Berger-Levrault).

Voy. *Créole*.

Meurthe-et-Moselle.

Teissier. — *Recherches sur l'étymologie des noms de lieu et autres, dans la sous-préfecture de Thionville* (dans *Société des Antiquaires*, IV, 420).

Quépat. — *Chants populaires Messins* (Paris, Baillière).

De Puymaigre. — *Chants populaires recueillis dans le pays Messin* (Paris, Champion, 2ᵉ édition).

P. Meyer. — *Notice d'un manuscrit Messin* (dans *Romania*, XV, 161).

E. Rolland. — *Vocabulaire du patois du pays Messin, tel qu'il est actuellement parlé à Rémilly, ancien département de la Moselle, canton de Pange* (dans *Romania*, II, 437). Un supplément à ce travail, contenant des renseignements sur le patois de Woippy (près Metz) et de Landroff (près Faulquemont) a été publié dans *Romania*, V, 189.

Meuse.

Jacob. — *Cartulaire de l'abbaye de Sainte-Hoïlde* (Bar-le-Duc, Constant Laguerre). Cf. *Romania*, XI, 631.

Cordier. — *Coumédies en patois meusien* (Bar-le-Duc, 1878).

Morvan.

De Chambure. — *Glossaire du Morvan, étude sur le langage de cette contrée comparé avec les principaux dialectes ou patois de la France, de la Belgique wallonne, de la Suisse romande* (Paris, Champion). Cf. *Romania*, VIII, 144 et *Revue critique*, 1880, art. 170.

Namur (province de).

Vilmotte. — *Note sur le patois de Couvin* (Gand, 1886).

Neuchâtel (canton de).

Dans la *Zeitschrift für vergleichende sprachforschung* (1873, Neue Folge, I, 289 et 481) se trouve un article important de M. Hœfelin sur les dialectes suisses du Sud-Ouest. Cf. *Romania*, II, 373, et III, 422.

Normandie.

Gasté. — *Chansons normandes du XVᵉ siècle* (Caen, 1866).

G. Paris. — *« Ti » signe d'interrogation* (dans *Romania*, VI, 438).

Delboulle. — *Glossaire de la vallée d'Hyères* (Hàvre, Brenier, 1879). Cf. *Revue critique*, 1877, nᵒ 20.

Du même. — *Supplément au Glossaire de la vallée d'Hyères*. Cf. *Revue critique*, 1878, nᵒ 68.

L. Havet. — *« Nous » et « on » en normand* (dans *Romania*, VII, 109). Cf. un article de M. Joret, dans *Romania*, VIII, 102, deux articles de M. Fleury, dans *Romania*, X, 402, et XII, 342, et les réponses de M. Joret, dans *Romania*, XII, 588, et XIII, 424.

Varnhagen. — *Le c en ancien normand* (dans *Zeitschrift für romanische philologie*, III, 161). Cf. *Romania*, VIII, 625.

Le Héricher. — *Ebauche d'une néréide populaire de Normandie* (dans *Bulletin de la Société des Antiquaires de Normandie*, IX, 174).

Du même. — *Philologie de la flore populaire de Normandie* (Coutances, 1883).

Schulze. — *Betontes* E $+$ I *und* O $+$ I *in der normannischen Mundart* (Halle). Cf. *Romania*, IX, 175 ; X, 258.

Strauch. — *Lateinisches* o *in der normannischen Mundart* (Halle). Cf. *Romania*, X, 458.

Thierkopf. — *Der stammhafte Wechsel im normannischen* (Halle).

Héron. — *OEuvres de Henri d'Andeli, trouvère normand* (Rouen, 1880, publication de la *Société rouennaise des Bibliophiles*). Cf. *Romania*, I, 204, et XI, 137.

Du même. — *Chansons de Roger d'Andeli.* Cf. *Romania*, XII, 428.

Du même. — *Les dits de Hue Archevesque* (Rouen, Cagniard, 1885).

Joret. — *De quelques modifications phonétiques particulières au dialecte bas-normand* (dans *Romania*, V. 490).

Du même. — *Un signe d'interrogation dans un patois français*, et *Emploi du pronom possessif à la place de l'adjectif démonstratif en normand* (dans *Romania*, VI, 133 et 134).

Du même. — *Essai sur le patois normand du Bessin* (Paris, Wieweg). Cf. *Revue critique*, 1881, art. 240, et la réponse de l'auteur à la suite du n° 51. Cf. aussi *Romania*, X, 456.

Du même. — *Du caractère et de l'extension du patois normand* (Paris, Vieweg). Cf. *Romania*, XII. 393, et XIII, 114.

Du même. — *R bas-normand* (dans *Romania*, XII, 591).

Du même. — *R haut-normand* (dans *Romania*, XIV, 285).

Du même. — *Mélanges de phonétique normande* (Paris, Vieweg). Cf. *Romania*, XIII, 487.

Fleury. — *La littérature orale de la Basse-Normandie* (Paris, Maisonneuve, 1883). Cf. *Romania*, XIII, 154.

Suchier. — *Bibliotheca normannica* (Halle, Niemeyer), collection de textes normands. Cf. *Revue critique*, 1880, art. 116. *Literaturblatt für... romanische philologie*, 1881, sept., col. 327. *Romania*, XIV, 598.

Moisy. — *Noms de famille normands* (Paris, Vieweg). Cf. *Romania*, V, 251, et *Revue critique*, 1876, n° 6.

Du même. — *Dictionnaire du patois normand.* Voyez ci-dessus, p. 136.

Reinsch. — *Les « Joies Notre-Dame » de Guillaume Le Clerc de Normandie* (dans *Zeitschrift für romanische philologie*, III, 201). Cf. *Romania*, VIII, 625.

Voy. *Anglo-Normand.*

Orne.

Dubois. — *Etymologie et emploi des locutions ou des mots introduits ou conservés dans le département de l'Orne* (dans *Mémoires de l'Académie Celtique*, V. 39 et 173 ; et *Société des Antiquaires*, IV, 226).

Pas-de-Calais.

Notice sur les usages et le langage des habitants du Haut-Pont, faubourg de Saint-Omer (dans *Mémoires de la Société des Antiquaires*, III, 357 et 364).

Documents de Saint-Omer, dans Giry, *Histoire de la ville de Saint-Omer.* Voy. *Picardie.*

De Wailly. — *Recueil de chartes en langue vulgaire provenant des archives de la collégiale de Saint-Pierre-d'Aire* (dans *Bibliothèque de l'Ecole des Chartes,* XXXI, 261).

Du même. — *Observations grammaticales sur des chartes françaises d'Aire en Artois* (dans *Bibl. de l'Ec. des Chartes,* XXXII, 291).

G. Raynaud. — *Les congés de Jean Bodel,* avec uue étude grammaticale (dans *Romania,* IX, 216).

Picardie.

Siemt. — *Ueber lateinisches c vor E und i im Pikardischen* (Halle). Cf. *Romania,* XI, 462.

Sur différents caractères du picard, voy. *Romania,* II, 3, et XI, 530.

Haase. — *Das verhœltniss der pikardischen und wallonischen Denkmœler des Mittelalters in Bezug auf* A *und* E *vor gedecktem* N. (Halle, 1880).

Boucherie. — *Fragments d'une anthologie picarde* (dans *Revue des langues romanes,* III, 311). Cf. *Romania,* II, 138.

Le Proux. — *Chartes françaises du Vermandois,* de 1218 à 1250 (dans *Bibliothèque de l'Ecole des Chartes,* XXXV, 437).

Neumann. — *Laut und flexions-lehre des Altfranzœsischen, hauptsœchlich aus pikardischen Urkunden von Vermandois* (Heilbronn, Henninger). Cf. *Bibliothèque de l'Ecole des Chartes,* XXXIX, 351).

Raynaud. — *Chartes françaises du Ponthieu* (dans *Bibliothèque de l'Ecole des Chartes,* XXXVI, 193).

Du même. — *Etude sur le dialecte picard dans le Ponthieu* (Paris, Frank, 1876. A d'abord paru dans la *Bibliothèque de l'Ecole des Chartes,* XXXVII, 5, etc.) Cf. *Romania,* VI, 614, et *Jenaer literaturzeitung,* 1878, n° 11.

Giry. — *Histoire de la ville de Saint-Omer* (Paris, Vieweg), contenant un grand nombre de documents en picard du XIII° siècle. Cf. *Romania,* VIII, 468.

Horning. — *Origine picarde de l's de la première personne du singulier en français* (dans *Romanische Studien,* t. V, 707). Cf. *Romania,* X, 307.

Tain = *teneo* en Picardie, voy. *Romania,* VII, 96.

Poitou.

Dupin. — *Mémoire sur le patois poitevin* (dans *Société des Antiquaires,* I, 195).

Chanson de Jean Renaud en patois du Bas-Poitou (dans *Romania,* XI, 101).

Goerlich. — *Les dialectes du sud-ouest de la langue d'oïl* (dans le tome III des *Franzœsischen Studien* de Koerting et Koschwitz. Heilbronn, Henninger).

Tendering. — *Phonétique et morphologie de la Vie de Sainte Catherine en poitevin* (dans *Archiv für das Studium der neueren Sprachen*, LXVII, 269). Cf. *Angoumois.*

Gaidoz et Sébillot. — *Bibliographie des traditions et de la littérature populaire du Poitou* (dans *Zeitschrift für romanische philologie*, VII, 554).

Boucherie. — *Textes poitevins du XIIIe siècle* (dans *Revue des langues romanes*, II, 118).

Du même. — *Le dialecte poitevin au XIIIe siècle* (Paris, Durand et Pedone-Lauriel). Cf. *Goettinger gelehrte Anzeigen*, 1874, n° 45, *Revue des langues romanes*, VI, bibliographie du n° 4, et VII, 443, *Romania*, IV, 145 et 156.

L'abbé Rousseau. — *Glossaire poitevin*, 2e éd. (Niort, Clouzot).

La gente poitevinerie, plusieurs fois réimprimée. La plus ancienne édition connue est de 1572. Cf. *Literaturblatt für germanische und romanische philologie*, I, n° 1 (article de M. Picot).

Dreux du Radier. — *Essai sur le langage poitevin* (Niort, 1866).

Le pseudo-Turpin dit poitevin. Voy. *Saintonge.*

Favraud. — *Œuvres en patois poitevin*, suivies d'un glossaire (Couture d'Argenson, 1884).

Ponthieu, voy. *Picardie.*

Pyrénées (Basses).

Ducéré. — *Le gascon de Bayonne aux XIIIe et XIVe siècles* (dans *Revue de linguistique*, XV, 80 et 162).

Romand, voy. *Suisse.*

Pyrénées (Hautes).

J. Portes. — *Lafontaine, fablos caousidos, libromen traduitos en patouis pyrénéen e enrichidos dous éléments de la grammairo d'aquéro lengo* (Bagnères-de-Bigorre, 1857).

Rhône.

Puitspelu. — *Un noël satirique en patois lyonnais*, 2e édition entièrement refondue (Lyon, Storck, 1887). C'est un noël composé en 1723 et rempli d'allusions aux hommes et aux choses de Lyon.

Saintonge.

Auracher. — *Le pseudo-Turpin dit poitevin* (dans *Zeitschrift für romanische philologie*, I, 259). Cf. *Romania*, VI, 627.

Langarenne. — *Notice sur le patois saintongeais* (dans *Revue des langues romanes*, VII, 134, et 2e série, I, 44).

Dans la *Revue de Saintonge et d'Aunis*, VII, 176, nous relevons un article en patois sous le titre de : *In jharbot de bouquet saintonjhoué*. Le même numéro (page 196) contient aussi des proverbes saintongeais, mais sous forme française.

Goerlich. — *Les dialectes du sud-ouest de la langue d'oïl* (dans le tome III des *Franzoesischen Studien* de Koerting et Koschwitz. Heilbronn, Henninger).

Saône (Haute).

Poulet. — *Vocabulaire de Plancher-les-Mines* (Paris, Lahure). Cf. *Revue critique*, 1879, art. 209.

Savoie (Haute).

Chacun des numéros de la *Revue savoisienne* que nous avons reçus depuis le commencement de l'année (le dernier est celui de juin-juillet 1887) contient des chansons de Joseph Béard, publiées par M. Constantin.

Constantin. — *Etymologie des mots Huguenot et gavot* (Annecy, Abry, 1887, tirage à part d'articles parus dans la *Revue Savoisienne*). L'auteur appuie l'étymologie *eidgenossen* pour *huguenot*, et explique par l'influence des patois de la Suisse et de la Haute Savoie, les transformations subies par ce mot. Rappelons que dans le Dauphiné (voy. Mistral, *Dictionnaire)* on dit *eiguenaud*. Dans les environs de Périgueux, on dit aussi *eiguenaw* dans le sens de « impie », sans penser, aujourd'hui du moins, aux *huguenots*. — *Gavot* a été le nom d'un pays compris entre le Valais et la Drance, et borné au nord par le lac de Genève. L'auteur rattache ce mot au latin *cavus*.

Seine.

Nisard. — *De quelques parisianismes populaires* (Paris, Maisonneuve, 1876). Cf. *Jenaer Literaturzeitung*, 1878, n° 40.

Suisse

Recueil de morceaux en patois de la Suisse française (Lausanne, Chantrens, 1842).

Ayer. — *Introduction à l'étude des dialectes du pays romand* (Neuchâtel, 1878). — Cf. *Romania*, VIII, 458, et *Zeitschrift für romanische Philologie*, III, 459. — La brochure de M. Ayer contient quelques textes en patois de la Gruyère.

Bridel. — *Glossaire du patois de la Suisse romande* (Lausanne, 1866, tome XXI des *Mémoires de la Société d'histoire de la Suisse romande)*. — L'appendice contient des traductions de la Parabole de l'enfant prodigue, des pièces patoises et des proverbes, recueillis par L. Favrat.

Voyez *Fribourg, Neuchâtel, Genève, Valais, Vaud (cantons de)*.

Touraine

Attribution à la Touraine de l'*Epitre farcie de la St-Etienne*, dans *Romania*, IX, 155.

Prononciation des mots en *et* en Touraine, voy. *Romania*, V, 494.

Görlich. — *Die nordwestlichen Dialekte*. Voy. *Anjou.*

Valais (canton du).

Cornu. — *Déclinaison de l'article dans le Valais* (dans *Romania*, VI, 253).

Le même : *Phonologie du Bagnard* (dans *Romania*, VI, 359).

Gilliéron. — *Patois de la commune de Vionnaz* (Bas-Valais), dans la *bibliothèque de l'Ecole des Hautes études*, 40e fasc.

Du même : *Petit atlas phonétique du pays roman* (Sud du Rhône). Paris, Champion.

Vaud (Canton de)

Odin. — *Phonologie des patois du canton de Vaud* (Halle, Niemeyer, 1886). Cf. *Romania*, XV, 639.

Callet. — *Glossaire vaudois* (Cherbuliez, 1862).

Hofman. — *Le futur en* RI *et la traduction d'Ezéchiel* (dans *Romanische Forschungen*, I, 437).

Cornu. — *Deux histoires villageoises en patois vaudois* (dans *Rivista di filologia romanza*, I, 98).

Velay

Les chants populaires du Velay et du Forez, publiés par M. Smith dans la *Romania* (passim), contiennent un certain nombre de textes patois.

Vendée

Revellière-Lépeaux. — *Notice du patois vendéen* (Niort, 1869).

Vermandois. — Voy. *Picardie.*

Vionnaz. — Voy. *Valais (canton du).*

Vosges

Attribution des formes du ms. de Floovant au dialecte des Vosges, *Romania*, VI, 605.

Horning. *Etudes sur les dialectes des Vosges et de la Lorraine*. Voy. *Lorraine.*

Wallons (pays)

Rémacle. — *Dictionnaire wallon-français* (Liège, 2e éd., 1844).

Altenbuch. — *Versuch einer Darstellung der wallonischen mundart* (extrait du programme du gymnase d'Eupen). Cf. *Romania*, XI, 461.

Grandgagnage. — *Dictionnaire étymologique de la langue wallonne*, achevé par M. Scheler. Cf. *Romania*, VII, 350, XI, 630.

Scheler. — *La geste de Liège par Jehan des Preis. Glossaire* (Bruxelles, Hayes, 1882).

Pasquet. — *Quelques particularités grammaticales du dialecte wallon au XIIIe siècle* (dans *Romania*, XV, 130).

Stürzinger. — *Remarks on the conjugation of the Wallonian Dialect* (dans *Transactions of the Modern Language Association of America*, I, 204). Cf. *Romania*, XV, 635.

Hugo von Feilitzen. — *Li ver del Juis* (Upsala, 1883).

El. B. et D. — *Choix de chansons et poésies wallonnes.*

Observations utiles sur le patois wallon, et vocabulaire du patois du duché de Bouillon, dans les *Lettres à Grégoire* (*Revue des langues romanes*, 2e série, VII, 64 et 168).

Haase. — *Das verhœltniss der pikardischen und wallonischen Denkmœler* Voy. *Picardie.*

Voy. *Hainaut, Liège, Namur.*

CHRONIQUE

— Dans les chansons et contes en patois que nous publions sous le titre de *Mélanges*, on remarquera que nous respectons l'orthographe adoptée par nos correspondants toutes les fois qu'il ne nous a pas été possible de nous entendre oralement avec eux. Nous recommandons à nos correspondants de l'avenir de se conformer, autant que faire se pourra, aux indications très simples contenues dans l'Avertissement du premier numéro, et en tout cas d'expliquer par des notes bien précises la prononciation des lettres qu'ils emploient toutes les fois qu'elle diffère de la prononciation des mêmes lettres en français. Nous leur recommandons, en outre, de ne pas négliger de nous avertir lorsque les pièces qu'ils nous envoient ont déjà été publiées.

Nous avons dit que nous compléterions et que nous corrigerions, à l'occasion, notre système orthographique. Pour commencer dès aujourd'hui, il nous paraît utile, après réflexion, d'écrire par *aw* le son composé d'un *a* et d'un *ou* semi-voyelle ; la notation *au*, que nous avions proposée, pourrait faire confusion, par suite de l'habitude que l'on a d'écrire ainsi en français la simple voyelle *o*. On nous fait remarquer aussi que *ai* ou *ay*, pour le son composé d'un *a* et d'un *yod*, n'est pas suffisamment clair, et qu'il vaut mieux mettre un tréma sur l'*i* : *aï*.

— Notre correspondant et collaborateur, M. Haillant, vient d'obtenir une mention au concours des antiquités nationales, pour son *Essai sur un patois vosgien* (Académie des Inscriptions et Belles-Lettres, séance du 24 juin).

Dans le même concours, MM. Lespy et Reymond ont obtenu la

troisième médaille pour leur *Dictionnaire béarnais ancien et moderne.*

— A l'occasion de l'Exposition Nationale de 1887 à Toulouse, M. Julien Sacaze a entrepris de réunir des documents sur les patois actuels de la région pyrénéenne (départements des Pyrénées-Orientales, de l'Aude, de l'Ariège, de la Haute-Garonne, du Gers, des Hautes-Pyrénées, des Basses-Pyrénées et des Landes). A cet effet, il a demandé à tous les instituteurs de la région une liste des noms topographiques de leur commune et une traduction patoise de deux courtes légendes. Nous souhaitons plein succès à cette intéressante entreprise, et nous émettons le vœu qu'on ne se contente pas de réunir les réponses en volumes et de les déposer dans la Bibliothèque publique de la ville de Toulouse, comme l'annonce la circulaire. On pourra trouver assurément dans ces réponses, après classement et triage, la matière d'une publication fort utile.

— *Noms des correspondants qui ont rempli notre premier questionnaire sur les patois de la région lyonnaise, depuis la publication de notre dernier numéro :*

MM. Planche, instituteur à Isieux (Loire), Fèvre, à Marcigny (Saône-et-Loire), Suavet, à Mercury-Gemilly (Savoie), Chanal, à Freycenet-Latour (Haute-Loire), Debize, à Quincié (Rhône), Roman, à Montjoux (Drôme), Drouillot, à Navilly (Saône-et-Loire), Alabrebis, à La Guiche (Saône-et-Loire), Giroud, à Solutré (Saône-et-Loire), Dégouilles, à Sassenay (Saône-et-Loire), Pelletier, à Versonnex (Ain), Charmoillaux, à Frambouhans (Doubs), Morain, à Saint-Vallier (Saône-et-Loire), Gabert, à Charavines (Isère), Brusson, à Chaponnay (Isère), Colin, à Fraize (Vosges), Dérobert, à Frangy (Haute-Savoie), Baux, à Bourg-de-Péage (Drôme), Desprez, à Ornans (Doubs), Tavernier, à La Chaise-Dieu (Haute-Loire), Ferlin, à Saint-Donat (Drôme), Morin, à Chanes (Saône-et-Loire), Méline, à Gérardmer (Vosges), Arnaud de l'Ubac, en retraite à Marseille, Teyssier, à Jaujac (Ardèche), Gallin, à Longchaumois (Jura), Fléchère, à Challex (Ain), Nodon, à Coucouron (Ardèche), Rochaix, à Belley (Ain), Delolme, à Monastier (Haute-Loire), Poirson, à Remicourt (Vosges), Larue, à Neuvy-Grandchamp (Saône-et-Loire), Tournery, à Petit-Albergement (Ain), Vernet, à Aubenas (Ardèche), Robelet, à Thoissey (Ain), Hermand-Giraud, à Villard-Jullien (Isère), Possoz, à Séez (Savoie).

Le gérant : F. VIEWEG.

Laval. — Imp. et stér. E. JAMIN, 41, rue de la Paix.

LE PATOIS DE COLIGNY

ET DE SAINT-AMOUR

GRAMMAIRE ET GLOSSAIRE (1).

Coligny (*Couligna* dans la langue du pays), dont le nom a été illustré par une grande famille de France, est aujourd'hui un chef-lieu de canton du département de l'Ain (arr. de Bourg). Saint-Amour (*Sét Amô*), chef-lieu de canton voisin, appartient au département du Jura et à l'arrondissement de Lons-le-Saulnier. La langue que je me propose d'étudier ici est donc celle de la partie sud-ouest du département du Jura et de la région voisine du département de l'Ain. Je n'ai fait dans ces deux cantons qu'un séjour de courte durée, mais j'ai pu interroger longuement une femme du pays, Clémentine Labranche, qui habite le bourg de Poisoux, canton de Saint-Amour, à quelques kilomètres de Coligny. Ce patois n'a encore fait l'objet d'aucune étude. Monnier seul en a parlé en lui empruntant quelques exemples pour son *Vocabulaire de la langue rustique et populaire du Jura* (*Mélanges sur les langues*, Paris, Delaunay, 1831),

SONS PARTICULIERS AU PATOIS DE COLIGNY ET DE SAINT-AMOUR.

Je dois commencer par quelques explications sur les sons particuliers à notre patois. On trouve d'abord trois consonnes que le français n'a pas : un *r* interdental, qui

(1) La première partie de ce travail (la grammaire) a déjà paru dans la *Romania* (XIV, 549). Nous la réimprimons ici, en modifiant un peu, pour la simplifier, l'orthographe précédemment adoptée. Notre intention est de donner à ceux de nos lecteurs qui ne sont pas des spécialistes, non pas le modèle, mais l'exemple d'un travail que chacun d'eux peut facilement entreprendre sur le patois qu'il connaît.

se prononce du bout de la langue, et deux spirantes
qu'on prononce en blésant.

M. Cornu (*Romania*, VI, 370) a déjà signalé l'existence
d'un *r* interdental dans le patois du Bagnard, et il marque ce son par un point placé sous un *r* ordinaire. Je
n'adopterai aucun signe spécial. Il suffit de savoir que *r*
a toujours ce son, dans notre patois, quand il est isolé
entre deux voyelles. Notre *r* interdental doit se rapprocher aussi du *r* signalé par M. Joret (*Romania*, XII,
593) dans le patois de la Hague occidentale, comme
ayant une tendance à se transformer en spirante, en *th*
doux anglais. En effet, lorsqu'on fait répéter ce son aux
habitants de Coligny, le soin qu'ils mettent à le prononcer aboutit à le transformer en *th* anglais, et je retrouve
dans mes premières notes sur ce patois des futurs que
j'avais écrits « pourte*th*a », par exemple, au lieu de
« pourte*r*a ».

Mais ce sont surtout les deux spirantes « blésantes »
qui peuvent être assimilées au *th* anglais ; l'une a le son
du *th* fort, l'autre celui du *th* doux. Ces deux spirantes
existent aussi dans le patois de Vionnaz (Bas-Valais) (1),
et M. Gilliéron note la première par un *t*, la seconde par
un *d,* en plaçant un point sous chacune de ces lettres.
Comme les sons français les plus voisins sont certainement ceux de *s* dur et de *z* (*s* doux), il me semble préférable de représenter ces deux spirantes par *s* et *z* italiques. Le premier de ces deux sons a été remarqué par M.
Cornu dans le patois de la Gruyère (2), et il le note par
un *c* cédillé ; mais ce signe a l'inconvénient de prêter à
l'équivoque, puisqu'il a en français une autre valeur.

M. Cornu écrit par un *a* surmonté d'un petit *o*, l'*a*
troublé, c'est-à-dire intermédiaire entre *a* et *o*. Je le noterai par un *a* italique.

Quant aux sons de notre patois qui lui sont communs
avec le français, je crois qu'il est naturel de les représenter par les lettres de l'orthographe française, toutes
les fois qu'elles ne peuvent faire confusion. J'emploierai

(1) Bibliothèque de l'Ecole des Hautes-Études, 40ᵉ fascicule.
(2) *Romania*, IV, 199.

donc les signes *ch, qu, eu, ou*, avec leur valeur actuelle en français. Je noterai aussi les voyelles nasales en les faisant suivre d'un *n* ; *an* italique sera l'*a* troublé nasal. Pour représenter l'*è* nasal, je me servirai de la notation *èn*, substituée aux graphies diverses du français *ain, ein, in*.

En principe j'écrirai comme en français l'*e* labial, dit *e* muet ou *e* féminin. Mais dans les cas où cette notation pourrait ne pas être claire, particulièrement quand l'*e* labial est tonique, il sera surmonté d'un trêma : *ë*.

Il convient aussi d'adopter un signe unique pour les différentes consonnes mouillées. Ce sera un petit *y* placé en haut et à droite de la consonne : *lʸ, nʸ, kʸ, tʸ*.

J'emploierai l'accent circonflexe avec la valeur qu'il a en français dans *pâte, tête, côte*.

Enfin je mettrai entre parenthèses les lettres qu'on n'entend que dans les liaisons, comme *s* de l'article *lé* (*s*). Il importe de faire remarquer que *s* final a deux valeurs dans les liaisons, celle d'un *z* ou d'un *s* doux, comme en français, et celle d'un *j*. Il a la première valeur quand le mot suivant commence par *é, i, u, eu*, et la seconde devant *a, o, ou, on, èn*. On prononce *vou-j-ate* (vous avez), et *vou-z-éte* (vous êtes) ; *lé-j-oumou* (les hommes), et *lé-z-écla* (les éclairs), etc.

Bien entendu, les lettres italiques n'ont la valeur particulière indiquée plus haut que lorsqu'elles se trouvent dans un mot dont les autres lettres sont en romain.

I. — FORMES DE LA DÉCLINAISON.

L'ARTICLE.

L'article défini offre les formes suivantes :

Masculin.

Singulier   lou, l' *(devant voyelle)*.
Pluriel   lé(s).

Féminin.

Singulier   la, l' *(devant voyelle)*.
Pluriel   lë(s).

Les articles contractes sont : *du* (français *du*), *u* (français *au*), pour le singulier, *dé*(*s*) et *é*(*s*) pour le pluriel.

Les formes contractes du pluriel ne servent pas, comme en français, pour le féminin. On dit *de lë majon* (des maisons), et non *dé majon*.

L'article indéfini masculin est *on* devant les consonnes, *on* ou *n'* devant les voyelles. Le féminin est *ena* ou *na*, avec *a* troublé. Exemples : *on ami*, ou *n'ami* (un ami), *na majon* (une maison), *é 't ena fëna* (c'est une femme).

LES NOMS ET ADJECTIFS.

Pour les noms masculins et pour les féminins qui ne se terminent pas par un *a* atone, le pluriel est identique au singulier ; il n'y a pas trace de *s*, même dans les liaisons.

Les substantifs féminins qui se terminent au singulier par un *a* atone ont un *e* au pluriel : *lë*(*s*) *fëne* (les femmes).

Dans les adjectifs, la voyelle atone qui correspond au français *e* est *ou* au masculin des deux nombres, *a* au féminin singulier, *e* au féminin pluriel : *égrou* (aigre, masc. sing.; aigres, masc. plur.); *égra* (aigre, fém. sing.), *égre* (aigres, fém. plur.).

ADJECTIFS DÉMONSTRATIFS.

Masculin.

Singulier   cheu, ch'l (*devant voyelle*).
              cheli.
Pluriel   cé(s).

Féminin.

Singulier   chela.
Pluriel   chelë(s).

On emploie aussi l'adjectif démonstratif *sti*, qui dérive évidemment par *ceti*, de *cesti*, *cestui*, forme connue en vieux français. Mais ce démonstratif ne s'est conservé que dans certaines locutions : *sti oui* (aujourd'hui), *sti matèn* (ce matin), *sti châ* (ce soir), *st'eié* (cette année), *st'eié pôchô* (cette année passée, l'année dernière).

PRONOMS DÉMONSTRATIFS.

Masculin.

Singulier	cheuk^{y}e, celui, celui-ci.
	cheuk^{y}e -k^{y}ë, celui ci.
	cheulà, celui-là.
Pluriel	cék^{y}e, ceux, ceux-ci.
	cék^{y}e -k^{y}ë, ceux-ci.
	cëlà, ceux-là.

Féminin.

Singulier	lak^{y}e, celle, celle-ci.
	lak^{y}e -k^{y}ë, celle-ci.
	lak^{y}elà, celle-là.
Pluriel	lëzik^{y}e, celles, celles-ci.
	lëzilà, celles-là.

Le pronom neutre *ch'* correspondant au français « ce », ne s'emploie que devant le relatif : *ch' que vous dëte* « ce que vous dites ». Partout ailleurs il est remplacé par la forme neutre du pronon personnel (voyez ci-dessous).

Au français « ceci » correspond : « *cèk^{y}e.* »

— « cela » — « *cëlà.* »

ADJECTIFS POSSESSIFS.

Masculin.

Singulier	mon, mën *(devant voyelle).*
Pluriel	mè(s).

Féminin.

Singulier	ma.
Pluriel	më(s).

Les mêmes flexions de genre et de nombre s'appli-quent aux adjectifs *ton, chon, neutron, veutron* (ton, son, notre, votre).

jô (des deux genres) = leur   *jô(s)* ou *jô* = leurs.

PRONOMS POSSESSIFS.

Masculin.

Singulier　lou mènnou.
Pluriel　　lè mènnou.

Féminin.

Singulier　la mènna.
Pluriel　　lè mènne.

Les mêmes flexions de genre et de nombre s'appliquent aux pronoms *lou tènnou, lou chènnou, lou neutrou, lou veutrou.*

Dans le pronom *lou jô* (le leur), l'article seul prend les flexions.

PRONOMS RELATIFS.

Que « qui, que », masculin, féminin et neutre.
Don « dont ».

PRONOMS INTERROGATIFS.

Cui « qui ? ».
Par exemple, quand on dit : « *I 't arevô. — Cui ?* », c'est-à-dire : « Il est arrivé. — Qui ? » Mais quand il n'y a pas ellipse du verbe, on dit toujours : *Cui 't eu que,* « Qui est-ce qui *ou* que », et *Que't eu que,* « Qu'est-ce qui *ou* que ? » On dit aussi en abrégeant la formule : '*T eu que.*
Quâ « quoi ».

PRONOMS PERSONNELS.

Première personne.

Singulier　ze (*je*).
　　　　　　me.
　　　　　　mâ (*moi*).
Pluriel　　nou(s)

Deuxième personne.

Singulier te (*tu*).
te.
tâ (*toi*).
Pluriel vou(s).

Troisième personne (réfléchie).

che (*se*).
châ (*soi*).

Troisième personne (non réfléchie).

Masculin.

Singulier I (*il*) *devant consonne*, 'l *devant voyelle*
Li (*lui*) *datif*.
Lou (*le, lui datif*).
Lui (*lui, après les prépositions*).
Pluriel I (*ils*) *devant consonne*, 'l *devant voyelle*.
Lé(s) (*les, leur*).
Lèzi (*leur*).
Jô (*eux*).

Féminin.

Singulier le (*elle*).
li (*lui*).
la (*la, lui datif*).
l'à elle, *après les prépositions*).
Pluriel le, l' (*elles*).
lè(s) (*les, leur*).
lèzi (*leur*).
joule (*elles, après les prépositions*).

Neutre.

é (devant consonne), *éy* (devant voyelle), équivaut
à *il* neutre et à *le* neutre.
eu (*il* neutre) après le verbe.

J'ai déjà signalé ces formes dans la *Romania* (XII,
352).

Le verbe « être », à la troisième personne du singulier de l'indicatif présent, se supprime devant les mots

commençant par une consonne. On dira donc, sans exprimer le verbe : *i bon* (il bon) = il est bon ; *le buna* (elle bonne) = elle est bonne.

Devant les mots commençant par une voyelle, la même personne du verbe « être » se réduit à *'t*. On dira donc : *i 't éreu* = il est heureux ; *le 't éreuja* = elle est heureuse.

II. — FORMES DE LA CONJUGAISON.

INFINITIF.

Il y a cinq terminaisons d'infinitif.

Au suffixe latin are correspond la terminaison é

			ou ë
—	êre	—	â
—	ere	—	re (1)
—	ire	—	i

La terminaison ordinaire, pour les verbes de la conjugaison latine en are est *é*. En effet, dans notre patois, à l'*a* tonique latin suivi d'un *r* correspond le son *é* (*pére* = patrem), tandis que l'*a* tonique suivi d'une autre consonne est devenue *ó* : *pourtó* = portatum, *bantó* = bonitatem. En se rapprochant de Bourg, dans le canton de Treffort, on trouve un traitement uniforme pour ces deux catégories d'*a* : *póre* = patrem, *pourtó* = portatum *et* portare. — Quant au suffixe *ë* (e labial tonique), on le rencontre après l'*y*, après les consonnes mouillées et les chuintantes, et dans *terë* (tirer) :

ad^yë	(*aider*).	sarzë	(*charger*).
eul^yë	(*ouiller*)	mëzë	(*manger*).
acoursë	(*accrocher*).	vëzë	(*venger*).

PARTICIPE PRÉSENT ET GÉRONDIF.

Le participe présent de toutes les conjugaisons est en *é*. Car, dans la phonétique de notre patois, l'*a* suivi de deux consonnes dont la première est un *n*, se change en *é* : *gré*, latin grandem. Le participe présent est

(1) *Prendre* et ses composés font à l'infinitif : *prédq*.

donc identique à l'infinitif dans la conjugaison en *é*, et les verbes en *a* et en *i* substituent un *é* à ces deux suffixes. Cet *é* est précédé de la syllabe « *as* » (latin *isc*, français *iss*) dans les verbes inchoatifs : *nuri* (nourrir) fait « nurasé ». Toutefois plusieurs de ces verbes n'ont pas la syllabe inchoative au participe présent : *choufri* (souffrir) et *parti* (partir), qui sont inchoatifs dans notre patois, font, au participe présent, *choufré* et *parté*. Les verbes *veni* (venir) et *teni* (tenir) ont le participe présent en *yé* : *venyé, tenyé*. Le verbe *vâ* (voir) fait au participe présent : *vayé*. Quant aux verbes en *re*, il y a, entre leurs infinitifs et leurs participes présents, des différences très variées, qui résultent du déplacement de l'accent.

En voici quelques exemples :

Infinitif.		Participe présent.	
rédre	(*rendre*).	rédé	(*rendant*).
prède	(*prendre*).	prenyé	(*prenant*).
bâre	(*boire*),	buvé, beuvé	(*buvant*).
crâre	(*croire*).	crayé	(*croyant*).
lire	(*lire*).	leyé	(*lisant*).
rire	(*rire*).	reyé	(*riant*).
vivre	(*vivre*).	vivé	(*vivant*).
meudre	(*mordre*).	mourdé	(*mordant*).
dère	(*dire*).	deyé *ou* dizé	(*disant*).

Le féminin du participe présent est en *éta* : « riante » se dit *reyéta*.

Au lieu du gérondif (dont la forme se confond avec celle du participe présent) on emploie souvent l'infinitif. On dit : *é veni* (en venir) aussi bien que : *é venyé* (en venant).

PARTICIPE PASSÉ.

Le participe passé des verbes en *é* est en *ô*, et celui des verbes en *ë*, en *â* :

trouvé (*trouver*) fait trouvô (*trouvé*).
pourté (*porter*) fait pourtô.
afroumé (*affermer*) fait afroumô.
arevé (*arriver*) fait arevô, *etc.*

D'autre part :

> mézĕ (*manger*) *fait* mézâ.
> eul^yĕ (*ouiller*) *fait* eul^yâ.
> drechĕ (*dresser*) *fait* drechâ.
> apoursĕ (*approcher*) *fait* apoursâ.
> apouyĕ (*appuyer*) *fait* apouyâ.
> arasĕ (*arracher*) *fait* arasâ, etc.

Les verbes de la conjugaison en *i* ont le plus souvent le participe passé semblable à l'infinitif : *nuri* (nourrir et nourri). Mais plusieurs ont le participe en *u* :

> couri, *comme « courir » en français, fait* couru.
> crevi (*couvrir*) *fait* crevu (*et aussi* crevi).
> chènti (*sentir*) *fait* chèntu.
> chourti (*sortir*) *fait* chourtu, seurtu, (*et aussi* chourti, seurti).

Le participe de *muri* (mourir) est *meu*, féminin *meurta*. = *Uvri* (ouvrir) a deux participes : *uvri* et *uvwa*, fém. *uvwarta* : ce dernier ne s'emploie pas dans les temps composés.

Les verbes en *â* (= oir) ont le participe en *u* : *voulâ* fait *voulu*. Dans la plupart de ces participes, la consonne finale du radical est tombée, et la voyelle radicale s'est contractée avec la flexion :

> pouvâ (*pouvoir*) *fait* pu (*on dit aussi* poui).
> chavâ (*savoir*) *fait* su.
> devâ (*devoir*) *fait* d^yu.
> vâ (*voir*) *fait* yu.

Plusieurs verbes en *re* ont aussi le participe passé en *u* :

> meudre (*mordre*) *fait* mourdu.
> tondre *fait* tondu.
> vivre *fait* vecù.
> bàre (*boire*) *fait* byu.
> coun^yâtre (*connaître*) *fait* coun^yu.
> crâre (*croire*) *fait* cru.

Le participe passé des verbes en *re* a dans notre patois, comme en français, dés terminaisons très variées :

    dëre (*dire*) *fait* dë.
    fère (*faire*) *fait* fa.
    prède (*prendre*) *fait* pri.
    rire *fait* ri.
    plère (*plaire*) *fait* plë.

Les participes passés sont invariables ; ils n'ont aucune flexion de genre ni de nombre, les liaisons n'en révèlent même aucune trace. Cependant quelques participes forts ont un féminin : *dë* (dit) *fait* *dëta*, *pri* (pris) *fait* *prija*. Ces féminins ont des pluriels en *ë*.

INDICATIF PRÉSENT

A part les auxiliaires *être* (être) et *avâ* (avoir), et quelques verbes irréguliers comme *fère* (faire), *alé* (aller), *chavâ* (savoir), *voulâ* (vouloir), la première personne de l'indicatif présent se termine toujours par un *ou* atone.

    ze peurtou   (*je porte*).   ze vayou   (*je vois*).
    ze bâvou   (*je bois*).   ze chëntou (*je sens*).

Aux deux autres personnes du singulier de l'indicatif présent, les verbes en *re*, ceux en *â*, et les verbes inchoatifs en *i* n'ont pas d'atone après l'accent. Mais plusieurs des verbes en *i* non inchoatifs ont ces deux personnes terminées par un *e* atone. Ce sont, comme en français, *crevi* (couvrir), *eufri* (offrir), *uvri* (ouvrir), etc., et aussi quelques autres qui n'ont pas d'*e* atone en français, comme *dremi* (dormir), qui fait :

    te drëme (*tu dors*).
    i drëme (*il dort*).

Les verbes de la conjugaison en *é* ont toujours l'atone, comme en français ; ainsi *pourté* (porter) *fait te peurte*, etc.

Le *s* et le *t* qui caractérisent en latin les deux dernières personnes du singulier sont complètement tombés, et on ne les entend plus, même dans les liaisons. Toutefois, dans les locutions interrogatives où le prénom suit le verbe; on trouve, comme en français, un *t* à la troisième personne : *pré t-i* (prend-il ?). — *Ame-t-i* (aime-t-il ?).

La voyelle du radical du verbe, telle qu'on la trouve à l'infinitif, est quelquefois modifiée, comme en français et pour les mêmes causes, à l'indicatif présent. Ainsi :

> Pouvâ (*pouvoir*) *fait ze* peuvou.
> Devâ (*devoir*) *fait ze* dâvou.
> Voulâ (*vouloir*) *fait ze* vu.

Cette catégorie comprend dans notre patois des verbes qui, en français, ont aujourd'hui ou ont toujours eu la même voyelle dans toutes leurs formes :

> Trouvé *fait ze* treuvou.
> Chourti (*sortir*) *fait ze* seurtou.
> Pourté (*porter*) *fait ze* peurtou.

Veni et *teni* ont la voyelle du radical de l'infinitif à la première personne de l'indicatif présent, mais la changent aux deux autres : « *ze venʸou, te vèn, i vèn.* »

En français, dans les verbes de ce genre, l'accent, aux deux premières personnes du pluriel, se transportant sur la désinence, la voyelle de l'infinitif reparaît au radical : *devoir* et *nous devons*. Dans l'état actuel de notre patois, l'accent reste sur la même syllabe à toutes les personnes, et le verbe *peurté* (porter) fait au pluriel de l'indicatif présent : *nous peurtèn, vous peurtô* avec l'accent tonique sur *eu*. On dit bien aussi *pourtèn, pourtô* (moins que *peurtèn, peurtô*) mais avec l'accent sur le radical. *Devâ* (devoir) fait : *nous dâvèn, vous dâte*, avec l'accent sur *â* (1). Dans les verbes *veni* et *teni*, qui ne perdent pas la voyelle de l'infinitif à la première personne, cette voyelle se retrouve au pluriel, mais *tonique* aussi : « *ze venʸou, te vèn, nous venʸèn.* »

Quelquefois la voyelle de l'infinitif est modifiée pour différentes causes à la première personne du singulier, et se retrouve aux deux autres personnes :

______

(1) *Devèn* et *devô*, avec l'accent sur la flexion, existent aussi, mais sont les formes régulières du pluriel de l'imparfait. Cette observation ne s'applique pas à *pourté*, dont l'imparfait est en *ôva*.

rire *fait* te ri, i ri, *et* ze reyou.
crèndre *fait* te crèn, i crèn *et* ze crèn^you.
lire *fait* te li, i li, *et* ze leyou.
préde (*prendre*) *fait* te pré, i pré *et* ze pren^you.

C'est le contraire pour *dëre* (dire), qui fait « ze deyou », et « te di, i di. »

Dans tous ces verbes on a au pluriel la voyelle de la première personne du singulier.

Aux terminaisons *ons* (ou *ions*) et *ent* des premières et troisièmes personnes du pluriel, qu'on retrouve dans presque tous les temps du français, correspondent des terminaisons en « èn » (1) et « *an* » atones : « nous peurtèn (*nous portons*), i peurt*an* (*ils portent*) », avec l'accent sur le radical. Au subjonctif, présent et imparfait, on dit : *que nous peurtèn, que nous pourtichèn*, toujours avec l'accent sur le radical.

La deuxième personne du pluriel se termine généralement en *ó* dans les temps de notre patois (*ó* aussi, et non *ió*, au subjonctif). Mais il y a des distinctions à faire pour plusieurs temps : nous en parlerons à propos de chacun d'eux. A l'indicatif présent la deuxième personne du pluriel est en *ó* (atone) pour les verbes de la conjugaison en *é* :

vous peurtó   (*vous portez*).   vous treuvó   (*vous trouvez*)

Les verbes en *i* non inchoatifs font *i* (latin *itis*) : cet *i* est aujourd'hui atone.

vous drëmi	(*vous dormez*).	vous mèti	(*vous mentez*).
vous crëvi	(*vous couvrez*).	vous couri	(*vous courez*).
vous vëni	(*vous venez*),	vous tëni	(*vous tenez*).
vous eufri	(*vous offrez*).	vous uvri	(*vous ouvrez*).
vous chènti	(*vous sentez*).	vous chourti, scurti	(*vous sortez*).

Plusieurs verbes en *re* et un en *â* (*voulâ*) ont aussi la deuxième personne du pluriel en *i* :

(1) La première personne du pluriel est très peu employée. On la remplace généralement par la troisième personne du singulier précédée de *on*.

vous véli	(*vous voulez*).	vous prêni	(*vous prenez*).
vous rédi	(*vous rendez*).	vous défèdi	(*vous défendez*).
vous tondi	(*vous tondez*).	vous crêni	(*vous craignez*).
vous meurdi[1]	(*vous mordez*).		
— mourdi	—		

Beaucoup de verbes en *re* et en *â* ont la deuxième personne du pluriel en *te* (latin *itis* par *i* bref, français *dites*, *faites*) :

vous fête	(*vous faites*).	vous dête	(*vous dites*).
vous rite	(*vous riez*),	vous vite	(*vous vivez*).
vous plête	(*vous plaisez*).	vous conduite	(*vous conduisez*).
vous bâte	(*vous buvez*).	vous lite	(*vous lisez*).
vous crâte	(*vous croyez*).	vous coun^yâte	(*vous connaissez*)
vous âte	(*vons avez*).	vous vâte	(*vous voyez*).
vous dâte	(*vous devez*).	vous peute	(*vous pouvez*).
vous chôte	(*vous savez*).		

Enfin tous les verbes à flexion inchoative, qui ont les premières personnes de l'indicatif présent en -âsou, -â, -â, (français *is*), ont la deuxième personne du pluriel en *âte* :

vous nurâte (*vous nourrissez*), vous botâte (*vous bâtissez*). On dit aussi, mais moins : vous nurasô *ou* nurasi.

Plusieurs verbes ont l'indicatif présent irrégulier : *avâ* (avoir), *être* (être), *fére* (faire), *chavâ* (savoir), *voulâ* (vouloir), *pouvâ* (pouvoir), *alé* (aller). On trouvera plus loin la conjugaison complète d'*avâ* et d'*être*. Je donne ici l'indicatif présent des autres verbes dont je viens de parler :

ze	feu	(*je fais*).	ze	veu	(*je vais*).
te	fò	(*tu fais*).	te	vò	(*tu vas*).
i	fa	(*il fait*).	i	va	(*il va*).
nous	fèn	(*nous faisons*).	nous	alèn	(*nous allons*).
vous	fête	(*vous faites*).	vous	alô	(*vous allez*).
i	fan	(*ils font*).	i	van	(*ils vont*).

____

(1) Quelques-uns de ces verbes s'emploient parfois avec la flexion *ò* : *vous velô, vous meurdô.*

ze	châ	(je sais).	ze	vu	(je veux).
te	chô	(tu sais).	te	vu	(tu veux).
i	chô, châ	(il sait).	i	vu	(il veut).
nous	chavèn	(nous savons.)	nous	vël^{y}èn	(nous voulons).
—	chôvèn	—	vous	vëli	(vous voulez).
vous	chôte	(vous savez).	i	vël^{y}an	(ils veulent).
i	chôvan	(ils savent).			

ze	peuvou	(je peux).
te	peu	(tu peux).
i	peu	(il peut).
nous	peuvèn	(nous pouvons).
vous	peute	(vous pouvez).
i	peuvan	(ils peuvent).

L'accent tonique est sur le radical à toutes les personnes.

PRÉSENT DU SUBJONCTIF.

La seule personne du présent du subjonctif qui se distingue nettement du présent de l'indicatif est la première. L'atone caractéristique de cette personne est *ou* à l'indicatif, *a* au subjonctif : *ze peurtou* et *que ze peurta.*

La deuxième personne du pluriel diffère aussi, en principe, dans les deux modes. Mais on se sert ordinairement de la forme de l'indicatif, quand celle-ci n'est pas en *-te*. Les formes propres du subjonctif sont : *a* (latin *étis*) pour les verbes en *é*, *-ô* (latin *atis*) pour les autres : *que vous treûva* (que vous trouviez), *que vous seurtô* (que vous sortiez). On applique souvent, par confusion, aux verbes qui n'ont pas l'infinitif en *é* la terminaison *a* : *que vous vivâ*, au lieu de *que vous vivô.*

Les verbes qui n'ont pas l'atone *e* aux deux dernières personnes du singulier de l'indicatif présent la prennent au subjonctif : *i ré* (il rend) et *qu'i réde* (qu'il rende).

Les verbes qui sont irréguliers à l'indicatif présent sont aussi irréguliers (quant au radical) au présent du subjonctif :

Infinitif.	*Indicatif.*	*Subjonctif.*
Fére.	ze feu.	ze facha.
Alé.	veu.	ala.
Voulâ.	vu.	vël^{y}a.
Pouvâ.	peuvou.	puicha.
Chavâ.	châ.	chacha.

IMPARFAIT DE L'INDICATIF.

Il y a trois formes d'imparfait. Les verbes en *é* ont l'imparfait en *ôva* (latin *abam*), ceux en *i* et une partie de ceux eu *re* l'ont en *iva* (latin *ibam*), ceux en *â* et une partie de ceux en *re* l'ont en *â* (latin *ebam*). Exemples :

pourtôva	(*portais*).	mézôva	(*mangeais*).	ad^yôva	(*aidais*).
trouvôva	(*trouvais*).	alôva	(*allais*).		

teniva	(*tenais*),	veniva	(*venais*)	nuriva	(*nourrissais*).
couriva	(*courais*).	creviva	(*couvrais*).	dremiva	(*dormais*).
métiva	(*mentais*)	muriva	(*mourais*).	eûfriva	(*offrais*).
uvriva	(*ouvrais*).	partiva	(*partais*).	chèntiva	(*sentais*).
chourtiva	(*sortais*.	choufriva	(*souffrais*).	bléciva	(*blanchissais*).
bôtiva	(*bâtissais*).	sufriva	—		
preniva	(*prenais*).	rédiva	(*rendais*).	dèfèdiva	(*défendais*).
vequiva	(*vivais*).	tondiva	(*tondais*).	creniva	(*craignais*).
mourdiva	(*mordais*).				

avâ	(*avais*)	vajâ	(*voyais*).	devâ	(*devais*).
pouvâ	(*pouvais*).	chavâ	(*savais*).	vul^yâ	(*voulais*).
				vel^yâ	—

crajâ	(*croyais*).	lijâ	(*lisais*).	beuvâ	(*buvais*).
conduijâ	(*conduisais*).	cougnasâ	(*connaissais*).	pléjâ	(*plaisais*).
dijâ	(*disais*).	fajâ	(*faisais*).		

On voit, d'après cette liste, que l'imparfait en *iva* empiéte sur l'imparfait en *â*, puisque beaucoup de verbes qui, en latin, avaient la flexion *ebam* prennent la terminaison *iva*, tandis qu'aucun de ceux qui avaient *ibam* ne prend *â*.

Les flexions de personnes sont les mêmes pour les trois terminaisons de l'imparfait :

> Singulier 1re *â*.   Pluriel 1re *èn*.
> 2° *e*.   2° *ó*.
> 3° *e*.   3° *an* (par *a* troublé).

Dans les imparfaits en *iva* et en *ôva*, ces flexions sont atones ; elles sont toniques dans les imparfaits en *â*.

PRÉTÉRIT

La grande majorité des verbes a le prétérit en *i* ; quelques-uns l'ont en *u*. Les uns et les autres ont les trois personnes du singulier semblables entre elles. Les personnes du pluriel sont :

> 1ʳᵉ *irèn* ou *urèn*.
> 2ᵉ *irô* ou *urô*.
> 3ᵉ *iron* ou *uron*.

A la 2ᵉ personne, à côté de *irô* et *urô* on trouve aussi les flexions *ite* et *ute*. Les formes telles que *irèn* et *irô* sont le résultat d'une double analogie : 1º avec la 3ᵉ personne du même temps, *iron*, 2º avec les 1ʳᵉˢ et 2ᵉˢ personnes du pluriel de tous les autres temps. Le dialecte bourguignon, d'après Mignard (p. 173, 175, 179) fait *ure*, *ire*, aux trois personnes du pluriel.

Tous les verbes de la conjugaison en *é* et de la conjugaison en *i* ont le prétérit en *i* :

pourti	(*portai*).	ali	(*alai*).	trouvi	(*trouvai*).
mézi	(*mangeai*).				

chènti	(*sentis*).	parti	(*partis*).	crevi	(*couvris*).
mèti	(*mentis*).	couri	(*courus*).	muri	(*mourus*).
choufri	(*souffris*).	chourti	(*sortis*).		

Ces derniers verbes ont le prétérit singulier semblable à l'infinitif. Il n'en est pas de même de *teni* et de *veni*, qui font *tènci* et *vènci*, formes dérivées de 2ᵉˢ personnes latines telles que *tensisti, vensisti*.

Plusieurs verbes en *â* ou en *re* ont aussi le prétérit en *i*. Quelques-uns ajoutent simplement un *i* au radical : *défédi* (je défendis), *rédi* (je rendis), *tondi* (je tondis), *mourdi* (je mordis). Quelques autres ont des formes fortes : *pri* (je pris), *fi* (je fis). Enfin plusieurs de ces prétérits dérivent soit directement, soit par analogie, de secondes personnes latines en *sisti* (comme *conduisis* en français) : *deci* (je dis), *leci* (je lus), *puici* (je pus), *veci* (je voulus), *conduici* (je conduisis), *pléci* (je plus), *crènci* (je craignis), *reci* (je ris). Ajoutez *vequi* (je vécus).

La plupart des verbes en *â* et quelques-uns en *re* ont le prétérit en *u* :

u = eus	*yu* = vis (de *voir*)	*dʸu* = dus	*su* = sus
cru = crus	*byu* = bus	*counʸu* = connus	

IMPARFAIT DU SUBJONCTIF.

L'imparfait du subjonctif est terminé en *icha* : « Que ze pourticha » (*que je portasse*). Les flexions de personnes, toujours atones, sont *a*, *e*, *e* pour le singulier, *èn*, *ô*, *an* par *a* troublé, pour le pluriel.

IMPÉRATIF.

La 2ᵉ personne sing. de l'impératif est généralement semblable à la 2ᵉ et à la 3ᵉ personne sing. de l'indicatif présent, ou à la 3ᵉ, quand celle-ci diffère de la 2ᵉ : *Te* ou *i pré* (tu prends ou il prend), *pré* (prends). — *Te* ou *i treûve* (tu trouves ou il trouve), *treûve* (trouve). — *Te* ou *i nurâ* (tu nourris ou il nourrit), *nurâ* (nourris). — *I vâ* (il va), *vâ* (va).

Les verbes en *i* qui ont un *e* atone aux deux dernières personnes du singulier font l'impératif en *a* : *drëma* (dors), *crëva* (couvre), *eûfra* (offre). Pour ce dernier verbe, il semble qu'on dise aussi *eûfre*.

La 1ʳᵉ et la 2ᵉ personne du pluriel sont semblables aux mêmes personnes de l'indicatif, et accentuées comme elles sur le radical. Toutefois, quand elles sont suivies d'un pronom personnel régime, l'accent reprend la place qu'il occupait jadis régulièrement sur la désinence. On dit : *amô veûtron pére* (aimez votre père), avec l'accent tonique sur *a* de *amô*, mais : *amô me* ou *amô lou* (aimez-moi ou aimez le) avec l'accent tonique sur *ô*. Dans ce cas, si le verbe n'a pas la même voyelle radicale à l'infinitif et à l'indicatif présent, l'impératif prend la voyelle de l'infinitif ; on dit : *peurtô* (portez), mais : *pourtô me* (portez-moi).

Exceptions aux règles ci-dessus : *voulâ*, *chavâ*, *avâ*, *être*, empruntent les formes de l'impératif au subjonctif et non à l'indicatif. Nous donnerons plus loin la conjugaison complète des deux auxiliaires. Voici l'impératif de *voulâ* et de *chavâ* :

Singulier	*vel^ye* ou *vulye*,	*châcha*.
Pluriel	*vel^yèn* ou *vul^yèn*,	*châchèn*.
	veli ou *vuli*,	*châchô*.

L'accent tonique est sur le radical à toutes les personnes.

FUTUR ET CONDITIONNEL.

Le futur et le conditionnel ont les mêmes flexions pour les trois personnes du pluriel : « èn, ô, an », — « *Nous pourterèn* » signifie à la fois « nous porterons » et « nous porterions ». Au singulier le futur fait « ë, é, *a* », et le conditionnel « â, ë, ë. » Dans toutes ces formes l'accent est sur la dernière syllabe :

ze pourterë	(*je porterai*).	ze pourterâ	(*je porterais*).
te pourterë	(*tu porteras*).	te pourterë	(*tu porterais*).
i pourtera	(*il portera*).	i pourterë	(*il porterait*).

Dans les verbes en *é*, les futurs sont en *erë* ; *trouvé, trouverë* ; dans ceux en *re*, ils sont en *rë* : *dëre* (dire) fait *derë*, *rédre* (rendre) fait *rédrë*, *plére* (plaire) fait *plérë*, *lire* (lire) fait *lirë*, *préde* (pour *prédre*, prendre) fait *prédë*, etc. La voyelle du radical change quelquefois au futur : *bare* (boire) fait *berë* ; *fére* (faire), *farë* ; *meûdre* (mordre), *moudrë*. Dans les verbes en *i* non inchoatifs la terminaison est en *erë* ou *rë* : *uvri* (ouvrir), *uvrerë* ; *crevi* (couvrir), *creverë* ; *dremi* (dormir), *dremerë* ; *méti* (mentir), *méterë* ; *chourti* (sortir), *choutrë* (1) ; *chènti* (sentir), *chèntrë*. Les verbes inchoatifs ont le futur en *atrë* : *nuri* (nourrir) fait *nuratrë*. La flexion *atrë* dérive du latin *iscerabeo*, et le *t* s'explique, comme celui du français *connaître* (*cougnatre* dans notre patois), par le groupe de consonnes *sr* : un *t* s'est introduit entre ces consonnes pour faciliter la prononciation, plus tard *s* est tombé et le *t* est resté. Les verbes *teni* et *veni* ont, comme en français, un futur irrégulier où apparaît un *d* de même origine que le *t* de *nuratrë* : *tèndrë*, *vèndrë*. *Couri*, pour lequel on a aussi l'infinitif *coure*, fait au futur *courë*. — Les verbes en *â* ont une terminaison en *rë* : *devâ* (devoir) fait *devrë*,

(1) Ici *r* du radical est tombé devant *tr*.

vâ (voir) fait *verë*. *Pouvâ* (pouvoir), *chavâ* (savoir), *avâ* (avoir), perdent le *v* au futur : *pourë, charë, arë*. *Voulâ* (vouloir) fait *vedrë*.

Nous donnons ci-après la conjugaison complète des auxilaires *avâ* et *être*, et de cinq verbes représentant les différentes formes de la conjugaison ordinaire.

Verbe *avâ* (avoir).

Participe présent et gérondif.		*Participe passé.*
ayè		ayu.

Indicatif présent.		*Imparfait.*		*Prétérit.*	
z'	a	z'	avâ	z'	u
t'	ò	t'	avë	t'	u
'l	a	'l	avë	'l	u
nouj	èn	nouj	avèn	nouz	urèn
vouj	âte	vouj	avò	vouz	urò, ute
'l	an	'l	avan	'l	uran.

Présent du subjonctif.		*Imparfait.*		*Impératif.*	
Que z'	acha, aya	Que z'	ucha		
Que t'	achc, aye	Que t'	uche	acha,	aya
Que 'l	ache, aye	Que 'l	uche		
Que nouj	achèn, ayèn	Que nouz	uchèn	achèn,	ayèn
Que vouj	achò, ayò	Que vouz	uchò	achò,	ayò
—	acha	—			
Que 'l	achan ayan	Que 'l	uchan.		

Futur.		*Conditionnel.*	
z'	arë	z'	arû
t'	arè	t'	arë
'l	ara	'l	arè
nouj	arèn	nouj	arèn
vouj	arò	vouj	arò
'l	aran	'l	aran

Verbe *être* (être).

Participe présent et gérondif.		*Participe passé.*
ètè		ètò

Indicatif présent.		*Imparfait.*		*Prétérit.*		
zc	si	z'	èra	zc	fu,	fi
t'	é	t'	èrc	te	fu,	fi

i 't	'l ére	i fu, fi
nou chèn	nouz érèn	nou furèn, firèn
vouz éte	vouz érô	vou furô, firô
		— fute, fite
ı chan	'l éran	i furan, firan.

Subjonctif présent.	Imparfait.	Impératif.
Que ze chaya	Que ze fucha, ficha	
Que te chaye	Que te fuche, fiche	chaya
Qu' i chaye	Qu' i fuche, fiche	
Que nou chayèn	Que nou fuchèn, fichèn	chayèn
Que vou chayô	Que vou fuchô, fichô	chayô
— chaya		
Qu' i chayan	Qu' i fuchan, fichan	

Futur.
ze serë

Conditionnel.
ze serâ

Ce verbe, aux temps composés, se conjugue avec lui-même ou avec *avâ*.

Verbe « sété » (*chanter*).

| Participe présent et gérondif. | Participe passé. |
| sété | sétô |

N.-B. — Il y a des verbes de cette conjugaison qui ont l'infinitif en *ë*, et le participe passé en *â*.

Indicatif présent.	Imparfait.	Prétérit.
ze sétou	ze sétôva	ze séti
te séte	te sétove	te séti
i séte	i sétôve	i séti
nou sétèn	nou sétôvèn	nou sétirèn
vou sétô	vou sétôvô	vou sétirô, sétite
i sétan	i sétôvan	i sétiran.

Subjonctif présent.	Imparfait.	Impératif.
Que ze sétâ	Que ze séticha	
Que te séte	Que te sétiche	séte
Qu' i séte	Qu' i séticho	
Que nou sétèn	Que nou sétichèn	sétèn
Que vou séta, sétô	Que vou sétichô	sétô
Qu' i sétan	Qu' i sétichan	

Futur.
ze séterë

Conditionnel
ze séterâ

Verbe *rédre* (rendre).

Participe présent et gérondif.	Participe passé.
rédé	rédu

Indicatif présent.		Imparfait.		Prétérit.	
ze	rédou	ze	rédiva	ze	rédi [1]
te	réa	te	rédive	te	rédi
i	rè	i	rédive	i	rédi
nou	rédèn	nou	rédivèn	nou	rédirèn
vou	rédi	vou	rédivô	vou	rédirô, rédité
i	rédan	i	rédivan	i	rédiran

Présent du subjonctif.		Imparfait.		Impératif.
Que ze	réda	Que ze	rédicha	
Que te	réde	Que te	rédiche	ré
Qu' i	réde	Qu' i	rédiche	
Que nou	rédèn	Que nou	rédichèn	rédèn
Que vou	rédô, réda	Que vou	rédichô	rédi
Qu' i	rédan	Qu' i	rédichan	

Futur.	Conditionnel.
ze rédrè	ze rédrâ

Verbe *devâ* (devoir).

Participe présent et gérondif.	Participe passé.
devé	$d^y u$

Indicatif présent.		Imparfait.		Prétérit.	
ze	dâvou	ze	devâ	ze	$d^y u$
te	dâ	te	deve	te	$d^y u$
i	dâ	i	deve	i	$d^y u$
nou	dâvèn	nou	devèn	nou	$d^y u$rèn
vou	dâte	vou	devô	vou	$d^y u$rô, $d^y u$te
i	dâvan	i	devan	i	$d^y u$ran

(1) Quelques verbes en *re* ont le prétérit en *u* : « *ze biu* » (*je bus*).
(2) Plusieurs verbes en *re* n'ont pas la même voyelle radicale aux trois personnes du singulier. Ainsi *rıre* fait *ze reyou, te ri, i ri, nous reyèn, vous rite, i reyon*. Ces verbes ont en général le participe présent conforme (quant à la voyelle radicale) à la 1re personne de l'indicatif : *reyé* (riant).

Subjonctif présent.	*Imparfait.*	*Impératif.*
Que ze dâva	Que ze dᵞucha	
Que te dâve	Que te dᵞuche	dâ
Qu' i dâve	Qu' i dᵞuche	
Que nou dâvèn	Que nou dᵞuchèn	dâvèn
Que vou dâvô, dâva	Que vou dᵞuchô	dâte
Qu' i dâvan	Qu' i dᵞuchan	

Futur.	*Conditionnel.*
ze devrë	ze devrâ

Verbe *chènti* (sentir).

Participe présent et gérondif.	*Participe passé.*
chènté	chèntu

N.-B. D'autres verbes de cette conjugaison ont le participe passé en *i*.

Indicatif présent.	*Imparfait.*	*Prétérit.*	
ze chèntou	ze chèntiva	ze chènti	
te chèn	te chèntive	te chènti	
i chèn	i chèntive	i chènti	
nou chèntèn	nou chèntivèn	nou chèntirèn	
vou chènti	vou chèntivô	vou chèntirô, chentite	
i chèntan	i chèntivan	i chèntiran	

Subjonctif présent.	*Imparfait.*	*Impératif.*
Que ze chènta	Que ze chènticha	
Que te chènte	Que te chèntiche	chèn
Qu' i chènte	Qu' i chèntiche	
Que nou chèntèn	Que nou chèntichèn	chèntèn
Que vou chèntô, chènta	Que vou chèntichô	chènti
Qu' i chèntan	Qu' i chèntichan	

Futur.	*Conditionnel.*
ze chèntrë	ze chèntrâ

Verbe *nuri* (nourrir).

Participe présent et gérondif.	*Participe passé.*
nurasé	nuri

Indicatif présent.	*Subjonctif présent.*	*Impératif.*
ze nurâsou	Que ze nurâsa	
te nurâ	Que te nurâse	nurâ
i nurâ	Qu' i nurâse	

nou nurâsèn	Que nou nurâsèn	nurâsèn
vou nurâte	Que vou nurâso, nurâsa	nurâte
i nurâsan	Qu' i nurâsan	

Les autres temps se conjuguent comme ceux de *chènti.*

On remarquera qu'il n'y a pas de forme inchoative pour l'imparfait.

Plusieurs verbes sont inchoatifs dans notre patois, qui ne le sont pas en français. On dit: «*ze partâsou (je pars)*, *ze choufrasou (je souffre), ze murâsou (je meurs)*», etc.

GLOSSAIRE (1).

A, *à*, prép.

Abédouné, *abandonner.* A l'indicatif présent, dans *abédounou* j'abandonne, l'accent tonique paraît être sur l'*é.*

Abatre, *abattre.*

Javulye, *abeille.*

Aberé, *abreuver.*

Acheûta, *abri.*

Absé, *absent.*

Akeû, *accord.*

Acourdé, *accorder.* La première personne de l'indicatif présent est *akeurdou*, avec l'accent sur *eu.*

Acoursë, *accrocher.*

Aculyi, *accueillir.*

Aseté, *acheter.*

Asevé, asuire, *achever.*

Admètre, *admettre.*

Adouré, *adorer.*

Adôci, *adoucir.*

Adrechë, *adresser.*

Afebli, *affaiblir.*

Afroumé, *affermer.* La première personne de l'indicatif présent est *afreumou*, avec l'accent sur *eu.*

Afrôzou, *affreux.*

Agachë, *agacer.*

Azou, *âge.*

Azenoulyë, *agenouiller.*

Môton, *agneau.*

Agréti, *agrandir.*

Agrémé, *agrément.*

Eglou, *aigle.*

Egrou, *aigre.*

Egô, *aigu.*

Olye, *aiguille.*

Egulyon, *aiguillon.*

Rémoulé, *aiguiser.* L'indicatif

1. Au moment où nous avons réuni les éléments de ce glossaire, notre vue principale était de recueillir des matériaux pour une phonétique du patois de St-Amour. C'est pourquoi nous ayons rangé les mots patois dans l'ordre alphabétique des mots français qui les traduisent. Cette disposition, que nous recommandons à nos correspondants, et qui peut d'ailleurs être complétée par un petit répertoire dans l'ordre alphabétique des mots patois, se prête mieux en effet aux recherches phonétiques.

présent, première personne,
est *rémeûlou.*
Alye (*mot féminin*), *ail.*
Ola, *aile.*
Otralieû, *ailleurs.*
Amé, *aimer.*
Ple vieû, *aîné.*
Etra, chueû, *aire.*
Ejou, *aise.*
Azourné, *ajourner.*
Azouté, *ajouter.*
Alëna, *alène.*
Epréde, *allumer le feu.*
Amandre, *amande.*
Ramôcé, *amasser.*
Ama, *âme.*
Ama, *amer.*
Amitya, *amitié.*
Amwarô, *fém.* amwarôsa, *amou-*
reux, euse.
Abwijë ou amwijë, *amuser.*
Onou, *âne.*
Cheûma, *ânesse.*
Anzou, *ange*
Eguela (*avec l'accent tonique sur*
la première syllabe), *anguille.*
Animô, *animal.*
Enô, *année.* — St'eié, *cette année.*
— St'eié pôchô, *l'année derniè-*
re.
Eû, *aoust.*
Aprechevâ, *apercevoir.*
Paratre, *apparaître.*
Creié, *appeler.*
Apoursë, *approcher.*
Apouyë, *appuyer.*
Arenyeûla, *araignée.*
Abrou, *arbre.*
Arzé, *argent.*
Arasë, *arracher.*
Arézë, *arranger.*
Deri é , *arrière en).*
Arevé, *arriver.*
Areûzé, *arroser.*
Asôblé, *assembler.*
Cheté, *asseoir.*
Pro, *assez.*
Achëta, *assiette.*
Achoumé, *assommer.*
Basâ (*masculin*), *auge.*
Egmété, *augmenter.*
Eumeûna, *aumône.*
Onâ, *aune.*
Devé, *auparavant.*
Pré, *auprès.*
Ache, *aussi (suivi de « que ».*
Etou, *aussi également).*
Chasteû, *aussitôt.*
Até, *autant.*
Otâ, *autel.*
Oteû, *auteur.*
La tou, lou tou, u tou, *autour.*
Otrou, *fém.* ôtra, *autre.*

Otramé, *autrement.*
Avâlé, *avaler.*
Avéchou, *avance.*
Avéchë, *avancer.*
Devé que l'ôtrou, *avant l'autre.*
— Avé-deri, *avant-dernier.* —
D'avé qu'yë, *avant-hier.*
Avârou, *avare.*
Avwâ, *avec.*
Aveni, *avenir.*
Fourtëna buna, *aventure (bon-*
ne).
Avarche, *averse.*
Avërti, *avertir.*
Avu, *aveu.*
Avulyou, *fém.* avulye, *aveugle.*
Avulyë, *aveugler.*
Avijô, *avisé.*
Avoucâ, *avocat.*
Avouyë, *avouer.*
Avri, *avril.*

Babelyë, *babiller.*
Bakye (*masc.*), *bac.*
Badené, *badiner.*
Bagâzou, *bagage.*
Bâgua, *bague.*
Baguyëta, *baguette.*
Bâgnë, *baigner.*
Bâlye (*masc.*), *bail.*
Mâmé, *baiser.*
Bâchë, *baisser.*
Ron, *balai.*
Balanche, *balance.*
Baléchë, *balancer.*
Afakyë, *balayer.*
Barcon, *balcon.*
Bôla, *balle.*
Béda, *bande.*
Bédô, *bandeau.*
Bédé, *bander.*
Bédi, *bandit.*
Bon-nyère, *bannière.*
Bédoulye, *bandouillère.*
Bancarouta, *banqueroute.*
Batijë, *baptiser.*
Batémou, *baptême.*
Bakyë, *baquet.*
Bourieûre, *baratte.*
Barba, *barbe.*
Barbi, *barbier.*
Barboulyë, *barbouiller.*
Bâra, *barre.*
Barire, *barrière.*
Baraca, *barrique.*
Bô, *fém.* bôcha, *bas, basse.*
Sôche (na), *bas (un).*
Bôcha-cou, *basse-cour.*
Bachèn, *bassin.*
Bachënye, *bassine.*
Bachenyë, *bassiner.*
Batâlye, *bataille.*

Bôtâ, *bâtard.*
Batô, *bâteau.*
Bateli, *bâtelier.*
Bôtemé, *bâtiment.*
Bôti, *bâtir.*
Bôton, *bâton.*
Baté, *battant.*
Batemé, *battement.*
Batre, *battre.* Part. passé :
« batu »; indic. prés., pre-
mière pers. : « ze batou »;
imparf. : « bativa »; prét. :
« bati ».
Bavâ, *bavard.*
Bâva, *bave.*
Bavëta, *bavette.*
Biô, *fém.* bala, *beau, belle.*
Bié, *beaucoup.*
Biôtô, *beauté.*
Bëca *: féminin, bec.*
Becâche, *bécasse.*
Bécha, *bêche.*
Bécé, *bêcher.*
Bequé, *becquetter.*
Peguelyë, *bégayer.*
Bugnëta *fém.* , *beignet.*
Bëlemé, *bêlement.*
Belëta, *belette.*
Benâ, *benêt.*
Benyatre, *bénir.* Part. passé :
benyu *béni*), benâ *bénit*), be-
nâte *bénite* .
Benati, *bénitier.*
Bëquëlvë, *béquille.*
Bri, *berceau.*
Gourté, *bercer.*
Vasi, *berger.*
Vasire, *bergère.*
Brezeri, *bergerie.*
Besâche, *besace.*
Bezougne, *besogne.*
Fôta, *besoin.*
Bâchon, *besson.*
Béte, *bête.*
Béterâva, *betterave.*
Bélé, *beugler.*
Beûrou, *beurre.*
Bié, *biais.*
Bise, *biche.*
Bén (lou), *bien (le).*
Bèn, *bien,* adv.
Bié, bèn, *bien (beaucoup).*
Bènfa, *bienfait.*
Bèn éreû, *bienheureux.*
Bèn dasteû, *bientôt.*
Biére, *bière (à boire).*
Bire, *bière (cercueil).*
Bigou, *bigot.*
Bila, *bile.*
Gobilve, *bille (d'enfant).*
Belvë, *billet.*
Bené, *biner.*
Biqua, *bique.*

Bizâ, *bizarre.*
Blagueû, blagueûsa, *blagueur,
euse*
Blâmou, *blâme.*
Blamé, *blâmer.*
Blan, blanse, *blanc, blanche.*
Blési, *blanchir.*
Blô, *blé.*
Blechë, *blesser.*
Blechëra, *blessure.*
Bleû, bluza, *bleu, bleue.*
Bebëlve, *bobine.*
Bwë, *bœuf.*
Bare, *boire.*
Beû, *bois.*
Bâzi, *boisé.*
Bwâté, *boîter.*
Bwatô, bwatôja, *boîteux, euse.*
Bôl, *bol.*
Bon, buna, *bon, bonne.*
Buneû, *bonheur.*
Bunoumou, *bonhomme.*
Bonzou, *bonjour.*
Bounë, *bonnet.*
Bôr, *bord.*
Bourdé, *border.*
Bourdëra, *bordure.*
Beurnou, *fém.* beurna, *borgne.*
Beûna, *borne.*
Abeûné, *borner.*
Bouçu, *bossu, bossue.*
Bouta, *botte.*
Gueurze, *bouche.*
Beûsi, *boucher,* subst. masc.
Beûserie, *boucherie.*
Beûson, *bouchon.*
Boudeû, boudeûja, *boudeur, -eu-
se.*
Budèn, *boudin.*
Goulve, *boue.*
Boufu, *bouffi.*
Bôzë, *bouger.*
Bulvé, *bouillant.*
Buli, *bouilli.*
Bôdre, *bouillir.* Indic. prés. : « ze
bulvou, i bô. » — Imparf. : « bu-
lviva. »
Bulvon, *bouillon.*
Boulézi, -ire, *boulanger, boulan-
gère.*
Boula, *boule.*
Boulëta, *boulette.*
Boulevërsé, *bouleversé.*
Boukvë, *bouquet.*
Bourbô, *bourbeux*
Bourbi, *bourbier.*
Bourdouné, *bourdonner.*
Bou, *bourg.*
Bourgâda, *bourgade.*
Bourzâ, *bourgeois.*
Bourache, *bourrache.*
Bourlë, *bourrelet.*
Boucha, *bourse.*

Busculé, *bousculer*.
Bôja, *bouse*.
Boutëlve, *bouteille*.
Butëca, *boutique*.
Boutouné, *boutonner*.
Boutounire, *boutonnière*.
Bouvi, -ire, *bouvier, -ière*.
Bouyô, *boyau*.
Bracouni, *braconnier*.
Bralvâ, Bralveû, *brailleur*.
Uzouné, *braire*.
Brôja, *braise*.
Branse, *branche*.
Falveû, *brandon*.
Brélé, *branler*.
Bra, *bras*.
Brazi, *brasier*.
Brachâ, *brassée*.
Brâvou, **brâva**, *brave* (au sens
  de *beau*),
Brâvemè, *bravement*.
Môton, *brebis*.
Bredoulvë, *bredouiller*.
Brâche, *Bresse*.
Bretâla, *bretelle*
Bricoula, *bricole*.
Brëda, *bride*.
Bredé, *brider*.
Brelvé, *brillant*
Brelvë, *briller*.
Brèn, *brin*.
Caron, *brique*.
Brikvé, *briquet*.
Brou, *broc*.
Boursë, *brochet*.
Boursëta, *brochette*.
Bourdé, *broder*.
Brouderi, *broderie*.
Bronsë, *broncher*.
Broucha, *brosse*.
Broucé, *brosser*.
Cevire a reûva, *brouette*.
Nvële, *brouillard*.
Broulvë, *brouiller*.
Brouchaille, *broussaille*.
Breûté, *brouter*.
Brayë, *broyer*.
Feliôtra, *bru*.
Brire, *bruire*.
Breyemé, *bruissement*.
Bri, *bruit*.
Brulëra, *brûlure*.
Brë, bruna, *brun, brune*.
Brouire, *bruyère*.
Buseron, *bûcheron*.
Bulvé, *bûcler*.
Bwâchon, *buisson*.
Buvablou *ou* buvôblou, *buva-
  ble*.

Cabana, *cabane*.
Cabaré, *cabaret*.

Caba, *cabas*.
Gadrouba, *cabinet (armoire)*.
Cabrieûla, *cabriole*.
Cabrieûli, *cabriolet*.
Casëta, *cachette*.
Cadé, *cadet*.
Câze, *cage*.
Côlve, *caille*.
Calvâ, *caillé*.
Calvâ, *caillot*.
Calveû, *caillou*.
Kéce, *caisse*.
Kéci, *caissier*.
Cajoulé, *cajôler*.
Calmou, *calme*.
Calmé, *calmer*.
Calouta, *calotte*.
Comarade, *camarade*.
Camâ, *camard*.
Camijeûla, *camisole*.
Can, *camp*.
Képagnâ, -gnârda, *campagnard,
  -arde*.
Kvépâgne, *campagne*.
Camu, *camus*.
Canâ, *canal*.
Canâ, *canard*.
Câna, *cane*.
Câna, *canne*.
Canéla, *cannelle*.
Capablou, capôblou, *capable*.
Capôte, *capote*.
Caracaté, *caqueter* (se dit des
  poules).
Pre quâ, *car*.
Carâfa, *carafe*.
La carènma, *carême (le)*.
Carachë, *caresser*.
Sarugne, *carogne*.
Carouta, *carotte*.
Carpa, *carpe*.
Carô, *carré, -ée*.
Caryô, carô, *carreau*.
Cariére, Carire, *carrière*.
Carieûla, *carriole*.
Carouse, *carrosse*.
Carta, *carte*.
Câcé, *casser*.
Cacereûla, *casserole*.
Cacheû, *casseur*.
Castonade, *cassonade*.
Côja, *cause*.
Keûcion, *caution*.
Cavali, cavalire, *cavalier, -ière*.
Côva, *cave*.
Cèntura, *ceinture*.
Le chèndre, *cendres (les)*.
Cé, *cent*.
Cétènna, *centaine*.
Cétiëmou, *centième*.
Cëpa, *fém., cep (de vigne)*.
Cepédé, *cependant*.
Chëlvou, *cercle*.

Cheré, *cercler (un tonneau)*.
Sarfwâ, *cerfeuil*.
Charvala, *cervelle*.
Sôkvon, Sôkvëna, *chacun, chacune*.
Sagrèn, *chagrin*.
Sènna, *chaîne*.
Chala, *chaise*.
Saleû, *chaleur*.
Samalvë, *chamailler*.
Sambra, *chambre*.
San, *champ*.
Moucharon, *champignon*.
Sédâla, *chandelle*.
Sézë, *changer*.
Séchon, *chanson*.
Sété, *chanter*.
Sevenô, *chanvre*.
Sapé, *chapeau*.
Sapâla, *chapelle*.
Sapon, *chapon*.
Sôque, *chaque*.
Sâ, *char*.
Sarbon, *charbon*.
Sercutié, *charcutier*.
Sarzon, *chardon*.
Sarjë, *charger*.
Sarnire, *charnière*.
Sarpéta, *charpente*.
Sarèta, *charette*.
Saru, *charrue*.
Sache, *chasse*.
Sa, *chat*, sata, *chatte*.
Sôtâgne, *châtaigne*.
Sôté, *château*.
Satelvë, *chatouiller*.
Sô, sôda, *chaud, -de*.
Sôdire, *chaudière*.
Sarfé, *chauffer*.
Rouja, *chaume*.
Sôche, *chausser*.
Sôchëta, *chaussette*.
Sôchëra, Sôcheméta, *chaussure*.
Pelô, *chauve*.
Rata voulâche, *chauve-souris*.
Chô, *chaux*.
Semèn, *chemin*.
Semenô, *cheminée*.
Semija, *chemise*.
Sônou, *chêne*.
Edi, *chenêt*.
Senâlve, *chenille*.
Së, sëra, *cher, chère*.
Sourchë, *chercher*.
Chéri, *chérir*.
Seretô, *cherté*.
Cheti, chetiva, *chétif, chétive*.
Sevô, *cheval*.
Sevëlve, *cheville*.
Sëvra, *chèvre*.
Brekvèn, *chevreau*.
Vé, *chez*.
Sèn, sëna, *chien, chienne*,

Sifrou, *chiffre*.
Deursë, *choir*.
Chwazi, *choisir*.
Sepëna, *chopine*.
Seûja, *chose*.
Sô, *chou*.
Chieûta, *chouette*.
Chuichë, *chuchoter*.
Quyë, *ci*.
Cirou, *cierge*.
Kveuquelvon (u), (à la) *cime*.
Cecëlve, *cil*.
Chèn, *cinq*.
Chènquiëtëmou, *cinquantième*.
Chènquiëmou, *cinquième*.
Cirvë, *cirer*.
Blusëta, *ciseau*.
Glabôdé, *clabauder*.
Lvâ, lvéra, *clair, claire*.
Lvaretô, *clarté*.
Lvô, *clef*.
Lvouse, *cloche*.
Lvousi, *clocher*.
Epéra, *cloison*.
Elveûre, *clore*. — *Part. passé* :
  l'veû. — *Ind. prés.* : z'élveû-
  zou, l'élveû,
Lveû, *clou*,
Cayon, *cochon*.
Kveur, kveû, *cœur*.
Kveûfrou, *coffre*.
Ason, *cognée*.
Cunyë, *cogner*.
Cwafé, bourlé, *coiffer*.
Cuèn, *coin*.
Cuèn, *coing*.
Coulére, *colère*.
Kveûlëca, *colique*.
Kveûla, *colle*.
Kveûlé, *coller*.
Coulvé, *collier*.
Coulëna, *colline*.
Coulomba, *colombe*.
Coulëna, *colonne*.
Navëta, *colza*.
Combatre, *combattre*.
Combèn, *combien*.
Répli, *combler*.
Kemédé, *commander*.
Kemé, *comme, comment*.
Kemeûdou, *commode*.
Kemèn, kemëna, *commun, com-
  mune*.
Complazé, complazéta, *com-
  plaisant, complaisante*.
Complimé, *compliment*.
Compeuzé, *composer*. Compeu-
  jô, *composé*.
Compréde, *comprendre*.
Conté, *comptant*.
Contou, *compte*.
Banca, *comptoir*.
Concevâ, *concevoir*. *Ind. prés.* :

ze concevasou, te conceva.
Imparfait: ze conceviva. *Part. passé :* consu.

Counrâtre, *connaître.*

Consarvé, *conserver.*

Conté, *content.*

Contrérou, *contraire.*

Contrarvë, *contrarier.*

Contre, *contre.* A contre kveû, *à contre cœur.*

Contrevé, *contrevent.*

Poule, *coq.*

Keuquëlve, *coque, coquille.*

Kveû, *cor (aux pieds).*

Croubëlve, *corbeille.*

Kveurda, *corde.*

Courdon, *cordon.*

Kvurdani, *cordonnier.*

Kveurna, *corne.*

Cournëlve, *corneille.*

Cournë, *cornet.*

Kveû, *corps.*

Colidô, *corridor.*

Corijë, *corriger.*

Kveû, *corsage.*

Kveutelëta, *côtelette.*

Kveûta, *côte.*

Lvan, *côté,*

Coutelvon, *cotillon.*

Couton, *coton.*

Cô, *cou.*

Ousé, (cawsë *dans le Revermont*), *coucher.*

Ooudou, *coude.*

Cô de pië, *cou-de-pied.*

Codre, *coudre. Ind prés. :* ze cojou, i cô, vous cozi : *Imparfait :* ze couziva. *Part. pas. :* couzu.

Cuana, *couenne.*

Couleû, *couleur.*

Cô, *coup.*

Kveûpé, *couper.*

Coupëra, *coupure.*

Cou, *cour.*

Courazou, *courage.*

Couré, *courant.*

Croubi, *courber. Ind. Prés. :* ze croubasou ; *Imparfait :* ze croubiva : *Part passé :* croubi.

Coure, couri, *courir.*

Curda, *courge.*

Courëna, *couronne.*

Coura, *courroie.*

Courcha, *course.*

Cuë, curta, *court, courte.*

Cuzèn, *cousin.*

Ouzëna, *cousine.*

Cuce, *coussin.*

Cuté, *couteau.*

Kveûté, *coûter.*

Kveudëra, *couture.*

Oouvô, *couvée.*

Couvé, *couvent.*

Cuélvou, *couvercle.*

Crevu, *couvert.*

Cuârta, *couverte, couverture.*

Crevî, *couvrir.*

Crasârâ, *crachat.*

Crasë, *cracher.*

Grâya, *craie.*

Crèntî, crèntice, *craintif, craintive.*

Crija, *crampe.*

Crépon, *crampon.*

Crânou, *avare.*

Crâche, *crasse.*

Crevâta, *cravate,*

Grâyon, *crayon.*

Crëse, *crèche.*

Kemôlyou, (*masc.*) *crémaillère.*

Crénma, *crème.*

Crépi, *crépir.*

Frija, *crépu.*

Crènchon, *cresson.*

Créta, *crête.*

Crulvë, *creuser.*

Pron, pronda, *creux, creuse,* (dans le sens de *profond*).

Crevâche, *crevasse.*

Crevé, *crier.*

Creyâ, creyârda, *criard, criarde.*

Kveûblou, *crible.*

Crenire, *crinière.*

Crija, *crise.*

Grispé, *crisper.*

Coursë, *crochet.*

Coursu, *crochu.*

Crâre, *croire.*

Crwajâ, *croisée.*

Crwajë, *croiser.*

Crâtre, *croître.*

Crouqué, *croquer.*

Creûta, *crotte.*

Creûté, *crotter.*

Coulé, *crouler.*

Croupi, *croupir.*

Creûta, *croûte.*

Crayablou, *croyable.*

Cru, crëva, *cru, crue.*

Culi, *cueillir. Ind. prés. :* ze culvasou.

Culve, *cuillère.*

Cui, *cuir.*

Cuire, *cuire. Ind. prés. :* vous cuite, i cuëyan ; *Imparfait :* ze cuija ; *Part. prés :* cueyé.

Cuzëna, *cuisine.*

Cuzeni, *cuisinier.*

Cuiche, *cuisse.*

Cui, cuita, *cuit, cuite.*

Cuivrou, *cuivre.*

Culôta, *culotte.*

Curô, *curé.*

Creyeû, creyeûja, *curieux, curieuse.*
Têna, *cuve.*
Cuvì, *cuvier.*

D'abeû, *d'abord.*
Dénrë, *daigner.*
D'ailleû, *d'ailleurs.*
Dé, *dais.*
Dâma, *dame.*
Danzereû, *dangereux.*
Dé, *dans.*
Dèche, *danse.*
Dèchë, *danser.*
Dècheû, *danseur.*
Dôba, *daube.*
D'avétazou, *davantage.*
Dè, *de.*
Dayé, *dé.*
Débarâ, *débarras.*
Debrayë, *déblayer.*
Débourdé, *déborder.*
Débouté, *débotter.*
Débeûsë, *déboucher.*
Krépou, *debout.*
Débredé, *débrider.*
Débroulrë, *débrouiller.*
Decha, *deçà.*
Dékrepé, *décamper.*
Désénné, *déchaîner.*
Désarzë, *décharger.*
Désarnô, *décharné.*
Désôcha, *déchaussé.*
Déferé, *déclouer.*
Décôdre, *découdre.*
Décourazë, *décourager.*
Décoursë, *décrocher.*
Décreûté, *décrotter.*
Dedé, *dedans.*
Dédère, *dédire.*
Dédroublé, *dédoubler.*
Défalrë, *défaillir.*
Défére, *défaire.*
Défédre, *défendre.*
Défècha, *défense.*
Déferé, *déferrer.*
Defeyé, *défiant, défier.*
Défourmé, *déformer.*
Défèn, *défunt.*
Dégazë, *dégager.*
Dégurènné, *dégainer.*
Dézëlou, *dégel.*
Dégourzë, *dégorger.*
Dégurdi, *dégourdir.*
Dégrâchë, *dégraisser.*
Dégringoulé, *dégringoler.*
Déguenelru, *déguenillé.*
Déjeûsâ, *déhanché.*
Defeû, (Coligny : deyô ; *dans le Revermont* : defou), *dehors.*
Déza, *déja.*
Dènné, *déjeuner.*

De l'Ôtroulion, *delà (par delà).*
Délachë, *délaisser.*
Délôcé, *délasser.*
Délecâ, *délicat.*
Délayë, *délier.*
Délouzë, *déloger.*
Délézou, *déluge.*
Deman, *demain.*
Démanzouné, *démancher.*
Deméda, *demande.*
Demédé, *demander.*
Démézou (ze), *démange (je)*; ze me démézou, *j'ai des démangeaisons.*
Démarsë, *démarche.*
Déménazë, *déménager.*
Déméti, *démenti.*
Demouranche, *demeure.*
Demouré, *demeurer.*
Démeûli, *démolir.*
Dénisë, *dénicher.*
Dé, *dent.*
Dépaïjë, *dépayser.*
Dépasë, *dépêcher.*
Dépédre, *dépendre.*
Dépé, *dépens.*
Déspécha, *dépense.*
Déspéché, *dépenser.*
Dépéri, *dépérir.*
Déplayë, *déployer.*
Dépeûzé, *déposer.*
Dépoulrë, *dépouiller.*
Depi, *depuis.*
Déracené, *déraciner.*
Deri, derire, *dernier, dernière.*
Déroubé, *dérober.*
Deri, *derrière.*
Dé, *dès.*
Déjasteré, *désaltérer.*
Déjapwèntu, *désappointé.*
Déchédre, *descendre.*
Dézénouyë, *desennuyer.*
Dézâ, *désert.*
Dézarté, *déserter.*
Dézéspwâ, *désespoir.*
Déjabelrë, *déshabiller.*
Déjounourë, *déshonorer.*
Dézi, *désir.*
Déjoulé, *désoler.*
Désért, *dessert.*
Dechou, *dessous.*
Desu, *dessus.*
Dézuni, *désunir.*
Détasë, *détacher.*
Déteré, *déterrer.*
Détou, *détour.*
Dëtou (masc.), *dette.*
Drë, *deuil.*
Deû (masc.), douve (fém.), *deux.*
Deûjëmou, *deuxième.*
Devé, *devant.*
Deveni, *devenir.*
Devâ, *devoir.*

Dévouré, *dévorer.*
Dië, *Dieu.*
Diablou, *diable.*
Diferanche, *différence.*
Dimèse, *dimanche.*
Dènné, *dîner.*
Dère, *dire.*
Disparétre, *disparaître.*
Dispéché, *dispenser.*
Dispeûzé, *disposer.*
Distanche, *distance.*
Déverti, *divertir.*
Dévizé, *diviser.*
Di, *dix.*
Dijëmou *dixième.*
Dizënna, *dizaine.*
Dâ, *doigt.*
Doméne, *domaine.*
Valë, *domestique* (valet).
Servéta, *domestique* (femme).
Damazou, *dommage.*
Don, *donc.*
Balvë, *donner.*
Douré, *dorer.*
Dremi, *dormir.*
Droublou, doublou, *double.*
Droublëra, *doublure.*
Dôcemé, *doucement.*
Doulvë, *douillet.*
Douleû, *douleur.*
Dô, dôcha, *doux, douce.*
Douje, *douze.*
Doujènna, *douzaine.*
Dra, *drap.*
Dreci, *dresser.*
Drâ, *droit.*
Drâ, drâte, *droit, droite.*
Dreûlou, *drôle.*
Du, dura, *dur.*
Duremé, *durement.*
Pâfô, *duvet.*

Eguve, *eau.*
Ebëna, *ébène.*
Ebourné, *éborgner.*
Crepelyu, *ébourriffé.*
Ebrélé, *ébranler.*
Ebrechë, *ébrécher.*
Esata, *écaille.*
Echarlouta, *échalotte.*
Esapé, *échapper.*
Esarpa, *écharpe.*
Esôdé, *échauder.*
Eséla, *échelle.*
Esavëta, *écheveau.*
Esëna, *échine.*
Eludé, *éclairs (faire des).*
Alumé, *éclairer* (quelqu'un ou quelque chose).
Equeûla, *école.*
Equeûche, *écorce.*
Ecoursë, *écorcher.*

Dépelyouté, *écosser.*
Ecuté, *écouter.*
Ecrevichou (masc.), *écrevisse.*
Ecruéle, *écrouelles.*
Coulé, *s'écrouler.*
Ecuala, *écuelle.*
Ekvëma, *écume.*
Ekvemyeûre, *écumoire.*
Efachë, *effacer.*
Efrayë, *effrayer.*
Efrontô, *effronté.*
Elije, *église.*
Elounvë, *éloigner.*
Ebarachë, *embarrasser.*
Ebarâ, *embarras.*
Ebrachë, *embrasser.*
Rémoulé, *émoudre.*
S'éparé, *s'emparer.*
Epasë, *empêcher.*
Epli, *emplir.*
Eplwâ, *emploi.*
Eplayë, *employer.*
Epronté, *emprunter.*
E (n), *en.* (*Enlever* se dit *élevé,* tandis que *élever* se dit *élevé*).
Encoure, *encore.*
Ecrou, *encre.*
Edrë, *endroit.*
Edra, *endroit* (d'une étoffe).
Efé, *enfant.*
Efâ, *enfer.*
Egagë, *engager.*
Egurdi, *engourdir.*
Elevé, *enlever.*
Enui, *ennui.*
Eremé, *enrhumer.*
Esenve, *enseigner.*
Es blou, *ensemble.*
Etédre, *entendre.*
Etédu, *entendu.*
Etétô, *entêté.*
Eti, *entier.*
Etre mi, *entre.*
Etré, *entrer.*
Evâ, *envers* (d'une étoffe).
Evié, *envoyer.*
Eviré, *environ.*
Epé, épécha, *épais, épaisse.*
Epôla, *épaule.*
Eparvi, *épervier.*
Epëna, *épine.*
Epènlve, *épingle.*
Plemé, *éplucher.*
Epeûzé, *épouser.*
Epeû, épeûja, *époux, épouse.*
Epréde, *éprendre* (allumer le feu).
Escargou, *escargot.*
Esperé, *espérer.*
Espwâ, *espoir.*
Esuyë, *essuyer.*
E, *et.*
Etâ, *état.*
Etarnevé, *éternuer.* Ind. prés.:

z' étarnevou, avec l'accent sur *a*.
Etrezi, *étranger.*
Etrèlÿe, *étrangler*
Etrènna, *étrenne.*
Etrâ, étrâte, *étroit, étroite.*
Etudÿe, *étudier.*
Evelÿe, *éveiller.*
Lavieû, *évier.*
Espliqué, *expliquer.*
Expeûzé, *exposer.*
Espré, *exprès.*

Fôbla, *fable.*
Fabrëca, *fabrique.*
Fôsë, *fâcher.*
Facilou, *facile.*
Fachan, *façon.*
Fagou, *fagot.*
Fâblou, *faible.*
Fâblache, *faiblesse.*
Fan, *faim.*
Falâ, *falloir.*
Famëlÿe, *famille.*
Fatëga, *fatigue.*
Chayë, *faucher.*
Fô, fôcha, *faux, fausse.*
Dâ (*masc.*), *faux.*
Fôta, *faute.*
Fumâla, *femelle.*
Fëna, *femme.*
Fèdre, *fendre.*
Fëta, *fente.*
Fâ, *fer.*
Froumé, *fermer.*
Fremi, *fermier.*
Féta, *fête.*
Fwâ, *feu.*
Foulÿe, *feuille.*
Fôva, *fève.*
Fuvri, *février.*
Fichâla, *ficelle.*
Feyé, *fier,* verbe.
Fïë, fïëra, *fier, fière.*
Fëga, *figue.*
Fivra, *fièvre.*
Fi, *fil,*
Fëlÿe, *fille.*
Garchon, *fils.*
Felÿeûlou, *filleul.*
Asuîre, *finir. Ind. prés.*: z'asuë you, t'asui. *Part. passé*: asui. *Part. prés.*: Asuëyé.
Fiêula, *fiole.*
Frajoulë, *flageolet.*
Flanéle, *flanelle.*
Flaca, *flaque.*
Ekÿeûcheû, *fléau à battre le blé.*
Fleû, *fleur.*
Lÿuri, *fleurir.*
Fleûricé, *florissant.*
Fwâ, *foi.*

Fwa, feyou, *foie.*
Fèn, *foin.*
Fâre, *foire.*
Cô, *fois.*
Fontanna, *fontaine.*
Feûche, *force.*
Fourchë, *forcer. Ind. prés.* : ze feûchou, vous feûchô; *Impératif* : fourchô-lou.
Fouré, *forêt.*
Farje, *forge.*
Fourzeron, *forgeron*
Fourzë, *forger.*
Feû, feurta, *fort, forte.*
Tera, *fossé.*
Fô, foula, *fou, folle.*
Fwë, *fouet.*
Fwaté, *fouetter,*
Fieùre, *fougère.*
Foulâ, *foulard.*
Foula, *foule.*
Fou, *four.*
Fourse, *fourche.*
Foursëta, *fourchette.*
Froumi, *fourmi.*
Fournéze, *fournaise.*
Fournô, *fournée.*
Fourazou, *fourrage.*
Fwa, *foyer.*
Fré, fréche, *frais, fraiche.*
Frôja, *fraise.*
Frôzi, *fraisier.*
Frecachâ, *fricassée.*
Défriche, *friche.*
Frecachë, *frire.*
Frijë, *friser.*
Frâ, frâde, *froid, froide.*
Troulÿouné, *froisser.*
Froumazou, *fromage.*
Freté, *frotter.*
Fuire, *fuir.*
Fumire, *fumée.*
Fumi, *fumier.*

Ganÿë, *gagner.*
Guÿé, Guÿéta, *gai, gaie.*
Guÿé, *gant.*
Gachon, *garçon,*
Gârdé, *garder.*
Gôté, *gâter.*
Gôse, *gauche.*
Zelé, *geler*
Zènne, *gêner.*
Zenâvrou, *genièvre.*
Zenô, *genou.*
Zé, *gens.*
Jârba, *gerbe.*
Lÿache, *glace.*
Zëvra, *givre.*
Lÿé, *gland.*
Lÿené, *glaner.*
Conlÿé, *gonfler.*

Guéurze, *gorge.*
Gouzi, *gosier.*
Groumé, *gourmand.*
Deûse, *gousse.*
Gouta, *goutte.*
Gran, *grain.*
Granna, *graine.*
Gréce, *graisse.*
Gré, *et* gré, gréta, *grand, grande.*
Grô, grôcha, *gras, grasse.*
Grô, gré.
Gurni, *grenier.*
Grëlve (*fém.*), *gril.*
Grelvon, *grillon.*
Grëva, *grive.*
Greû, greûcha, *gros.*
Grujâla, *groseille.*
Guenëlve, *guenille.*
Guérou, *guère.*
Gari, *guérir.*
Gâra, *guerre.*

Abelvë, *habiller.*
Achon, *hache.*
Châ, *haie.*
Fafieûla, *haricot.*
Azâ, *hasard.*
Yô, yôta, *haut, haute.* « YÔ » peut être considéré comme précédé d'une aspiration, car « ce mur est haut » se dit : « ce mu yô », et non : « ce mu't yô. » Voyez ci-dessus, page 167-168.
Arba, *herbe.*
Ora, *heure.*
Ereû, ereûja, *heureux, heureuse.*
Evâ, *hiver.*
Oumou, *homme.*
Epetô, *hôpital.*
Ourlouzou (*masc.*), *horloge.*
Eûca, outa, *hotte.*
Egrelou, *houx.*
Elou, *huile.*
Vouë, *huit.*
Vouëtiëmou, *huitième.*
Imeû, *humeur.*

Invuré, *ignorer.*
Emôze, *image.*
Epôcié, *impatient.*
Epi, *impie.*
Enpourté, *important.*
Epeûzé, *imposer.*
Encounvu, *inconnu.*
Egrâ, *ingrat.*
Enoucé, *innocent.*
Equiétou, *inquiet.*
Evété, *inventer.*
Evité, envité, *inviter.*

Seû, seûla, *ivre.*

Zelo, zelôja, *jaloux, jalouse.*
Samba, *jambe.*
Zapé, *japper.*
Curti, *jardin.*
Jônou, *jaune.*
Carté, *jeter.*
Judi, *jeudi.*
Zeûnou, *jeune et jeûne.*
Brâvou, *joli.*
Zon, *jonc.*
Zëva, *joue.*
Zouyë, *jouer.*
Zô, *joug.*
Zouyi, *jouir.*
Zou, *jour.*
Zournô, *journée.*
Zuzë, *juger.*
Julvë, *juillet.*
Jwèn, *juin.*
Cavala, *jument.*
Tèn que, *jusque.*

Lëdou, *laid.*
Oayë, *laie.*
Lanna, *laine.*
Lâchë, *laisser.*
Lé, *lait.*
Lemire, *lampe.*
Léchë, *lancer.*
Rula (*fém.*), *lange.*
Lènga, *langue.*
Létarna, *lanterne.*
Lâ, *lard.*
Larzou, *large.*
Lô, lôcha, *las, lasse.*
Lâvé, *laver.*
Lezi, *léger.*
Lou lédeman, *lendemain (le).*
Louquôlou, laquôla, *lequel, la quelle.*
Buya, *lessive.*
Levé, *lever.*
Lèbé (*masc.*), *lèvre.*
Layë, *lier.*
Lièvrou, *lièvre.*
Lènjou, *linge.*
Léçu, *linceul (drap).*
Lvâ, *lit.*
Louzë, *loger.*
Qué, *lorsque.*
Afroumé, *louer (un domestique).*
Luï, *louis.*
Leû, leûva, *loup, louve.*
Demouranche, *loyer.*
Licârna, *lucarne.*
Reluëyé, *luisant.*
Lemire, *lumière.*
Londi, *lundi.*

Luna, *lune.*
Lunëta, *lunette.*
Lizerne, *luzerne.*

Mâchë, *macher.*
Machan, *maçon.*
Mé, *mai.*
Mègrou, *maigre.*
Man, *main.*
Voure, *maintenant.*
Mé, *mais.*
Majon, *maison.*
Métre, *maître.*
Métrëcha, *maîtresse.*
Mô, *mal.* — Môl a prepeù : *mal propos.*
Maladou, *malade.*
Môladrâ, *maladroit.*
Môlou, *mâle.*
Môl étédu, *malentendu.*
Môgrô, *malgré.*
Maleû, *malheur.*
Mâle, *malle.*
Manze, *manche.*
Mèjë, *manger.*
Mèqué, *manquer.*
Mèté, *manteau.*
Marbra (*fém.*), *marbre.*
Marsé, *marchand.*
Poutache, charva, *mare.*
Marmëta, *marmite.*
Marté, *marteau.*
Mache, *masse.*
Matèn, *matin.*
Môchadou, *maussade.*
Môvé, môvèje, *mauvais, mauvaise.*
Méconté, *mécontent.*
Melʳeû, *meilleur, meilleure.*
Mélʳé, *mêler.*
Mémou, *même.*
Mènnazou, *ménage.*
Mandiyë, *mendier.*
Méchonze (*fém.*), *mensonge.*
Mèkʳeû, *menteur.*
Mèti, *mentir.*
Menizi, *menuisier.*
Mére (avec r français), *mer.*
Mécredi, *mercredi.*
Mère, *mère.*
Merëtou, *mérite.*
Mârlou, *merle.*
Guenʳe couva, *mésange (bouge-queue).*
Mëcha, *messe.*
Mezëra, *mesure.*
Mikʳë, *métier.*
Beté, *mettre.* Bèn betô, *bien mis.*
Meûblou, *meuble.*
Meûla, *meule.*
Monni, *meunier.*
Myané, *miauler.*

Miëta, *mie de pain.*
Mi, *miel.*
Mieû, *mieux.*
Migranna, *migraine.*
Mwâté, *milieu.*
Mëlʳe, *mille.*
Mènçou, *mince.*
Mëna, *mine.*
Minâ, *minuit.*
Meré, *miroir.*
Mwâla, *moëlle.*
Mwènou, *moine.*
Mâ, *mois.*
Mâchon, *moisson.*
Muzi, *moisir.*
Matyâ, *moitié.*
Moumé, *moment.*
Mondou, *monde.*
Mounaya, *monnaie.*
Monsu, *monsieur.*
Montra, *montre.*
Mouqué, *moquer.*
Moucé, *morceau.*
Meûdre, *mordre.*
Meû, *mort.*
Mou, *mot.*
Meûse, *mouche.*
Mousë, *moucher.*
Mouson, *moucheron.*
Mousô, *mouchoir.*
Môdre, *moudre.*
Moulʳe, *mouiller.*
Mulin, *moulin.*
Moucha, *mousse.*
Môton, *mouton.*
Muvé, *muer.*
Mouë, *muet.*
Mulë, *mulet.*
Mu, *mur.*
Mô, môra, *mûr, mûre.*
Môré, *mûrir.*
Muzé, *museau.*

Naze, *nage.*
Nétre, *naître*; nécé, *naissant.*
Goula de nô, *narine.*
Navë, *navet.*
Ne, *ne.*
Necësérou, *nécessaire.*
Nëze, *neige.*
Nyâ, *nerf.*
Neûvou, *neuf.*
Neû, *neuf (9).*
Neûviëmou, *neuvième.*
Nevô, *neveu.*
Nô, *nez.*
Nui, *nid.*
Nièche, *nièce.*
Nouche, *noce.*
Nouyé, *noël.*
Nô, *nœud.*
Nâ, nâre, *noir, noire.*

N'on, *nom.*
Nonmé, *nommer.*
Noutérou, *notaire.*
Nué, *nouer.*
Nurce, *nourrice.*
Nurson, *nourrisson.*
Nouvé, *nouveau.*
Piâra, *noyau.*
Nayë, *noyer.*
Nouyi, *noyer (arbre).*
Nu, *nu, nue,*
Nâ, *nuit.*
L'outa, *nuque.*

Odeû, *odeur.*
Zu, *œil.*
Zuë, *œuf.*
Eûvra, *œuvre (ouvrage).*
Zen'on, *oignon.*
Jouâzé, *oiseau.*
Emelëta, *omelette.*
On, *on.*
Onl'e, *oncle.*
Onl'a, *ongle.*
Onje, *onze.*
Eûpeûzé, *opposer.*
Eû, *or.*
Eûdrou, *ordre.*
Ourël'e, *oreille.*
Eurzou, *orge.*
Urti, *ortie.*
Zeû, *os.*
Eûzé, *oser.*
Javan, *osier.*
Deûté, *ôter.*
U, *ou.*
U 't eu que, *où est-ce que.*
Ebleyé, *oublier.*
Oui, vwa (à Villemotier, en
  Bresse), *oui.*
Oti, *outil.*
Otra, *outre.*
Ouvri, *ouvrier.*

Pan, *pain.*
Pére, *paire.*
Pâziblou, *paisible.*
Pé, *paix.*
Pôlou, *pâle.*
Pani, *panier.*
Papi, *papier.*
Parpel'on, *papillon.*
Pôqu'e, *Pâques.*
Paqu'ë, *paquet.*
Pë(r), *par.*
Prequâ, *parce que.*
Predon, *pardon.*
Predouné, *pardonner.*
Parë, *pareil.*
Paré, *parent.*
Parouse, *paroisse.*

Pareûla, *parole.*
Pâ, *part.*
Partazou, *partage.*
Parti, *partir.*
Pô, *pas.*
Pôsé, *passer.*
Pôta, *pâte.*
Pata, *patte.*
Ceucël'e, *paupière.*
Peûvrou, *pauvre.*
Peûvretô, *pauvreté.*
Payë, *payer.*
Pa'i, *pays.*
Païzan, *paysan.*
Pé, *peau.*
Pëse, *pêche.*
Péci, *pêcher.*
P'ené, *peigner.*
Pënna, *peine.*
Pël'e-mél'e, *pêle-mêle.*
Pôla, *pelle.*
Pelouta, *pelote.*
Pédé, *pendant.*
Pëdre, *pendre.*
Pésé, *penser.*
Péta, *pente.*
Prechë, *percer.*
Parse, *perche.*
Padre, *perdre* ; pérdu, *perdu.*
  Ind. prés. : « Ze pardou, te
  pâ ».
Pedri, *perdrix.*
Peri, *périr.*
Premëtre, *permettre.*
Pèrouqu'ë, *perroquet.*
Perëqua, *perruque.*
Pechëna, *personne.*
Parta, *perte.*
Pëzé, *pesant.*
Pézé, *peser.*
Pétâ, *pétard.*
Petë, petëta, *petit, petite.*
Petë gachon, *petit-fils.*
Peû, *peu.*
Pô, *peur.*
Peut-étre, *peut être.*
Jaqu'éte, *pie.*
Pièche, *pièce.*
P'ë, *pied.*
Piâra, *pierre.*
Pënzou, *pigeon.*
Pël'a, *pile.*
Pel'ë, *pilier.*
Pel'ë, *piller.*
Piouce, *pioche.*
Pipa, *pipe.*
Pequé, *piquer.*
Pequëra, *piqûre.*
Pi, *pis (adv.).*
Pwâche, *pis (de la vache).*
Ped'â, *pitié.*
Plache, *place.*
Plachë, *placer.*

Plédayë, *plaider.*
Plé, *plaie.*
Plana, *plaine.*
Plâzi, *plaisir.*
Planta, *plante.*
Pla, plata, *plat, plate.*
Platé, *plateau.*
Plën, plënna, *plein, pleine.*
Bélé, *pleurer.*
Plouvâ, *pleuvoir.* Ind. prés. : é
pleû.
Plâ, *pli.*
Playë, *plier.*
Plété, *plonger.*
Plouzë, *pluie.*
Plëma, *plume.*
Plë, *plus.*
Ple teû, *plutôt.*
Cafa, *poche.*
Cache (fém.), *poêle.*
Pwëlou, *poêle* (pour se chauf-
fer).
Pâ, *poids.*
Punva, *poignée.*
Pâ, *poil,*
Pwaleû, *poilu.*
Pare, *poire.*
Pâ, *pois.*
Pwajon, *poison.*
Pâchon, *poisson.*
Estoumâ, *poitrine.*
Pâvrou, *poivre.*
Pouma, *pomme.*
Urson *porc-épic.*
Peurta, pwarta (Thoissia, dans
la montagne à côté de St-
Amour), *porte.*
Peûzé, *poser.*
Tepèn, *pot.*
Pieû, *pou.*
Pozou, *pouce.*
Pôdra, *poudre.*
Pieûlreû, *pouilleux.*
Poulalve, *poule.*
Poulë, *poulet.*
Pô, *pouls.*
Pre, për *devant les voyelles;
pour.*
Puri, *pourri.*
Prevu, *pourvu.*
Pôcé, *pousser.*
Pôcha, *poussière.*
Puzèn, *poussin.*
Trô, *poutre.*
Préli, *prairie.*
Prô, *pré.*
Prézë, *prêcher.*
Prédi, *prédire.*
Premi, premire, *premier, pre-
mière.*
Pré, *près.*
Prezé, *présent.*
Préchô, *pressé.*

Prétou, *prêt.*
Curô, *prêtre.*
Preûva, *preuve.*
Préveni, *prévenir.*
Prayë, *prier.*
Prayire, *prière.*
Prijan, *prison.*
Pri, *prix.*
Proucé, *procès.*
Dispécheû, *prodigue.*
Proufi, *profit.*
Pron, pronda, *profond, profon-
de.*
Premené, *promener.*
Premëtre, *promettre.*
Prepeûzé, *proposer.*
Peûprou, *propre.*
Peûpretô, *propreté.*
Prouvé, *prouver.* Ind. prés. : « ze
preûvou ».
Davônve, *prune.*
Dômô, *pruneau.*
Davôni, *prunier.*
Puze, *puce.*
Pi, *puis.*
Pichque, *puisque.*
Puicé, *puissant.*
Pwajë, *puiser.*
Pwâ, *puits.*

Qué, *quand.*
Qué(t), *quant.*
Quaréta, *quarante.*
Quâ, *quart.*
Quârti, *quartier.*
Quôzi, *quasi.*
Quateûje, *quatorze.*
Quatrou, *quatre.*
Quatreyëmou, *quatrième.*
Que, *que.*
Qué, *quel,* dans « qué tèn ! qué
plouze !»
Quôquve, *quelque.*
Quôquron, *quelqu'un, quelques
uns.* Quôquyëne, *quelques-
unes.*
Quôque cô, *quelquefois.*
Couva, *queue.*
Guëlve, *quille.*
Quènjëmou, *quinzième.*
Quvetanche, *quittance.*
Quvëtou, *quitte.*
Quvëté, *quitter.*
Quâquve, *quoique.*

Raba, *rabais.*
Rabachë ou rebachë, *rabais-
ser.*
Rabatre, *rabattre.*
Remédé, *racommoder.*
Racoursë, *raccourcir.*

Rache, *race*.
Raseté, *racheter*.
Rôlë, *racler*.
Refrésë, *rafraîchir*.
Rènge, *rage*.
Râdou, *raide*.
Râ, *raie*.
Rènzèn, *raisin*.
Rajon, *raison*.
Rajouné, *raisonner*.
Razeûni, *rajeunir*.
Relëti, *ralentir*.
Ramôsé, *ramasser*.
Répé, *ramper*.
Rézë, *ranger*.
Rézâ, *rangée*.
Rôpé, *râper*.
Rapoursë, *rapprocher*.
Rérou, *rare*.
Rôzé, *raser*.
Reùjô, *rasoir*.
Rachazi, *rassasier*.
Raséblé, *rassembler*.
Recheté, *rasseoir*.
Ra, *rat*.
Rôté, *râteau*.
Rôteli, *râtelier*.
Rôlë, *râtisser*.
Rôlvou, rôlva, *rauque*.
Rôva, *rave*.
Rayë, *rayer*.
Râyon, *rayon*.
Rebou, *rebours*.
Rechevâ, *recevoir. Ind. pres :* ze rechavou, te recha. *Part.pas.:* reçu.
Résôdé, *réchauffer*.
Recompansé, *récompenser*.
Revèn, *regain,*
Regalou, *régal*.
Gatvë, *regarder*.
Regré, *regret*.
Kreûte, *reins*.
Recârté, *rejeter*.
Réboursé, *rembourser*.
Remëdou, *remède*.
Remâchë, *remercier*.
Répli, *remplir*.
Renâ, *renard*.
Racontré, *rencontrer*.
Guvëde, *rênes*.
Rètré, *rentrer*.
Révresé, *renverser*.
Révié, *renvoyer*.
Repô, *repas*.
Repènti, *repentir*.
Repondre, *répondre*.
Repeû, *repos*.
Demouré, *rester*.
Retâ, *retard*.
Reterë, *retirer*.
Retou, *retour*.
Rètreci, *rétrécir*.

Reûci, *réussir*.
Revèzou, (*masc.*) *revanche*.
Révou, *rêve*.
Révelvë, *réveiller*.
Revér, *revers*.
Râbelvë, *revêtir*.
Revourté, *révolter*.
Reûnou, *Rhône*.
Rèmou, *rhume*.
Rèsou, *riche*.
Rèsâche, *richesse*.
Redvo, *rideau*.
Rènchë, *rincer*.
Revire, *rivière*.
Ri, *riz*.
Rouba, *robe*.
Rouse, *roche*.
Rousi, *rocher*.
Reûzë, *rogner*.
Râ, *roi*.
Êronze, *ronce*.
Reyon, reyonda, *rond, ronde*.
Reuzë, *ronger*.
Reûza, *rose*.
Reûzô, *rosée*.
Rouzi, *rosier*.
Rôche, *rosse*.
Reusegneû, *rossignol*.
Ruti, *rôtir*.
Reûva, *roue*.
Rouzou, *rouge*.
Rouzï, *rougir*.
Rulve, *rouille*.
Reûlé, *rouler*.
Reûvëta, *roulette*.
Rousi, *roussir*.
Routa, *route*.
Bëna, *ruche*.
Ruja, *ruse*.

Là chôbla, lou châblou, *sable*.
Cabeû, *sabot*.
Châbrou, *sabre*.
Châ, *sac*.
Chènzou, *sage*.
Sényë, *saigner*.
Chèn, *sain*.
Chèn, chènte, *saint, sainte*. Cependant on dit *Sét-Amô* (St-Amour).
Châzi, *saisir*.
Châjon, *saison*.
Chalada, *salade*.
Chôlou, *sale*.
Chalé, *saler*.
Chaloupé, *salir*.
Chalouperi, *saleté*.
Chalëva, *salive*.
Sébadi, *samedi*.
Chan, *sang*.
Sélva, *sanglier*.
Sésui, *sangsue*.

Sé, *sans.*
Séto, *santé.*
Seûna, *Saône.*
Chapèn, *sapin.*
Feûchô, *sarcloir.*
Châlvé, *sarcler.*
Sarmé, *sarment.*
Chôche, *sauce.*
Sé ne pô, *sauf,* prép.
Chôzou, *saule.*
Chô, *saut.*
Chôté, *sauter.*
Chôterâla, *sauterelle.*
Chôvé, *sauver.*
Chavé, *savant.*
Chavata, *savate.*
Chavon, *savon.*
Chëlve (*fém*), *seau.*
Cherëta, *scie.*
Cheré, *scier.*
Chë sèche, *sec, sèche.*
Sechë, *sécher.*
Sécon, *second.*
Chekveûre, *secouer. Part. prés.:*
   checouzé ; *Part. pas.:* che-
   couzu; *Ind. prés.:* i chekveû,
   ze chekveûzou; *Imparf.:* i che-
   couziva.
Checou, *secours.*
Checoucha, *secousse.*
Secré, *secret.*
Teton, *sein.*
Chëze, *seize.*
Chô, *sel.*
Chelon, *selon.*
Chenaïlle, *semailles.*
Chemala, *semelle.*
Chemanna, *semaine.*
Séblé, *semblant.*
Semé (*fém.*) *semence.*
Chené, *semer.*
Chenveû, *semeur.*
Chan, *sens.*
Sétimé, *sentiment.*
Cha, *sept.*
Chatiëmou, *septième.*
Sërlènga, *seringue.*
Sérment, *serment.*
Sarpé, *serpent.*
Cheré, *serrer.*
Cherâlve, *serrure.*
Cheralvi, *serrurier*
Sërvéta, *servante.*
Servichou, *service.*
Serviëta, *serviette.*
Servi, *servir.*
Chôdeli, *seuil.*
Choulë, choulëta, *seul, seule.*
Chôva, *sève.*
Détrëyë, *sevrer.*
Che, *si.* Chou, *pour* chevou, *si*
  vous
Si, *si,* particule affirmative.

Che, *si (tant.)*
Sublé, *siffler.*
Sublë, *sifflet.*
Senvë, *signer.*
Chelvon, *sillon.*
Chènzou, *singe.*
Don bèn, *sinon.*
Chastêu, *sitôt.*
Si, *six,*
Sijemou, *sixième.*
Sereû, *sœur.*
Châya, *soie.*
Châ, *soif.*
Sunvë, *soigner.*
Chwèn, *soin.*
Châ, *soir.*
Velva, *soirée.*
Chwaséta, *soixante.*
Chwasétvémou, *soixantième.*
Chôdâ, *soldat.*
Chelô, *soleil.*
Chombrou, *sombre.*
Chouma, *somme.*
Sënou, *sommeil.*
Kveukvelvon, *sommet.*
Chon, *son (d'une cloche).*
Reprèn, *son (résidu de mou-*
  ture).
Chonzou, *songe*
Chouné, *sonner. Ind. prés. :* ze
  chounou.
Chounëta, *sonnette.*
Chouci, *sorcier.*
Seur, *sort.*
Chourti, *sortir. Ind. prés. :* ze
  seurtou.
Seû, *sou.*
Surla, *souche.*
Seûci, *souci.*
Chôdé, *souder.*
Seûlvé, *souffler.*
Seûlvë, *soufflet.*
Sufri, *souffrir.*
Sëprou, *soufre.*
Seû, seûla, *soûl, soûle.*
Seûlé, *soûler.*
Seulevé, *soulever.*
Choulâ, *soulier.*
Choumëtre, *soumettre.*
Choupa, *soupe.*
Choupé, *souper.*
Gaméle, *soupière.*
Seûlvou, *soupir.*
Seûlvé, *soupirer.*
Choucha, *source.*
Seucëlve (*fém..*), *sourcil.*
Choû, chourda, *sourd.*
Seûrire, *sourire.*
Râta, *souris.*
Chou, *sous.*
Seûteni, *soutenir.*
Seûterë, *soutirer.*
Seveni, *souvenir.*

Chouvé, *souvent.*
Subëta, *subite.*
Chuichë, *sucer. Ind. prés. :* ze chuichou.
Sëcrou, *sucre.*
Trôché, *suer.*
Trôchon, *sueur.*
Surze, *suie.*
Supourté, *supporter.*
Supeûjé, *supposer.*
Desu, *sur.*
Sui, *sûr, sûre.*
E bèn sui, *sûrement.*
Fô nvon, *surnom.*
Surprédre, *surprendre.*
Surtou, *surtout.*
Suspédre, *suspendre.*

Trôbla, *table.*
Devéti, *tablier.*
Tase, *tache.*
Tâyë, *tâcher.*
L'ènnëta, *taie.*
Talvë, *tailler.*
Che quâjë, *se taire.*
Bareté, ché, *tamis.*
Tè mieû, *tant mieux.*
Tanta, *tante.*
Tè têu, *tantôt.*
Tâ, *tard.*
Tarzë, *tarder.*
Ta, *tas.*
Tôcha, *tasse.*
Tôté, *tâter.*
Tôpa, *taupe.*
Touré, *taureau.*
Tôlou, *tel.*
Temwèn, *témoin.*
Tèn, *temps.*
Tèndrou, *tendre.*
Tarmou, *terme.*
Terèn, *terrain.*
Târa, *terre.*
Têta, *tête.*
Tiëdou, *tiède.*
Tilvòle, *tilleul.*
Terë, *tirer.*
Tijon, *tison.*
Tijanna, *tisane.*
Tâla, *toile.*
Tâ, *toit.*
Tomba, *tombeau.*
Deursë, *tomber.*
Touné, *tonner.*
Panchan, *tonneau.*
Tounérou, *tonnerre.*
Tourson, *torchon.*
Teûdre, *tordre. Ind. prés. :* ze teurdou, i teû. *Part. pas. :* tourdu.
Teû, *tort.*
Tourdu, *tortue.*

Teû, *tôt.*
Tousë, *toucher.*
Touzou, *toujours.*
Tou, *tour.*
Troumèté, *tourmenter.*
Tourné, *tourner.*
Tourta, *tourte.*
Teûchèn, *Toussaint.*
Tusi, *tousser.*
Tou, touta, *tout, toute.*
Teû, *toux.*
Tracachë, *tracasser.*
Trayi, *trahir.*
Trayijon, *trahison.*
Trèn, *train.*
Trènné, *traîner.*
Trére, *traire.*
Trésë, *trancher.*
Trèspourté, *transporter.*
Travalye, *travail.*
Travâ, *travers.*
Travesé, *traverser.*
Chènfèn (en Bresse), *trèfle.*
Treze, *treize.*
Trèblé, *trembler.*
Trèpé, *tremper.*
Trèta, *trente.*
Trëcha, *tresse.*
Trëyë, *trier.*
Trounvon, *trognon.*
Trâ, *trois.*
Trâjemou, *troisième.*
Trou, *trop.*
Trouté, *trotter.*
Goulë, câpou, *trou.*
Troupa, *troupe.*
Cué, *tuer.*
Kvëla, *tuile.*
Cournë, *tuyau.*

Uni, *unir.*
Ujajou, *usage.*

Vase, *vache.*
Vasi, *vacher.*
Vayé, *vaillant.*
Vachâla, *vaisselle.*
Vôlë, *valet.*
Fonda, *vallée.*
Valâ, *valoir.*
Vé, *veau.*
Vëlve, *veille.*
Velva, *veillée.*
Vènna, *veine.*
Védéze, *vendange.*
Vèdre, *vendre.*
Véjance, *vengeance.*
Vézë, *venger.*
Verèn, *venin.*
Vé, *vent.*
Vètrou, *ventre.*

Vépre, *vêpres.*
Vârou, *ver.*
Vë, verda, *vert, verte.*
Verze, *verge.*
Fi, *verrue.*
Vé, *vers.*
Vërsé, *verser.*
Vâvou, *veuf.*
Vianda, *viande.*
Vëd>ou, vëdya, *vide.*
Vedrë, *vider.*
Via, *vie.*
Vieû, vièlye, *vieux, vieille.*
Vi, viva, *vif, vive.*
Vënre, *vigne.*
Velâzou, *village.*
Vëla, *ville.*
Venègrou, *vinaigre.*

Vën, *vingt.*
Vëntiëmou, *vingtième.*
Vioulon, *violon.*
Vijazou, *visage.*
Vitou, *vite.*
Vitra, *vitre.*
Veû, *vœu.*
Vëquya, *voici, voilà.*
Vizèn, vizena (avec l'accent
   sur ï), *voisin, voisine.*
Vatërâ, *voiture.*
Voulé, *voler.*
Vèkyô, *volet.*
Beûmi, *vomir.*
Viazou, *voyage.*
Viazayeû, *voyageur.*
Va, *vrai.*
Vyëva, *vue.*

CONTES EN PATOIS DE GERMOLLES

(SAONE-ET-LOIRE, CANTON DE TRAMAYES)

Recueillis par M. COMBIER (1).

DZAN DE LA DZONE	**JEAN DE LA JEANNE (2).**

<table>
<tr><td>

Y'avô ènne vòe (3) ènn'òme
quë s'apalô Dzan de la Dzône ;
Al étô on p'tyon nran san être
bredèn tôt an prèn.

Al étô garçon é a tzômô avwi
sa mére qu'étô vòeve dépi
quéqu'tan ; al avô on frére qu'étô
ancòr u crë.

On cou que la Dzône partô
a la mèce, lé deci : « Dzan, te
farô bian èntancion que le ç'ti
ne se fâye pô afola, te le greu-
cerô bian é te te bâyerô garde
que lé moutze ne l'anneuyèn
pô, te lé virrô. »

Quan la Dzône fi parti, Dzan
ali vòe son frére, a dremô bian,
mé lé moutze le corèn deçu le
na. Dzan ali qu'ri ènne grouce
maletze : « Avwi san dze lé
teuveré bèn ! »

A fouti on grou cou de ma-
letze é moutze ! Y'an tuï p't'être
bèn quéqueune, mé i tuï éri le

</td><td>

*Il y avait une fois un homme
qui s'appelait Jean de Jeanne,
il était un peu bête (niais) sans
être imbécile entièrement.*

*Il était garçon et habitait
avec sa mère qui était veuve de-
puis quelque temps ; il avait un
frère qui était encore au ber-
ceau.*

*Une fois que la Jeanne par-
tait à la messe, elle dit : « Jean,
tu feras bien attention que le
petit ne se fasse pas de mal, tu
le berceras bien ; et tu te donne-
ras garde que les mouches ne
l'ennuient pas, tu les chasseras. »*

*Quand Jeanne fut partie, Jean
alla voir son frère, il dormait
bien, mais les mouches lui cou-
raient sur le nez. Jean alla
chercher un gros maillet (de
bois) : « Avec cela, je les tuerai
bien. »*

*Il donna un gros coup de
maillet aux mouches ! Il en tua
peut-être bien quelques-unes*

</td></tr>
</table>

1. Voyez *Revue des patois*, I, 134.

2. [Le type populaire de Jean de la Jeanne a fourni le titre d'un
almanach qui se publie chaque année à Chambéry, *Almanach de Dian
de la Jeanna* (Voy. *Revue des Patois*, I, 77). Ailleurs il est appelé
Jean Bête (Voy. *Romania*, IX, 389), Jean le Diot (Voy. Sébillot, *Littérature orale de la Haute-Bretagne*, p. 89 et 393), Tchampollimaou
(Voy. *Annuari le mouzi de* 1884, p. 43).] L. C.

3. L'orthographe de ces textes a été rendue conforme aux indications de la *Revue des Patois*. Le son marqué *òe* est un *o* très ouvert,
suivi d'un *e* qui n'est ni fermé ni muet, mais entre les deux.

cadé avwi, é quan la Dzône revènci, son peti étô mour.

La Dzône bâyô sovan de bian bon consèy à son pouvre Dzan, mé i ne le sarvitzèn pô toudzë bian.

« Quan te varô le feuve dèn andrë, te courerô vite tzortzi de l'éye pe le tué. »

Quéque dzô apré que sa mére l'u dë san, le nanvëye u meulin. Le monni étô apré tzarfa le fòr. Vite Dzan de la Dzône coure qu'ri ènne sèye qu'a ramp̣ritzi a l'éciuze, é a va la rotzi dan le fòr; apré al an retourne tzòrtzi ènn'ôtre é a la vwide ancòr dan le fòr; mé le monni arvi, preni on grou garô é se meti a tapa deçu Dzan que se sôvi an bélan vé sa mére é a la raconti ce qu'étô arva.

« Mé, grou bredèn, i ne falô pô mitre de l'éye dan le fòr; ènne ôtre vòe quan te varô quécon que tzarfera le fòr, ô yeu d'i mitre de l'éye, t'i mitrô du bou. »

Quéque dzô apré san, Dzan de la Dzône se trovi de vòe ancor ènn'òme que tzarfô le fòr; ç'l'òme sorti du forni p'ala vòe si sé pan levèn bian. Vite mon Dzan se miti a fora de bou dan le fòr, al i miti tô le bou qu'a tròvi : dé mociô pe fére dé mangue, d'ôtre pe fére déz ancené, anfèn tôt i pôci, é quan le métre arvi, i n'éto pieu tan !

Mon Dzan recevi ancôr quéque cou de fregon (1) de fòr, é quan al arvi vé sa mére al étô a mòeti mour !

mais il tua l'enfant avec, et quand la Jeanne revint, son enfant était mort.

La Jeanne donnait souvent de bien bons conseils à son pauvre Jean, mais ils ne lui servaient pas toujours bien.

« Quand tu verras le feu dans un endroit, tu courras vite chercher de l'eau pour l'éteindre. »

Quelques jours après que sa mère lui eut dit cela, elle l'envoie au moulin. Le meunier était après chauffer le four. Vite Jean de la Jeanne court chercher un seau qu'il remplit à l'écluse, et il va le jeter dans le four; après, il en retourne chercher un autre et il le vide encore dans le four, mais le meunier arriva, prit un gros bâton, et se mit à frapper sur Jean qui se sauva en pleurant vers sa mère, et il lui raconta ce qui était arrivé.

« Mais, gros bête, il ne fallait pas mettre de l'eau dans le four; une autre fois quand tu verras quelqu'un qui chauffera le four, au lieu d'y mettre de l'eau, tu y mettras du bois. »

Quelques jours après cela, Jean de la Jeanne se trouva de voir encore un homme qui chauffait son four; cet homme était sorti du fournil pour aller voir si ses pains levaient bien. Vite mon Jean se met à fourrer du bois dans le four, il y mit tous le bois qu'il trouva : des morceaux pour faire des manches, d'autre pour faire des ..... (2), enfin tout y passa, et quand le maître arriva, il n'était plus temps.

Mon Jean reçut encore quelques coups de la perche du four, et lorsqu'il arriva vers sa mère, il était à moitié mort !

---

1. *Fregon*, grande perche qui sert à remuer la braise dans le four.
2. Je ne sais comment désigner en français ce morceau de bois qui, partant du joug, passe entre les bœufs et s'attache par une corde, pour les faire tirer.

La Dzône étô bian anneuyi, mé la pouvre fëne avô biô se tzagrenyi, i ne sarvitzô de guére é al étô bèn toudzë bredèn.

Quéque tan apré teu celé maleur, la Dzône ali a ènne fòere adzeté de fàye pe nànveyi son Dzan àn tzan ; é le le léci pe garda.

Quan sa mére fi parti, Dzan ali a la côve qu'ri ènne bôtëye de vèn é al ublëyi de remitre le guëyon (1) se bian que le vèn s'an ali tô. Quan al i vi, al u pou que sa mére le bate ; mé c'man fére pre dëre que le n'i vàye pô ? A monti u grèni, i zy' avô ancor on sa de farëne, al le déçandi a la côve é a le seni deçu le vèn !

Quan la Dzône revènçi, le vi bèn totzuite a la mine de Dzan que y'étô arva quéqu'tzuze ; l'ali vòe a la côve : « A bèn ! su cou no son predzu, quéque no van déveni, i fôdra que no tzortzèn nôton pan ou bèn que nô meurèn de fan ! A que dz'é don de maleur d'avòe on garçon c'man san ! Aqueute Dzan, nò son deubledzi de noz an ala é de léci nòt' mwizon pusque nô n'an pieu ran a mandzi ! Alon, partèn, tire la pourte deri tòe ! » que deci la Dzône an s'n'alan. E le parti devan p'on peti viòl que va du couté du bou. Dzan teri la pourte, mé al la teri se four qu'al l'avanti ; é a segui sa mére avwi sa pourte deri son dou.

Quan y'ariveron u bou, i c'mançô a être on petyon né. Y'antandron déz òme, i cruran que y'étô dé voleur ! San ran dëre, la Dzône monte deçu on

La Jeanne était bien ennuyée, mais la pauvre femme avait beau se faire du chagrin, cela ne servait guère et il était toujours bien bête.

Quelque temps après tous ces malheurs, la Jeanne alla à une foire acheter des brebis pour envoyer son Jean aux champs, et elle le laissa pour garder.

Quand sa mère fut partie, Jean alla à la cave chercher une bouteille de vin, et oublia de remettre le bouchon de bois si bien que le vin se répandit tout. Quand il le vit, il eut peur que sa mère le batte ; mais comment faire pour (dire) qu'elle ne le voie pas ? Il monta au grenier, il y avait encore un sac de farine, il le descendit à la cave, et il le sema sur le vin !

Quand la Jeanne revint, elle vit bien de suite à la mine de Jean qu'il était arrivé quelque chose, elle alla voir à la cave : « Eh bien ! cette fois nous sommes perdus, qu'est-ce que nous allons devenir, il faudra que nous cherchions notre pain ou bien que nous mourions de faim ! Ah que j'ai donc du malheur d'avoir un garçon comme cela ! Ecoute, Jean, nous sommes obligés de nous en aller et de laisser notre maison puisque nous n'avons plus rien à manger ! Allons, partons, tire (ferme) la porte derrière toi, » dit la Jeanne en s'en allant. Et elle partit devant par un petit sentier qui va du côté du bois. Jean tira la porte, mais il la tira si fort qu'il l'arracha, et il suivit sa mère avec sa porte derrière son dos.

Quand ils arrivèrent au bois, il commençait à être un peu nuit, ils entendirent des hommes, ils crurent que c'étaient des voleurs. Sans rien dire, la

---

1. Bouchon en bois remplaçant parfois le robinet.

tzône, Dzan la si, toudzë avwi
sa pourte deri son dou.

Y'étô bian dé voleur que
y'avèn antandu : i tòrztzèn èn
n'andrë pe fére a sòpa. I vènceron dzusteman u pëye du
tzône qu'ô étèn le Dzan é là
Dzône. Y'alemeron on grou feuve
é i se mitron a fére dé pu de
Trequi.

Pandan que lé voleur déme-
nèn lé pu, Dzan de la Dzône
preni anvëye de pici, al i de-
yi a sa mère. « Pice don, grou
bredèn, mé pice don ! » E Dzan
pici drë dan la fonte quevo lé
voleur fayèn zieu pu. I dëye-
ron teu : « Démené ! démené,
c'é la grace de Dieu qui tombe
dedan ! »

On moman apré, Dzan qu'avô
toudzë sa pourte deri son dou
deci a sa mére : « A ! se te savô,
ma mére, que cele pourte me
tzardze. — Mé, grou bredèn,
lèce-la don tzére ! »

Dzan léci tzére la pourte
dzuste u mòman que le cuizeni
gòtô lé pu é que léz òtre voleur contèn l'ardzan qu'i venèn
de vòla ; é le tzéci (ou tzàyi)
deçu le mangue de la menure,
ce que fi còpa la langue u
pouvre (1) cuizeni san le fére
pwèn d'òtre mò !

Lé voleur crâyeron que
y'étô le diàbe que lé tzàyo
deçu. I se sôveron teu, celu
qu'avô la langue còpa le deri an
breuyan c'man on viô, ce que
fi ancô mé pou èz òtre.

Quan le Dzan é la Dzône
viron que lé voleur étèn parti tô
de bon, i déçandron de deçu
zieu tzône, i ramôceron l'ardzan
que lé voleur avèn ublëyi é

*Jeanne monte sur un chêne,
Jean la suit, toujours avec sa
porte derrière son dos.*

*C'était bien des voleurs qu'ils
avaient entendus: ils cherchaient
un endroit (une place) pour
faire à souper. Ils vinrent juste
au pied du chêne où étaient le
Jean et la Jeanne, ils allumè-
rent un grand feu, et ils se mirent à faire des bouillies de
blé de Turquie (maïs).*

*Pendant que les voleurs re-
muaient les bouillies, Jean de
la Jeanne prit envie de pisser,
il le dit à sa mère. « Pisse donc,
gros bête ! mais pisse donc ! »
Et Jean pissa juste dans le
chaudron où les voleurs faisaient leurs bouillies. Ils dirent tous : « Remuez ! Remuez !
c'est la grace de Dieu qui tombe dedans ! »*

*Un instant après, Jean qui
avait toujours sa porte derrière
son dos, dit encore à sa mère :
« Ah ! si tu savais, ma mère,
que cette porte me charge. —
Mais, gros bête, laisse la donc
tomber ! »*

*Jean laissa tomber la porte
juste à l'instant où le cuisinier
goûtait les bouillies et que les
autres voleurs comptaient l'argent qu'ils venaient de voler, et
elle tomba sur le manche de la
spatule, ce qui fit couper la
langue au pauvre cuisinier
sans lui faire point d'autre
mal (2).*

*Les voleurs crurent que c'é-
tait le diable qui leur tombait
dessus. Ils se sauvèrent tous,
celui qui avait la langue coupée, le dernier, en beuglant
comme un veau, ce qui fit encore davantage peur aux autres.*

*Quand le Jean et la Jeanne
virent que les voleurs étaient
partis tout de bon (réellement),
ils descendirent de sur leur chêne, ils ramassèrent l'argent que*

---

1. Dans le sens de mendiant, on dirait *puvre*.
2. [Cet épisode rappelle le passage du *Pèlerinage Renart*, où Bernard l'archiprêtre se laisse choir de son arbre sur les loups.] L. C.

y'uron pe vivre tranquileman la reste de zieu dzô.

les voleurs avaient oublié et ils eurent pour vivre tranquillement le reste de leurs jours.

LE PIU È LA PUZE.

Y'àvô ènne vòe on piu é ènne puze qu'étèn marëyi ansonèn. Mé le piu mur é la puze piur.

Y'avô a couté du yë qu'ò la puze bélô ènne tzire que l'antandi, le la deci : « Qu'é que t'ô, puze, que tu piur ? — A bèn, le piu é mour ! — Pusque le piu é mour é que te piur, dze va danci. » Le ban que se tròvô a couté de la tzire deci : « Qu'é que t'ô, tzire, que te dance ? — A bèn ! le piu é mour, la puze piur é mòe dze dance ! — Mòe, dze va m'écarquevala ! » Le verou qu'étô a la pourte, que vi le ban que s'écarquevalô, le demandi : « Qu'é que t'ô, ban, que te t'écarquevale ? — Le piu é mour, la puze piur, la tzire dance, é mòe dze m'écarquevale. — E bèn mòe dze va verota. » On meuyan que pôçô dan la còr pe prandre ènne pôlàye demandi u verou : » Qu'é que t'ô, verou, que te verôte ? — A bèn le piu é mour..., etc. ! — Pusque y'é san, dze va m'épieumaci ! » E le meuyan ali yova dan le pra, se puzi deçu le sôze qu'é dacoute la fonténe é se miti a s'épieumaci ! La fonténe que l'avisô fére le demandi : « Qu'é que t'ô, meuyan, que te t'épieumace ? — Y'é le piu qu'é mour, la puze, etc... ! — E bèn mòe dze va sòeti ! » (3)

La Twènnète que venô tzor-

LE POU ET LA PUCE (1).

Il y avait une fois un pou et une puce qui étaient mariés ensemble. Mais le pou meurt, et la puce pleure.

Il y avait à côté du lit où la puce pleurait, une chaise qui l'entendit, elle lui dit : « Qu'as-tu, puce, que tu pleures ? — Eh bien ! le pou est mort ! — Puisque le pou est mort et que tu pleures, je vais danser. » Le banc qui se trouvait à côté de la chaise, dit : « Qu'as-tu, chaise, que tu danses ? — Eh bien ! le pou est mort, la puce pleure et moi je danse ! — Moi je vais trébucher (2) ! » Le verrou qui était à la porte vit le banc qui trébuchait, lui demanda : « Qu'as-tu, banc, que tu trébuches ? — Le pou est mort, la puce pleure, la chaise danse, et moi je trébuche. — Eh bien, je vais verrouiller ! » Un milan, qui passait dans la cour pour prendre une poule, demanda au verrou : « Qu'as-tu, verrou, que tu verrouilles ? — Eh bien ! le pou est mort...., etc... ! — Puisque c'est cela, je vais me plumer ! » Et le milan alla là-bas dans le pré, se posa sur le saule qui est à côté de la fontaine et se mit à se plumer ! La fontaine, qui le regardait faire, lui demanda : « Qu'as-tu, milan, que tu te plumes ? — Eh bien ! le pou est mort, la puce, etc... ! — Eh bien, moi je vais tarir (ou sécher).

Antoinette qui venait cher-

---

1. [Cf. *Romania*, VI, 244.] L. C.
2. « Trébucher » ne donne pas le sens d'*équarquevala*, qui veut dire « faire du bruit avec ses jambes comme un cheval qui tombe. »
3. La racine de *sòeti* est *sòe* = « soif ».

tzi de l'éye pe fére le pan,
demandi a la fonténe : « Qu'é
que t'ô, fonténe que t'ô sòeté?
— A bèn le piu é mour... etc.
— Pusque y'é san, dze va cròyi
mé tepèn. » E la Twènnon cròyi
sé dou tepèn !

Quan le revènci a la mwizon,
son pére la demandi :«Twènnon,
c'man qu'i fé que te ne m'apour-
te pwèn d'éye? — A ! y'é le
piu... etc...é mòe dz'é côça mé
tepèn ! — A bèn si le piu ...etc,
mòe dze va rotzi ma pôte a la
còr. » E a rotzi sa pôte a la còr!

cher de l'eau pour faire le pain
demanda à la fontaine : « Qu'as-
tu, fontaine, que tu as séché? —
Eh bien ! le pou est mort.... etc. !
Puisque c'est cela, je vais casser mes pots ! » Et Antoinette
cassa ses deux pots !

Quand elle revint à la maison,
son père lui demanda : « Antoinette, comment cela se fait que
tu ne m'apportes point d'eau?
— Ah ! c'est le pou.... etc... et
moi j'ai cassé mes pots ! — Eh
bien si le pou.... etc... moi je
vais jeter ma pâte à la cour ! »
Et il jeta sa pâte à la cour !

LA TZACE U LOU

Ènn' an-né, a la fèn dé se-
nâye, on lou mandzò teu lé
mwiton u pére Dzanou. On
sòe Dzanou deci a sa fène : « I
fòdra pretan éçàyi de tué cele
sòle bête ! — E bèn t'irò a l'és-
pèr é te le teuverô. — O ! te di
bèn, tòe, mé i m'annouye de y'ala
tô su, vèn avwi mòe é pi dz'yi-
ré. »

La Marëye, que n'étò pô
pouruze, ali teu lé sòe a l'és-
pèr avwi s'n'òme, mé i ne viron pô le lou ; é u bô de ui dzò
le pére Dzanou ne voli pôi retor-
na.

Le san-madi, la Marëye
y'ali tôte sule, le tròvi le lou é
le le tuï bïan !

Quan le revènci, le révëyi
vite s'n'òme : « Liye-te tòtzuite
p'ala qu'ri le lou, dze vèn de le
tué. »

Y'apourteron le lou a la grandze é i vènceron se cutzi. Dzanou deci a sa fène : « I ne fò
pô dère que y'é sòe qu'a tué le
lou, di don que y'é mòé, pa ce
que nóté vòezèn, le pére Yôdon
é léz ôtre me farèn trô anradzi.
— Alon ! s'i te fé se piézi, dze
d'ré que y'é tòe que l'a tué. »

Le pouvre pére Dzanou savò
bèn que sa fène deré bèn tô de

LA CHASSE AU LOUP

Une année, à la fin des semailles, un loup mangeait tous les
moutons du père Jean. Un soir
Jean dit à sa femme : « Il faudra pourtant essayer de tuer
cette vilaine bête. — Eh bien,
tu iras à l'affût et tu le tueras!
— Oh! tu dis bien, toi, mais cela
m'ennuie d'y aller tout seul,
viens avec moi et alors j'irai! »

La Marie qui n'était pas peu-
reuse alla tous les soirs à l'affût
avec son mari, mais ils ne virent pas le loup, et au bout
de huit jours, le père Jean
ne voulut pas y retourner.

Le samedi, la Marie y alla
toute seule, elle trouva le loup,
et elle le tua bien !

Quand elle revint, elle éveilla vite son mari : « Lève-toi
tout de suite pour aller chercher le loup ; je viens de le tuer. »

Ils apportèrent le loup à la
grange et ils vinrent se coucher.
Jean dit à sa femme : « Il ne
faut pas dire que c'est toi qui as
tué le loup, dis donc que c'est
moi, parce que nos voisins, le
père Claude et les autres, me feraient trop enrager ! — Allons!
si cela te fait tant plaisir, je dirai que c'est toi qui l'as tué. »

Le pauvre père Jean savait
bien que sa femme dirait bien

même que y'étô lèye qu'avô
tué le lou, l'étô bèn éri c'man
léz ôtre, le ne pevô pô ampétzi
sa langue d'ala.

Pandan que la Marëye dre-
mô, le pére Dzanou se levi tô
bal'man, al ali qu'ri on pyèn
baçan d'éye q'ua vreci dan le
yë, bian à couté de sa fëne, é
on petron deçu sa tzemize.
Quan i fi le matèn, que le se
révëyi, le cru que l'avô pici
u yë : « Elà ! më n'òme, dz'é bian
pici u yë, mé te n'i dero pô, léz
ôtre me larèn bèn trô dévyi.
— Akeute, dze vu bèn n'an
ran dëre, mé te ne derô pô éri
que y'é tòe qu'a tué le lou !
— N'àye pô pou, dze ne vu ran
en dëre ! »

C'man su dzô étô ènn' dimantze, le pére Dzanou ali a la mëce.
Al arvi u bòr on p'tvon trô de
bonure, é a se seti yova deçu
le ban qu'é devan le pére Dzâc ;
a se miti a raconta c'man al
avò bian tué le lou tô su. « Vô
vèndré le vòe apré la mëce, al é
delé dan nòt' grandze, y'é on
biô, dze ne pòyo côzi pô l'a-
porta. »

Dzuste a su moman, la Ma-
rëye pôçô éri qu'alô a la mëce :
« O que de van ! que le deci.
—Alon, cuize te don, s'i zy'a de
van, y'a bèn éri ot'tzuze dan ton
yë ! » que répondi le pére
Dzanou.

tout de même que c'était elle
qui avait tué le loup, elle était
bien aussi comme les autres,
elle ne pouvait pas empêcher sa
langue d'aller.

Pendant que la Marie dor-
mait, le père Jean se leva tout
doucement, il alla chercher un
plein bassin d'eau qu'il versa
dans le lit à côté de sa femme,
et un peu sur sa chemise. Quand
ce fut le matin, qu'elle s'éveilla,
elle crut qu'elle avait pissé au
lit : « Hélas ! mon homme, j'ai
bien pissé au lit, mais tu
ne le diras pas, les autres me
feraient bien trop endéver. —
Ecoute, je veux bien ne rien en
dire, mais tu ne diras pas non
plus que c'est toi qui as tué le
loup ! — N'aie pas peur ! je ne
veux rien en dire ! »

Comme ce jour était un dimanche, le père Jean alla à la
messe. Il arriva au bourg un
peu trop de bonne heure, et
il s'assit là-bas sur le banc qui
est devant le père Jacques ; il se
mit à conter comment il avait
bien tué le loup tout seul. « Vous
viendrez le voir après la messe, il est là-bas dans notre grange, c'est un beau ! je ne pouvais
presque pas l'apporter ! »

Juste à cet instant, la Marie
passait aussi, qui allait à la
messe : « Oh ! Que de vent ! dit-
elle ! — Allons, tais-toi, s'il y a
du vent, il y a bien autre chose
dans ton lit ! » lui répondit le
père Jean.

LA LIVRE ANSORCELA

Le pére Françòe étô on bon
keuré, mé al émô on p'tion
trô la tzace. Teute lé dimantze,
apré la mëce, a prenô son fuzi
é al âlô fére on tòr du coûté de
la Ruzire é du Bou de Rotze ; é
sovan a n'étô pô reveni pe dëre
lé vépre, é lé tzantu étèn dobledz-
zi de lé dëre tô su. I finitron
p'être anneuyi de su métier.

LE LIÈVRE ENSORCELÉ

Le père François était un bon
curé, mais il aimait un peu trop
la chasse. Tous les dimanches
après la messe, il prenait son
fusil, et il allait faire un tour
du côté de la Rouzière et du
bois de Roches ; et souvent il
n'était pas revenu pour dire les
vêpres, et les chantres étaient
obligés de les dire seuls. Ils fi-

Le pére Benòe qu'étô on malèn é que convétzô bian dé se-
gré, voli fére ènn' farce u keuré, mé a n'an dèci ran a preçòne.

La dimantze apré, c'man
d'abitude le keuré va a la tzace
a trouve ènn' grouce livre, al
la fou on cou de fuzi, mé i ne
la lë pwèn de mô ! A retzardze
son fuzi, é on môman apré a
vòe ancor la livre qu'étô s'ta
deçu son cu é que se fàyô la
barbe avwi sé pate de devan.

A s'ann'apretze ancòr on
cou é la tire san la fére pwèn de
mô. La livre ne se sôvi toudzë
guére lwèn ! Anfèn le keuré fi
se bian qu'al ùzi tòte sa poudre
san pevòe tué la livre. A vi
bèn que l'étô ansorcela. A revènci a la keure, retzardzi son
fuzi é bénilzi le cou. Apré a
retorni vòe la livre. L'étô toudzë a pu pré a la méme andrë:
a s'an apretze, l'alinre bian é
sare le dzakyon. Su cou i la co-
pi ènn' tzambe de devau, mé
lë se sôvi bèn toudzë é le keuré ne la revi pô.

Quan a s'an vènci, i l'atandèn
p'ala vòe le pére Benòe qu'étô
côzi mour. Al y'ali tôtzuite. Le
pére Benòe étô an éfé bian
malade, mé negueun ne savô ce
qu'al avô ! Le keuré le bâyi
le deri sacreman, é an l'i bâyan,
a vi qu'i lë mancô on bra.
A dévini bèn totzuite ce que
y'étô que sa livre ansorcela ! é
le pére Benòe le dèci bèn éri
avan de meuri que y'étô lui.

Dépi su tan le pére Françòe
ne retorni pieu a la tzace.

nirent par être ennuyés de ce
métier !

*Le père Benoît qui était un
malin (rusé) et qui connaissait
bien des secrets, voulut faire
une farce au curé, mais il n'en
dit rien à personne.*

*Le dimanche suivant, com-
me d'habitude, le curé va à la
chasse, il trouve un gros lièvre,
il lui tire un coup de fusil,
mais il ne lui fait point de mal!
Il recharge son fusil, et, un instant après, il voit encore le lièvre qui était assis sur son dér-
rière et qui se faisait la barbe
avec ses pattes de devant.*

*Il s'en approche encore une fois,
et le tire sans lui faire point de
mal. Le lièvre ne se sauva toujours guère loin. Enfin le curé
fit si bien qu'il usa (brûla)
toute sa poudre sans pouvoir
tuer le lièvre. Il vit bien qu'il
était ensorcelé. Il revint à la
cure, rechargea son fusil et bénit le coup. Après cela, il retourna vers le lièvre. Il était
toujours à peu près au même
endroit : il s'en approche, le vise
bien et presse la détente. Cette
fois, il lui coupa une jambe de
devant, mais il se sauva bien
toujours, et le curé ne le vit
plus.*

*Quand il s'en vint, on l'atten-
dait pour aller voir le père Benoît qui était presque mort. Il
y alla tout de suite. Le père Benoît était en effet bien malade,
mais personne ne savait ce qu'il
avait. Le curé lui donna le dernier sacrement, et en le lui donnant, il vit qu'il lui manquait
un bras. Il devina bien immé-
diatement ce que c'était que son
lièvre ensorcelé ! et le père Benoît lui dit bien aussi avant
de mourir que c'était lui.*

*Depuis ce temps, le père Fran-
çois ne retourna plus à la chasse.*

LE SANTEGNON.

On dzô dan ènne cetève co-
mune, i se trôvi on Santenγon
é dou moncieu dan la méme
ôbèrdzo.

A gouta, la cuizenirè sarvit-
zi antre ôtre tzuze on grou pôlé
é dou pèndzon.

Lé dou moncieu se sarvitron
lé premi, i prenèron tzacon on
pèndzon. Le Santenγon que léz
avizô fére ne savô pô ancô trô
que dère, mé a ne s'épouri pô:
« A ! y'é don tzacon s' n'wazrô ?»
É an dγan san a preni le polé
dan s'n' acième é a le mandzi tôt
an pyèn !

K'man i n'avô pô gran ôtre
fricô, lé dou moncieu feron bian
atrapa, mé y'avèn tour é i ne
deyeron ran. Mé apré gouta,
ayan de prandre zieu café, y'aleron à l'étrôbʳe é i côperon la
queuve du meulé u Santenγon.

Pandan qu'i prenèn zieu café,
le Santenγon ali éri vòe son
meulé. Quan a vi qu'al avô la
queuve côpa, a dévini bèn tôtzuite qù'é que l'avô fa san. A
preni son k'tiô é a fandi la gour-
dze é dou tzevô dé moncieu
tanc que côzi a la cëme de la
tète. A retorni vé lé moncieu é
a se miti a rire : « A ! a ! a !
se vô savô ! vôté dou tzevô an
bèn tan ri de vòe que mon
meulé avô la queuve copa qu'i
se son fandu la gueule tan qu'é
deuvez orèlγe !

LE LOU É LE RENA

Enne vòe le Lou é le Rena
s'antandron pe fére on viar de
mòeti.

K'man su viar étô lwèn de

LE SAINT-IGNON (1).

*Un jour dans une petite com-
mune, il se trouva un St-Ignon
et deux messieurs (2) dans la
même auberge.*

*A dîner, la cuisinière servit
entre autres choses un gros poulet et deux pigeons.*

*Les deux messieurs se servi-
rent les premiers, ils prirent
chacun un pigeon. Le Saint-
Ignon qui les regardait faire ne
savait pas encore trop que dire,
mais il ne s'effraya pas : « Ah !
c'est donc chacun son oiseau ? »
Et en disant cela il prit le poulet dans son assiette et il le mangea entièrement.*

*Comme il n'y avait pas beau-
coup d'autres plats, les deux messieurs furent bien attrapés, mais
ils avaient tort et ils ne dirent
rien. Mais après dîner, avant
de prendre leur café, ils allèrent à l'écurie et ils coupèrent
la queue du mulet appartenant
au St-Ignon.*

*Pendant qu'ils prenaient leur
café, le St-Ignon alla aussi voir
son mulet. Quand il vit qu'il
avait la queue coupée, il devina
bien de suite qui lui avait fait
cela, il prit son couteau et il
fendit la bouche des deux chevaux des messieurs jusque presque au haut de la tête. Il retourna vers les messieurs, il se mit
à rire : « Ha ! ha ! ha ! si vous
saviez ! vos deux chevaux ont
bien tant ri de voir que mon
mulet avait la queue coupée,
qu'ils se sont fendu la bouche
jusqu'aux deux oreilles.*

LE LOUP ET LE RENARD (3).

*Une fois le loup et le renard
s'entendirent pour faire un écobuage de moitié.*

Comme cet écobuage était

---

1. St-Ignon : habitant de la commune de St-Igny-de-Vers.
2. Probablement deux commis voyageurs.
3. [Cf. *Romania*, VIII, 596,] L. C.

zieu mwizon, i pourteron a gouta. I pourteron on tepèn de mi é ènne dôzon-ènne de gôfre.

Le Rena qu'è fényan é gorman fi bèn dastou lô. V'la ce qu'a fi pe ne pô mé travâyi : a fi sambyan que quecon le crèye é répon : « Hé !... A bèn dz'i va ! »

Le Lou demandi ce que y'é : « O ! y'é mon frére Dzan que me crèye p'ètre paron-èn, dze va vite y'ala, é dze revèndré pe vite encòr ! » A fi sambyan de parti, mé al ali dan ènne petète cadòle qu'ô y'avèn mi zieu gouta, é a mandzi tròe gôfre avwi du mi.

Quan a revènci, le Lou le demandi k'man qu'al avô apala son fiu : « Mimi prèmi ! »

Tôt é dou contineuveron de piéci, mé le Rena se lôci bian vite, é a fi ancore k'man le premi cou : « Hé ! A wi ! a bèn dz'i va tôtzuite ! » E a dèyi u Lou : « Y'é bian la fène a noton Flebè que vèn d'acutzi, é i me crèyan p'ètre paron-èn ! »

E al ali ancòr vòe le tepèn de mi é lé gôfre. Çu cou, y'étô on Mimi segon qu'a venô de batizi.

Enne tròezième vòe a retorni vòe le tepèn de mi.

Anfèn midi arvi é lé dou pièçu de viar aleron gouta, mé i ne tzômô côzi pieu de gofre é ancòr mwèn de mi.

Le Rena deci u Lou : « T'ô mé travâyi que mòe, mandze ce que tzoume, dz'atandré bèn ! Matan que y'é premiye quéque tzèn que noz ara mandzi nôton gouta. »

Le Lou ne compreni pô qu'é qu'étô le voleur, é a goutyon a fi dobledzi de se sara ancore la crepire.

loin de leurs maisons ils portèrent à dîner. Ils portèrent un pot de miel et une douzaine de gaufres.

Le renard, qui est fainéant et gourmand, fut bientôt las. Voilà ce qu'il fit pour ne pas plus travailler. Il fit semblant que quelqu'un l'appelle, et il répond : « Hé ! Eh bien, j'y vais ! »

Le loup demanda ce que c'est : « Oh ! c'est mon frère Jean qui m'appelle pour être parrain, je vais vite y aller, et je reviendrai plus vite encore ! » Il fit semblant de partir, mais il alla dans une petite cabane où ils avaient mis leur dîner, et il mangea trois gaufres avec du miel.

Quand il revint, le loup lui demanda comment il avait nommé son filleul : « Mimi (1) premier ! »

Tous deux continuèrent de piocher, mais le renard se lassa bien vite, et fit encore comme la première fois : « Hé ! Ah oui ! Eh bien, j'y vais tout de suite ! » Et il dit au loup : « C'est bien la femme de notre Philibert qui vient d'accoucher, et ils m'appellent pour être parrain ! »

Et il alla encore voir le pot de miel et les gaufres ! Cette fois, c'était un Mimi (1) second qu'il venait de baptiser.

Une troisième fois il retourna voir le pot de miel.

Enfin midi arriva et les deux piocheurs d'écobuage allèrent dîner, mais il ne restait presque plus de gaufres et encore moins de miel.

Le renard dit au loup : « Tu as plus travaillé que moi, mange ce qui reste, j'attendrai bien ! Probablement que c'est par là quelque chien qui nous aura mangé notre dîner. »

Le loup ne comprit pas qui était le voleur ; et à goûter, il fut obligé de se serrer encore la ceinture.

---

1. Pour rendre exactement il faudrait dire *Miel-miel.*

LE COUVAN DE CIUNI.

LE COUVENT DE CLUNY.

Légende

Y'avô dan le tan on four couvan de mwèn-ne a la cëme de
Sèn Rigô, é Sèn Rigô étô yon
de celé mwèn-ne.

Apré la mour de çu gran
sèn, i vènci si tèleman de mwèn-
nè dan çu couvan qu'i n'i pôyèn
pieu teu teni.

Yon de celé mwèn-ne qu'étô
maçon é que s'apalô Brenou
deci : « I nô fô bôti ènn'ôtre couvan ! — Wi, mé qu'ô qu'i fô le
bôti ? — E bèn ! dze va caràyi
mon martyô ann'èr, é qu'ô a
tzara nô bôtitran su novyô couvan. »

Brenou rotzi dou son martyô
de maçon qu'ali tzére qu'ô é
Ciuni asture.

Awi dòzëz ôtre mwèn-ne, i
botitron le couvan de Ciuni !

*Il y avait dans le temps un
grand couvent de moines à la cime du Saint-Rigaud, et Saint
Rigaud était un de ces moines.*

*Après la mort de ce grand
saint, il vint tellement de moines dans ce couvent qu'ils n'y
pouvaient plus tous tenir.*

*Un de ces moines qui était ma-
çon et qui s'appelait Bernou
dit : « Il nous faut bâtir un autre couvent ! — Oui, mais où
faut-il le bâtir ? — Eh bien, je
vais lancer mon marteau en l'air,
et là où il tombera, nous bâti-
rons ce nouveau couvent ! »*

*Bernou jeta donc son mar-
teau de maçon, qui alla tomber
là où est Cluny à l'heure actuelle.*

*Avec douze autres moines, ils
bâtirent l'abbaye de Cluny.*

LE P'TON ET LA P'TONE

PETON ET SA FEMME

Enn'òme s'apalô P'ton é sa
fène P'tòne.

On dzô qu'i trâyèn de rave,
y'é le P'ton qu'ali fére a gouta.
Quan le gouta fi pré, a crëyi
la P'tòne pe veni gouta, mé la
P'tòne ne vènci pô é le trâyô
toudzë de rave.

Le P'ton nanvyi on lou pe
fére pou a la P'tòne ; mé le lou
ne voli pô fére pou a la P'tòne,
é le trâyô toudzë de rave.

Le P'ton nanvyi on tzèn pe
mourdre le lou, mé le tzèn ne
vóli pô mourdre le lou, le lou
ne vóli pô fére pou a la P'tòne,
é le trâyô toudzë de rave.

Le P'ton nanvyi on bôton
pe batre le tzèn ; mé le bôton
ne vòli pô batre le tzèn, le tzèn

*Un homme se nommait Peton
et sa femme Petonne.*

*Un jour qu'ils arrachaient
des raves, ce fut Peton qui alla
faire à dîner. Quand le dîner fut
prêt, il appela sa femme pour
venir dîner, mais la Petonne
ne vint pas, et elle arrachait toujours des raves.*

*Peton envoya un loup pour
faire peur à Pétonne, mais le
loup ne voulut pas faire peur à
Petonne, et elle arrachait toujours des raves.*

*Peton envoya un chien pour
mordre le loup ; mais le chien
ne voulut pas mordre le loup,
le loup ne voulut pas faire peur
à Petonne, et elle arrachait toujours des raves.*

*Peton envoya un bâton pour
battre le chien ; mais le bâton
ne voulut pas battre le chien, le*

ne voli....etc... é la P'tòne tràyô toudzë de rave.

Le P'ton nanv̇i du feuve pe brulé le bôton; mé le feuve ne voli pô brûlé le bôton, le bôton ne vôli pô tapa...etc... é la P'tòne tràyô toudzë de rave.

Le P'ton nanv̇i de l'éye pe tué le feuve; mé l'éye ne voli po tué le feuve, le feuve ne voli po, etc.... é la P'tòne tràyô toudzë de rave.

Le P'ton nanv̇i dou bu pe bòere l'éye; mé lé dou bu ne vòleron pô bòere l'éye, l'éye ne voli po tué le feuve, etc... é la P'tòne tràyô toudzë de rave.

Le P'ton nanv̇i on dzu é dé guv̇on pe làyi lé bu; mé lé guv̇on ne vòleron pô làyi lé bu; lé bu ne vòleron pô, etc... é la P'tòne tràyo toudzë de rave.

Quan le P'ton vi san, a nanv̇i dé ra pe rondzi lé guv̇on; lé ra se mitron a rondzi lé guv̇on, lé guv̇on se mitron a làyi lé bu, lé bu a bòere l'éye, l'éye à tué le feuve, le feuve a brûlé le bôton, le bôton a bàtre le tzèn, le tzèn a mourdre le lou, le lou a fère pou a la P'tòne.

La P'tone se miti a còri, é si dépi su moman le ne s'é pô arété, le cour encô toudzë!

chien ne voulut,... etc...et Pétonne arrachait toujours des raves.

Péton envoya du feu pour brûler le bâton; mais le feu ne voulut pas brûler le bâton, le bâton ne voulut pas frapper, etc... et Petonne arrachait toujours des raves.

Peton envoya de l'eau pour éteindre le feu; mais l'eau ne voulut pas éteindre le feu, le feu ne voulut pas, etc... et Petonne arrachait toujours des raves.

Peton envoya deux bœufs pour boire l'eau; mais les deux bœufs ne voulurent pas boire l'eau, l'eau ne voulut pas tuer le feu, etc... et Petonne arrachait toujours des raves.

Peton envoya un joug et des cordes pour lier les bœufs; mais les cordes ne voulurent pas lier les bœufs; les bœufs ne voulurent pas, etc... et Petonne arrachait toujours des raves.

Quand Peton vit cela, il envoya des rats pour ronger les cordes: les rats se mirent à ronger les cordes, les cordes se mirent à lier les bœufs, les bœufs à boire l'eau, l'eau à éteindre le feu, le feu à brûler le bâton, le bâton à battre le chien, le chien à mordre le loup, le loup à faire peur à Petonne.

Petonne se mit à courir, et si depuis ce moment elle ne s'est pas arrêtée, elle court encore toujours!

LÉ COU DE ZIEU

Twèn-non étô on bon garçon, mé a n'étô pô dé pe malèn. Al âvô bian anvèye de se marv̇i, mé a ne savo pô k'man i faló fère p'ala cortizi. Son pére le y anseunv̇i: « Quan t'irô vòe lé fëye, te lé derô de petete bétize, dé nv̇anceri pe lé fère rire. »

Lé méme sòe mon Twèn-non ali vòe lé fëye, é a lé dëyi

LES COUPS D'YEUX

Antoine était un bon garçon, mais il n'était pas des plus rusés. Il avait bien envie de se marier, mais il ne savait pas comment il fallait faire pour aller courtiser. Son père le lui enseigna: « Quand tu iras voir les filles, tu leur diras des petites bétises, des niaiseries pour les faire rires. »

Le même soir mon Antoine alla voir les filles, et il leur dit

dé petéte bétize é dé nvanceri.
Tô le sôe a deci : « Dé ç'tëve
bétize, de nvanceri ! de ç'tëve
etc. » Lé fëye rëyeron bèn, mé
i le preneron p'on bredén qu'al
étô bèn an éfé, é i se môqueron
bian de sòe.

Le landeman al i raconti a
son pére. « Mé, nvan que t'é, i
n'é pô c'man san qu'i falô fére !
Nô lé di qu'i son brôve, que nô
léz éme bian, nô lé bâye de cou
de zieu, nô lé pènce lé teton, nô
léz ambrace, é te va vòe qu'i t'è-
meran bèn ! é qu'i se marëye-
ran bèn avwi-tòe. »

Twèn-non ne compreni pô
k'man i falô fére pe bâyi de
cou de zieu é fëye : « Si dze lé
rôtze méz ieu, dze ne va pieu
vòe ciar ! » E v'là ce qu'a fâyi :
avan d'ala vëyi, al antre a
l'étrôbye é mwiton, son pére
avô ènne dôzon-ènne de fâye,
a léz avanti léz ieu a teute, é
a parti vôe lé fëye avwi ç'léz ieu
dan sa potze. Su cou a n'ali pô u
méme andrë que la premire vòe.

Quan al arivi é qu'a fi s'ta, a
se miti a san-yi séz ieu de
fâye pandan qu'a dëyô é fëye
qu'i son bian brôve, qu'a léz
éme bian ! Mé quan a voli pènci
lé teton a yeune, a pènci se
four que le se miti a crëyi, le
se retòrni et le le fouti ènne
zifle. Twèn-non fi dòbledzi de se
sôva.

Pandi su tan, son pére qu'avô
antandu sé fâye que poucèn de
cri k'man s'nô léz avô étran-yi,
ali vòe ce que y'avèn, a preni
ènne lampe é al antri a l'étrôbye.

Quan a vi que y'avén teute léz
ieu avanta, a deci : « O ! le
bredén, y'é bian lui qu'm'a fa
su cou. dze le teuveré quan a re-
vèndra. »
A preni on grou tracion, é a
se catzi deri le portô pe l'atan-

des petites bêtises, des niaiseries.
Tout le soir il dit : « Des petites
bêtises, des niaiseries, des petites etc... » Les filles rirent bien,
mais elles le prirent pour un
idiot qu'il était bien en effet, et
et elles se moquèrent bien de lui.

Le lendemain, il le raconta à
son père. « Mais, niais que tu es,
ce n'est pas ainsi qu'il fallait
faire ! On leur dit qu'elles sont
jolies, qu'on les aime bien, on
leur donne des coups d'yeux, on
leur pince les seins, on les embrasse, et tu vas voir qu'elles
t'aimeront bien ! et qu'elles se
marieront bien avec toi. »

Antoine ne comprenait pas
comment il fallait faire pour
donner des coups d'yeux aux
filles : « Si je leur jette mes yeux,
je ne vais plus voir clair ! »
Et voilà ce qu'il fit : avant
d'aller veiller, il entre dans
l'étable des moutons, son père
avait une douzaine de brebis,
il leur arracha les yeux à toutes, et il partit voir les filles
avec ces yeux dans sa poche.
Cette fois il n'alla pas au même
endroit que la première fois.

Quand il arriva et qu'il fut
assis, il se mit à jeter des coups
d'yeux de brebis pendant qu'il
disait aux filles qu'elles sont bien
jolies, qu'il les aime beaucoup !
Mais quand il voulut pincer les
seins à une, il pinça si fort
qu'elle se mit à crier, elle se retourna et elle lui donna une gi-
fle. Antoine fut obligé de se sauver.

Pendant ce temps, son père
qui avait entendu ses brebis qui
poussaient des cris comme si on
les avait entranglées, alla voir
ce qu'elles avaient, il prit une
lampe et il entra à l'étable.

Quand il vit qu'elles avaient
toutes les yeux arrachés, il dit :
« Oh ! le bête (idiot), c'est bien
lui qui m'a fait ce coup ! je le
tuerai quand il reviendra. »
Il prit un gros bâton, et il se
cacha derrière le portail pour

dre ! Sitou qu'al entri, a se miti a tapa deçu, mé se four que lé cou pétèn k'man dé cou d'écóçul

Twèn-non se sôvi, é dépi su moman dze ne sé pô ce qu'al é déveni.

l'attendre. Sitôt qu'il entra, il se mit à frapper dessus, mais si fort que les coups retentissaient comme des coups de fléau.

Antoine se sauva, et depuis ce moment, je ne sais pas ce qu'il est devenu.

SUR UNE DÉRIVATION POPULAIRE
DU PARTICIPE PASSÉ

Quand j'étais à Saint-Pierre[1], j'avais mon camarade Ricot, lequel n'eut jamais de chance. Il n'avait pas plutôt remonté sa montre qu'elle était « arrête »; voulait-il manger une pomme, il se trouvait qu'elle était « gâte »; voulait-il aller à la campagne, il était sûr de recevoir un aval d'eau et de rentrer tout « trempe »[2]; mangeait-il seulement deux livres de flageôles, il avait l'estomac « gonfle »; portait-il seulement trois ans une redingote, elle était « use »; se trouvait-il deux minutes à un courant d'air, encore bien qu'il eût deux onces de coton dans les oreilles, il avait tout de suite la gaugne « enfle ».

J'ai cité mon camarade Ricot parce qu'il n'avait pas de chance, mais à part cela, à Lyon, nous disons tous comme lui.

Il n'y a rien sans cause, et les corruptions mêmes ont leur logique. Je remarque que les six participes en question ont cela de particulier qu'ils sont de véritables adjectifs, c'est-à-dire qu'ils expriment un état, une qualité, et non une action. Ainsi Ricot ne disait pas : « Je

______

(1) [Il s'agit ici du palais Saint-Pierre, à Lyon, où sont installés les bureaux de l'architecture municipale et l'école des Beaux-Arts. Notre collaborateur Puitspelu est architecte de profession, philologue par goût, et fantaisiste par dessus tout.] L. C.

(2) « Trempe » se dit un peu partout en France.

suis *aime* de ma colombe ». Comme les puristes, il disait « je suis *aimé* ». Il ne disait pas : « Cette chanson est bien *chante* », mais « cette chanson est bien *chantée* ».

Nous disons d'une pomme qu'elle est *gâte*, mais nous disons d'une pièce de soie, qu'elle est *gâtée* (par le canut). Dans le premier cas la pomme a une qualité, dans le second la pièce subit une action.

Or je remarque encore que dans tous les adjectifs féminins français, la dernière syllabe est muette : cette boule est *creuse*, cette femme est *grosse*, cette fleur est *rose*. Dans « cette joue est *enflée* », il y a contradiction avec les autres adjectifs. Nous avons pris sur nous de la rectifier. Si nous avions pu, sur cette forme féminine, forger un masculin, nous n'y eussions point failli¹, mais, en présence de l'impossibilité, nous nous sommes bornés a faire d'*enfle*, *gâte* etc. des adj. des deux genres, comme *rose, colère, légitime*. On dit « ce doigt est *rose*, cette fleur est *rose* », nous pouvons donc dire « ce doigt est *enfle*, cette joue est *enfle* ».

Cette analogie s'est appliquée d'abord aux participes d'un usage plus fréquent. Elle se serait certainement étendue, si l'instituteur n'y eût mis bon ordre. Je le regrette.

PUITSPELU.
Lyonnais.

(1) [La formation d'adjectifs sur le radical des verbes est un vieux procédé de la langue française, et les adjectifs n'ont pas toujours la désinence féminine. Sur « asseürer » on avait fait « asseür ». Plusieurs des mots signalés ici se retrouvent dans les dialectes du midi. Voyez le *Dictionnaire* de Mistral aux mots *enfle, gounfle, gate, trempe, use.*] L. C.

LA BONNE FEMME AUX CENT ÉCUS

CONTE DE LA HAUTE-BRETAGNE (1).

Gn'y avait eune fa eun jieune gars et eune jieune fille, sa sœu, qui demeuraent o leu tante qu'été ben veille et qu'avait cent écus dans n'un vieux bas dans le fond de son ormouère.

L'jieune gars partit fère son tour de France et sa sœu restît o la tante.

Quand le gars eut fé son tour y revègn (revint) et demandît à sa sœu eyou qu'été leu tante.

— Ah mon pauv'frère, que dit la fille, ol est enterrée de cette mériennée (après-midi).

— Et les cent écus?

— Dam, mon gars, et les cent écus aussi, ol avé dit comme céla qué quand o moûré o voulé qué n'on mette les cent écus o ielle dans sa châsse.

— Ibécile, jé n'té creyas pas si bête, tu aras ben mieux fé d'les garder pour nous, et si cu'y renonce pour ta part, j'vas t'aller les chercher pour mo (moi).

Quand y fut nit (nuit), i'prit eune bêche et allit dans l'cimetière et déterrit la bonne femme et trouvit les cent écus o tout (avec elle).

Durant qu'y travaillé, i'passi par lé cimetière, un voleu o iun pourciau cué (tué), qu'il emportait dans n'eune pouche. Quand y vit un homme qui travaillé la nit (nuit) dans le cimetière, il eut poûe (peur) et j'tît (jeta) son fée (faix) et s'ensauvit. Quand c'est qu'laute vit la pouchée, il allit vâ (voir) c'qué c'était et quand y vit que c'té un pourciau :

— Ah v'là mon affère.

Il ôtit le pourciau de d'dans la pouche, mit sa tante à la place et s'en allit do (avec) l'pourciau sur son dos.

Queuque temps après, l'voleu s'dit qu'i' n'avé ren vu et que les môres (morts) n'ervenaint point. I'r'tournit dans l'cimetière et trouvit sa pouche : « Ah ! j'étas-t'y bête, v'là ben ma pouche i' avait ren du tout, c'qué c'est pas moins qu'la poûe !

I' r'mit sa pouchée sur son dos et s'en allit.

Quand il arrivit cez (chez) li, il dit comme cela à sa femme « Lève to et m'fé d'la soupe ; v'là un pourciau, et quand la soupe s'ra faite tu m'reveilleras, mo j'vas m'coucher. »

La femme se l'vit ben vîte et s'mit à délier la pouche, mais un des bras de la morte que le gas avé plée (plié) de force pour le fère entrer

(1) Publié par le *Vieux Corsaire de Saint-Malo*, janvier 1886 (Com. de M. Paul Sébillot). Le même thème se trouve avec des variantes dans un autre conte du même pays intitulé : *D'un vieux cheval et d'une vieille femme*. Sébillot, *Contes populaires*, 1re série.

dans la pouche vergit (se déplia) et donnit eune bonne claque à la femme qui s'ébériit (s'écria) :

— Ah mon pauv'homme, mée c'est un môre que tu as dans ta pouche !

— Qu'in (tiens) s'il avé été vivant j'aras pas pu l'mette dedans.

— Mée vère mée (mais oui certes) c'est eune femme.

— En dame ! à c't'heure mé v'là dans un vilain cas ; mée ça ne fé rin, n'y a not'vouesign qui dit comme cela qué n'on l'y vole ses choux. J'vas t'aller mette la bonne femme dans son clos, accorée a iun pommier o iun chou sous l'bras, et j'vas li dire après que gn'y a cor une bonne femme qu'est à i'y voler ses choux.

En effé i' mit la bonne femme à teni' rin qu'un p'tit conte un pommier et allit cez (chez) son vouesign.

— Eh, Turaud, v'là cor la veille qu'est dans ton clos à te voler des choux. O n'na cor iun sous l'bras.

V'là Turau qui print son fusil et qui tirit sus la veille (vieille). La v'là châte (tombée).

— Dame mon gars, te v'la dans d'vilains draps, cu (tu) as cué la pauv'e bonne femme-là pour un chou, cu auras pas dû tirer d'sus.

— A mon Dieu comment fère, j'vas être guillotiné.

— Non fé (non certes), si tu veux m'donner tras (trois) cents francs, j'vas ben t'en débarrasser.

— Oh la oui, j'veux ben et j'n'en dirai rin.

V'là not voleur qui prend la bonne femme sur son dos et la porte cez Monsieur Recteur. I' tapit à la porte ben fort :

— Monsieur Recteur, Monsieur Recteur, lev'ous (levez vous) ben vite ; v'là eune femme qui va mouri' à vot'porte.

Le pauv' prête (prêtre) se levi (leva) ben vite ; mée i ne trouvi pas ses hannes (son pantalon) et asseyit (essayait) de pouiller ses jambes dans les manches de sa soudène (soutane)...

— Mée dépéch'ous don ben vite ; o va mouri' sans confession et c'est vous qu'en s'rez l'auteur (la cause).

Enfigu (enfin) quand c'est que l'voleur ouït l'recteur qu'arriv', i' laissit châ (laissa choir) la bonne bonne femme.

— Ah Monsieur recteur ! la v'là morte, et vous v'là dans un vilain cas, mée s'ous (si vous) voulez me donner tras cents francs et votre vieux cheva' (cheval), j'vas v'zen (vous en) débarrasser.

Monsieur recteur li dit d'entrer en espérant (attendant) qu'y monti (montât) li chercher l'argent.

Le voleur vit dans le coin du fouyer (foyer) un vieux havet (espèce de petite fourche à deux dents dont on se sert dans les campagnes pour la cuisine) qui n'avé pus (plus) qu'une dent et le démandit au recteur..

Quand il eut son argent, il amouérit (arrangea) la bonne femme comme i' put sus l'cheva' et li (lui) lii (lia) le havet dans la main, de manière que quand l'cheva' bougeait le havet l'piquait et li donnit tras ou quatre bons coups d'fouet.

L'cheva' s'ensauvit au grand galop, et tant pus qu'i' courait, tant pus que l'havet l'piquait, de manière qu'y n'sarrêtit qu'ben lin (loin)

et trouvit dans l'bout d'un clos (champ) eyoù (où) qu'i' trouvît une
pouche pleine d'avouéne que les fermiers avaint lessée (laissée) là
durant qu'ils t'aint (étaient) à yen (à en) semer dans l'autre bout.

Quand l'fermier vit l'cheva' manger l'avouéne, i' criit su' la bonne
femme, et comme o n'li répondait point i' li dit : « Vieille sorcière ! tu
vas t'en aller do (avec) ton cheva' », et s'mit à couri' d'ssus, i' prit
son fouet par le p'tit-bout du manche et l'y en donnit un massacré (fa-
meux) coup su' la goule.

La bonne femme chéyit (tomba) et v'là tous ses ouvriers de li dire
qu'il avait eu grand tort de cuer (tuer) la pauvre bonne femme-là,
qu'allait a la forge fère raccomoder (réparer) son havet pour doux
tras (deux ou trois) goulées d'avouéne.

V'là l'fermier point fié (fier) qui leux dit comme cela que s'inn'
voulaint (s'ils ne voulaient) ren dire, iz allaint s'en aller fricasser d'zeux
(des œufs) et faire la noce toute la r'ciée (l'après-midi). Les ouvriers
dirent qu'i' voulaint ben.

I' r'greyit (il réinstalla) la bonne femme su' l'cheva' et donnit au
cheva' tras bons coups d'fouet.

Le cheva' partit et s'arrêtit dans n'un pré et s'mit à pâturer (paître) ;
une bonne femme qui passit par là au so (au soir) eut poûe (peur) et
s'en allit dire au primetère (presbytère) qué l'diaube (diable) était dans
n'un pré.

Monsieur recteur ne voulait pas crère (croire) ; mée la bonne femme
li dit de v'ni' o ielle (venir avec elle) et qu'olle allé li l'montrer (le lui
montrer).

Quand i' furent là, le recteur crut aussi li (lui) qu'c'était l'diabe, et
dit à la bonne femme et de dire et de faire dire dans la paroisse que
le lendemain matin gn'i' arait (il y aurait) eune procession pour chasser l'démon.

Dès au matign, vlà tout ce que n'i' avait de veilles bonnes femmes
qu'arrivaint au primetère et quand n'i' eut hardi (beaucoup) de monde,
les v'là tous partis en procession.

Mée quand l'cheva' qui n'féesé (faisait) ren dépée (depuis) huit
jours (jours) se mit à sauter et à couri' (courir), quand i' vit tant
d'monde, les prét' (prêtres) eurent poux et s'ensauvîtent, et tous ceux
qui pouvaint couri' les sieuvitent (suivirent) ; n'y avé pu par drére
(derrière) que les bonnes femmes o lous (avec leurs) bâtons qui di-
saint en se sauvant aussi ielles tant qu'o pouvaint : « Eh pourquo
(pourquoi) pas s'entr'attenre (s'entre attendre) ; et pourquo pas s'entr'attenre ? »

Et je n'sé pus c'quest devenue la bonne femme et l'cheva' après
cela.

PEUÇOT

CONTE EN PATOIS D'ILLE-ET-VILAINE (*Ercé, près Liffré*).

Peûçot était si p'tit, si p'tit, qu'un joû qu'i' plouvait, i' s'cutit (1) soû eune feille de brou (2). Sa méère hûchit (3) après li pour li donner sa graissée (4).

— Eioù qu't'es, Peûçot ?

— Soû eune feille de brou, qu'i' dit, et i' sortit dé d'ssous.

Une aut' faïs, la vache, respé d'vous, l'avalit, et i' restit tras joû's sans sorti' d'son vent'e.

Le trasième joû', i' sortit, et il était si ordous qu'i' faisait dôngier (5) ; sa méère le démerdit o de l'ève (6), et il allit courre par les clos. Quand i' fut lassé, i' s'mussit dans n'un treu (trou) de taôpe tout cont'e eune greusse roche. Comme i' qu'mençait à dormi', i' ouït l'galop d'un cheva'; était sti d'un marchand qui s'en venait d'la faïre, et qu'était do son chien. Comme i' faisait chaô et que l'endrait était ben ombré, i' descendit de dessus son cheva', l'attachit à eune grosse arb'e, et s'assit su' la roche. I' tirit sa bourse de ses hannes (7), et commençit à compter son argent : Eune, deùhe, trâs, quat', cinque, six. Quand i' tirit sa sixième pièce, i' oyait eune voix, quasiment comme ielle d'un guersillon (8), qui disait, aussi vitement qu'un traquet : Eune, deùhe, trâs, quat', cinque, six ! I' recommencit diqu'à tras faïs à compter, et tras faïs, i' ouït la p'tite voix de guersillon. Le marchand se colérit, et i' dit à son chien :

— C'est-i' taï, mon chien, qu'es à t'gaosser d'ma ? Si tu requ'-mences, j'vas t'écrabouï'.

I' se remit à compter sa pauv'argent, et Peuçot répétit cor après li. I' quit son chien, et recommencit à compter son argent, crayant que la faïs-là, i' serait ben tranquille. Mais i' ouit cor la p'tite voix de guersillon, qu'avait la mine de s' fout'e de li.

— C'est i', ta, mon cheva', qui t'amuses à t'gaosser d'ma! tais-ta, ou ben je t'qûrai (9) tout comme not' chien.

Le marchand se remit cor à compter sa pauv'e argent, et i' ouït cor la petite voix qu'avait la mine de s'fout'e de li. I' quit son cheva, et i' s'rassit, disant comme ça :

— A c't'heure, j'vas êt'e ben tranquille, pisqué je saîs tout sou' ici.

I' prit cor sa bourse et comptit : Eune, deùhe, tras, quat', cinque, six, sans se presser, et i' ouït le p'tit guersillon qui disait, quasiment aussi vite qu'un traquet : Eune, deùhe, tras, quat', cinque, six !

Du coup, i' se colérit si dusse, qu'i' s'en serait ben roulé dans la place. I' tirit son pistolet d'sa pouchette et dit :

<hr>

(1) Cacha. — (2) Lierre. — (3) Cria. — (4) Beurrée. — (5) Répugnance. — (6) Eau. — (7) Culottes. — (8) Grillon. — (9) Tuerai.

— Queue biab'e qu'est par ici ! si je l'ois cor eune faïs, 'est ma que j'vas quer. Eune... deuhe... tras... quat'e... cinque... six !

— Eune ! deûhe ! tras ! quat'e ! cinque ! six !

I' tirit son coup de pistolet, et se quit. Quand Peuçot vit qu'il était mort tout né, i' sortit de son étaupinière, et i' prit la pauv' argent du marchand.

Paul Sébillot.

CONTE EN PATOIS DE PROUVY

(CANTON SUD DE VALENCIENNES)

Recueilli par M. DEVANNE
Elève-maître de l'Ecole Normale de Douai (1)

LAICHE LA M'TIÈTE	**LAISSE-LA MA TÊTE**

Ed nou joun timps, el chimetière Saint-Roch, à Valinciennes, n'étot point si bin interténu qu'à ch'teur, et in trouvot des ossiaux (*aux* a un son entre *eu* et *au*) d'morts ed tous les côtés. A ch' t'époque-là, Bonvalet et Mouqueron étote in jour à d'viser in tiéte à tiéte avec in canette ed biére din l'cabaret k'in appelle el Café à guernoules. Mouqueron qui avot inn tiote zine, i racontot ses campanes conte les Bédouins et i disot qué rin au monde enn porrot li faire peur. « Rin dé ch'monte ichi, poussipe, qui dit Bonvalet, mais à m'mote que si té véyot des gins ed l'aute monde, té tronneros dins tes maronnes. Tiens, j'parie qué té n'oseros point tin d'aller au chimétiére éche nuit ichi, à minuit, ramasser inn tiéte ed mort et mé l'rapporter. — Ej' parie qu'si, qui dit Mouqueron; kosce qué nous parions ? — Inn boutèle ed champane à boire au café à Guernoules. — Cha m'va. Té verras in peu (*eu* a un son voisin de *au* en patois) si j'ai peur des r'venants. »

Dans notre jeune temps, le cimetière Saint-Roch, à Valenciennes, n'était pas si bien entretenu que maintenant (qu'à cette heure), et on trouvait des os de morts de tous les côtés. A cette époque-là, Bonvalet et Moucheron étaient un jour à causer tête à tête avec un litre de bière dans le cabaret qu'on appelle le Café à grenouilles. Moucheron qui était un peu grisé, racontait ses campagnes contre les Bédouins et disait que rien au monde ne pourrait lui faire peur. « Rien de ce monde ici, possible, dit Bonvalet, mais à ma mode que si tu voyais des gens de l'autre monde, tu tremblerais dans tes pantalons. Tiens, je parie que tu n'oserais point aller au cimetière cette nuit-ci, à minuit, ramasser une tête de mort et me la rapporter. — Je parie que si, que dit Moucheron, pour quoi parions-nous ? — Une bouteille de champagne à boire au café à Grenouilles. — Ça me va. Tu verras un peu si j'ai peur des revenants.

____

1. Ce conte, nous a été envoyé par M. Martin, professeur à l'Ecole Normale de Douai, à qui nous devons encore d'autres communications, que nous publierons ultérieurement.

Bonvalet, qui velot gagner sin pari, sin va s'mucher din l'chimetière in attindant Mouqueron. Ch'ti chi arrife jusse quind l'guetteux d'Valinciennes sonnot douze keu d'su l'cloqué, et i cache après inn tiéte ed mort. Po bin l'on d'duce qué Bonvalet i étot muché, i in vot tro quatt. Sin faire ni inn ni deux, i in ramasse inn. Comme i l'ténot din ses mains, v'là qu'i intind inn vo qui crie sü in ton lamintabe : « Voleur, laiche-là m'tiéte. » Mouqueron est interloqué, i jette bin vite l'ossiau in disant : « Tiens, lé v'là, t'tiéte. » Pi, s'ermettant, i in ramasse inn eutte. « Laiche-là m'tiéte, » qu'alle dit core el même vo. « Té couyonnes, fieu, qui dit Mouqueron, ch'n'est mi poussipe éque t'euches deux tiétes.» Et i importe trinquillemint el' coloquinte du trépassé.

Bonvalet a payé s'pari, mais i s'a bin gardé d'dire à Mouqueron qué ch'étot li qui avot crié din l'chimetiére.

Bonvalet, qui voulait gagner son pari, s'en va se cacher dans le cimetière, en attendant Moucheron. Celui-ci arrive juste quand le guetteur de Valenciennes frappait douze coups sur la cloche, et il cherche une tête de mort. Pas bien loin de l'endroit où Bonvalet était caché, il en voit trois, quatre. Sans faire ni une ni deux, il en ramasse une. Comme il la tenait dans ses mains, voilà qu'il entend une voix qui dit d'un ton lamentable : « Voleur, laisse-là ma tête. » Moucheron est interloqué, il jette bien vite l'os en disant : « Tiens, la voilà, ta tête ! » Puis, se remettant, il en ramasse une autre. « Laisse-là ma tête, » que dit encore la même voix. « Tu plaisantes, que dit Moucheron, ce n'est pas possible que tu aies deux têtes. » Et il emporte tranquillement la coloquinte du trépassé !

Bonvalet a payé son pari, mais il s'est bien gardé de dire à Moucheron que c'était lui qui avait crié dans le cimetière.

PROVERBES LIMOUSINS

Recueillis par M. BLANCHET
Instituteur à Sussac (Haute-Vienne)

O é passo di las vignas.

Il est passé dans les vignes (il a bu).

O aémo à léva lou coudé.

Il aime à lever le coude (à boire).

O a trapo in co dè soulé à l'oumbro.

Il a attrapé un coup de soleil à l'ombre (il a bu).

O aimo maé pyinte qu'u yo.

Il aime mieux pinte qu'un œuf (il aime à boire).

O é parti per lo gloiro.

Il est parti pour la gloire (il a bu).

O é parti per las canas.

Il est parti pour les canards (il a bu).

O a préé lo cliao do tchamps.

Il a pris la clef des champs (il s'est sauvé).

O creeu qué tout lou païs est plan.	*Il croit que tout le terrain est plan (il ne doute de rien).*
O a sinti quoqué fuun.	*Il a senti quelque fumée (il s'est douté de quelque chose).*
O a intindi bruhundi quaoquo moucho.	*Il a entendu bourdonner quelque mouche (il a appris quelque chose).*
O a lou piao di lo mo.	*Il a poil dans la main (il est paresseux).*
O est chao, ma io brûlé.	*Il est chaud, mais je brûle (il est adroit, mais je le suis davantage).*
Tu sé coumo St-Thoumas.	*Tu es comme St-Thomas.*
O sé couedgeo coumo las poulas.	*Il se couche en même temps que les poules.*
O sé couedgeo quand uhn met lou chis déforo.	*Il se couche quand on met le chiens dehors (à la nuit).*
Passa inté lous maçous n'an pas boucho.	*Passer où les maçons n'ont pas bouché.*
O é éto pré à lo migeo do po.	*Il a été pris à la mie du pain (en revenant pour manger à la maison).*
O n'est pas no à Paris.	*Il n'est pas allé à Paris (il ne connaît pas les usages du monde).*
Garda so lihnguo per mingea dos chos.	*Garder sa langue pour manger des choux.*
Gratta sous peur et sa piosés.	*Gratter ses poux et ses puces (se mêler de ses affaires).*
Uhn n'est pas à l'interromin d'un cho.	*On n'est pas à l'enterrement d'un chat (on n'a pas besoin d'être si sérieux).*
O a quoquo ré après so soupo.	*Il a quelque chose à manger après sa soupe (il est riche).*
O vo nous chanta las vêpras.	*Il veut nous chanter les vépres (dire ce qu'il ne sait pas).*
O é éto mettu à l'herbo.	*Il a été mis à l'herbe (il a reçu une punition).*
Cha Picard soun couégeo.	*Chez Picard sont couchés (il est trop tard).*
O n'in no païo l'ochado.	*Il en a puyé la sauce.*
Y s'intindin coumo 2 violounaérés.	*Ils s'entendent comme deux violonistes.*
Cliar coumo dé lo soupo dé boudihn.	*Clair comme de la soupe de boudins.*
Gardo tas couquillas per marida tas fillas.	*Garde tes coquilles pour marier tes filles.*
O n'o a pas culi dinh soun vargier.	*Il ne l'a pas cueilli dans son jardin.*
O n'est pas l'autour si lous crapaos n'an pas dé plumo.	*Il n'est pas la cause si les crapauds n'ont pas de plume.*

O est sur lou tapis.

Il est sur le tapis (sur la sellette).

O est bétio à mingeo l'herbo.

Il est sot à manger de l'herbe.

O est bétio à païa patento.

Il est sot à payer patente.

Quo vaé coumo lou sucré sur las perras.

Ça va comme le sucre sur les pierres.

O faro coumo las nèplas.

Il fera comme les nèfles (il s'amendera en vieillissant).

Lous gendarmas los séghian pas.

Les gendarmes ne le suivaient pas (il n'était pas pressé).

Aver las dents longeas coumo lou dé.

Avoir les dents longues comme le doigt (en rougir).

Fa maé dé fio qu'uhn n'o dé boué.

Faire plus de feu qu'on n'a de bois.

Per fa do fio faut do boué.

Pour faire du feu il faut du bois.

O rit in boursade.

Il rit en boursée (par force).

O a po dé sé négea di in crachat.

Il a peur de se noyer dans un crachat.

O né sé paégno pas in d'uhn clio.

Il ne se peigne pas avec un clou.

O né sé mocho pas in le coudé.

Il ne se mouche pas avec le coude.

O a gu in piao blanc.

Il a eu un cheveu blanc (il a eu peur).

O siro sagé quand las chabras poundran dos yos.

Il sera sage quand les chèvres pondront des œufs.

Qué bessa l'aégo.

C'est bêcher l'eau.

Changea 4 liards per in so.

Changer 4 liards pour un sou.

O findrio un piao per n'in ver lo meulo.

Il fendrait un cheveu pour en avoir la moelle.

O payoro lo sinmano dos 3 dijos.

Il payera la semaine des 3 jeudis.

Intra coumo n'ané dinh in mouli.

Entrer comme un âne dans un moulin.

Chercha lous vermés di las ciréjas.

Chercher les vers dans les cerises.

Qu'é no moucho dy no gorgeo dé loup.

C'est une mouche dans la bouche du loup.

O a planto lou pouro.

Il a planté le porreau (il est tombé).

Régarda lou diablé au périer.

Regarder le diable au poirier.

Tua lou diablé à couos dè bounet.

Tuer le diable à coup de bonnet.

Fa l'ané per ver l'avéno.

Faire l'âne pour avoir l'avoine.

O é coumo las roondrés, o né vo ni beuré, ni laissa beuré.

Il est comme les ronces, il ne veut ni boire ni laisser boire.

Faut passa per lo porto o per lo fénêtro.

Il faut passer par la porte ou par la fenêtre.

Qu'é bailla sou noillas garda au loup.

C'est donner ses brebis à garder au loup.

O faro bé dé grands pas in ter-ro mollo. — *Il fera bien de grands pas en terre molle.*

Qu'é infila dé las perlas. — *C'est enfiler des perles.*

A l'odour uhn couné lo flour. — *A l'odeur on connaît la fleur.*

Faut fa souna las cliochas. — *Il faut faire sonner les cloches.*

O é coumo lou papo. — *Il est comme le pape (infaillible).*

Gnioro dos chapeux dé resto. — *Il y aura des chapeaux de reste (il tombera des soldats).*

O li a rendu lo mounudo dé so péço. — *Il lui a rendu la monnaie de sa pièce.*

Per fa no mouletto faut cassa dos yos. — *Pour faire une omelette il faut casser des œufs.*

O sé fario pindré per in so. — *Il se ferait pendre pour un sou.*

Qu'é in prêto per in rendu. — *C'est un prêté pour un rendu.*

O a servi dé plat dé dessert. — *Il a servi de plat de dessert.*

O couneut lo dix-septièmo. — *Il connaît la dix-septième.*

Sérieux coumo un bounet dé né. — *Sérieux comme un bonnet de nuit.*

Quo né sé trobo pas di in pas de vacho. — *Ça ne se trouve pas dans un pas de vache.*

Mettré quaocu à lo rason. — *Mettre quelqu'un à la raison.*

O a déviro so chaosso gaocho. — *Il a retourné son bas gauche (pour éviter les sorciers).*

Uhn li forio diré qu'o n'o pas dé chomiso. — *On lui ferait dire qu'il n'a pas de chemise.*

Uhn li forio créré qué las lébrés batissin sur lou choné. — *On lui ferait croire que les lièvres bâtissent sur les chênes.*

Quand l'épino naé uhn couné si lo piquoro. — *Quand l'épine naît on connaît si elle piquera ou non.*

Etre di l'oli buillin. — *Etre dans l'huile bouillante.*

Etre di in plé sa dé rats. — *Etre dans un plein sac de rats.*

Gno pertout no légo dé méchon chami. — *Il y a partout une lieue de mauvais chemin.*

Na pourta do fé à las poulas. — *Allez porter du foin aux poules (vous m'ennuyez).*

Qu'é lou diablé à confessa. — *C'est le diable à confesser.*

Né fo pas li gratta doré l'oreillo. — *Il ne faut pas lui gratter derrière l'oreille.*

Co li a mettu lo pisé di l'oreillo. — *Ça lui a mis la puce à l'oreille (donné envie de faire).*

Intré lou ceu et lo terro gno dos arringeomins. — *Entre le ciel et la terre il y a des accommodements.*

Uhn né po pas souna lo cliocho et ségré lo proucessie. — *On ne peut pas sonner la cloche et suivre la procession.*

O faé coumo l'écrabisso. — *Il fait comme l'écrevisse.*

Na au boué sans serpo. — *Aller au bois sans serpe.*

Plégia soun proufié di no feuillo dé persil. — *Plier son profit dans une feuille de persil.*

O a chabo dé fa riré. — *Il a fini de faire rire (il est mort).*

Si chaqué mercier pourtavo au marcho soun panier per vendré sas peinas, o lou tournorio.

Si chaque mercier portait au marché son panier pour échanger ses peines, il le rapporterait.

Si quélo finno n'o pas d'aégo di sous sers, lo n'in auro di sous huers.

Si cette femme n'a pas d'eau dans ses seaux, elle en aura dans ses yeux (sera malheureuse).

Countin coumo no graolo qu'importo in calao.

Content comme un corbeau qui emporte une noix.

Mintur coumo n'arrachur dé dints.

Menteur comme un arracheur de dents.

Qu'é ta boun sé sao qué sé sala.

C'est aussi bon sans sel que sans salaison.

Quand o n'i sirio pu, l'uhn né liorio pas lous ios per lo quo.

Quand il n'y serait plus, on ne lierait pas les bœufs par la queue.

Quand l'oillo a couminço déna au blé, faut qu'élo y'ané

Quand la brebis a commencé d'aller dans le blé, il faut qu'elle y revienne.

Quand lo soupo est facho, faut lo mingea.

Quand la soupe est faite, il faut la manger.

Quand lo poulo chanto, lo vo pouné.

Quand la poule chante elle veut pondre (quand on parle de quelque chose, on le désire).

O faro quoquo ré si las mouchas lou cuin pas à couo des pied.

Il fera quelque chose si les mouches ne le tuent pas à coups de pied.

Fo préné l'argin per ço qu'o vao.

Il faut prendre l'argent pour ce qu'il vaut.

Téné lou bé di l'aégo à quocu.

Tenir à quelqu'un le bec dans l'eau.

Quo sé nano in d'un bouri des favas.

C'est parti comme un brimborion de haricots.

O parlavo dé las grossas dints.

Il parlait des grosses dents.

Trapa quoqua ré au sao dé lo pisé.

Empoigner quelque chose au saut de la puce.

Né faut pas tua tout ço qu'è gras.

Il ne faut pas tuer tout ce qui est gras.

Né faut pas tua toutas las mouchas qué piquin.

Il ne faut pas tuer toutes les mouches qui piquent.

Né faut pas préné toujours lou chat per lo quoua.

Il ne faut pas prendre toujours le chat par la queue.

N'est pas tin dé ferma l'écurio quand lou chavao est parti.

Il n'est pas temps de fermer l'écurie quand le cheval est parti.

<hr>

CHANSON EN PATOIS DE SÉEZ (SAVOIE)

Envoyée par M. POSSOZ, instituteur à Séez

LES TROIS SORTES DE GARÇONS

Volié-vo saveï vèro l'y a de sorté (1)
Dé garçon dein ci paï?
Dé teimpône, dé tranquillo (2)

E poué d'emmôrti.
E voz atré, fillé,
Qué eï l'einvia dé vo marià,

Chouési su cellé treï cliassé,

Prendé ço qui vo fa.

Voulez-vous savoir combien il y a de sortes
De garçons dans ce pays?
Des turbulents, des tranquilles,
Et des endormis.
Et vous autres, filles,
Qui avez l'envie de vous marier,
Choisissez sur ces trois classes,
Prenez ce qu'il vous faut.

Lu tranquillo vo in veillé

Quant i fait bon tein,
I von quan lé net son lonzé,

I reston pa tan longtein,

Lo pi tar a dziz heuré.
I reston pa tan dé pli.
Dés cou son za rédui dein leu mégnazo,

Et bien sovein endroumi.

Les tranquilles vont aux veillées
Quand il fait bon temps.
Ils vont quand les nuits sont longues,
Ils n'y restent pas si longtemps,
Le plus tard à dix heures.
Ils restent pas tant de plus.
Des fois, (à cette héure là) ils sont déjà rentrés dans leur ménage,
Et bien souvent endormis.

Luz emmorti sorteïchon
Quant i cheinton santà.
I von devan la pôrta
Pé lu vèré passâ.
Qnant i son devan la pôrta,

I cheinton la freï,
S'en retournon déré la couà délle vacé
Avoué lu peü tu dreï.

Les endormis sortent,
Quand ils entendent chanter.
Ils vont devant la porte
Pour les voir passer.
Quand ils sont devant la porte,
Ils sentent le froid.
Ils s'en retournent derrière la queue des vaches,
Avec les cheveux tout droits.

(1) L'*e* final des mots, sans avoir plus de valeur que l'*e* muet français, se prononce comme l'*é* aigu.

(2) Les *o* et les *a* finals des mots n'ont pas plus de valeur qu'en provençal et dans les langues méridionales. Dans le cas contraire ils portent un accent.

Lu teimpôné vont in veillé	*Les turbulents vont aux veillées,*
Presqué toté les net.	*Presque toutes les nuits.*
Lo matin arruvé,	*Le matin arrive,*
I savon pa ço qu'i on fai,	*Ils ne savent pas ce qu'ils ont fait :*
Dé bêtisé devan lé fenésré	*Des bêtises devant les fenêtres,*
E dé sottisé didein,	*Et des sottises dedans (dans la maison).*
Veï-vo ichi ço qui arruvé	*Voyez-vous ici ce qui arrive*
Inco lo pi sovein.	*Encore le plus souvent.*
Si vo prènde on garçon tranquillé,	*Si vous prenez un garçon tranquille,*
To lo mondo i é contein.	*Tout le monde est content.*
I dion : Veï-vo ichi na fillé	*Ils disent (on dit) : Voici une fille*
Qui attrapé bien :	*Qui attrape bien.*
A prein on garçon tranquillé,	*Elle prend un garçon tranquille,*
A sa bien travaillé,	*Elle sait bien travailler,*
Sarà na fenna heureusa,	*(Elle) sera une femme heureuse,*
L'ara de qué misé.	*Elle aura de quoi manger.*
Luz emmorti on leu magnèré	*Les indolents ont leurs manières*
Aussi pè travaillé,	*Aussi pour travailler.*
E quant i son avouë la fenna	*Et quand ils sont avec la (leur) femme.*
L'é jamais pè s'amuger,	*Ce n'est jamais pour s'amuser.*
E dein leur magnèré	*Et dans leurs manières*
Son n'a vouéra truë pesan.	*(Ils) sont un peu trop pesants,*
E dein dave eü trei compagné (1)	*Et dans deux ou trois campagnes (années)*
I on na nicha d'éfan.	*Ils ont une nichée d'enfants.*
Lu teimpôné travaillon	*Les lurons travaillent*
Tozor ein s'amujein,	*Toujours en s'amusant.*
L'é ço qu'i fat à la fenna	*C'est ce qu'il faut à la femme*
Pé l'i passa lo teim.	*Pour lui passer le temps.*
Et l'i qui é mai preü conteinta	*Et elle qui est encore assez contente*
Aussi dé son la :	*Aussi de son côté :*
« Z'ari preï on millionairé,	*« Si j'avais pris un millionnaire,*
« Z'ara pa miu attrapa.»	*Je n'aurais pas mieux attrapé. »*

(1) *Campagne* est pris ici dans le sens d'année. C'est un terme emprunté aux ouvriers émigrants.

Vo poudé prend' esemplo	*Vous pouvez prendre exemple*
Su citta sanson.	*Sur cette chanson.*
L'é preu pas tan lonzé,	*Elle n'est pas si longue,*
Lé n'a rien qu'ôn bocôn.	*Elle n'a rien qu'un morceau.*
Lo coplet lo plus véritablé (1)	*Le couplet le plus véritable*
I sé trouvé esré lo déré :	*Se trouve être le dernier :*
Si vo vollié esré fenna heureusé,	*Si vous voulez être femme heureuse.*
Prendé lu teimponé.	*Prenez les lurons.*
Qaui l'a fai la sansônnetta	*Qui a fait la chansonnette,*
L'é un viù garçon.	*C'est un vieux garçon,*
Ein sé rétirein d'in veillé,	*En se retirant des veillées,*
Na net qu'àl érè piôn.	*Une nuit qu'il était saoûl.*
L'ét alla demandà de véillé à sa maîtressà,	*Il est allé demander de la veillée à sa maîtresse,*
Lui a pa volliu eüvri,	*(Elle) n'a pas voulu lui ouvrir,*
Il a fait la sansônnetta	*Il a fait la chansonnette*
Pè l'eingriuzé dé pli.	*Pour l'agacer de plus (davantage).*

(1) C'est-à-dire celui qui contient le plus de *vérités*.

DÉPOUILLEMENT DES PÉRIODIQUES FRANÇAIS

CONSACRÉS AUX TRADITIONS POPULAIRES (1)

Mélusine.—*Juillet* 1887.—L'antropophagie (suite).—Notes sur Madagascar (suite), par M. Max Leclerc. — Contes Haoussas (suite), par M. René Basset. — La Haute Bretagne au XVIe siècle (suite), par M. A. de La Borderie. — Corporations, compagnonnages et Métiers (suite). — *Le Plongeur* (suite). — Bibliographie.

Août. — L'antropophagie (suite). — Notes sur Madagascar (suite), par M. Max Leclerc. — Corporations, compagnonnages et métiers (suite). — Le monde fantastique en Haute-Bretagne, par M. Ad. Orain. — Les trois Conseils de Salomon, par M. H. Gaidoz. — Les contes populaires de M. Luzel, par M. H. Gaidoz. — Chansons populaires de la Basse-Bretagne (suite). — Les yeux arrachés (suite). — Quelques idées de sauvages (suite). — Bibliographie.

Septembre. — L'antropophagie (suite). — Alexandre-le-Grand, par M. F. M. Luzel.— Les rites de la construction, par M. Aug. Gittée.— Corporations, compagnonnages et métiers (suite). — Devinettes de la Météorologie (suite). — Les oreilles, par M. H. Gaidoz. — Bibliographie.

Revue des Traditions populaires (2).— *Juillet* 1887.— Deux mythes sur l'ours, par A. Lang. — Facéties normandes. IV. La lune prise au piège, par G. Sauvage.— Renaud et ses femmes, chanson wallonne, par A. Gittée. — La légende de Didon. I. Dans l'Extrême-Orient, par H. Cordier. — Facéties populaires, par L. Brueyre. —

(1) Nous nous proposons de donner régulièrement le dépouillement des périodiques français consacrés aux traditions populaires, sans préjudice de l'indication, dans les notices bibliographiques, des textes patois qui seraient publiés dans ces recueils.

(2) M. P. Sébillot a bien voulu relever pour nous les articles intéressant les patois qui figurent dans le premier volume de la *Revue des traditions populaires*. On en trouvera l'indication dans les *Notices bibliographiques*. Nous devons encore à M. Sébillot d'utiles compléments aux notices bibliographiques publiées dans nos deux premiers numéros. — La Société dont la *Revue des traditions populaires* est l'organe, vient de faire paraître, sous le titre d'*Annuaire*, un fort joli volume, où nous signalerons notamment (p. 85) une bibliographie du folk-lore français en 1886, et (p. 97) des instructions très détaillées pour les collecteurs de traditions populaires.

Les coquillages de mer, par P. Sébillot. — Berceuses bretonnes. I. Le roitelet, par l'abbé Abgrall. — Les treize grains de blé noir, conte de l'Ille-et-Vilaine, par O. Havard. — La sorcellerie et le mauvais œil dans la Cornouaille anglaise (suite), par Lach Szyrma. — Sobriquets et superstitions militaires. V. Armée française, par M. Bayon. — Galaffre, légende bourguignonne, par L. Fontaine. — La chanson du Sifflet, par F. Fertiault. — Extraits et lectures, par A. Certeux. — Bibliographie. — Périodiques et journaux. — Notes et enquêtes.

Août. — La grande Ourse, par C. Ploix. — La fille déguisée en dragon, chanson de la Franche-Comté, par C. Beauquier. — Payer le tribut à César, conte breton, par F. M. Luzel. — La légende de Didon. II. En Angleterre. Légendes parallèles, I, par P. Sébillot. — Contes populaires flamands, par P. de Mont. — La Ménagère et le Meunier, chanson du Périgord, par P. Mounet. — Sobriquets et superstitions militaires. VI. Le sort des flèches chez les Musulmans, par A. Certeux. — Les Roseaux qui chantent, conte de la Haute-Bresse. A propos de ce conte et des contes en partie chantés, par P. S. — Les insectes malfaisants. Origine des insectes à piqûre, par L. Brueyre. — Origine des puces, des moustiques, des mouches et des poux, par P. Sébillot. — Ivan, fils de paysan, conte russe, par L. Sichler. — Nécrologie. Louis de Ronchaud. — Extraits et lectures : le roi boit, conte du Jura, par L. de Ronchaud. — Bibliographie. — Périodiques et journaux. — Notes et enquêtes.

Septembre. — Les héros d'Ossian, I, par L. Brueyre. — Berceuses et rimaillettes bretonnes (suite), par l'abbé Abgrall. — Sobriquets et superstitions militaires. VII. Le tirage au sort en Belgique, par A. Harou. — Légendes chrétiennes de l'Oukraine, I, par E. Hins. — Le poème de Kourrouglou, par L. Bonnemère. — Faits de sorcellerie dans la Prusse orientale, par G. de Rialle. — Les Mines et les Mineurs. III. Les Génies des mines, par P. Sébillot. — Le Blanc et le Jaune, conte poitevin, par R. M. Lacuve. — Les Eaux thermales et minérales. II. Origine. III. La découverte des sources, par A. Certeux. — Contes populaires flamands (suite), par P. de Mont. — Usages de moisson, par F. Fertiault. — Extraits et lectures. L'enfant saint Simon (*The nation*). — Bibliographie. — Périodiques et journaux. — Notes et enquêtes.

La Tradition.— *Juillet* 1887.— Les anciens conteurs. II. Les aventures de Til Ulespiègle, par H. Carnoy. — Media-Res, légende des Pampas, par J. Desplas. — Poèmes de la Tradition. I. Le roitelet, par E. Blémont. — La légende des chats parlants, par C. Buet. — En revenant des Noces, chanson populaire recueillie, par C. de Sivry. — La chanson de Marguerite, dans le Faust de W. Gœthe, par le Dr Stanislao Prato. — Les Sornettes de ma grand'mère. I. Jean Jeannot, par L. Dauphin. — La Retraite illuminée d'Auxerre, par M. Lorin. — La Pierre tremblante de Fairdhu, tradition écossaise par R. Mac Gwenlyne. — A travers les Livres et les Revues, par E. de Warloy. — Bibliographie, Henry Carnoy. — Périodiques et journaux. — Notes et enquêtes.

Août. — Monstres et Géants. III. Lyderic et Phinaert, par A. Desrousseaux. — La légende de la Bergeronnette, nouvelle, par C. Lancelin. — Contes du vieux Japon. III. Momotaró, traduit par J. Dautremer. — Ce matin je me suis levée, Chanson populaire, recueillie par C. de Sivry. — Les Géants de la Montagne et les Nains de la Plaine, par A. Certeux. — Horizons, poésie, par Ed. Guinand. — Les Russes chez eux. La petite Russie. II. Kiev. Le Raskol, par Ar. Sinval. — Sonnets mythologiques. I. Aux pieds d'Omphale. II. Tantale. III. Prométhée, poésies par C. Fuster. — La Chaire du Diable. Légende du Bocage normand, par V. Brunet. — Le Démon Mahidis, extrait des Choses vues, de V. Hugo. — Vocero, poésie de A. des Essarts. — La Saint-Martin, chanson de la Bresse, recueillie par C. Guillon. — A travers les Livres et les Revues, par C. de Warloy. — Bibliographie, H. Carnoy. — Notes et enquêtes.

Septembre. — Le pêcheur de Port-Miou, légende provençale, par J.-B. Bérenger-Féraud. — Les Fées de France, nouvelle, par A. Daudet. — Les trois Galants, chanson de la Bresse, recueillie par G. Vicaire. — La fille du Geolier, chanson populaire recueillie par C. de Sivry. — Mœurs et superstitions japonaises. I. Le Renard, par H. Gamilly. — La Dame de Montigny-le-Ganelon, par E. Maison. — Fanchy, poésie de A. Millien. — La littérature populaire. II. Opinion de Ch. Nodier. — La Fiancée du Conscrit, poésie de Ch. Grandmougin. — Le Père Licoquet, conte champenois, par F. Chevalier. — Quand on est marié, chanson du Bugey, recueillie par H. Bidault. — Le Chat, roi des Forêts, légende russe, par H. Carnoy. — A travers les Livres et les Revues, par C. de Warloy. — Bibliographie, par A. Gittée.

NOTICES BIBLIOGRAPHIQUES

Ain

J. Tiersot. — *Les noces de l'alouette et du moineau* (dans *Revue des Trad. pop.*, I, 3).

C. Guillon. — *Devinettes de la Bresse* (dans *Revue des Trad. pop.*, I, 20).

C. Guillon. — *La Saint-Martin, chanson recuelllie à Ceyzenat* (dans *la Tradition*, I, 157).

Alpes-Maritimes

J.-B. Andrews. — *Giouan Braguetta, chanson de jeux mentonnaise* (dans *Revue des Trad. pop.*, II, 126).

Anglo-Normand

Stengel. — *Onze nouveaux manuscrits du Brut en prose* (dans *Zeitschrift für romanische philologie*, X, 278). Cf. *Romania*, XVI, 154.

Auvergne

Berceuse auvergnate (dans *Annuaire des Traditions populaires*, Paris, Maisonneuve, 1887, p. 33).

Les noces du pinson et de l'alouette, chanson de l'Auvergne (dans *Revue des Trad. pop.*, II, 110).

Bancharel. — *Les veillées auvergnates* (Aurillac, Bancharel). Cf. *Revue des Trad. pop.*, II, 237.

Bretagne

P. Sébillot. — *Sur les limites du breton et du français* (in-8º de 8 pages. Paris, Hennuyer, 1878. Extrait des *Bulletins de la Société d'anthropologie*).

Le même : *La langue bretonne, limites et statistique* (in-8º de 29 pages, avec 6 cartes. Paris, Leroux, 1886. Extrait de la *Revue d'Ethnographie*, janvier-février, 1886.

Legonidec. — *Extrait du glossaire breton, ou recueil des expressions surannées ou rustiques usitées dans la ci-devant province de Bretagne* (dans *Mémoires de la Société des Antiquaires*, t. IV, 1823, p. 322-337).

Pour la Haute-Bretagne, voy. aussi *Ille-et-Vilaine*.

Calvados

C'est par inadvertance que, dans le dernier numéro de la *Revue des patois*, p. 143, les études sur le patois de la Hague ont été placées sous la rubrique « Calvados ». Voyez ci-dessous l'article *Manche*.

Cantal

L. Farges. — *Proverbes et devinettes de la Haute-Auvergne* (dans *Revue des Trad. pop.*, I).

Catalogne

Le poème barcelonais en l'honneur de Ferdinand le Catholique (dans *Romania*, XVI, 92 ; article complémentaire).

Mussafia et Emile Lévy. — *Corrections au « Livre de Courtoisie »* (dans *Romania*, XVI, 106).

La *Zeitschrift für romanische philologie* (X, 343), dans son compte-rendu du numéro de janvier 1886 de la *Romania*, fait d'importantes remarques critiques sur les *Proverbes de Guilhem de Cerveyra*.

Rubio y Ors. — *Noticia de la vida y escritos Corrèze de D. Manuel Mila y Fontanals* (Barcelone, Jepus Rovizalta, 1887).

Corrèze

Champeval. — *Proverbes bas-limousins* (Tulle, Damien Serre). Cf. *Revue des Trad. pop.*, II, 333.

Côte-d'Or

A. Durandeau. — *Chanson bourguignonne de 1604, chantée par les membres de l'infanterie Dijonnaise* (dans *Revue des Trad. pop.*, I, 204).

Le même : *Poèmes bourguignons d'Aimé Piron, avec une préface de L. Crouslé* (Dijon, chez tous les libraires).

Côtes-du-Nord

Conte en patois du littoral des Côtes-du-Nord (dans *Acta comparationis litterarum universarum Clausembourg*, n° CXCI, 1886).

Créole

Voy. *Haïti*, *Louisiane*, *Maurice (île)*.

Dordogne. [1]

« *OEuvres* de Pierre Rousset. Nouvelle édition revue, corrigée et augmentée de pièces inédites, publiée par J. B. L. (Lascoux), avec

[1]. Les présentes notices, relatives au département de la Dordogne, nous sont fournies par M. Michel Hardy, l'obligeant bibliothécaire de la ville de Périgueux.

des notes et des éclaircissements » ; Sarlat, imp. Dauriac, 1839. — In-8 de 110 pages.

« *Lo Disputo de Baccus et de Priapus*, coumpoùzado per lou sʳ Rousset, de Sorlat, et noubélomen publiado per J. B. L. (Lascoux) » ; Sarlat, imp. Dauriac, 1841. — In-8 de 8 pages.

« *Lou jolous otropat ou los Omours de Floridor et d'Olympo, de Rozillou et d'Omelito et dé lo margui*, coumedio coumpouzado per lou siour Rousset, de Sorlat, l'an 1645. » Première édition, Sarlat, Colombet, 1676. — 2ᵉ éd., Sarlat, Robin, 1751. (V. *Essai de Bibliographie périgourdine*, par A. de Roumejoux ; Sauveterre, J. Chollet, 1882, in-4, col. 203. — Recueil d'opuscules et fragments en vers patois, extraits d'ouvrages devenus rares, par G. Brunet ; Paris, Gayet et Lebrun, 1839, p. 66. — P. Rousset aurait en outre publié à Sarlat, en 1676, des *Comédies* et une pièce de vers intitulée *Le Solitaire*.)

« *Testomen dou Rey Louis sézé* » ; Périgueux, vᵉ Faure imprimeur, s. d. — 4 pages in-4. — Traduction attribuée par M. Dujarric-Descombes à M. Paul-Eméric Cellerier, ancien sous-préfet, décédé à Murat en 1837. V. *Bulletin de la Soc. Arch. du Périgord*, t. XIII, 1886, p. 254.

« *Lo sauo dau paubré* », Angoulême, imp. E. Grobot, s. d. — 3 pages in-16.—Chansons patoises faites à Nontron sur M. de Sainte-Aulaire fils, candidat à la députation, 1845. (Note de M. L. Lapeyre).

« *Martelout, lous rats dé cavo é lous commis de l'octroi dé lo villo dé Périgueux, en l'onnado 1814.* — Poémé en potois Perigourdi, coumposa per J.-Bⁱᵒ. Morteyrol, qu'èro olors sécrétari en chef dé lo sous-préfecturo dé Périgueux » ; Périgueux, imp. Dupont, 1847, in-8 de 15 p.

« *Prumiéro eiglogo de Virgilo*, verseü Périgourdino, suivont lou potois que parlen ô Excideuil é din sous environs, » par J.-B. Morteyrol ; Périgueux, imp. Dupont, s. d. — In-8 de 8 pages.

« *Recueil de fables patoises*, » par P. Lachambeaudie ; Périgueux, imp. Dupont, 1857, in-16 de 11 pages.

« *Tchonsou sur l'ar doou rénard et doou courbeou*, par R. N. (Napoléon Raynaud), dé Périgueux, o l'ooucosiou délo vôto dé Coulougney» ; Périgueux, imp. Faure et Rastouil, s. d. — 3 pages in-8.—Napoléon Raynaud, coiffeur à Périgueux, mort le 5 janvier 1858. (Note de M. L. Lapeyre).

« *Première églogue de Virgile*, traduite en vers patois, suivie des imprécations de Cariou, par Guillaudoux de Marsaneix (Jules Perrot)» ; Périgueux, imp. Rastouil, 1863, in-16 de 16 pages.

« *Mousur Magno*, poémé par un payson dé Périgueux (M. Sabin-Lacombe) » ; Paris, imp. Paul Dupont, 1866, gr. in-8 de 17 pages.

« *Lous bouqueis de lo Jano*, pouème perigourdi couronnat pel la Sociétat de las Lengas Roumanas, de Mounpelher, lou 31 mars 1875 (Texte et traduction française), per Augusto Chastanet » ; Périgueux, imp. Dupont, 1875, in-8 de 30 pages [1].

---

1. Nous avons déjà signalé cet ouvrage de M. Chastanet, ainsi que le suivant.

« *Counteis e viorlas.* — Lou curet de Peiro-Bufiero. — Un tour de Moussu Roumieu. — L'auseü que parlo. — Lou dous cuberts. — La depousiciou dau Frisat. — Davant Moussu lou méro. — Davant Moussu lou curet. — Davant Moussu lou juge. — Lou singe et lou chat, per Augustou Chastanet, felibre majourau » ; Riberac, C. Delecroix, 1877, in-8 de 31 pages.

« *Lous paradis de las Belas-Mais,* coumedio en un ate e en proso, qu'a outengut lou pris ou councours de la Soucietat felibrenco de Paris, » par Auguste Chastanet ; Montpellier, Hamelin, 1885, in-8 de 33 pages.

« *Counteis e viorlas.* — Lou curet de Peiro-Bufiero è lou chavau de Batistou, per Augusto Chastanet, felibre majourau » ; Périgueux, imp. Ronteix et Bonhur, 1886, in-8 de 20 pages, avec illustrations par L. Daniel.

« *Lo depousicion dou Frisat,* » par Auguste Chastanet ; — croquis par Zig-Zag ; — Périgueux, lith. Ronteix et Bonhur, s. d. (1886), in-8 de 7 pages.

Drôme.

L. Gallet. — *Chanson de mai, de la vallée du Rhône, Valence* (dans *Revue des Trad. pop.*, II, 200).

Eure.

Robin, Le Prévost, A. Passy et de Blosseville. — *Dictionnaire du patois normand en usage dans le département de l'Eure* (Evreux, Hérissey, 1879-82). Cf. le compte-rendu de M. Joret, dans *Romania*, XVI, 128.

Gard.

De Quatrefages. — *Le jaloux, version cévennole* (dans *Revue des Trad. pop.*, II, 64).

Garonne (Haute-).

Alma-Rouch. — *Le chant du bouvier* (dans *Revue des Trad. pop.*, I, 373).

Hainaut.

Harou. — *Souhaits de bonne année en Hainaut* (dans *Revue des Trad. pop.*, II, 8).

Haïti.

Dr Janvier. — *Berceuse haïtienne* (dans *Revue des Trad. pop.*, I, 21).

Du même. — *Conte créole* (dans *Revue des Trad. pop.*, I, 106).

Ille-et-Vilaine.

Décombe. — *Chansons populaires de l'Ille-et-Vilaine* (Rennes, H. Caillière, 1884, in-12 elzévir).

P. Sébillot. — *Traditions et superstitions de la Haute-Bretagne* (Paris, Maisonneuve, 1882, in-12 elzévir).

Le même. — *Coutumes populaires de la Haute-Bretagne* (Paris, Maisonneuve, 1886, in-12 elzévir). Cet ouvrage et le précédent contiennent beaucoup d'expressions patoises.

Le même. — *Essai sur le patois gallot*, 21 p. in-8 (Extrait de la *Revue de linguistique*, janvier 1877).

Le même. — *Contes populaires de la Haute Bretagne* (3 séries en 3 vol. in-18. Paris, Charpentier, 1880, 1881-82). Le dialogue de plusieurs contes est en patois.

Le même. — *Littérature orale de la Haute-Bretagne* (Paris, Maisonneuve, in-12 elzévir, 1881). L'un des contes est en patois, ainsi que plusieurs chansons, des formulettes et diverses pièces.

Article de P. Sébillot sur le *Glossaire patois d'Ille-et-Vilaine* de M. Orain, dans *Revue des Trad. pop.*, II, 44.

Italie.

Almanach de l'agriculteur valdotain (4 années parues. — Aoste, Louis Mensio). Cet almanach contient des proverbes dans le patois français de la vallée d'Aoste.

Lot-et-Garonne.

Télismart Bernard, de Casseneuil (Lot-et-Garonne). — *Prumié début d'un poèto gascou. Dus tsours passats al castel dé Birou*, poème en vers patois (Périgueux, imprim. Dupont, 1869. — In-8 de 36 p. avec portrait).

Le même. — *Crime d'Hautefaye... Horribles détails*, poésie gasconne (Périgueux, imprim. Cassard frères, 1871. — In-8 de 20 pages.

Louisiane.

Compair Chivreil et compair Torti, conte de la Louisiane (dans *Annuaire des Traditions populaires*, Paris, Maisonneuve, 1887, p. 60.

Compair Lapin et compair Bauki, conte nègre de la Louisiane (dans *Revue des Trad. pop.*, II, 166).

Manche.

Voyez ci-dessus l'article *Calvados*.

Compte-rendu de l'*Essai sur le patois normand de la Hague* de J. Fleury, dans *Romania*, XVI, 128.

Dans le numéro de juillet du *Literaturblatt für Romanische philologie*, M. J. Fleury, répondant à M. Gilliéron (voyez notre dernier numéro, p. 143) s'étonne qu'il veuille en remontrer à un homme qui a

vécu vingt ans dans le pays de la Hague, alors que lui-même, son
article le prouve, ne connaît pas le patois dont il parle. L'auteur explique ensuite qu'il n'a pas adopté de transcription scientifique, parce
qu'il a voulu rester intelligible. Il n'a pas grossi son vocabulaire,
parce qu'il ne pouvait se résoudre à inventer des mots. Enfin il s'est
attaché à certains détails, parce qu'il les a cru intéressants ; il éclaircit
en particulier ce qu'il a voulu dire à propos des verbes en *ai* (fr. *oir*)
comme « pleuvai », et que M. Gilliéron n'a pas compris. — M. Gilliéron, dit la rédaction du *Literaturblatt*, renonce à répondre.

Maurice (île).

Ch. Baissac. — *Histoire Loulou qui té voulé bourlé sa femme* (dans
Revue des Trad. pop., I, 14).

Morbihan.

Fouquet. — *Légendes du Morbihan* (Vannes, Cauderan, 1857, in-18).
On trouve dans cet ouvrage des expressions patoises.

Nièvre.

A. Millien. — *Pourquoué que n'on dit que les chavaus c'est du
monde* (Nᵒ XVII des *Contes des provinces de France* de P. Sébillot.
Paris, Cerf, 1884, in-18).

Nord.

L'armena d'Valinciennes, publication annuelle de la librairie Giard,
Valenciennes.

Normandie.

Sur le *Dictionnaire de patois normand* de H. Moisy, dont nous
avons publié un compte-rendu dans notre dernier numéro (p. 136),
voyez aussi *Romania*, XVI, 128.

Ch. Joret. — *Flore populaire de Normandie*. Nous espérons pouvoir publier bientôt un compte-rendu détaillé de cet ouvrage.

Picardie.

Conte en patois du Ponthieu (*Trop gratter cuit, trop parler nuit*)
dans les *Contes des provinces de France* de P. Sébillot (Paris, Cerf,
1884. — Nᵒ LXII).

Poitou

Mᴵˡᵉ Poey-Davant. — *Conte en patois du Poitou* (Nᵒ LVI des *Contes
des provinces de France* de P. Sébillot. Paris, Cerf, 1884).

Prusse française.

P. Sébillot. — *Le folk-lore de Malmédy* (dans *Revue des Trad. pop.*,
II, 174).

Armonac wallon do l'Samène, publié à Malmédy (Mâmdî, veuve H. Scius).

Savoie (Haute-).

Lacroix. — *Le pays de Gavot* (dans *Revue savoisienne*, 28ᵉ année, p. 260). Conteste l'opinion exprimée par M. Constantin dans un travail précédemment signalé (Voy. *Revue des Patois*, I, 157).

Seine-Inférieure.

Inscription en vers français placée dans l'église de Voules (dans *Bulletin de la Société des anciens textes français*, 1886, p. 93).

Suisse.

Voy. *Vaud (canton de)*.

Tarn-et-Garonne.

Mme N. A.-E. — *La mountado, randonnée de Tarn-et-Garonne* (dans *Revue des Trad. pop.*, II, 131.

La même. — *Les transformations*, version de Tarn-et-Garonne (dans *Revue des Trad. pop.*, II, 208).

Vaud (canton de).

Odin. — *Etude sur le verbe dans le patois de Blonay* (Leipzig, 1887).

Vienne.

Jean Brunet. — *La fontaine Saint-Martin*, légende (dans *Revue des Trad. pop.*, I, 147).

Vosges.

Sur la *Flore populaire des Vosges*, de M. Haillant, récemment couronnée par l'Académie des Inscriptions et Belles-Lettres, voy. *Romania*, XVI, 147.

Wallons (pays).

Sur les caractères dialectaux du Wallon, voy. Wilmotte, *Compte-rendu du Poème moral publié par Cloetta* (dans *Romania*, XVI, 118). Voyez *Hainaut* et *Prusse française*.

CHRONIQUE

Orthographe des textes patois [1]. — La consonne *l mouillé* tend à disparaître de la prononciation courante du français. Sans s'en douter, on la remplace ordinairement par une simple mouillure (sans *l*), par un simple *y*. Ainsi on écrit « haillon », mais on prononce le plus souvent « ha-yon. » On s'habitue ainsi à écrire avec des *l* un son qui en réalité ne contient pas cette consonne, et on transporte cette habitude dans la notation du patois. Nous invitons nos correspondants à distinguer avec soin les deux sons, et à représenter le premier (*l* mouillé) par *lʳ*, le second (simple mouillure) par *y*.

Les personnes qui écrivent du patois sont naturellement portées à employer des lettres parasites (qui ne se prononcent pas), analogues à celles qui existent dans l'orthographe française : par exemple on mettra un *h* devant le mot qui correspond à *hiver*, alors même qu'il n'y a pas d'aspiration, on terminera par *nt* les troisièmes personnes du pluriel, par *s* les secondes personnes du singulier, et les pluriels des noms et des adjectifs ; si le mot qui signifie « doigt » est *da*, on l'écrira non-seulement avec un *t* final, mais encore avec le ridicule *g* qui orne le mot français (*dagt* !!), on redoublera les consonnes en écrivant *dette* au lieu de *dète*, etc. On doit comprendre cependant qu'il vaudrait mieux n'écrire que les lettres qui se prononcent, si l'on veut rendre possible la comparaison des différents patois entre eux. Par exemple il y a des patois où l'article féminin pluriel se dit *las* (en faisant sonner *s* final), d'autres où cet article est *la*, sans *s*. Si, dans le second cas, on écrit aussi *las*, sous prétexte qu'il y avait *s* final en latin et que le mot français correspondant se termine par un *s* non prononcé, comment distinguera-t-on les deux formes ? Toutefois, comme il y a là une habitude dont nous n'espérons pas triompher du premier coup, nous supposerons toujours, à défaut de déclaration contraire, qu'on s'est conformé aux usages de l'orthographe française, aussi bien pour les lettres parasites que pour la notation des sons réels.

Publications annoncées. — La *Revue des Traditions populaires,* dans son numéro d'août, annonce que M. Félix Arnaudin va publier incessamment un volume de chansons populaires de la Grande Lande (partie nord du département des Landes) et des régions voisines. Le même auteur fera paraître incessamment un volume de contes populaires recueillis dans la même région.

1. Voyez *Revue des patois*, Avertissement du premier numéro, et Chronique du second (p. 159).

Doit paraître au mois de Janvier prochain, dans la Bibliothèque de la Faculté des lettres de Lyon (tome IV), la *Reproduction photolithographique du Nouveau Testament provençal de Lyon*, publiée avec une nouvelle édition du Rituel cathare par M. L. Clédat (Paris, Leroux, xxvi-480 pages in-8, sur papier de Hollande teinté; — Prix : 50 francs).

Le Gérant : E. VIEWEG.

Laval. — Imp. E. JAMIN, rue de la Paix, 41.

GRAN COMPIANCE

Fàte è vié patoi de Lai Bresse khu lai vie de

FRÈRE JEUSÈPHE,

LÉ SAIN ERMITE DÉ VÈTRON

GRANDE COMPLAINTE

Faite en vieux patois de La Bresse (Vosges) sur la vie de

FRÈRE JOSEPH,

LE SAINT ERMITE DE VENTRON

OBSERVATIONS PRÉLIMINAIRES

Comme son titre l'indique, le chant historique dont la *Revue* commence aujourd'hui la reproduction intégrale, a été composé en vieux patois de La Bresse, commune des montagnes des Vosges qui tient la tête de la vallée de la Haute-Moselotte concurremment avec les bifurcations parallèles de Xoulce (Cornimont) et Ventron.

Il nous paraît inutile de tracer une esquisse abrégée de l'histoire qui s'y déroule depuis la première strophe jusqu'à la dernière ; ce qui doit surtout exciter l'intérêt des lecteurs, c'est le dialecte particulier qu'il a le mérite de leur présenter dans sa pureté inaltérée, et avec une liberté d'allure égale à celle de la prose la plus dégagée des entraves de la versification. Une *monogra;*

phie de ce patois, qu'on regarde à bon droit comme le mieux caractérisé du nord-est de la France, a été publiée dans le « Bulletin de la société philomatique vosgienne » en 1887, et couronnée par la « Société d'émulation des Vosges. »

Bien que notre poème n'ait été composé qu'en ces dernières années, nous ne sommes pas moins en droit de dire qu'il est « en vieux patois de La Bresse », celui qui s'y parlait dans la première moitié de ce siècle, et de temps immémorial, avant la dégradation actuelle de son rare phonisme et de son précieux vocabulaire. Par les conditions de son existence, l'auteur n'a pu en parler ni en savoir d'autre ; mais aussi il l'a su et il le sait encore à la perfection. Nous pouvons donc renouveler ici l'assertion déjà émise dans la « Monographie » susdite, savoir, que nous donnons « une eau pure de roche « granitique puisée à sa source même. »

La prononciation et l'orthographe sont basées en général sur l'usage français. Il y a néanmoins certaines différences essentielles dans la prononciation ; et l'orthographe supprime, à trois ou quatre exceptions près, les lettres muettes et parasites, censées *étymologiques*. Ces particularités sont marquées dans le tableau suivant, que le lecteur voudra bien ne pas perdre de vue :

Dormantes ou intermittentes.

1° L'*e* sans accent est tout à fait muet ; ainsi : *le, me, te, se, de, ne,* = l', m', t', s', d', n' ; *bwadela* — babiller = bwadla, *kenókhe* — connaître = knókh'.

2° L'*l*, dans les pronoms personnels *el* — il, ils, ne s'entend que devant une voyelle initiale du mot suivant ; ainsi : *el vé* — il va = è vé, *el tēte* — ils étaient = è têt' ; mais *el a* — il est = èle, èl' a ; *el eukhle* — ils sortent = èle, èl' eukht'.

3º L's des monosyllabes *las, das, mas, tas, sas, ças, nôs, vôs, lôs, nōs, vōs, lôs,* etc. ne s'entend nonplus que devant une voyelle initiale du mot suivant : *Las ôme* — les hommes = lâz' ŏm' ; *las fôme* — les femmes = lâ fŏm', etc.

4º Le *t* de la conjonction *et* reste toujours muet, comme en français.

Voyelle-consonne *w*.

Au commencement des mots, et au milieu après les liquides *l, m, n* et *r, w* = vou ; en toute autre position, *w* = ou. Il forme toujours une diphthongaison.

Semi-voyelle *y* :

Elle n'est jamais qu'une euphonique, mouillant, ou diphthongant la voyelle suivante. Elle ne donne pas le son *ai* à l'*a* qui la précède.

Nuances des voyelles *e* sonore et *o* :

è = e ouvert et bref.
é = e fermé et bref.
ê = e ouvert et long.
ē = e fermé et long.
ë = eu, toujours faible et bref.
ŏ = o ouvert et bref.
ó = o fermé et bref.
ô = o ouvert et long.
ō = o fermé et long.

Différences de *ch*, de *g* doux et *j*, des voyelles *i* et *u* nasalisées et *h*, avec le français :

Ch, et *g* doux ou *j*, ne sont pas spirants et soutenus comme en français, mais explosifs et amollis comme en

anglais, en espagnol et en italien, c'est-à-dire que *ch*
= *ch* anglais, *ch* espagnol, *c* (devant *e* et *i*) italien, = *tch*
(sans toutefois laisser entendre le *t*) ; et *g* doux, *j* = *g*
doux et *j* anglais, = *g* doux italien, = *dge*, *dj* (sans laisser entendre le *d*).

I garde le son pur d'*i*, et *u* le son pur d'*u* dans les
syllabes nasales *in*, *un*. Toute *m* et toute *n* que ne suit
pas une voyelle ou une apostrophe est purement nasale.

H est toujours pleinement aspirée.

Articulation ou spiration palatale et graphisme *kh*,
qui n'existent pas en français :

Kh = *ch* allemand, *c'h* breton, *ch* latin, *j* espagnol,
ж russe, χ grec, *kh* de l'arabe et autres langues orientales.

Equivalences.

Ai = *ei* = *é* = et (conjonction).
Au = *ô*.
Ain = *ein*. *Iain* = *iein* = *ien*.
G doux = *j* ; *gea* = *ja* ; *geô* = *jô*, etc.

Relativement à la versification, la seule chose à noter,
c'est que l'*e* muet n'entre pas dans la mesure du vers ; il
ne pourrait y compter sans changer ce dialecte d'une si
belle physionomie dans la bouche des indigènes, en un
jargon ridicule, affreux, inintelligible. Il faut donc lire
et prononcer :

> « I ieu chanta lai saint' vie
> « Dè Frêr' Jeuséph' dë Vêtron,
> « Pou qu' ell' seusse in pô sêvie
> « Das kértiè qué lai khcoûtron.
> « Sé tó l' (= tól') mond' né pieu lai sere
> « Khu tele et tel' dè sas pwò,
> « Chaiqui sré euhou di hlẽre
> « Çu qu' (= k') pou lé li sòn'rê bwò. »

Les vers sont de sept syllabes, et de la structure la plus régulière sous les deux rapports de la mesure et de la rime.

La traduction française, aussi littérale que possible, placée en regard du patois, suffit rigoureusement pour donner l'intelligence précise même de tous les termes les plus étrangers au français. Quelques notes au bas des pages achèveront d'élucider ce que cette traduction pourrait encore y laisser de vague et de peu satisfaisant, en même temps qu'elles aideront à mieux saisir le caractère propre du dialecte.

HINGRE.

GRAN COMPIANCE
Fâte è vié patoi de Lai Bresse khu lai vie dé
FRÈRE JEUSÈPHE
LÉ SAIN ERMITE DÉ VÈTRON

In mó ai çõs que vouron ouyé chanta mai compiance.

1

I ieu chanta lai sainte vie
Dé Frère Jeusèphe dé Vètron,
Pou qu'elle seusse in põ sēvie
Das kértiè qué lai khcoûtron.
Sé tó le monde né pieu lai sēre
Trâ pou trâ khu pu d'in pwò,
Chaiqui sré euhou d'i hlēre
Çu que pou lé li sòneré bwò.

Wa-ce qué Frère Jeusèphe véné i monde ; sé lignaige ; sé jène tò jukhqu'ai lai mwõ de sai mère.

2

Dē-z-i â pâ ! Mé rcontaige
Aihonche pwa dîre l'umble audra
Et ca le põre, mâ brauve lignaige
Vou-ce qué me sain feu-t-ègenra ;

1-1. I-je devant une consonne ou une voyelle mouillée ; *Ije* ou *je* (= *ij'*, *j'*) devant une voyelle ordinaire. *Ieu*-veux ; inf. *Ieure* ou *Vela*; ce verbe est encore plus irrégulier en *bressau* qu'en français.

1-3. *Seusse*-soit, tout à la fois prés. et imp. du subj.

1-5. *Pieu*-peut, mouillement semblable à *ieu* ; inf. *Pieure* ; il est aussi très irrégulier.

1-7. *Euhou*, *oûse*-libre, ayant la facilité de... ; lat. *Otiosus*. *Hlere*-démêler et choisir, lat. *Eligere*, fr. *Élire* dans le sens le plus étendu.

1-8. *Lé*-lui, rég. dir. ; *Li*-lui, rég. indirect.

GRANDE COMPLAINTE
Faite en vieux patois de La Bresse sur la vie de
FRÈRE JOSEPH,
LE SAINT ERMITE DE VENTRON.

Un mot à ceux qui voudront ouïr chanter ma complainte.

1

Je veux chanter la sainte vie
De Frère Joseph de Ventron,
Pour qu'elle soit un peu suivie
Des chrétiens qui l'écouteront.
Si tout le monde ne peut la suivre
Trait pour trait sur plus d'un point,
Chacun sera libre d'y choisir
Ce qui pour lui lui semblera bon.

Où est-ce que Frère Joseph vint au monde ; son lignage ; son jeune temps jusqu'à la mort de sa mère.

2

Dieu y ait part ! Mon récit
Commence par dire l'humble endroit
Et encore le pauvre mais probe lignage
Où (est-ce que) mon saint fut engendré ;

2-1. *Dē-z-i â pâ !* Dieu y ait part ! Vieille formule pour consacrer à Dieu toute besogne importante ; d'où le dicton : *Dē-z-i â pâ ! Dô qu'ô-z-aihonche, cé n'a mi fâ*-Dieu y ait part ! Quand on commence, ce n'est pas fini. Cette formule existe partout ; c'est par elle que débutent les chroniques de Froissart. La vraie forme de *Dē* est *dée*, comme celle de *â* est *âe* ; l'euphonie a déterminé ces modifications.

2-2. *Aihonche*-commence ; inf. *Aihonché.* Champ. *Ahonchi.* V. fr. *Ahoncher*-saisir.

Peusqu'el fau mwèlié lai diõre
D'awé dena in si bë fru
Aute lai cwâre qué l'é vu khtiõre,
Et cèle vou que Dée l'é rètru.

3

El ié, pou fâre lai sòme ronde,
Cen-vinte-nieufe an aupõprē,
Frère Jeusèphe véné i monde
Dò le piain pèyi de lai Comtē,
Ai Lómontò, leû qué se trove
Khu lai paroisse dé Lòmon,
Et de lai vile dé Hercwó rlõve
Pou çu que rèwaîte lé canton.

4

Tiânē Fórmè, qué feu se père,
Deukhi de lai vile dé Moulin ;
O ne sai de wa-ce qué veni sai mēre
Qu'ò dehi Anne-Caitlîne Pèrin.
Dé se mété le pu órdinâre
Tiânē fèyi das sadbõ,
Gaignan pwa sas peti sēlâre
Dé qué tó jeute vive dé põ.

5

Das biè de lai tierre s'el tēte põre,
El eûste au leû ine èfan

2-3. *Et ca*-et encore ; ces deux conjonctions s'unissent presque tou-jours. *Brauve* n'a guère le sens de *brave* que comme synonyme de *probe. Vou-ce qué* comme *Wa-ce qué* est une abrév. de Vou (où) a (est)-ce que, c'est-à-dire simplement *où*.

2-5. *Mwèlié*-partager par moitié. *Diõre* gloire et souvent vaine gloire. *Bl* fait *bi*, *cl* fait *ti (khtiõre)*, *fl* fait *fi*, *gl* fait *di*, *pl* fait *pi*.

2-6. *Dena*-donner se modifie en *dón'* aux 2ᵉ et 3ᵒ p. s. et 3ᵉ p. pl. de l'ind. ainsi qu'au fut. et au cond.

2-7. *Cwâre*-lieu, localité, coin ; se retrouve partout. *Khtiõre*-éclore, se nouer (en parlant des fruits).

2-8. *Rètru*-recueilli et recouvré ; infinitif : *Rètrûre* ; le simple est *Etrûre*.

Puisqu'il faut partager la gloire
D'avoir donné un si beau fruit
Entre le coin qui l'a vu éclore
Et celui où Dieu l'a recueilli.

3

Il y a, pour faire la somme ronde,
Cent vingt-neuf ans à peu près,
Frère Joseph vint au monde
Dans le plat pays de la Comté,
A Lomontot, lieu qui se trouve
Sur la paroisse de Lomont,
Et de la ville d'Héricourt relève
Pour ce qui regarde le canton.

4

Etienne Formet, qui fut son père,
Sortait de la ville de Moulins (en Bourbonnais).
On ne sait d'où venait sa mère,
Qu'on disait (nommait) Anne-Catherine Perrin.
De son métier le plus ordinaire
Etienne faisait des sabots,
Gagnant par ses petits salaires
De quoi tout juste vivre de peu.

5

Des biens de la terre s'ils étaient pauvres,
Ils eurent en compensation un enfant

3-1. *El ié*-il y a ; dans cette locution *i*-y se fusionne toujours comme diphthonguante avec le verbe : *el ié, el iawi, el ieû, el iairé,* etc.

3-2. Frère Joseph naquit le 7 février 1724, à Lomontot, section de Lomont, dans le canton d'Héricourt. Le poète reporte donc sa composition vers 1853.

4-1. L'ancienne orthographe hésite entre *Formet* et *Fourmet.*

4-2. *Deukhi*-sortir de, venir de, être issu, être originaire.

4-6 *Sadbô*-est une contraction de *sóla-de-bô*-soulier de bois, également usité, de même que *sadkeû,* de *sóla-de-keû*-soulier de cuir. Les étymologistes français, et étrangers sans doute, ne savent que dire de sabot !

5-2. *Auleû*-à la place, en compensation. V. fr. *Enleu.*

Qué valé meu qué se pwé d'ōre,

Et qué le pu rāre diyaman.

Insi que pwōte sé batistère,

El eû ai nó Piére-Jósē ;

Et pu tâ, lé surnó de *Frêre*,

Si dou, si jeute et si bē̃,

6

Dé sai mēre lai gran idée

Feu di fórma èréemò

Dò lai crainte et l'aimou de Dée,

Et ca de sas sāin cómandmò.

Et l'èfan laikhé ja wêre

Da tó peti qu'el sēreu dra

Et de haite lé sèté di dewêre

Lé pu pòdan et le pu khtra.

7

O, peti èfan, et jène bwóbe,

El ne dóti qué de fâre di mau,

Et de wakhta lai bale bianche róbe

Rveukhtie i fon batismau.

L'ōbèissance lai pu khtrème

Brâcyi tertóte sas action,

Et dan lé feurmi lai jème

D'in monde piein d'aimaulission.

8

Qué t'a bale, róbe d'inócence,

Etére, sò taiche, sò fau pió !

<hr>

5-3. *Pwé*-poids, veut dire aussi *poil*, brin, et encore *pois* dans le composé *Pwé-de-seuque*-pois de sucre, dragée.

5-6. *Awé ai nó*-avoir nom ; v. fr. *Avoir à nom* ; Bret. *Anо* ; Gall. *Anw.*

6-2. *Eréemò*-solidement ; *Eréyé*-asseoir solidement ; *Erèe*-solide, en règle ; rad. *Rée*-règle ; v. fr. *Reil*, Porr. *Rée.*

6-6. *Da tó peti*-dès tout petit ; ital. *Da fanciullo.*

6-7. *Dé haite*-à grands pas, comme celui qui se *hâte.*

6-8. *Pódan*-qui est en pente rapide ; B. lat. *Pendens*, même

Qui valut mieux que son poids d'or,
Et que le plus rare diaman.
Ainsi que porte son acte de baptême,
Il eut (à) nom Pierre-Joseph,
Et plus tard le surnom de Frère,
Si doux, si juste et si beau.

6

De sa mère la grande pensée
Fut de le former solidement
Dans la crainte et l'amour de Dieu
Et (encore) de ses saints commandements.
Et l'enfant laissa déjà voir
Dès tout petit qu'il suivrait droit
Et à grands pas le sentier du devoir
Le plus abrupt et le plus étroit.

7

Oui, petit enfant et jeune garçon,
Il ne craignait que de faire du mal
Et de salir la belle blanche robe
Revêtue aux fonts baptismaux.
L'obéissance la plus timorée
Dirigeait toutes ses actions,
Et devant lui fermait la barrière
D'un monde plein de mauvaises suggestions.

8

Que tu es belle, robe d'innocence,
Dans ton intégrité, sans tache, sans faux pli !

sens. *Khtra*-étroit, fait au fém. *khtraite,* comme *Dra*-droit, *draite*; *Ra*-roide, *raide,* etc.

7-1. *O*-oui. v. fr. *O, Oc.* Champ., Comt., etc, *ô. Bwóbe*-garçon est commun à une foule de langues et de dialectes.

7-3. *Wakhta,* Bret., Gasc., *Gwasta.* Angl. *Wasta.*

7-5. *Khtrême,* bret. *Estlam*-crainte, *Estramed*-effrayé.

7-6. *Brâcié*-diriger, faire virer ; v. fr. *Bracier.*

7-7. *Jème*-porte-barrière ; B. lat. *Ageama, Agiama.*

7-8. *Aimaulission*-excitation à mal faire ; *Aimaultre*-pousser au mal ; *Aimaulissiou*-celui qui porte au mal.

Dò tai màque démée pwarkhence
Qué t'a aiblan, divîne fió !
O wé çou que sré lui jònaue
Èda le main i tò qu'el fâ ;
Dé Jeusèphe las jène ònaue
Mótron le Sain qu'el sréu pu tâ.

Mò-ce qu'é le jène òme, aiprè lai mwò de sai mère et lé rmai-
riaige dé se père, nalé ai mâte.

9

Piére-Jósè ta ca biè jène
Dò qu'el rcié le cwō d'in grō dieu,
Cè qué le pu deuillanmò rsiène
Tóte lai vie dò-d-in bwò tieu.
Veila mwōte lai mère si bwòne
Qué dò se khō l'é rèkhaufié,
Lai mère qué s'é dena tan de pwòne
Pou le neûri et l'èdētié.

10

Anne Caitlîne ta mwōte aipròme
Qu'Etiâne pwa conciòce trové
Qu'el faili penre ène aute fòme
Pou le meu de lé-mòme et dé se fé.
Mâ cé ne feu qu'ène dûre màrâte
Pou ine èfan si genti

8-1. *Róbe* se dit des vêlements des hommes aussi bien que des femmes.

8-3. *Màque* est de tous les dialectes français, v. et mod. *Pwarkhence*-le fait de paraître ; *Pwarkhan*-visible , *Pware*-paraître.

8-4. *Aiblan*, v. fr. *Bland* ; lat. *Blandus*, etc., etc.

8-6. *Eda* ou *Eneda*, épenth. de *Da*-dès. *Main*-matin, lat. *Mane*.

9-2. *Dò*-quand, v. fr. *Donque* ; Bourg. *Dò*. On dit également *Da*, *Da
que*. *Rcié*-reçut, inf. *Reûre* ; ce verbe a des formes hésitantes, irrégu-
lières.

9-3. *Deuillanmò*, adverbe ; *Deuillan*-douillet, sensible, doulou-
reux.

Dans ta seulement demie apparence,
Que tu es ravissante, divine fleur !
On voit ce que sera la journée
Dès le matin au temps qu'il fait ;
De Joseph les jeunes années
Montrèrent le saint qu'il serait plus tard.

Comment le jeune homme, après la mort de sa mère et le remariage de son père, alla en domesticité (à maître).

9

Pierre-Joseph était encore bien jeune
Lorsqu'il reçut le coup d'un gros deuil,
Celui qui le plus douloureusement résonne
Toute la vie dans un bon cœur.
Voilà morte la mère si bonne
Qui dans son giron l'a réchauffé,
La mère qui s'est donné tant de peine
Pour le nourrir et l'éduquer.

10

Anne-Catherine était morte à peine,
Que Etienne en (par) conscience trouva
Qu'il fallait prendre une autre femme
Pour le mieux de lui-même et de son fils.
Mais ce ne fut qu'une dure marâtre
Pour un enfant si gentil

9-4. *Dŏ*-dans, prend l'euph. *d* devant une voyelle.

9-6. *Khū*-giron ; Lorr. *kheû, khôn* ; Frioul. *Séose* ; All. *Schoss* ; Gr. χορεô-je renferme.

9-8. *Edētié*-former, éduquer ; v. fr. *Enditier*.

10-1. *Aiprôme*, se dit aussi *Auprôme* ; v. fr. *Oprume, Oprime* ; Champ. *Oprume, Oprome*, etc. ; Engad. *Amprim*. Lat. *Ad primum*.

10-4. *Lé-môme* ; cette forme *môme* n'est employée que jointe au pronom personnel ; en toute autre position, on dit *même* comme le français.

Qu'eû pu ché nala ai mâte
Qué de wêre sé pēre n'aisseuti.

11

El n'airéu hmà voukhu paite
Pwa fiértè, ou pou se wògé ;
Né penre d'aute voue qué lai draite
E demandan bwònemò congé :
« Pwa dekhu le gran biè d'ène dèchâge
« I vós frâ lai rsōte d'in lwé ;   -
« I n'a lai fwōkhe aivó l'âge ;
« Khònè qué ce n'a qué me déwé.

12

Pâmwò, nala è mègnée,
Mò qué ce seu c'a-t-âque dé fwō.
Sé lai viè i a gaignée,
Ç'a grōsse pwòne et peti raipwō.
Sò mwarqua né rgrè né jōe,
Piein de cœure et de bwòne vélòta,
Aichu in labourou de Rōe
Piére-Jóse feu se perzòta.

Mò que Frêre Jeusèphe sé khiqué ai mâte.

13

El s'i khiqué bwóbe tranquile,
Bwò-n-èfan et bwò-n-ōvré,

10-7. *Awé pu ché* avoir plus cher, c'est-à-dire, aimer mieux. V. fr.
Avoir plus cher, plus chier; Mess. *Awé meu cheu. Ai mâte* ; Champ.,
Berr. *en mâtre, en maître* ; Gap. *A mestre*.

10-8. *N'aisseuti* ; le pron. en fait *ne, n'* devant une voyelle, et *ò* devant une consonne. *Aisseuti*, v. fr. *Assotir, Assoter*, etc.; dial. divers.
Aissuti, assoter, assotir, etc.

11-1. *Hmâ* fait *Jémà* après une syll. fin. muette.

11-2. *Fiértè* ne veut pas dire *fierté*, mais *colère*.

11-8. *Khūnè*, inf. *Khōna*-opiner, se passe ordinairement du
pronom à la première personne de l'indicatif présent. All. *Scheinen*-
sembler.

Qui aima mieux aller en domesticité
Que de voir son père en être tout vexé.

11

Il n'aurait jamais voulu partir
Par colère et pour se venger ;
Ni prendre d'autre voie que la droite,
En demandant d'une bonne façon permission :
« Par dessus le grand bien d'une décharge
« Je vous ferai la recette d'un loyer ;
« J'en ai la force avec l'âge ;
« Je pense que ce n'est que mon devoir. »

12

Néanmoins, aller en condition,
De quelque manière que ce soit, c'est quelque chose de
Si la vie y est gagnée,   [fort.
C'est grosse peine et petit rapport.
Sans marquer ni regret ni joie,
Plein de courage et de bonne volonté,
Chez un laboureur de Roye
Pierre-Joseph fut se présenter.

Comment Fr. Joseph se comporta en condition.

13

Il s'y montra garçon tranquille,
Bon enfant et bon ouvrier,

12-1. *Pâmwó* est dans beaucoup de dialectes. *E mègnée*-en domestique est tout analogue à *Ai mâte.*

12-6. *Coêure* se prend toujours au moral et veut dire surtout *courage* et *noblesse de sentiment.*

12-7. Roye, commune voisine de Lomont. Le cultivateur chez qui
Fr. Joseph prit du service se nommait *Grosjean.* Fr. Joseph pouvait avoir 14 ans.

12-8. *Perzóta*-présenter ; la transposition de l'*e* dans *per* est fami-
lière à l'idiome.

13-1. *Khiquè*-orner, parer ; *Sé khiquè*-se tenir, se comporter. Mess.
Chiqui, Se chiqui. All. *Schicken.*

Ai lai besògne vife et-y-aubile,
Vaula brauve et tócwé bré.
Mà poukhou el ta si saige
Qu'aute hau-r-et bai ò se déhi:
« Nós ò in sain dò le véhnaige! »
Et rò que di wère ò le pérhi.

14

De tóte mèchan compaignée
El ne faureu mi li pwaula ;
Ca mwò de bwayesse èkhògnée
Autó de lé pour l'èjóla.
Douçou, pudeûre, mōdestie,
Fèyète qu'ò n'on hmà ouyé
Eukhi de sai bwóche ène seutie,
In jeûrion, in mó grōssié.

15

Insi que lai rligion l'essògne,
Las chaique jó el aicoudi-
Lai périére aivó lai besògne.
Qué se-n-èta li cómandi.
Las diémòn'ge, cé ta se délice
Dé mate è-n-ieuve sas bwò lehé
Aute et-y-aiprē las ōfice,
Pou sas devōtion i mòté.

13-3. *Aubile*-qui expédie la besogne vite et bien.

13-4. *Vaula*-valet, domestique, a gardé un sens noble. *Bré*, toujours disposé à agir et à se dépenser. Bret. *Bré, Ber*-prompt ; Cornwal. *Briez*-courage ; Angl. *Pry*-chercher ; Ital. *Brio*-entrain.

13-5. *Poukhou*, v. fr. *Porsolz*, a un sens un peu vague et un emploi très-fréquent. *Saige*-pieux et irréprochable.

13-6. *Aute hau-r-et bai*-entre haut et bas, à demi-voix.

13-8. *Di*-de le ; de même *mi*-me le, *ti* te le, *si*-se le, *ni*-ne le. *Pérhé*-aimer (priser) ; *té prēhé* tu aimes, *el prēhe*-il aime.

14-1. *Mèchan*-mauvaise. Tous les adj. en *ent, ant,* sont invar. au fém., excepté *Gran* qui fait *grante* après le subs.

A la besogne vif et habile,
Valet probe et toujours prêt.
Mais surtout il était si sage (et pieux)
Qu'à demi-voix on se disait :
« Nous avons un saint dans le voisinage ! »
Et rien que de le voir on l'aimait.

14

De toute mauvaise compagnie
Il ne faudrait pas lui parler ;
Encore moins de fille empressée
Autour de lui pour l'enjoler.
Douceur, pudeur, modestie,
Faisaient qu'on n'a jamais ouï
Sortir de sa bouche une parole obscène,
Un blasphème, un mot grossier.

15

Ainsi que la religion l'enseigne,
Les jours ordinaires, il accordait
La prière avec la besogne
Que son état lui commandait.
Les dimanches, c'était son délice
De mettre en œuvre (employer) ses bons loisirs
Entre et après les offices,
Pour ses dévotions à l'église.

(A suivre).

14-3. *Bwayessé* est d'une foule de dialectes. *Ekhogné*-empressé, c'est à-dire *ensoigné*; rad. *soin*.

14-7. *Seutie*-parole obcène, comme le v. fr. *Sotie*, l'All. *Zote*, etc.

14-3. *Jeûrion*-parole grossière, juron et blasphème.

15-2. *Chaique-jô*-jour ordinaire, ouvrable, en semaine. Cette manière de parler est commune à toutes les provinces.

15-6. *Bwô-lehé*-bon loisir ; l'*n* tombée de *bwô* se relève quelquefois pour prendre la place de l'*l* dans *lehé* et faire dire *bwô-nhé*.

15-8. *Môté*-moûtier, église. Les premières églises du pays étaient des églises de monastères.

LE PATOIS DE SAINT GENIS LES OLLIÈRES

ET

LE DIALECTE LYONNAIS

———

INTRODUCTION.

Si l'on suit, au sortir de Lyon, la route de Bordeaux, on aperçoit, au bout d'une heure de marche, dominant, à droite, le plateau de Craponne, un mamelon stérile et nu que couronne un clocher aux formes massives. Tout autour de l'église, viennent s'étager des maisons en pisé, dont le revêtement de plâtre éclate joyeusement au soleil et fait ainsi mieux ressortir la teinte sombre des roches granitiques, qui émergent çà et là de maigres pâturages. C'est le village de Saint-Genis-les-Ollières. Un peu en avant, du côté de Lyon, des ruines d'aqueduc se dressent au milieu des vignes, mettant dans la campagne lyonnaise comme un lointain souvenir des âges disparus Dans le fond, et servant de cadre à ce paysage qui n'est pas sans grandeur, les premiers contre-forts des monts du Lyonnais déroulent leurs cimes boisées.

Ce nom de « les Ollières » (*ollarias*) que porte notre village, atteste l'existence en cet endroit de poteries ou de briqueteries (1), dont l'établissement remonte, peut-être, à l'époque encore peu éloignée de la conquête, où les Romains conçurent le projet d'amener à Lugdunum les eaux de la Brévenne. Dans un temps où les routes

---

(1) On sait que par suite d'extensions de sens successives, le mot *olla* avait fini par signifier toute espèce de poterie, et notamment la tuile (*imbrex*). Cf. Ducange, v° *olla*, 1.

étaient rares et difficiles, la nécessité s'imposait de fabriquer, aussi près que possible du lieu des travaux, les briques destinées à la construction de ces gigantesques conduites d'eau qui devaient assurer l'alimentation de la nouvelle capitale des Gaules ; il n'y aurait donc rien d'étonnant à ce que les architectes romains aient eu l'idée d'utiliser, pour leur œuvre, les couches argileuses qui abondent dans le sol de Saint-Genis.

Quoi qu'il en soit de cette conjecture, ce qu'il y a de certain, c'est que Saint-Genis-les-Ollières doit bien son nom à des fabriques d'ouvrages en terre cuite, et non à des fabriques d'huile. *Olearias* eût donné en vieux lyonnais *olieres* ; or, ce n'est qu'au XVIe siècle, c'est-à-dire à une époque où les formes dialectales avaient subi déjà l'influence délétère du français, que la désignation actuelle de « les Ollières » commence à remplacer la désignation primitive de « les Oleres », qui était seule en usage, dans les textes des XIVe et XVe siècles, et qui, manifestement, dérive de *ollarias* (1).

Aussi bien, les noyers sont rares à Saint-Genis et y viennent mal, il est donc peu vraisemblable que l'on ait jamais établi des huileries dans ce pays où la matière première faisait défaut.

Il existe d'ailleurs dans notre région d'autres localités qui visiblement ont emprunté leur nom à des poteries ou à des tuileries établies sur leur territoire ; tels sont : Saint-Bonnet-les-Oules, dans la Loire, qu'un pouillé du XVe siècle appelle « Sanctus Bonitus les Ollieres », et Oullins (*Aullins, Ullins*), aux portes de Lyon, non loin de l'aqueduc du Pilat (2).

Avant la Révolution, Saint-Genis-les-Ollières faisait

---

(1) L'*ecclesia Sancti Genesii les Oleres* se trouve mentionnée dans l'*obit* de Laurent Julien, chapelain perpétuel de Saint-Jean de Lyon, lequel décéda en 1380, et dans deux pouillés du diocèse de Lyon, l'un du XIVe siècle et l'autre de 1492. Le premier exemple que j'aie relevé de l'emploi de la forme moderne « les Ollières », se trouve dans un pouillé de 1587. (M. C. Guigue, *Obituarium ecclesiæ lugdunensis* et Aug. Bernard, *Cartulaires d'Ainay et de Savigny*, II, 934, 953, 981, 1008, 1025).

(2) Aug. Bernard, *loc. cit.*, II, 965, 1033.

partie de l'élection et de la sénéchaussée de Lyon. Son église se trouvait comprise dans l'archiprêtré des suburbes ; elle relevait des chanoines comtes de Lyon, qui en restèrent les patrons temporels jusqu'en 1789 (1). Sa population était, en 1726, de 236 habitants (2).

Aujourd'hui, Saint-Genis-les-Ollières est une des communes du canton de Vaugneray, arrondissement de Lyon : sa population, d'après le dernier recensement, est de 895 habitants (3).

Bien qu'obligés d'aller chaque semaine à la ville, pour les besoins de l'industrie du blanchissage, à laquelle ils se sont adonnés depuis quelque quarante ans, ses habitants n'en continuent pas moins à se servir de leur vieil idiome, sur lequel le français n'a encore eu que fort peu de prise et qui est resté incomparablement plus pur et plus riche, en formes originales, que celui de nombre de communes du Bugey, de la Bresse ou de la Suisse, qui, elles, cependant sont bien plus éloignées de tout centre urbain.

J'avais d'ailleurs, pour faire du parler de Saint-Genis-les-Ollières la base de mes études sur le patois lyonnais, deux raisons qui m'ont décidé : la première, c'est que voulant montrer ce que serait devenu de nos jours le dialecte parlé à Lyon au XIVe siècle, s'il n'avait été dépossédé, depuis longtemps, par le français, il me fallait naturellement choisir comme terme de comparaison le patois d'une commune assez rapprochée de la ville pour avoir parlé, dans les temps anciens, un langage à peu près identique au langage urbain ; la seconde, c'est qu'appelé à passer chaque année plusieurs semaines à

(1) Aug. Bernard, *loc. cit.*, II, 953, 981, 1008, 1025 ; La Mure, *Hist. ecclésiast. du Diocèse de Lyon*, pp. 230 et suiv. ; *Pouillé du diocèse de Lyon*, en 1743, publié par la Société de la Diana, de Montbrison, p. 81. Un pouillé de 1492 estime à 15 sous la dîme perçue par le chapitre de Lyon sur l'église de Saint-Genis-les-Ollières.

(2) Saugrain, *Diction. universel de la France*, Paris, 1726. Le pouillé de 1743 fixe à 150 le nombre des communiants de Saint-Genis-les-Ollières, et Expilly, dans son *Diction. géogr. histor. et polit. des Gaules et de la France* (t. IV, 1766), attribue à notre Saint-Genis, 52 feux.

(3) *Dénombrement de la population*, 1886, Paris, Imp. nat. 1887,

Saint-Genis, je pouvais à loisir retourner à la source de mes observations pour les compléter ou les rectifier, ce qu'en réalité, j'ai fait pendant plusieurs années de suite.

Quant à faire une étude d'ensemble des patois parlés dans l'ancienne province du Lyonnais, il n'y fallait pas songer : les caractères dialectaux ne coïncidant en aucune façon avec les divisions administratives, dont ils se soucient peu, il n'existe pas, à vrai dire, de patois lyonnais, mais bien des patois de telle ou telle commune du Lyonnais. Vouloir embrasser dans une même étude les uns et les autres, ce serait donc se vouer par avance à l'inexactitude ou à la confusion.

Néanmoins, j'ai pu me convaincre de la ressemblance presque complète des parlers de Craponne, de Grézieux et de Sainte-Consorce avec celui de Saint-Genis ; de telle sorte que ce que je dis de ce dernier peut d'ordinaire s'appliquer aux autres.

Les sons en usage dans notre patois sont à peu de chose près les mêmes qu'en français. Voici d'ailleurs l'explication des graphies que nous avons employées :

Voyelles. — *a* est bref et ouvert.—*a* des terminaisons féminines est muet.

é est fermé ; — *è* est un peu plus ouvert que l'*è* français ; — *ë* est presque muet.

î est long ; — *i* des terminaisons féminines est muet.

o des terminaisons masculines est muet ; — *ô* est plus fermé que l'*ô* français.

u est l'*u* français.

L'accent grave placé au-dessus d'une voyelle suivie d'un *y*, indique la prononciation isolée de cette voyelle : *pàyî*, payer ; *jòyî*, jouer ; *bùya*, lessive.

Diphtongues. — *Ou* est, de même qu'en français, une fausse diphtongue ; *oi* pourrait s'écrire *oà* ; — *oué* et *ouè* sont des diphtongues.

Consonnes. — Devant *e* et *i*, la gutturale sonore est rendue par *gu* comme en français.

s initiale, *ss* et *c* devant *e* ou *i* ont la même valeur qu'en français.

ch sonne de même qu'en français.

r médiale est interdentale.

*k*ʸ, *l*ʸ, *n*ʸ, sont des consonnes mouillées.

*cl*ʸ est un son écrasé qui n'à pas d'analogue en français.

Nasales. — *àn* a un son nasillard, très ouvert, qui
se rapproche sensiblement du français *ain*, sans cependant se confondre avec lui.

èn sonne *ein*.

òn est très ouvert. C'est un son voisin du français *an*.

Les autres graphies ont la même valeur que celle qui
leur est attribuée par le français moderne.

PHONÉTIQUE

VOYELLES

I. — Voyelles toniques.

A

1. Qu'il fût long ou bref en latin, l'A libre accentué a fait place de nos jours à un *o* fermé (*ô*) :

Nasum	= *nô*, nez.	Cantatum-am	= *chàntô*, chan té—ée.
Fabam	= *fôva*, fève.	Patrem	= *pôre*, père.
Pratum	= *prô*, pré.	Quadrum	= *côro*, coin.
Avarum	= *avôro*, avare.	Capitale	= *chatôr*, cheptel.
Advisare	= *avisô*, regarder.	De giga	= *gingô*, donner des [coups de pieds.
Ligare	= *liô*, lier.	Mancare	= *màncô*, manquer.

Le vieux lyonnais donnait au continuateur de l'A latin un son fermé et long, que les scribes du XIV᷎ siècle notaient souvent, à la manière allemande, par un *a* redoublé (*aa*) : *Bernert Soilluart,* (1) *menaa* m i n a t i, *ovraa* o p e r a t a m, *donaa* d o n a t u m, *pelaas* 'p i l a t u s, *apellaa* a p p e l l a t u m, *salaa* s a l a t i, *jornaa* 'd i u r-n a t a m, etc. (2). Par la suite des temps, cet *à* dut s'assourdir de plus en plus et, dès la fin du XVIIIᵉ siècle, au plus tard, il a pris le son actuel que les textes patois de l'époque notent par *au* d'une façon, il est vrai, encore sporadique (3).

---

1. Arch. Com. de Lyon, CC. 61. Le registre CC. 60, qui n'est que la copie de CC. 61, écrit *Bernart Soliart.*

2. Cf. mon étude sur *La Phonétique lyonnaise au XIVe siècle*, dans la Romania, XIII, 543, et l'étude dont j'ai fait suivre la publication du *Règlement fiscal de 1351* (Lyon-Revue, 1883).

3. La chanson de Reverony sur l'ascension aérostatique de Pilâtre Durosier qui eut lieu, à Lyon, en 1784, emploie indistinctement la graphie *au* et la graphie *a* : *montau* (monter), *complimentau* (complimen-

On a prétendu que cette dégénérescence de l'*â* primitif en *ô*, s'était produite dans les campagnes beaucoup plus tôt qu'à Lyon même. Ce n'est guère probable. Si en effet, le langage des villes peut influer sur celui des campagnes, le contraire n'a pas lieu d'ordinaire. Aussi bien, le parler rural est, de sa nature, bien plus ennemi de la nouveauté, bien plus respectueux des traditions que le parler urbain ; d'où il suit que si le son *â* a persisté plus longtemps ici que là, ce doit être à la campagne et non pas à la ville. Enfin, la comparaison des textes écrits, pour ainsi parler, sous la dictée des habitants de la campagne lyonnaise, aux XIII° et XIV° siècles, tels que les *Terriers de Saint-Germain au Mont-d'Or, de Rochefort, de Sainte-Consorce*, etc. (1), avec les documents administratifs rédigés à Lyon, à la même époque, établit l'identité du langage de la ville et de celui des campagnes environnantes. Cette identité, nous la constatons encore au XVIII° siècle, dans la *Ville de Lyon en vers burlesques*, où l'auteur fait parler tour à tour des citadins et des paysans (2).

La vérité, c'est que l'assourdissement en *ô* n'ayant acquis tout son développement qu'à une époque où, depuis longtemps déjà, la ville avait abandonné sa vieille

ter), *ravicolau* (réconforter), à côté de : *resta* (rester) et autres formes analogues. De même, dans une chanson, en patois lyonnais, intitulée : *Dialogue entre deux habitants du Mont-d'Or*, qui date du premier empire et m'a été communiquée par M. Vericel : *brauve* b r a v u m, *aume* a n i m a m et *parla* p a r a b o l a r e, *na* n a s u m ; *pas* p a s s u m en rime avec la négation *pau*. Cette tendance de l'*â* à se fermer en *au*, *ô* s'était manifestée dès le Moyen-Age : *frauria* (confrérie) dans un testament insinué à Feurs, à la fin du XIII° siècle, *fauvro* f a b r u m dans un *Terrier de Saint Germain au Mont-d'Or* (Revue Lyonnaise, juin 1885), *plaustro* (v. franc. *plastre*) dans le *Terrier de Bagé* (Revue des Patois, I, 51), *plautro* p l a s t r u m dans le *Carcabeau du péage de Givors* de 1225, qui nous est parvenu par une copie de 1375 environ, et *tauxa* (taxe), dans le *Règlement fiscal de 1351* (Lyon-Revue, oct., nov. et déc. 1883).

2. Cf. *Lés bénéfices du chapitre de S. Jean* (de Lyon) *à Saint-Germain au Mont-d'Or et à Poleymieux*, dans la Revue Lyonnaise, numéro de juin 1885 et la Romania, XII, 581 588.

1. Cf. *La Bernarda-Buyandiri et le Dialecte lyonnais au XVII° siècle* dans la Revue-Lyonnaise, numéros de nov. et déc. 1884.

langue pour le français, les manifestations de ce phénomène linguistique ne se peuvent guère rencontrer et ne se rencontrent, en effet, que dans les parlers ruraux.

2. L'A étymologique a persisté dans quelques cas, d'ailleurs assez rares, sous la forme d'un *a* ouvert (*à*):

Qualem	= *qual*, quel.	Palam	= *pala*, pelle.
Alam	= *ala*, aile.	Sapam	= *sava*, sève.

Mais aussi :

All. salo	= *sôlo*, sâle.	Rarum	= *rôlo*, rare.
Rapam	= *rôva*, rave.	Cicalam	= *cigôla*, cigale.

3. Protégé par l'entrave, l'*a* originaire s'est maintenu jusqu'à ce jour dans un certain nombre de cas, mais l'assourdissement en *ô* tend visiblement à se généraliser. Cette transformation s'accomplit un peu au hasard et sans qu'il soit possible de déterminer bien exactement à quelles règles elle obéit. C'est ainsi que de deux mots placés dans les mêmes conditions phoniques, il arrive souvent que l'un conserve l'*a* étymologique, tandis que l'autre le remplace par *ô*. Tout ce que l'on peut dire, c'est que le sort de l'*a* accentué dépend, dans une certaine mesure, de la nature de l'entrave.

I. — *A persiste avec le son d'un* a *ouvert*

1° Lorsque le second élément de l'entrave est une semi-voyelle :

Glaciem	= *l'açi*, glace.	Rabiem	= *ragi*, rage.
Caveam	= *cagi*, cage.	*Limaciem	= *lumaci*, limace.
Plateam	= *placi*, place.	Faciem	= *faci*, face.
Sapium	= *sajo*, sage.	*Fermalias	= *fromalʸe*, fiançailles.
Paleam	= *palʸi*, paille.	Gutta+aleas	= *agotalʸe*, fond d'un [tonneau.
Dagula	= *dalʸi*, faux.		

All. braccho + aliam = *bracalyi*, [personne qui se conduit mal.
*Seminalias = *senalʸe*, semaille.

Castaneam = *chôtanʸi*, châtaigne.
Montaneam = *montanʸi*, montage.
Minatiam = *menaci*, menace.

Grôci g r â t i a m, *alônʸi* a v e l l a n e a m, *farrôlʸi* f e r r a l e a m, *grôlʸi* g r a c u l a m, corbeau, font exception.

2° Devant une consonne redoublée suivie d'une semi-voyelle :

Cassiam = *cassi*, poêle à frire. De *traginem = *trènassi*, plante
Palea+acciam=*pal'assi*, corbeille. [rampante.
Bisacciam = *besaci*, besace. Beccum+acciam=*bek'assi*, bécasse.
*Crassiam = *crassi*, crasse. De *bacca = *bachassi*, auge.
Alliam = *al'i*, ail.

.3° Devant CC ou C première consonne d'un groupe :

Vaccam = *vachi*, vache.   Pacta = *pachi*, marché.
Saccum = *sa*, sac.   *Flaccas = *Lë Flachë*, nom de lieu.

Mais par contre :

All. hacco = *ôchi*, hache.

4° Dans les finales en ATICUM :

Damnaticum=*damajo*, dommage.   Silvaticum = *sarvajo*, sauvage.
Ætaticum = *ajo*, âge.   Vilaticum = *vilajo*, village.
*Ripaticum = *rivajo*, rive.   Formaticum = *fromajo*, fromage.

5° Devant une dentale persistante en roman :

Sapidum = *sado*, savoureux.   All. platt = *plata*, bateau à laver
*Lattam = *lata*, latte.   Pat.... = *pata*, chiffon.
Male habitum = *malado*, malade.   Catta = *chata*, chatte.

6° Devant une liquide suivie d'une labiale :

Palmam=*parma*, paume de la main.   Arborem = *abro*, arbre.
Balmam = *barma*, terrain en pente.   Marmorem = *mabro*, marbre.
Malvam = *marva*, mauve.

Orpa harpam et *lôrma* lacrymam font exception.

7° Devant PP :

All. krappen = *crapa*, grappe.   ? = *flapo*, flétri.
Mappam = *napa*, nappe.

II. — *L'A entravé s'assourdit en Ô :*

1° Devant RR ou R suivie d'une autre consonne :

Carrum = *chôr*, char.   Tardum = *tôr*, tard.
Carricam = *chôrgi*, charge.   All. warten = *gôrda*, garde.
Lardum = *lôr*, lard.   All. reginhart = *renôr*, renard.
Arcam = *ôrchi*, coffre.   Quartum = *quôr*, quart.

2° Devant SS ou S, première consonne d'un groupe :

Grassum	= *grô*, gras.	Asinum	= *ôno*, âne.
Lassum	= *lô*, las.	Pastam	= *pôta*, pâte.
Bassam	= *bôssa*, basse.	Plastrum	= *plôtro*, plâtre.
Arabe : thàça = *tôssa*, tasse.		*Repastum	= *repô*, repas.
*Casnum	= *chôno*, chêne.	*Tascam	= *tôchi*, tâche.

3° Devant LL et L finale en roman :

Callum	= *gôla*, gale.	All. ballen	= *bôla*, corbeille, fs
Pallidum	= *pôlo*, pâle.		[local, *bâle*.
Canalem	= *chanô*, chenal.	Salem	= *sô*, sel.

Cavala c a b a l l a m et *pala* p a l l a m, (franc. *épaule*),
ont échappé à l'assourdissement.

4° Devant CL :

Miraculum	= *miróclo*, miracle.	Maculam	= *môlï*, maille.
Rasiculum	= *róclo*, racloir.	Quaquilam	= *côlï*, caille.

Mais aussi *tinalïe* t e n a c u l a s, franc. *tenailles*.

5° Devant BL, BR :

Tabulam	= *trôbla*, table.	Acer arborem	= *izeróblo*, érable.
Stabulam	= *ëtróbla*, étable.	All. sabel	= *sôbro*, sabre.
Amabilem	= *emóblo*, aimable.	Rutabulum	= *róblo*, fourgon de
Labram	= *lóvra*, lèvre.		boulanger.

Je n'ai qu'une seule exception à citer, c'est *sabla* s a-
b u l a m, franc. *sable*.

4. Suivi d'une nasale devenue finale en roman, l'A libre se nasalise en un son très ouvert (*àn*) qui se rapproche sensiblement de la nasale *in*, sans toutefois se confondre avec elle. Il en est de même de l'A entravé,
lorsque le premier élément de l'entrave est une nasale :

Manum	= *màn*, main.	Campum	= *chàn*, champ.
Ligamen	= *liàn*, lien.	Plantam	= *plànta*, plante.
Panem	= *pàn*, pain.	Graneam	= *gràngi*, grange.
Famem	= *fàn*, faim.	Cameram	= *chànbra*, chambre.

C'est là un phénomène linguistique qui a ses racines
dans l'ancienne langue, ainsi que le prouve l'hésitation
qui se constate, dans les textes lyonnais du moyen-âge,
entre les graphies *an*, *ayn*, *ain*, *en* et *in*. C'est ainsi que
l'on rencontre dans Marguerite d'Oingt *fayn*, *main*,

mengier (pp. 42, 52, 67) à côté de *semblanci, mans, pan*
et *humans* (pp. 46, 59-60, 67, 55). Les *Textes lyonnais
du XIVe siècle*, que j'ai publiés ou cités dans la *Romania* (XIII, 542, 590), écrivent, eux aussi, tour à tour :
main, sain, efaynt i n f a n t e s et *man, san, sove-
ran, grangi, changier*, etc. La même confusion se
relève dans la *Bernarda-Buyandiri*, tragi-comédie en
patois lyonnais du XVIIe siècle, et dans la *Ville de Lyon
en vers burlesques*, qui emploient indistinctement les
deux notations : *man, pan, fan* et *sin* s a n u m *certain ; — meingy, maingi* et *changi* (changer). (1)

Dans le parler de Saint-Genis-les-Ollières et des communes voisines, *àn* a un son particulièrement nasillard, assez peu harmonieux à entendre, et dont rien,
ni en français, ni dans les patois de la Bresse et du Bugey, ne peut donner une idée exacte.

5. Contrairement à ce qui a lieu dans les patois bressans ou bugystes ainsi que dans la plupart de ceux de
la Savoie et de la Suisse (2), la nasalisation de l'A libre
n'intervient pas à la pénultième en roman :

Septimanam = *semana*, semaine. Campanam = *campana*, clochette.
Lanam = *lana*, laine. Ramam = *rama*, rame.
Fontanam = *fontana*, gros robi- Flammam = *flama*, flamme.
    net en cuivre. Planum = *plano*, plan.
Granam = *grana*, graine.

Peut-être n'en était-il pas de même en vieux lyonnais ;
l'hésitation est tout au moins permise, en présence de
graphies telles que : *lanna, semanna, campanna* (3).

6. L'A accentué suivi de C, Q, ou G, s'amalgame en
quelque sorte avec la palatale développée par la guttu-

1. Voyez mon édition de la *Bernarda-Buyandiri*, Lyon, 1885, Ire partie, vers 27, 28, 150, 198 ; IIe partie, vers 8, 157, 125, 223 et 238, et les
passages patois de la *Ville de Lyon en vers burlesques*, vers 57, 160,
74 et 190 dans la REVUE LYONNAISE, nov. et déc. 1884.
2. Voyez notamment : F. Brachet, *Dict. du patois savoyard d'Albertville*, p. 12 ; A. Odin, *Phonologie des patois du canton de Vaud*,
p. 21 ; J. Gilliéron, *Patois de la commune Vionnaz (Bas Valais)*, p. 19
et mon étude sur le *Patois de Jujurieux (Bas-Bugey)*, p. 2.
3. *Romania*, XIII, 543.

rale et se continue en roman tantôt avec un son *è*, notablement plus ouvert que celui que l'on entend dans le français *aigle*, par exemple, tantôt avec le son d'un *e* fermé (*é*) :

I. — A *est devenu* è (ay) *dans* :

Lactem	= *lè*, lait.	Aquilam =	*ègla*, aigle.
Factum	= *fè*, fait.	Acinum =	*jèno*, marc du raisin.
Illàc	= *ilè*, là.	Plagam =	*plè*, plaie.
Trabaculum =	*travèr*, travail.	Faginam =	*fèna*, fouine.

Et dans un certain nombre de noms de lieux :

Vallem Neriacum =	*Vaugneray*.	(?) =	*Bessenay*.
Cabinacum	= *Chevinay*.	Caselliacum =	*Chasselay*.
Poloniacum	= *Pollionay*.	Casiacum =	*Chazay*.

De même dans *mè* m a g i s, davantage, et dans *cuèna* c u t a n e a m, franc. *couenne*, où la palatale remonte au latin.

È s'est atténué en *ë* dans *niè* n i d a c e m, niais, mais au féminin *nièla*, niaise.

II. — *Le son è se constate dans* :

*Acrum	= *ègro*, aigre,	Facere	= *fére*, faire.
Macrum	= *mègro*, maigre.	Factam	= *féti*, faite.
Fraxinam	= *fréna*, frêne.	Placere	= *plére*, plaire.
Acquam	= *ègui*, eau.	Putnacem	= *puné*, punais.
Ma(g)istrum =	*métro*, maître.	Tragere	= *trére*, traire.

7. L'A étymologique est devenu *è* dans :

Carnem = *chèr*, chair.
Arrhas = *èrre*, arrhes, v.f. *errhes*. Amarum = *amèr*, amer.

Mais a m a r a, où l'r est médial, a donné *amàra*, tandis que c l a r a m, placé dans les mêmes conditions phoniques, a donné naissance à la forme *cl'èra*. Par contre, alors que claram est devenu *amèr*, c l a r u m est devenu *cl'ôr* (= *clar* dans la *Bernard. Buyand.*)

Nous verrons plus loin que la liquide R exerce sur l'A tonique placé après elle, une influence palatale : *tiri* (tirer), *viri* (tourner) et à la posttonique : *ciri* c e r a m, *chiri* c a t h e d r a m. Ici nous prenons sur le fait l'action de la liquide sur l'A qui la précède. Dans l'ancienne langue, cette action se faisait sentir plus fréquemment qu'aujourd'hui; en voici plusieurs exemples que je relève dans des textes lyonnais ou bressans du XIV° siècle : *heyres* a r r h a s (1), *erbros* a r b o r e s, *erbro-sec* (2), *Bernerd* et *Bernerda* B e r n a r d u m (3), *Guichert* W i c h a r d (4), *Evrert* E v e r a r d, *Berert* B e r a r d, *Bernert* B e r n a r d u m, *erbaletier* arbalétrier, *Girert* Girard, *quer* q u a r t u m cahier, (5), *chairrere* c a r r a r i a m (CC. 1, f° 164, r°), *cerpes* franc. carpes (6), *cher* (c a r n e m), *gerba* (allem. *garba*), qu'il faut rapprocher de *chano* (c a s n u m) (7).

8. Dans les terminaisons en ALIAM, ALEAM, ANEAM, la palatale s'est bornée à mouiller l'L ou l'N, sans jamais exercer aucune action sur l'A qui la précède, comm : cela paraît bien avoir eu lieu dans le v. franc. *daille, bailler, montaigne, compaignon* et dans le franc. moderne : *chataigne, araignée, baigner,* v. franc. *bagner.* (8)

Paleam = *pal'i*, paille. *Fermalias = *fromal'e*, fiançailles.
Taleam = *tal'i*, taille. *Seminalias = *senal'e*, semailles.
*Alliam = *al'i*, ail. Castaneam = *chôtan'i*, châtaigne.
Dagulam = *dal'i*, faux, v. franc. *dail.* *Montaneam = *montan'i*, montagne.
Ferrum + aliam = *farrôl'i*, ferraille. Avellaneam = *alôn'i*, noisette.

Il en est de même du son mouillé développé par le groupe CL.

Maculam = *môl'i*, maille. Tenaculas = *tinal'e*, tenailles.
Quaquilam = *côl'i*, caille.

1. Archives municipales de Lyon, CC. 373.
2. *Conventiones Dominorum et B. de Varey* (ROMANIA, XIII, 579) et Arch. mun. de Lyon: CC. 13, I, f° 15, v°; CC. 379 et CC.1 *passim.*
3. *Terrier de Bâgé (Archives de la Côte-d'Or,* B. 570).
4. Arch. mun. de Lyon, CC, 60.
5. Arch. mun. de Lyon; CC. 1, f° 131, v°; CC. 13, n° I, f°ˢ 3 et 9, CC. 60 et CC. 373, f°ˢ 19, 15.
6. *Règlement fiscal* de 1351 (II, 16), dans LYON-REVUE, 1883.
7. *Œuvres de Marguerite d'Oingt,* p. 66 ; *Tarif du péage de Lyon* (1277-1315) publié à la suite du *Cartulaire d'Etienne de Villeuve; Terrier de Bâgé* (REVUE DES PATOIS, I, 55).
8. Cf. Thurot, *De la prononciation française depuis le commencement du XVI° siècle, d'après les témoignages des grammairiens,* t. I, p. 327.

Le français local dit encore aujourd'hui *aragnée* (1) et non *araignée*, *châtagne* et non *châtaigne*, etc. Il en était de même dans notre vieille langue : les Textes lyonnais du XIV⁰ siècle écrivent en effet : *palli*, *talli*, *salleyt*, *sallians*, *chastannyes*, *polali* poulaille, *futali* futaille (2), *feralli*, *ferallies*, ferraille (3).

9. De même que ses voisins du Forez, de la Bresse et du Bugey, le dialecte lyonnais appartient à ce groupe de parlers romans qui se caractérisent par les traitements divers qu'ils font subir à l'A latin, suivant que cet A se trouve précédé, ou non, d'une palatale.

Dans ce dernier cas, le Lyonnais du XIV⁰ siècle donnait à l'*a* un son fermé et long, que les scribes du temps, ainsi que je l'ai remarqué plus haut, rendaient fréquemment par un *a* redoublé (*aa*). La palatale, au contraire, — qu'elle existât déjà en latin, ou qu'elle ne fût que le résultat d'un développement roman de gutturale, — a eu pour effet de donner à l'*a* un son ouvert : c'est ce dont témoignent, non seulement la prononciation actuelle des patois, mais encore cette graphie *aa* réservée soigneusement aux seuls *a* continuateurs d'un type non infecté d'yod (4).

1. Cf. E. Molard, *Dictionnaire grammatical du mauvais langage*, à ce mot.

2. Cf. *Romania*, XIII, 543, 556, 558. On trouve aussi, mais beaucoup plus rarement : *pailly*, *saylet*.

3. *Arch. comm. de Lyon*, CC. 373, fᵒ 29.

4. L'auteur de la *Bernarda-Buyandiri* indique parfois le son ouvert de l'*a* par l'adjonction d'un *t* final qui n'a rien d'étymologique : *tiriat* (tiré), *baptiziat* (baptisé), *mepriziat* (méprisée), mais aussi : *dancia* (dansé), *logea* (logée). Bernardin Uchard, dans la *Piedmontoise en vers bressants* (éd. G. Brunet, 1855), a recours au même procédé : *baillat* (donnée), *dépachat* (dépêché), *taillat* (taillé) (pp. 31, 30, 14) et par contre : *nà* (nez), *cliartà* (clarté), *capitulà* (capituler) (pp, 14, 26, 34). Nicolas Martin, l'auteur des *Noelz et chansons nouvellement composez tant en vulgaire françoys que savoysien*, (Lyon, 1556), fait très régulièrement suivre d'un *z*, l'*a* continuateur d'un type infecté d'yod, *leschiaz* (léchées), *pechaz* (péché), *debochiaz* (débauchée), *corrossiaz* (courroucé), etc. (p. 65) et par contre : *gra* (gré), *trova* (trouvé), *eschapa* (échappé), etc. (pp. 42, 68). Enfin, dans une chanson en patois qui date du commencement du siècle et que m'a communiquée M. Vericel, *pugna* (poignée) rime avec la 3⁰ pers. sing. du futur : *revindra*, où l'*a* était bien certainement ouvert.

10. Là s'est arrêtée la transformation, lorsque par suite de la chute des consonnes finales, l'*a* s'est trouvé occuper en roman la dernière place du mot : *pidia* pietatem, *essaya, appareyllia, otreya* dans Marguerite d'Oingt (pp. 77, 53, 58, 61) ; — *meytia, marchia, sachia* (le contenu d'un sac), *seignia* signatum, *chia* caput, dans les *Textes lyonnais du XIV⁰ siècle;* — *marchia,* dans la *Chanson du formulaire fort récréatif,* (qui date de la fin du XVIᵉ siècle) ; — *pitia, enragea* (enragé), *logea* (logée), *mingia* (mangé) dans la *Bernarda-Buyandiri* (IIᵉ part., vers 363, 260, 259; Iʳᵉ partie, vers 129) ; — *maitia, laissia* dans la *Ville de Lyon en vers burlesques ;*— *chercha* (cherché), *coucha* (couché) dans un Noël lyonnais du XVIIIᵉ siècle (1).

Le patois de Saint-Genis-les-Ollières a de même : *pidʸa* (pitié), *bochʸa* (bouchée), *mètʸa* (moitié), *ulʸa* (aiguillée de fil), *sachʸa* (contenu d'un sac), où l'*a* se prononce ouvert.

Au participe passé, l'analogie des infinitifs en *i* (= *ier* de l'époque primitive) est en passe de troubler la dérivation étymologique, et l'on a les doubles formes : *cominchʸa* et *cominci, molʸa* et *molʸi,* etc. (2). La forme primitive en *ya* a une tendance très marquée à ne plus s'employer qu'au féminin.

11. Si l'*a*, adouci déjà par l'influence de la palatale, se trouve suivi d'une consonne persistant en roman, il pousse plus loin la série de ses transformations et s'atténue en *e* : *travalyer, despleyer, agenolier, mengier, abeissier* (Marg. d'Oingt, pp. 54, 58, 59, 67, 54) ; *ballier, paier, changie*r, *eydier* (Textes lyonnais du XIVᵉ siècle, publiés dans la *Romania,* XIII, 567) ; — *espachiez* expandicatus, *dennies* dignatus, *pechiez* pecca-

---

1. *Noels en patois lyonnais* publiés dans Lyon-Revue (juillet-septembre 1885), Noël, V.

2. On trouve déjà dans la *Bernarda Buyandiri* : *marchi* mercatum *pechi* peccatum, à côté de *enragea* inrabiatum, *changea* cambiatum, etc. (I, 105; II, 302 ; — II, 260, 203).

tos, *mesprisiez* minus pretiatus (Marg. d'Oingt, pp.
37, 65, 53, 38); *pleyes* plicatos, *afaities* adfactatos
(Textes lyonnais du XIVᵉ s.); *marchies* mercatus, -
atos, à côté de *marchia* mercatum, -ati, dans le *Règlement fiscal de 1351*; — *chier* carum dans Marg.
d'Oingt (p. 56), *chief* caput, *chievra* dans les *Textes
lyonnais* (IV, 48; VII, 6) (1), *chies* casa dans le Syndicat lyonnais de 1352 (2).

12. Par la suite des temps, la diphtongue *ie* s'est apla-
tie en *i* (*y*) : *arrachy* arracher, *eydy* aider, dans la *Chevauchée de l'Asne de 1566* et *mangy* manger, dans
la *Chanson du Formulaire fort récréatif.* Au XVIIᵉ
siècle, la forme en *i*, *y* est constante : *cachi* cacher,
meingy manger, *chivra* chèvre, *chin* chien, dans la
Bernarda-Buyandiri; *chiri* chaise, dans la *Ville de
Lyon en vers burlesques.* C'est elle que l'on retrouve
dans les patois actuels du Lyonnais-et notamment dans
le nôtre, où *chier* carum fait seul exception :

Cathedram = *chiri*, chaire.		Canem = *chin*, *china*, chien,	
Capram = *chivra*, chèvre.			chienne.
Casa = *chi*, chez.		Jaculum = *jiclʳo*, couleuvre et	
Scalam = *ëchila*, échelle.			traçoir de la charrue.

13. Il en est de même à l'infinitif des verbes de la
première conjugaison où l'A tonique est précédé, soit en
latin, soit en roman, d'une palatale.

I. La palatale remonte au latin :

Verbes terminés en GI :

Cambiare = *chàngi*, changer.	Laubiare = *logi*, loger.
*Inrabiare = *inragi*, enrager.	Niveare = *nëgi*, neiger.
Abreviare = *abrëgi*, abréger.	All. hring+iare = *arringi*, arranger.
Somniare = *sóngi*, songer.	

1. *Romania*, XIII, 575, 584.
2. On donne le nom de *Syndicats* aux procès-verbaux d'élection des
conseillers de la ville de Lyon ; quelques-uns d'entre eux sont écrits
en dialecte lyonnais. Ils sont conservés aux Archives de la ville de
Lyon, Série BB.

Verbes terminés en L'Î :

*Molliare = *mol*î*, mouiller.   Taleare = *tal*î*, tailler.
Catulliare =*chatol*î*,chatouiller.   = *babil*î*, babiller.
Goth. scalja = *ëchal*î*, écaler.   Candela-iare=*chàndil*î*,luire par
          = *piol*î*, piailler.   intervalles, en parlant du soleil.
Bajulare   = *bal*î*, donner.

Et les dérivés patois : *cabol*î* écraser, *deguenl*î* dé-chirer, *ëbol*î* éventrer.

Verbes terminés en N'Î :

Balneare   = *ban*î*,baigner.   ?   = *born*î*, aveugler.
Cuneare   = *con*î*, cogner. All. sparen   =*ëparn*î*, épargner.
All. weidanjan   = *gôn*î*,gâgner.

Et les dérivés patois : *chancon*î* chercher querelle, *pitron*î* (fréquentatif de pétrir), *se dejarfan*î*, se dé-battre.

Verbes terminés en SÎ :

Puteare   = *poès*î*, puiser.   Pretiare   = *pris*î*, priser.
  ?   =*nês*î*,rouir le chanvre. Cruciare   = *croès*î*, croiser.
  ?   = *amus*î*, amuser.   Æqualem = *ëgalis*î*, égaliser.
All.bristan = *bris*î*, briser.   De gueuse = *dëgois*î*, injurier.

Verbes terminés en SSÎ :

Calciare   = *chôss*î*, chausser.   Esp.gozar   = *gôss*î*(*se*), gausser.
*Texeare = *liss*î*, tisser.   Ital.carezzare = *caress*î*, caresser.
*Captiare= *chass*î*, chasser.   Ital. carcassa + iare = *carcass*î*,
*Bassiare = *bèss*î*, baisser (1).   tousser.

---

1. Les formes *bèss*î*, *cabossî*, *dansî* et autres analogues s'expli-quent, non pas, ainsi qu'on l'a avancé, par l'influence de la sifflante dure, mais bien par l'interposition d'une palatale, à l'époque de forma-tion des langues romanes et par la création de types tels que *bas-siare*, *cabossiare*, etc. La sifflante dure n'a pas d'action sur l'A, ainsi que le prouvent les formes suivantes : *confessar, passar, pensar* dans Marguerite d'Oingt ; *passar* dans le *Compte de Jehan de Durche* que j'ai publié dans *Un Lyonnais à Paris au XIV° siècle* ; *passa* dans la *Ville de Lyon en vers burlesques*. Le patois de S. Genis-les-Ollières dit *passô, cassô, lossô* et non *passî, cassî, lossî* ; de même, à la post-tonique, *tôssa* (tasse), *lôssa* (lasse), *bôssa* (basse), *grôssa* (grosse), *bessa* (bêche) et non pas *tôssi, lôssi, bôssi, grôssi, bessi*.
Quant à l'interposition d'une palatale, elle est bien dans le génie roman : *captiare* (chasser) est formé sur *captum*, *tractiare* sur *trac-tum*, *directiare* sur *directum*, *minatiare* sur *minatum*, etc.

Contra.... = *contrassi*,contrarier.	De Trac = *tracassi*,tourmenter.
*Directiare= *drèssi*, dresser.	Prov. crossar= *crossi*, bercer.
De bosse = *cabossi*, bosseler.	*Quatiare(?)=*s'acassi*,s'accroupir.
Onomatopée = *pissi*, pisser.	Hirpiciare= *arsi*, herser.
De bracchium=*inbrassi*,embrasser	Allem. = *dansi*, danser.

Et les dérivés patois : *possi* téter, *petassi* mettre
des pièces, raccommoder, *ëborsi* enlever l'enveloppe
épineuse de la châtaigne.

Verbes terminés en cî :

Minitiare = *menaci*, menacer.	De per = *perci*, percer.
*Abanteare = *avánci*, avancer.	*Lequeare = *laci*, lacer.
*Tractiare = *traci*, tracer.	*Plateare = *placi*, placer.
Adnuntiare=*anónci*, annoncer.	*Depetiare = *dëpeci*, dépecer.
Cuminitiare=*cominci*,commencer.	Lanceare = *lánci*, lancer.
Tricheare = *trëci*, tresser.	Calceare = *chóci*, fouler.

Et le dérivé patois : *dëpillorci*, peler un fruit.

Verbes terminés en chî, dî, mî, vî :

*Adpropiare=*aprochi*,approcher.	Vindemiare=*vindeumi*,vendanger.
Adjutare = *ëdi*, aider.	Scopa+iare= *couévi*, balayer.

Verbes terminés en yî :

*Adpratariare = *apróráyi*, mettre	*Adpodiare = *apóyi*, appuyer.
une terre en pré.	*Radiare = *ráyi*, épancher

II. La palatale est d'origine romane.

1° La gutturale qui la développe précéde immédiate-
ment la tonique :

. *Verbes en* gî :

Bullicare = *bougi*, bouger.	Judicare = *jugi*, juger.
Manducare = *mángi*, manger.	Interrogare=*interrogi*,interroger.
Fabricare = *forgi*, forger.	Purgare = *purgi*, purger.
Carricare = *chórgi*, charger.	Partem... = *partagi*, partager.
Vindicare = *vingi*, venger.	

Verbes en chî :

Prædicare = *prêchi*, prêcher.	Truncare = *trónchi*, ébrancher.
Collocare = *couchi*, coucher.	Allem. = *lichi*, lécher.
*Deroccare= *dërochi*, tomber.	Exorticare = *ëcorchi*, écorcher.
*Marcare = *marchi*, marcher.	Circare = *charchi*, chercher.
Masticare = *móchi*, mâcher.	*Ad-buccare= *abochi*, tomber en
Laxare = *lóchi*, lâcher.	[avant.

Siccare	= *séchi*, sécher.	*Ex-radicare= *arachi*, arracher.
*Mucare	= *mochi*, moucher.	De croc	= *acrochi*, accrocher.
Pandicare	= *panchi*, répandre.		

Ajoutez : *perchi* (percher), *tôchi* (tâcher), *torchi* (torcher), *etànchi* (faire une digue), *fôchi* (fâcher), *piochi* (piocher), *défrichi* (défricher), *apinchi* (surprendre), *aguinchi* (guetter).

Inpachi *inpactare, empêcher, suppose la forme intermédiaire *inpatcare*. Cf. à la posttonique *pachi* pacta, marché.

Verbes en Yî :

Pacare	= *payi*, payer.	*Hirpicare	=*arpàyi*,herser.
Necare	= *nàyi*, noyer.	*Aptificare	=*atofàyi*, élever.
Secare	= *sàyi*, faucher.	Campum+icare	=*chanpàyi*,mener paître.
Adplicare	= *aplàyi*, atteler.		
Manicare	= *mìnàyi*, manier.	Jocare	=*jòyi*, jouer.
Precare	= *priyi*, prier.	Locare	=*lòyi*, louer.
Mandicare	= *mandiyi*, mandier.	Exsuccare	=*èssuyi*, essuyer.

Et les dérivés patois : *blòyi*, tiller le chanvre, *rojàyi*, se colorer en rouge, *bleusàyi*, se colorer en bleu.

Dans *secòyi* succutare, la palatale paraît s'être développée au choc des deux voyelles mises en contact par la chute du *t* médial. Il en est de même dans *bateyi* baptisare, qui nous offre un curieux exemple de la syncope si rare de *s* entre deux voyelles, et probablement aussi dans *foilàyi* (de *follum*), faire le fou, *barmàyi* (de *balma*), terme du jeu de boule, *intòyi* (de *tectum*), mettre à l'abri, *baràyi*, travailler péniblement, *sacràyi*, jurer.

2° La gutturale se trouvait séparée de la voyelle accentuée par une autre consonne.

Verbes terminés en SSî, Tî, Dî :

Laxare,lacsare=*lèssi*, laisser.	*Coctare	= *couéti* (se), se presser.
Adpunctare	=*apointi*, faire une	Placitare	= *plèdi* plaider.
	pointe.	Vocuitare	= *voidi*, vider. (1)
Adfectare	= *afèti*, vanner.		

___

1. L'infinitif *voidier* se trouve dans le compte des dépenses faites pour abattre le château de Nervieu (1350) (*Arch. de la ville de Lyon, partie non inventoriée*).

Jitô, jeter, dérive vraisemblablement d'une forme
gitare, qui n'est pas purement hypothétique (1). *Jactare* eût donné en lyonnais *jiti*.

Verbes terminés en Lʸî, Nʸî :

Adgenuculare = *agenoulʸi*, agenouiller.	'Berylluculare = *brilʸi*, briller.
Adpariculare = *aparilʸi*, égaliser.	Coagulare = *calʸi*, cailler.
Trabaculare = *travalʸi*, travailler.	Vigilare = *vilʸi*, veiller.
Torculare = *trolʸi*, pressurer.	Strangulare = *ètrànlʸi*, étrangler.
Fodiculare = *fulʸi*, fouiller.	Pectinarc = *pinʸi*, peigner.
	De pugnum = *inpunʸi*, saisir.

Et un grand nombre de dérivés patois tels : *botilʸi*,
se couvrir de petits nuages, *ganbilʸi*, boîter, *gabolʸi*,
brasser l'eau, *gassolʸi*, agiter l'eau contenue dans un
vase non rempli, *barfolʸi*, parler à la légère, *cramalʸi*,
écraser, *grapilʸi*, grapiller, *insorlʸi*, assourdir, *ëborlʸi*,
aveugler, *se décortacornilʸi*, se débrouiller, *dëcharpilʸi*,
déchiqueter, *se sorilʸi*, 'soliculare, se chauffer au soleil, etc.

14. La liquide R précédée d'un E ou d'un I voyelle paraît exercer sur l'A accentué une influence analogue à celle de la palatale : *remirer*, 'mirare, dans *Marguerite d'Oingt* (p. 44), *cirier*, 'cerare, *sceller*, dans les *Comptes municipaux du XIV° siècle*, *retiri* (neerl. têren) dans la *Bernarda Buyandiri* (I, 166) (2), *tiri* dans un Noël lyonnais du siècle dernier.

Et dans notre patois :

Neerland. têren = *tiri*, tirer.	Ceraseam = *cerisi*, cérise (3).
All. skërran = *dëguiri*, déchirer	Virare = *viri*, tourner.

De même : *veré, teré, dégueré* dans le patois bugeysien ; *veryé* dans le patois de Vionnaz (Valais) ; *teri* dans

1. Cf. Ducange, Gl. v° *Gitare*. Les formes du v. franç. *geter, giter, jeter*, ne peuvent pas non plus dériver de jactare, qui eût donné *getier*, comme placitare a donné *plaidier* et 'lacsare *laissier*. Enfin le mot *jita*, pousse d'arbre, rejeton, lève tout doute : *jacta* eût donné en lyonnais *jiti*.

2. Le développement de l'yod par le groupe IR se constate mieux encore dans les formes participiales, telles que *tiriat* (tiré), *viriat*, franç. populaire *frottée (Bern. Buyand.*, I, 79, 80).

3. Voyez cependant, au sujet de l'étymologie de *cerise*, Ducange, *Gloss.*, v˘ *Ceresum* et *ceresarius*.

les patois du canton de Vaud, *virjér*, *tirjér* dans le dialecte de Val Soana (1).

Ce phénomène parait étranger au vieux français qui a, comme le français moderne, les formes *virer*, *tirer*.

15. L'entrave a protégé l'A originaire contre l'action de la palatale : *chargi*, carricam, dans le *Carcabeau du péage de Givors*, *channo*, casnum, et *chanos*, casnus, dans les Terriers bressans de Maillisoda et de Bâgé.

Et dans notre patois :

Casnum	= *chôno*, chêne.	Cattum, -am = *chat, chata*, chat, chatte.
Carricam	= *chôrgi*, charge.	
Carrum	= *chôr*, char.	

Chèr, carnem, et *gerba* (allem. *garba*) font exception. Le français moderne présente la même anomalie : *chair*, *gerbe* et *char*, *charge;* mais le vieux français employait les formes régulières *charn*, *char*, carnem, et *garbe*, tandis qu'en lyonnais, la forme *cher* était en usage dès la fin du XIII° siècle, au plus tard (2).

16. La palatale développée à une époque relativement récente par les groupes CL et GL est restée sans influence sur l'A étymologique :

Clavem	= *clᵛô*, clef.	Glaciem	= *lᵛaci*, glace.
Clarum	= *clᵛôr*, clair.	'Glassicum	= *lᵛôr*, glas.
'Dejunculare	= *dëjonclᵛô*, dételer.		= *piclᵛô*, rejaillir.

Il est à noter aussi que l'I voyelle en contact direct avec l'A tonique n'exerce aucune action sur ce dernier : *mariô*, maritare, *liô*, ligare, *pariô*, pariare, *criô* ('cridare), *fiô* (' fidare), mais *oubliyî*, oblitare.

17. *Suffixe* ARIUM, ARIAM. Ce suffixe avait donné naissance, en vieux lyonnais, à deux classes de mots,

---

1. E. Philipon, *Patois de la commune de Jujurieux (Bas-Bugey)*; Gilliéron, *Pat. de la com. de Vionnax* (Glossaire); *Schizzi franco-provenzali*, dans l'*Archivio Glottolog.*, t. III, punt. I, p. 103; Nigra, *Fonetica del dialetto di Val-Soana*, n° 184. Cf. plus haut, n° 7.

2. C'est celle qu'emploie Marguerite d'Oingt (p. 66). On la rencontre aussi dans le *Règlement fiscal* de 1354 (LYON-REVUE, numéros d'oct. nov. et déc. 1883).

les uns de formation savante, tels que *solairo*, salarium, (CC. 373) *essemplayro, commisseiro, necessero*, les autres de formation populaire, où l'*u* posttonique avait disparu sans laisser de trace, tels que *sauners*, salinarios, *peleters, chenaver*, canabarium, et au féminin : *cudurery, perreri, lumeri*, luminariam.

Sous l'influence d'un son mouillé ARIUM devenait régulièrement *ier* : *tiolier*, tegularium, *clochier, noyer, preyeri*. Dès le XIVe siècle, on voit cette diphtongaison s'étendre à des mots qui, étymologiquement, n'y avaient aucun droit : *prymier* et *derrier* dans Marguerite d'Oingt qui, d'ailleurs, écrit aussi *premer* et *lumeri* (pp. 41, 58, 40) ; *drapier, escoffier, ferratiers, taverniers* et tout auprès *cuderers, dorers, poters* dans le Syndicat pour l'élection consulaire de 1355.

La forme en *ie* dut se généraliser rapidement et finir par tout envahir, car à la fin du XVIe siècle, la seule forme qui se rencontre dans les textes lyonnais est celle en *i, iri*, laquelle suppose nécessairement, à la phase précédente, la forme en *ie, ieri*, dont elle n'est qu'une contraction (1) : *poumy*, pommier, dans la *Chanson du formulaire fort récréatif* et *quarty*, quartier, dans la *Chevauchée de l'asne de 1566*.

De nos jours et dans notre patois, la forme en *i, iri*, est de règle.

Operarium	= *ouvri*, ouvrier.	*Pastarium	= *pôti*, pâté.
Pomarium	= *pomi*, pommier.	Vervecarium	= *bargi*, berger.
Panarium	= *pani*, panier.	Avellanearium	= *alonvi*, noisetier.
Primarium	= *parmi*, premier.	Cloccarium	= *clvochi*, clocher.

Et au féminin :

Operariam	= *ouvriri*, ouvrière.	Butyrariam	= *buriri*, baratte.
Primariam	= *parmiri*, première.	Claviculariam	= *clvavelviri*, foret.
*Pastariam	= *pôtiri*, pétrin.	Cramaculariam	= *crumalviri*, cré

1. On peut citer quelques exemples, en fort petit nombre, il est vrai, de l'emploi de la forme contracte, dès le XIVe siècle : *escuir* scutarium, à côté d'*escuiers* dans Marg. d'Oingt (pp. 74, 75), et *premiri* primariam dans un registre de Comptes municipaux de Lyon, qui va de l'année 1369 à l'année 1378.

Ripariam = *rcvîri*, rivière.   maillère.
Vervecariam = *bargîri*, bergère.   De Buca = *bùyandîri*, lavandière.

18. A côté des formes en *i, îri* (= *er, ier, - eri, ieri* de la phase antérieure), le patois de Saint-Genis-les-Ollières possède un certain nombre de mots terminés en *èro, èri* (= *airo, airi*, de la phase antérieure). Comme ces mo!s servent pour la plupart à désigner soit des choses, soit des professions essentiellement rurales et que d'ailleurs, en ce qui concerne leur dérivation, ils ont obéi aux règles générales de la phonétique de notre parler, on ne saurait les considérer comme étant de formation savante.

D'autre part, ces mots ont tous leur racine dans notre patois même et, sauf une ou deux exceptions, il n'existe pas pour eux de double forme en *i, îri*. Il n'y a donc pas de bonne raison pour se refuser à y voir des formes aborigènes.

Aparium	= *avèro*, essaim.	Pectinarium	= *pinrèro*, peigneur de chanvre.
De grola	= *regrolèro*, savetier		
De marra	= *marèro*, terrassier	Bibarium	= *bevèro*, buveur.
De patta	= *patèro*, chiffonnier.	De manducare	= *mànjèro*, — *èri*, mangeur, mangeuse.
De mola	= *amolèro*, remouleur.	De secare	= *sàyèro*, — *èri*, faucheur, — euse.
De messem	= *meissonèro*, — *èri*, moissonneur, euse.	De lingam	= *linguèro*, — *èri*, bavard, bavarde.
All. bristan	= *brisèro*, scieur de long.		

Et le dérivé patois *rapiacèro*, savetier.

A côté de *patèro* et *d'amolèro*, les doubles formes *pati* et *amolandî* continuent à vivre. *Mànjèro* et *mànjèri* s'emploient concurremment avec *mànju, mànjusa* et *bevèro* a perdu son féminin, si tant est qu'il en ait jamais eu. Quant à la substitution du suffixe ARIUM au suffixe ATOREM, à l'aide duquel ont été formés les mots français correspondants, elle n'est pas plus surprenante que celle du suffixe ATOREM au suffixe ARIUM dans *grimaçu*, franc. *grimacier, piràyu* petra + atorem, carrier.

Le patois de Rive-de-Giers dit de même *maraudèro* maraudeur, *patèro* chiffonnier, *regrolairo* savetier (1).

Enfin le nom de lieu *Forvero* Forum Varii, Fourvière (CC. 191 et CC. 1, *passim*) nous donne un exemple ancien de la formation populaire en *airo, ero* (2).

(A suivre).

E. PHILIPON.

1. *Œuvres complètes de G. Roquille, de Rive-decGiers* (Loire), pp. 14, 39, 99. Rive-de-Giers appartenait, avant 1790, à l'ancienne province du Lyonnais.

2. J'ai proposé et défendu cette étymologie dans un article relatif aux origines de *Lugdunum*, qui a paru dans Lyon-Revue, n° de mars 1887. Elle a été adoptée par N. du Puitspelu dans son *Dictionnaire étymologique du patois Lyonnais*, v° Fourvières.

COMPTE-RENDU

Flore populaire de la Normandie, par Charles Joret, *professeur à la Faculté des lettres d'Aix, membre de la Société des Antiquaires de Normandie*. Caen, H. Delesques. Paris, Maisonneuve, 1887. In-8, LXXXIV. 328 pages.

Parmi les publications les plus propres à enrichir et à compléter la connaissance des patois il faut mettre au premier rang les Faunes et les Flores populaires ; si ces ouvrages jettent, on le sait, un jour inattendu sur les traditions et les légendes vulgaires, ils n'offrent pas moins d'intérêt au point de vue linguistique, car les dénominations si variées qu'on y rencontre comptent parmi les éléments les plus curieux de nos idiomes ; j'ajouterai parmi les moins connus, parce qu'on ne les trouve que d'une manière bien imparfaite dans les dictionnaires même les plus complets. Il faut donc savoir gré à M. Charles Joret, à qui l'on doit déjà tant de publications sur les patois de la Normandie, de nous donner aujourd'hui la Flore populaire de cette province, et de nous la donner sous une forme aussi scientifique que nouvelle.

Cette Flore s'ouvre par une introduction de plus de 80 pages, où l'on trouve résumée l'histoire des travaux dont la botanique populaire a été l'objet depuis l'antiquité jusqu'à nos jours, aussi bien au point de vue mythologique qu'au point de vue de la nomenclature vulgaire. Cette nomenclature a existé à toutes les époques ; mais que de causes l'ont changée et transformée ! Influence savante sur le vocabulaire, modifications dialectales de la langue aux diverses époques de son développement et sur les différents points du territoire où elle est parlée ; aussi, que de noms dissemblables portent parfois les mêmes plantes dans la même région ! La Flore populaire de la Normandie nous en offre de nombreux exemples ; c'est par centaines presque que l'on compte les vocables qui servent dans cette province à désigner les fruits de l'Epine blanche ou de l'Epine noire, ainsi que ceux de l'Eglantier ; que de dénominations différentes aussi on y rencontre, par exemple, pour le Coquelicot, la Renoncule, la Renouée des oiseaux, le Gouet ou Arum, la Prêle des champs et des marais, etc.

Les noms vulgaires de la Flore de M. Charles Joret se trouvent d'abord rangés, suivant leurs analogies linguistiques, autour du nom scientifique et latin de chacune des 1200 à 1500 plantes qu'elle renferme ; puis un index général de 60 pages à deux colonnes nous donne tous ces noms à la suite les uns des autres, mais par ordre alphabétique cette fois. Cette liste, qui ne comprend pas moins de 3000 noms vulgai-

res, montre quelle est la richesse de la flore populaire d'une province
dont le patois ne présente cependant que des différences assez peu
considérables avec la langue classique : on n'avait encore pour aucune
contrée un recueil de noms vulgaires aussi étendu. Ce qui augmente
la valeur de cette longue liste, c'est que tous les vocables si
variés et si curieux que nous trouvons ainsi réunis n'ont pas été, à
de rares exceptions près, pris dans des livres, mais que M. Charles
Joret les a recueillis lui-même ou les a reçus de ses 150 à 200 correspondants. Il y a là une garantie d'authenticité que ne présente aucune flore populaire publiée jusqu'ici, et cette enquête poursuivie sur
une échelle aussi vaste explique en même temps la richesse surprenante que présente celle de la Normandie. Il faut ajouter qu'un long et
précieux appendice comprend les noms des pommiers et des poiriers
à pressoir ; leur liste comprend 40 pages entières ; c'est dire quel
en est le nombre et la variété ; M. Joret ne croit pas cependant,
et avec raison, en avoir épuisé l'interminable nomenclature ; mais ce
qu'il nous donne dépasse de beaucoup tout ce qui avait jusqu'ici été
tenté en ce genre.

On voit par ce qui précède quelles qualités distinguent la *Flore
populaire de la Normandie*, et quelle contribution inespérée elle
offre pour les patois de cette région. Qu'il nous soit permis en termi-
nant d'exprimer le souhait qu'un travail pareil soit fait pour chacune
de nos provinces ; c'est alors que sera vraiment possible la Flore populaire de la France que M. Eugène Rolland a entreprise et qu'on
attend avec tant d'impatience.

V.

DÉPOUILLEMENT DES PÉRIODIQUES FRANÇAIS

CONSACRÉS AUX TRADITIONS POPULAIRES

Mélusine. — *Octobre* 1887. — L'antropophagie (suite). — La fascination (suite). — En Indo-Chine, par M. H. Gaidoz. — Recettes de vétérinaires, par M. H. Gaidoz. — La fleur cueillie, par M. H. Gaidoz. — Les trois conseils de Salomon, par M. Israël Lévi. — Notes sur Madagascar (suite). Le salut et la politesse, par M. H. Gaidoz. — Dictons gastronomiques (suite). — La flèche de Nemrod, par M. René Basset (suite). — Les facéties de la mer (suites). — Les femmes qui accouchent d'animaux (suite). — Le jeu de Saint-Pierre (suite).

Novembre. — Les conseils d'un père mourant, par M. F.-M. Luzel. — La fantasmagorie, par M. E. Rolland. — Les charmeurs de serpents, par M. E. Rolland. — Croyances et pratiques de s chasseurs, par M. H. Gaidoz. — Apparitions dont on fait p eur aux petits enfants, par M. E. Rolland. — Les cheveux rouges, p ar M. K. Nyrop. — Le salut et la politesse, par M. H. Gaidoz. — Le folklore juridique des enfants. — Bibliographie.

Décembre. — Un nouveau traité de mythologie, par M. H. Gaidoz. — A propos d'un livr e de médecine populaire, par M. J. Tuchmann. — Les serments et les jurons, par E. R. — L'enfance et les enfants (suite). — Chans ons populaires de la Basse-Bretagne (suite). — La fraternisation, par M. H. Gaidoz. — Le salut et la politesse, par M. H. Gaidoz. — L'arc-en-ciel (suite). — Bibliographie.

Revue des traditions populaires. — *Octobre* 1887. — Les Pourquoi. I. Pourquoi les chiens se regardent sous la queue, par C. Enaud. — II. Pourquoi les chiens lèvent la patte, par A. Gittée. — III. Pourquoi les chiens chassent, par P. Sébillot. — La chanson du sifflet (suite), par C. Beauquier. — Iconographie traditionnelle. I. Eglises de Haute-Bretagne, par E. Hamonic. — Alexandre en Algérie. II. Alexandre dans le Maghreb, par R. Basset. — Une chanson bourbonnaise, par J. Tiersot. — Les héros d'Ossian (suite et fin), par L. Brueyre. — Le gras et le maigre, légende normande, par V. Brunet. — Sobriquets et superstitions militaires. VII. Le tirage au sort en Belgique (suite), par A. Harou. VIII. Les brimades, par A. Certeux. — Les moines, conte du Poitou, par L. Pineau. — Coutumes de pêcheurs. I. En Ecosse, par W. Gregor. — La vigne, chanson de vendange, par C. de Sivry. — Les Kédales et les Voinraux, conte lorrain, par N. Ney. — Les mines et les mineurs, III. Les génies des mines (suite), par P. Sébillot. — Extraits et lectures. Superstitions du xviie siècle, par C. de Bergerac. — Bibliographie. — Périodiques et journaux. — Notes et enquêtes.

Novembre. — Légendes mythologiques lettonnes, par Z. Wissendorf. — La mariée et la brebis tondue, chanson d'Auvergne, par D. Pommerol. — Quelques souvenirs des fées dans le Gard, par H. Roux. —Iconographie traditionnelle. Eglises de Haute-Bretagne (suite), par E. Hamonic. — Les Pourquoi. IV. Pourquoi les chats n'ont plus de cornes. V. Pourquoi la mule est stérile. VI. Pourquoi la brebis ne parle plus. VII. Pourquoi le chameau a les oreilles petites. VIII. Pourquoi le bouc a mauvaise odeur, par P. Sébillot. — Droit folklorique. Le Tyndwald de l'île de Man, par W.-S. Lach Szyrma. —Contes populaires flamands (suite), par P. de Mont. —Jeux et divertissements populaires. Coutumes de moisson en Bresse. II. Prendre le Renard (suite) par *Le Curieux.* — La chasse et les chasseurs. I. Superstitions de la Suisse romande, par A. Certeux. — Un conte populaire de Côme et conte turc, par S. Prato. — Légendes de Mermaids du nord de l'Ecosse, par Walter Gregor. —La demande refusée, chanson de la Franche-Comté, par C. Beauquier. — Légendes chrétiennes de l'Oukraine (suite), par E. Hins. — Coutumes de mariage. I. Le brûlement du fauteuil, par R. Stiébel. — Légendes du Bas-Berry, par M. Sand. — Extraits et lectures. I. Vampires contemporains, dans *Journal de Saint-Pétersbourg.* — Bibliographie. — Périodiques et journaux. — Notes et enquêtes.

Décembre. — Les précurseurs de nos études. I. Histoire de quelques manuscrits, par A. Meyrac.—Coutumes, croyances et superstitions de Noël. 1. Suisse romande, par A. Certeux. II. La bûche de Noël en Lorraine, par F. Fertiault. III. Chanson chantée en Flandre, par A. Harou. IV. Traditions de la Basse-Bretagne, par L.-F. Sauvé. V. Croyances en Poitou, par R.-M. Lacuve. VI. Redevance féodale en Bretagne, par P. S. VII. Les torches de la nuit de Noël, par G. le Calvez. —La marchande d'oranges, chanson lorraine, par J. Tiersot. — Le chemin de la mort, par L. Bonnemère. — Le mythe solaire du du cheval dans une formulette de Livourne, par S. Prato. — Les Pourquoi. IX. Pourquoi les roses ont leur couleur, par P. Sébillot. — La sorcellerie en Angleterre (suite), par W.-S. Lach Szyrma. — Chanson de mendiant breton, par l'abbé J.-M. Abgrall. — Contes populaires flamands (suite), par Pol de Mont. — Les souhaits de bonne année en Basse-Bretagne, en Haute-Bretagne, en Normandie, en Auvergne, etc., en Belgique, en Angleterre, par P. Sébillot. — Souhait de bonne année en rébus, par P. S. — Extraits et lectures. I. L'élixir de l'empereur Guillaume, par L. Katona. II. Fête de Saint Nicolas en Alsace, par Paul Ristelhuber. — Bibliographie. — Périodiques et journaux. — Notes et enquêtes. — Table méthodique des matières. — Table alphabétique et analytique.

La Tradition.—*Octobre* 1887. — Essais sur quelques cycles légendaires. I. Les guerriers dormants, par H. Carnoy. — Le beau laurier de France. Ah ! mon beau château ! chansons populaires recueillies par Mme C. Marion. — Mon père a fait bâtir maison, chanson recueillie

par C. de Sivry. — Mœurs et superstitions japonaises. II. Tokio, par
H. Gamilly. — La cloche de Saint-Sulpice d'Amiens, légende picarde,
par C. de Warloy. — Deux chansons. I. Petite Sarah. II. Belle aux
longs cheveux, poésies de G. Vicaire. — Trilby et le Drac, par H.
Babou. — La Maria, chanson de la Bresse, recueillie par G. Guillon.
— Conte de fées, par P. Ginisty. — Es o cambio que t'espero, conte
provençal recueilli par J.-B. Bérenger-Féraud. — Le pêcheur repenti,
nouvelle du comte L. Tolstoï, traduite par E. Halphérine. — Antchar,
poésie d'après Pouchkine, par A. Chaboseau. — A travers les livres
et les revues, par C. de Warloy. — Bibliographie, par G. Vicaire.
— Notes et enquêtes.

Novembre. — Les Russes chez eux. III. En Oukraine. Mariage
petit russien. Kabzars, par A. Sinval. — La Bique, chanson populaire
de la Franche-Comté, recueillie par C. Grandmougin. — Dans les
prisons de Nantes, mélodie et chanson populaires recueillies par
C. de Sivry. — Les poètes semi-populaires. I. Gabriel Brottier,
tailleur bourguignon, par C. Rémond. — La Jacoumino, texte provençal et traduction, par F. Gras. — La barque du sultan Mahomet II,
par J. Nicolaïdes. — Les pois dans les souliers, conte provençal, par
J.-B. Bérenger-Féraud. — Les jarretières, coutume picarde, par E.
Desombres. — Les traditionnistes. II. Eugène Rolland, par C. de
Warloy. — Le romancero provençal, par G. Vicaire. — La société de
réforme ortografique, par P. Passy. — La chanson des hirondelles,
poésie, par E. Guinand. — Les petites gardeuses de moutons, poésie
de E. Ferré. — Bibliographie, par H. Carnoy.

Décembre. — Frère Jean Gallet, par G. Vicaire. — La légende du
bœuf de saint Jacques, par C. Buet. — Dans la Posada, légende
espagnole, par C. Lancelin. — Lou coutilhoun, poésie en dialecte de
Gascogne et traduction de J. Salles. — Malurette, poésie de G.
Vicaire. — Le trait ou le treizième, conte du bocage normand, par
V. Brunet. — Charmante Sylvie, chanson populaire de la Franche-
Comté, par C. Grandmougin. — Le diable et le soldat russe, par A.
Sainval. — Monstres et géants. V. Martin et Martine, par A. Des-
rousseaux. — Le glas, poésie de R. Gineste. — Un Voceri de l'île de
Corse, par P. Bourde. — Les anciens conteurs. III. Les anciennes
éditions de Boccace, par H. Carnoy. — Poèmes de la tradition. II. La
légende maternelle, poésie de E. Blémont. — Dans les jardins d'mon
père, chanson et mélodie populaires recueillies par C. de Sivry. —
Les monts de la Tsernagora, légende monténégrine, par le Dr Constantin Stravelachi. — Le cœur mangé, légende de la Gascogne, par
J.-F. Bladé. — Une légende de l'Asie-Mineure, par J. Nicolaïdes. —
Contes du vieux Japon. IV. Urashima-taro chez l'ondine riugujo, par
J.-J. Rein. — Bibliographie. — A nos lecteurs. — Table des matières.

SECTION BIBLIOGRAPHIQUES (1)

Généralités.

Rapports de Henri Grégoire sur la bibliographie, la destruction des patois et les excès du vandalisme, réédités par un bibliophile normand (Caën, 1868 ; xvi, 139 p. in-8).

Gazier. — *Lettres à Grégoire sur les patois de France* (Paris, 1880. — 353 p. in-8). Extrait de la *Revue des langues romanes.*

Vinson. — *La langue française et les idiomes locaux* (dans *Revue de linguistique,* XIII, 187).

A. Espagne. — *Des formes provençales dans Molière* (dans *Revue des langues romanes,* XI, 70).

B. Polisch. — *Die Patoisformen in Molières Lutspielen* (dans *l'Archiv* de Herrig, 1884, p. 183).

J. Michel. — *Le z euphonique en provençal et en français* (dans *Bulletin de la Société Académique du Var,* 1877, p. 101). Cf. *Revue des langues romanes,* XX, 301.

Le Héricher. — *Histoire de deux préfixes à travers le vieux français et les patois.* (Avranches, Letregnilly fils, 1879. — 64 p. in-8).

C. Chabaneau. — *La deuxième personne du pluriel de l'indicatif présent dans les dialectes de l'Est* (dans *Re vue des langues romanes,* XXI, 151).

Borel. — *Dictionnaire des terme s du vieu x français,* nouvelle édition suivie des *Patois de la France,* recueil de chants, noëls, fables, dictons, dialogues, fragments de poème, compos és en principaux dialecte s de la France, par L. Favre.

Lespy. — *Le b et le v dans les idiomes du midi de la France* (dans *Revue d'Aquitaine,* IV, 75).

A. Roque-Ferrier. — *L'r des infinitifs en langue d'oc* (dans *Revue des langues romanes,* XIII, 180).

De Tourtoulon. — Les prétérits en « egui » dans la langue d'oc (dans *Revue des langues romanes,* I, 232).

---

(1) Pour compléter nos notices bibliographiques, nous nous sommes beaucoup servi du travail de M. Behrens (Voyez *Revue des patois,* I, 139).—Dans les Notices du dernier numéro de chaque année, nous mentionnerons régulièrement, comme nous le faisons aujourd'hui, les travaux et les textes publiés dans le courant de l'année par notre *Revue.*—On a pu remarquer que nous faisions figurer, dans les Notices, des œuvres *françaises* du moyen-âge composées par des provinciaux. Ces œuvres offrent un intérêt dialectologique par les provincialismes qu'on peut y relever.

Sur différentes formes du verbe « tuer » en provençal, voyez *Revue des langues romanes*, XXIV, 289, et XXVI, 49.

Reboul. — *Anonymes, pseudonymes et supercheries littéraires de la Provence ancienne et moderne* (dans *Bulletin de la Société d'études de la ville de Draguignan*, XI, 185). Cf. *Revue des langues romanes*, XX, 96.

Savinian. — *Grammaire provençale, précis historique de la langue d'oc. Parties du discours pour les sous-dialectes marseillais, cévenol et montpelliérain* (Avignon et Paris, 1882. — XL, 197 p. in-12).

L.-L. Bonaparte. — *Spécimen d'orthographe applicable aux dialectes de la langue d'oïl* (Londres, 1867, 16 p. in-16).

C. Chabaneau. — *Sur une particularité de la déclinaison gallo-romane, et « Dominus » et « senior » au féminin en provençal* (dans *Revue des langues romanes*, 4° série. I, 437, 444, et 615).

Gilliéron. — *Mélanges gallo-romans*, consacrés : 1° aux pronoms personnels de la 1re et de la 2e pers. du pluriel en usage dans les départements du Pas-de-Calais et de la Somme ; 2° aux formes du français parlé en Picardie « je trouviendrai, je prouviendrai » ; 3° aux déplacements d'accent en patois savoyard. Le numéro de septembre du *Literaturblatt für germanische und romanische philologie* contient un article de M. Morf sur ce travail, qu'il analyse sans y ajouter beaucoup de remarques personnelles. Il conteste cependant les conclusions de l'auteur sur le dernier point. L'article se termine par l'annonce très élogieuse de la revue de M. Gilliéron. M. Morf engage le directeur à s'y servir de l'alphabet scientifique déjà employé par lui, en y ajoutant des caractères spéciaux pour marquer les voyelles toniques (1).

Sur l'orthographe à employer pour transcrire les textes patois, voyez *Revue des patois*, I, p. 2, 159, 239 et 319.

L. Clédat. — *Patois de la région lyonnaise*, étude consacrée aux patois de quinze départements (dans *Revue des patois*, I, p. 4 et 81).

Sur *oi* du futur correspondant à *ai* de l'indicatif présent de « avoir », voyez *Romania*, XVI, 635.

Mackel. — *Die germanischen Elemente in der französischen und provenzalischen sprache* (dans *Französische studien*, VI, 1). Cf. *Romania*, XVI, 609.

Ain.

Sirand. — *Des patois bressan et bugiste comparés* (dans *Revue du Lyonnais*, 2e série, XXIII, 365).

Toubin. — *Recherches sur l'argot des peigneurs de chanvre.* Voyez *Jura*.

Ch. Guillon. — *Chanson en patois de Ceyzénat* (dans *La Tradition*, I, 212).

Philipon. — *Le dialecte bressan aux XIII° et XIV° siècles* (dans *Revue des patois*, I, p. 11).

Tronchon. — *Texte en patois de Cormaranche* (dans *Revue des patois*, I, 133).

(1) Voyez ci-dessous, page 319.

L. Clédat. — *Le patois de Coligny et de Saint-Amour* (dans *Revue des patois*, I, 161). Réimpression — avec quelques modifications et l'adjonction d'un glossaire étendu — d'un travail qui avait paru dans la *Romania*.

Philipon. — *L'a accentué précédé d'une palatale dans les dialectes de la Bresse et du Bugey* (dans *Romania*, XVI, 263).

Aisne.

Mayeux. — *Essai de glossaire local* de l'arrondissement de Château-Thierry (dans *Annales de la Société historique de Château-Thierry*, 1875, p. 49).

Piette. — *Note sur le patois des environs de Vervins* (dans *Bulletin de la Société archéologique de Vervins*, IX, p. 56).

Allier.

Texier. — *Lexique patois du canton d'Escurolles* (dans *Bulletin de la Société d'émulation de l'Allier*, tome XI).

Alpes (Basses).

Parabole en patois du canton de Seyne et en patois de l'arrondissement de Castellane, dans *Parabole de l'Enfant Prodigue en patois divers*, réimpression Favre (Paris, Champion), pages 135 et 146.

Rolland. — *Dictionnaire des expressions vicieuses... communes dans les Hautes et les Basses-Alpes* (Gap, Allier, 1810. — in-8 ; viii, 366 p.).

Texte en patois de Forcalquier (page xi), de Volonne (p. xiii), de Digne (p. xvii), de Digne-Sièyes (p. xviii), de Castellanne (p. xix), d'Allos (p. xx), de Pierrevert (p. xxxi), de Saint-Michel (p. xxxii), dans *Salut à l'Occitanie, traduit en cent sept idiomes* (Montpellier, Hamelin frères, 1886).

Alpes (Hautes).

Parabole en patois de Gap, dans *Parabole de l'Enfant Prodigue en patois divers*, réimpression Favre (Paris, Champion), p. 123.

Rolland. — *Dictionnaire des expressions vicieuses... communes dans les Hautes et les Basses-Alpes*. Voyez ci-dessus *Alpes (Basses)*.

Lettres d'Erasme à Eugène ou Annuaire du département des Hautes-Alpes pour 1808 (Gap, Allier, 1808) La lettre onzième aborde la question du langage.

Sur un mot du Donat provençal rattaché au dialecte des Alpes Cottiennes, voyez *Revue des langues romanes*, XIX, 62.

Long. — *Lettre à M. J. Quicherat sur le sens du mot « bric » dans les patois des Alpes* (dans *Revue Archéologique*, 1878, juillet). Cf. *Revue des langues romanes*, XV, 146.

Jouglard. — *Mots caractéristiques du patois des Hautes-Alpes*, particulièrement de Gap et du Champsaur (dans *Bulletin de la société d'études des Hautes-Alpes*, I, 257 ; II, 69 et 224).

Sur le dialecte du Champsaur, et particulièrement de Saint-Bonnet en Champsaur en 1825 et 1828, voyez les articles de P. G. dans le tome II du *Bulletin de la Société d'Études des Hautes-Alpes*.

Le livre de Ladoucette sur l'*Histoire des Hautes-Alpes*. (Voyez *Revue des patois*, I, 140) contient des textes en patois de Gap, Dévoluy, Veynes, Serres, et Orpierre, Queyras, Monétier, Embrun, Chorges, Ribiers.

Allemand. — *Série de mots patois* du Champsaur et du Gapençais (dans *Bulletin de la Société d'Etudes des Hautes-Alpes*, II, 224).

Lesbros. — *Liste de quelques mots vulgaires usités dans la commune de Bruis et dans la vallée de l'Oule* (dans *Bulletin de la Société d'Études des Hautes-Alpes*, II, 525 ; III, 335).

Lesbros. — *Argot de Montmorin* (dans *Bulletin de la Société d'Etudes des Hautes-Alpes*, II, 232).

Deux listes de mots vulgaires des Hautes-Alpes publiées dans le tome III du *Bulletin de la Société d'Etudes des Hautes-Alpes*.

Texte en patois de L'Epine (p. xxi), de Veynes (p. xxii), de Guillestre (p. xxiii), d'Arvieux-Queyras (p. xxiv), de la vallée du Queyras (p. xxv), de Val-Louise (p. liii), d'Orpierre (p. liv), du bas Champsaur (p. lv), dans *Salut à l'Occitanie, traduit en cent sept idiomes* (Montpellier, Hamelin frères, 1886).

P. Guillaume. — *Le mystère de Saint-Pons* (dans *Revue des langues romanes*, 4ᵉ série, i, 317 et 461) Cf. *Romania*, XI, 168.

Alpes-Maritimes.

Parabole en patois d'Escragnolles, dans *Parabole de l'Enfant prodigue en patois divers*, réimpression Favre (Paris, Champion) p. 151.

Rancher. — *La Nemaïda*, poëme niçard (Nice, 1823, in-8).

Giausep Miceu. — *Grammatica Nissarda* (Nice, 1840. — in-12).

Marie de Solms. — *Nice*, avec un vocabulaire niçois (Florence, 1854).

Craig. — *A handbook to the modern provençal* (niçois) *language* (London 1863) Cf. *Revue Critique*, 1866, p. 355, et *Iahrbuch* de Lemcke, X, 173.

Sardou et Calvino. — *Grammaire de l'idiome niçois* (Nice, Visconti, 1822. — vi, 154, p. in-12).

Caire. — *Saggio sul dialetto nizzardo* (San Remo, 1884. — 44 p. in-8).

Emm. Valeri. — *Il dialetto nizzardo* (Nice, 1885).

Sur une enclave italienne des Alpes-Maritimes, voyez *Revue de Linguistique*, XIII, 308.

Texte en Niçard dans *Salut à l'Occitanie, traduction en cent sept idiomes* (Montpellier, Hamelin frères. 1886) p. xliii.

Andrews. — *Phonétique mentonaise*, suite et fin (dans *Romania*, XVI, 543.

Alsace.

Parabole en patois d'Altkirck, dans *Parabole de l'Enfant prodigue en patois divers*, réimpression Favre (Paris, Champion), page 28.

Gaidoz. — *Les géographes allemands de l'Alsace* (dans *Revue bleue*, 2e série, II, p. 900).

Heim. — *La langue française en Alsace-Lorraine* (dans *Revue Alsacienne*, III, 447).

Gaidoz et Sébillot. — *Bibliographie des traditions et de la littérature populaire de l'Alsace* (Saint-Quentin, imprim. Moureau et fils 1883. — 35 p. in-8). Extrait du *Polybiblion*, 1882.

Oberlin. — *Observations concernant le patois et les mœurs des gens de la campagne.* (Strasbourg, 1791, in-)8.

Roesch. — *Les patois de l'Alsace* (dans *Revue d'Alsace*, janvier, mars juillet et septembre 1885).

Anglo-Normand.

Métivier. — *Poésies guernesiaises et françaises* (Guernesey, 1883). Sur *c* devant *a* en anglo-normand, voy. *Romania*, XVI, 580.

Angoumois.

Castaigne. — *Six chansons populaires de l'Angoumois* (Angoulême, Lefraise, 1856. — in-8, 12 pages).

Anjou.

Loiseau. — *Rapports de la langue de Rabelais avec les patois de la Touraine et de l'Anjou* (dans *Mémoires de la Société Académique de Maine-et-Loire*, XXI, p. 70).

Ménière. — *Glossaire étymologique et comparatif du patois angevin, ancien et moderne* (Angers, Lachèse et Dalbeau, 1881. — in-8, 374 pages).

Ardèche.

Parabole en patois de Privas et de l'arrondissement d'Annonay, dans *Parabole de l'Enfant Prodigue en patois divers*, réimpression Favre (Paris, Champion), p. 102 et 104.

Smith. — *La parabole de St-Luc et la passion en patois de Ste-Eulalie d'Ardèche* (dans *Romania*, II, p. 465). *Complainte de Ste-Madeleine* en même patois (dans *Romania*, IV, 439).

Texte en patois de St-Marcel d'Ardèche, dans *Revue des p. gallo-romans*, I, 123.

Ariège.

Parabole en patois de Pamiers, de St-Girons, de l'arrondissement de Foix et de l'extrémité de l'arrondissement de Foix, dans *Parabole de l'Enfant Prodigue en patois divers*, réimpression Favre (Paris, Champion), p. 74, 76, 80 et 82.

Lambert. — *Contes populaires de Belesta* (dans *Revue des langues romanes*, 4e série, I, p. 565, 578, 586, 591, 593).

Aube.

Debreuil. — *Ephémérides de Grosley* avec des remarques importantes sur le patois de Troyes et un vocabulaire (Paris, Durand, 1811. — 2 vol. in-12).

Des Etangs. — *Listes des noms populaires des plantes de l'Aube et des environs de Provins* (dans *Mémoires de la Société d'agriculture, sciences et arts du département de l'Aube,* 1844, p. 137).

Aude.

Parabole en patois de Carcasonne, dans *Parabole de l'Enfant Prodigue en patois divers,* réimpression Favre (Paris, Champion); p. 90.

Cantagrel. — *Notes sur le sous-dialecte Carcassonnais et les sous-dialectes limitrophes* (dans *Revue des langues romanes,* I, 312, 315).

Sur les limites du catalan et de la langue d'oc, voy. *Bulletin de la Société d'anthropologie de Paris,* 3ᵉ série, II, p. 68. Cf. *Revue des langues romanes,* XXIII. 249.

L. Lambert. — *Contes populaires de Narbonne* (dans *Revue des langues romanes,* 4ᵉ série, I, p. 554. 568 et 571).

Aunis.

Favre. — *Glossaire.* Voyez *Poitou.*
L. E. Meyer. — *Glossaire de l'Aunis* (La Rochelle, 1870. — in-8).

Auvergne.

Labouderie. — *Vocabulaire du patois usité sur la rive gauche de l'Allagnon, depuis Murat jusqu'à Malompise* (dans *Mémoires de la Société des Antiquaires,* XII, 338).

Le même. — *Le livre de Ruth en patois auvergnat* (dans *Mélanges sur les langues,* Paris, 1831, p. 94).

Parabole en patois auvergnat dans *Parabole de l'Enfant Prodigue en patois divers.* réimpression Favre (Paris, Champion), p. 4.

Gaidoz et Sébillot. — *Bibliographie des traditions et de la littérature populaire de l'Auvergne et du Velay* (dans la *Revue d'Auvergne,* tome II. Tiré à part, Clermont-Ferrand, 1885, 31 p. in-8).

E. de Chalaniat. — *Catalogue des oiseaux qui ont été observés en Auvergne* (dans *Annales scientifiques et littéraires de l'Auvergne,* t. XIX et XX).

Brieude. — *Topographie médicale de la Haute-Auvergne* (nouvelle édition, Aurillac, 1821).

Deribier de Cheissac. — *Vocabulaire du Velay et de la Haute-Auvergne.* Voyez *Loire (Haute).*

Docteur Pommerol. — *Chanson d'Auvergne* (dans *Revue des trad. pop.* II, 487).

Aveyron.

Parabole en patois de Rodez, dans *Parabole de l'Enfant Prodigue en patois divers,* réimpression Favre (Paris, Champion), p. 67.

Lou catechisme roüergas (Rodez, 1656. — 188 p. in-16) Cf. *Revue des langues romanes,* III, 82, et XVII, 140.

Les Quatre saisons, ou les Géorgiques patoises, avec un vocabulaire du dialecte du Rouergue (Villefranche, Vedeilhié, 1781. — in-8.)

Le *Dictionnaire* de l'abbé Vayssier a paru en 1879, chez Carrère, à Rodez (XLIII, 656 p. in-4) Cf. *Revue des langues romanes,* XVII, 291.

Mazel. — *Dom Guérin et le langage de Nant* (dans *Revue des langues romanes,* XXVI, 164).

Fertiault. — *Chansons populaires en patois de l'Aveyron* (dans *Revue des patois,* I, 127).

Béarn.

Mazure. — *Histoire du Béarn et du pays basque* contenant une étude sur la langue béarnaise (Pau, Vignancour, 1839. — in-8).

Schnakenburg. — *Ueber Sprache, Gesänge und Sitten in Bearn* (dans *Archiv* de Herrig, XIX, 317).

Vignancour. — *Poésies béarnaises* (2e édit. Pau, 1852-1860).

Trois Notes successives publiées à Londres, en 1878 et 1879, par L.-L. Bonaparte, *sur le caractère pronominal du monosyllabe béarnais* « que ».

Ung flouquetot coelhut hens los Psalmes de David metutz en rima bernesa per Arnaud de Salette, en l'aneia MDLXXXIII (Pau, Ribaut. — 1878, in-8), ouvrage accompagné d'un glossaire, comme le suivant.

Segond flouquetot, etc. (Pau, 1880).

Belfort (Territoire de)

Parabole en patois de Giromagney dans *Parabole de l'Enfant Prodigue en patois divers,* réimpression Favre (Paris, Champion), p. 30.

Corbis. — *Locutions particulières à Belfort* (dans *Revue d'Alsace,* 1879, p. 329 et 1883, p. 227).

Belgique.

De Reiffenberg. — *Remarques sur les patois romans usités en Belgique* (Bruxelles, 1839, in-8).

Le même. — *Nouvelles remarques sur les patois usités en Belgique* (Bruxelles, 1839. — in-8). Extrait du *Bulletin de l'Académie royale de Bruxelles,* VI. Cf. *Archives historiques et littéraires du nord de la France et du midi de la Belgique,* nouvelle série, II, 307, et *Annuaire de la Bibliothèque royale de Bruxelles,* 7e année.

Grandgagnage. — *Etudes sur quelques noms de lieux situés en Belgi-*

que. Extrait des *Annales de la Société archéologique de Namur.* Voyez aussi les *Mémoires couronnés de l'Académie royale de Belgique,* tome XXVI.

Le même. — *Vocabulaire des anciens noms de lieux de la Belgique orientale* (Liége, Carmanne, 1859. — in-8).

[Poyart]. — *Frandricismes, wallonismes, fautes que commettent fréquemment les Belges,* 12e édition, Bruxelles, Rampelberghe, 1811. — in-12 ; XII, 248 pages.

Raoux. — *Mémoire en réponse à la question proposée par l'Académie royale de Bruxelles : quelle est l'origine de la différence qui existe, par rapport à la langue, entre les provinces dites flamandes, et celles dites wallonnes?* (Bruxelles, Demat, 1825. — in-4, 112 pages).

Voy. *Luxembourg, Liége, Brabant, Namur, Hainaut, Wallons* (pays).

Berne (canton de)

Parabole en patois de la montagne de Diesse, de Bienne, de Courtelary et de Montier-Granval dans *Parabole de l'Enfant Prodigue en patois divers,* réimpression Favre (Paris, Champion), p. 128, 153, 156, 157.

Parabole en patois de Delemont, dans *Mélanges sur les langues,* Paris, 1831, p. 520.

Berry.

Labonne. — *Recueil de mots et expressions qui, employés par Rabelais, sont encore en usage dans le Berry.* (Chateauroux, 17 p., in-8). Extrait de la *Revue du Centre.*

Coudereau. — *Sur le dialecte berrichon* (dans *Mémoires de la Société d'antropologie de Paris,* 2e série, I, 335).

Tissier. — *Dictionnaire berrichon* (Paris, Ghio, 1884. — XI, 106 pages).

Bouches du Rhône.

Parabole en patois du quartier Saint-Jean à Marseille et en patois de Marseille, dans *Parabole de l'Enfant Prodigue en patois divers,* réimpression Favre (Paris, Champion), p. 109 et 150.

De Villeneuve. — *Statistique du département des Bouches-du-Rhône* (Marseille, 1821-29. — 4 vol. in-4).

Morel. — *Lou Galoubé, pouésios prouvençalous* (Avignon, 1828).

[Laugier de Chartrouse]. — *Nomenclature patoise des plantes des environs d'Arles* (Arles, Dumas et Dayre, 1859. — VIII, 59 p., in-8).

Gros de Marseille. — *Recueil de pouésiés prouvençalos* (deux éditions, Marseille, 1734 et 1763).

Gelu. — *Chansons provençales* (2e éd. Marseille, Laffite et Roubaüd, 1856, in-12).

Le même. — *Meste Ancerro,* chanson provençale (Marseille, Camoin, 1863).

Le même. — *Lou Garagai*, chanson provençale (Marseille, Camoin, 1872. — 62 p., in-8).

Feraud. — *Le Saint Evangile selon Saint-Mathieu, traduit en provençal marseillais moderne* (1866).

La Bresco, de Crousillat, avec une préface de Mistral (Avignon, 1865).

Countes dau village en parler de Marseille (Marseille, Boy et fils, 1869. — 116 p., in-8).

Réguis. — *Nomenclature franco-provençale des plantes qui croissent dans notre région* (dans *Mémoires de l'Académie d'Aix*, XI).

Texte en patois de Saint-Savournin (p. xxxiv), de Maillanne (p. xxvii), des environs d'Aix, (p. xlvi), d'Aix, (p. xlix, et p. l) dans *Salut à l'Occitanie, traduit en cent sept idiomes* (Montpellier, Hamelin frères, 1886).

Bourgogne.

Glossaire alphabétique pour l'intelligence des mots bourguignons et autres qui peuvent avoir besoin d'explication dans les Noëls de Gui Barôzai (Dijon, 1720. — in-8, 297 pages).

Wollenberg. — *Sur le soi-disant idiome bourguignon* (dans *Archiv.* de Herrig, XXVIII, 259).

Brabant.

Marchal. — *Traduction de la Parabole de l'Enfant Prodigue en patois wallon, parlé depuis Viviers d'Oie jusqu'à Wavre* (dans *Mémoires de la Société des Antiquaires*, nouvelle série, II, p. 234).

Bresse.

Chansons en patois du pays de Bresse (dans *Mélanges sur les langues*, Paris, 1831, p. 144).

Bretagne.

Gaidoz et Sébillot. — *Bibliographie des traditions et de la littérature populaire de la Bretagne* (dans la *Revue celtique*, V, 277).

Calvados.

Gourgeon. — *Glossaire du langage de Condé-sur-Noireau* (Caen, 1830. — in-8).

Lecœur. — *Esquisses du Bocage normand*, avec des remarques sur le patois (Condé-sur-Noireau, 1883. — in-8).

Ch. Joret. — *Randonnée en patois de Formigny* (dans *Revue des Patois*, I, 120).

Canada.

A. Marshall Elliot. — *Speech Mixture in French Canada* (dans *Transactions of the Modern Language Association of America*, II, 1886).

Cantal.

Parabole en patois d'Aurillac, dans *Parabole de l'Enfant Prodigue en patois divers*, réimpression Favre (Paris, Champion), p. 66.

Textes en patois de Molompise et de Salers, dans *Revue des p. gallo-romans*, I, 124.

Catalan.

Parabole en patois catalan, envoyée par un membre du lycée de Tarbes, dans *Parabole de l'Enfant Prodigue en patois divers*, réimpression Favre (Paris, Champion), p. 130.

Jaubert de Passa. — *Recherches historiques sur la langue catalane* (dans *Mélanges sur les langues*, Paris, 1831, p. 297).

Morel-Fatio. — *Note sur l'article dérivé de* ipse *dans les dialectes catalans* (dans *Mélanges Renier*, Paris, Vieweg, page 9).

Charente.

Parabole en patois poitevin (p. 42) et en patois limousin (p. 58) de l'arrondissement de Confolens, en patois angoumoisin (p. 48) et en patois périgourdin (p. 54) du canton de La Valette, et en un troisième patois des environs de La Valette (p. 43), dans *Parabole de l'Enfant Prodigue en patois divers*, réimpression Favre (Paris, Champion).

Texte en patois de Julienne, dans *Revue des p. gallo romans*, I, 125.

Charente-Inférieure.

Parabole en patois de Saintes, de La Rochelle et de Marennes, dans *Parabole de l'Enfant Prodigue en patois divers*, réimpression Favre (Paris, Champion), p. 44, 46 et 48.

M. — *Glossaire du patois Rochelais* (Paris, Didot, 1861).

Gautier. — *Statistique de la Charente-Inférieure*, avec des remarques sur le patois (La Rochelle, 1839).

Kemmerer. — *Du langage dans les campagnes de l'Ile-de-Ré* (dans le journal *La Charente-Inférieure*, 1865).

L'abbé Rainguet. — *Du dialecte romano-saintongeais de* Jonzac (dans *Congrès scientifique de France*, 23e session, tenue à la Rochelle, p. 404).

Les catalogues de la librairie Moquet, de Bordeaux annoncent comme devant paraître incessamment un *Glossaire saintongeais*, par Eveillé (prix : 12 fr.).

Texte en patois de Pons, dans *Revue des p. gallo-romans*, I, 126.

Fariboles saintongheaises, journal patois publié à Saint-Jean d'Angély de 1878 à 1881.

Cher.

Texte en patois de Saint-Hilaire, dans *Revue des p. gallo-romans*, I, 127.

Corrèze.

Chant de noce en patois de Tulle, dans *Romania*, IX, 568.

Texte en patois de la campagne d'Ussel, dans *Revue des p. gallo-romans*, I, 128.

Côtes-du-Nord

Plusieurs des ouvrages relatifs aux patois de la Haute-Bretagne, qui sont cités à l'article Ille-et-Vilaine, s'appliquent aux patois du département des Côtes-du-Nord.

Dauphiné.

Abbé Bourdillon. — *Des productions diverses en patois du Dauphiné et des recherches sur les divers patois de cette province et leurs différentes origines* (dans la 24e session du Congrès scientifique de France, t. II, Grenoble, 1858).

Dordogne.

Parabole en patois nontronnais et en patois sarladais, dans *Parabole de l'Enfant Prodigue en patois divers*, réimpression Favre (Paris, Champion), p. 55 et 56.

Périgueux. — *Les périgordinismes corrigés* (Danede, 1818. — in-8).

P. Mounet. — *La Ménagère et le Meunier, chanson du Périgord* (dans *Revue des Trad. pop.*, II, 363).

Doubs.

Parabole en patois de Besançon, dans *Parabole de l'Enfant Prodigue en patois divers*, réimpression Favre (Paris, Champion), p. 38.

Beauquier. — *Vocabulaire etymologique des provincialismes usités dans le département du Doubs* (dans *Mémoires de la Société d'émulation du Doubs*, 18 décembre 1879).

Texte en patois de Bannans, dans *Revue des p. gallo-romans*, I, 132.

Dialogue en patois d'Amancey et de Deservillers, *ibidem*, p. 133.

Ch. Bauquier. — *Formulettes en patois du Doubs* (dans *Revue des Trad. pop.*, II, 437).

Drôme.

Ollivier. — *Essais historiques sur la ville de Valence, avec des notes et des pièces justificatives inédites*. (Valence, Borel, 1831. — in-8).

Bellon. — *La linguistique au service de l'histoire* (dans *Bulletin de la société archéologique de la Drôme*, I, 189 ; II, 48 et 142). Renseignements particuliers sur le patois de Charpey.

Boissier.—*Glossaire du patois de Die* (Valence, 1874.—in-8, 47 p.).

Moutier. — *Grammaire dauphinoise*. (Voyez *Revue des patois*, I, 147, article *Dauphiné*).

Parabole de l'Enfant Prodigue en patois de Crest, dans Ollivier, *Essais historiques sur la ville de Valence* (Voy. ci-dessus).

Parabole en patois du Buis, de Nyons, de Valence et de Die, dans *Parabole de l'Enfant Prodigue en patois divers*, réimpression Favre, (Paris, Champion), p. 114, 116, 120 et 121).

Texte en patois de Luc-en-Diois (p. LVI), en dialecte moyen-dauphinois de la Drôme (p. LVII), en patois de Lus-la-Croix-Haute (p. LVIII), dans *Salut à l'Occitanie, traduit en cent sept idiomes* (Montpellier, Hamelin frères, 1886).

Eure.

Parabole en patois normand du pays d'Ouche, dans *Parabole de l'Enfant Prodigue en patois divers*, réimpression Favre, (Paris, Champion), p. 85.

Vasnier. — *Petit Dictionnaire du patois normand en usage dans l'arrondissement de Pont-Audemer* (Evreux, 1862. — in-8 ; IV, 76 pages).

Eure-et-Loir.

Texte en patois de Crépainville, dans *Revue des p. gallo-romans*, I, 135.

Franche-Comté.

Dartois. — *Coup d'œil spécial sur les patois de Franche-Comté* (dans *Académie des sciences, belles-lettres et arts de Besançon*, 1850, p. 139).

Monnier. — *Vocabulaire de la langue rustique et populaire de la Séquanie* (dans *Annuaire du département du Jura*, 1857, p. 268, et 1859, p. 205).

Fribourg (Canton de).

Parabole en patois roman de Gruyères, dans *Parabole de l'Enfant Prodigue en patois divers*, réimpression Favre (Paris, Champion), p. 142.

Grangier. — *Glossaire fribourgeois* (Fribourg, 1864. — in-12).

Gard.

Parabole en patois du Vigan, dans *Mélanges sur les langues*, Paris, 1831, p. 520.

Parabole en patois de Nîmes, d'Uzès et d'Alais, dans *Parabole de l'Enfant Prodigue en patois divers*, réimpression Favre (Paris, Champion), p. 106, 108 et 140.

L'abbé Séguier. — *Dictionnaire de la langue cévenole*, publié partiellement dans *Revue des langues romanes*, XVI, 279.

Le marquis de La Fare-Alais. — *Las Castagnados, poésies langue-*

dociennes, avec notes et glossaire (2ᵉ éd. Alais, 1851. — in-8, 501 p.).

Sur les caractères du dialecte d'Alais, voy. *Revue des langues roma-nes,* I, 70.

Sur les caractères du dialecte d'Avèze, voy. *Romania,* VIII, 115.

Fesquet. — *Le provençal de Nîmes et le languedocien de Colognac* (dans *Revue des langues romanes,* XV, 250).

Texte en patois de Beaucaire (page LXV), de Nîmes (p. LXVII), des environs de Nîmes (p. LXVIII), de Vauvert (p. LXIX), de Saint-Jean de Serres (p. LXX), d'Alais (p. LXXI), dans *Salut à l'Occitanie, traduction en cent sept idiomes* (Montpellier, Hamelin frères. 1886).

Textes en patois d'Aramon, de Brouzet et de Pouzillac, dans *Revue des p. gallo romans,* I, 137 et suiv.

Garonne (Haute).

Doujat. — *Le ramelet moundi,* avec un dictionnaire de la langue toulousaine (Toulouse, différentes éditions, en 1631, 1637, 1638, etc).

La douctrino crestiano meso en rimos, avec des remarques sur la prononciation et l'orthographe (Toulouse, 1642. — in-12).

[Le P. Amilha]. — *Le tableu de la bido del parfet crestia* (Toulouse, Jacques Boudo, 1673).

Parabole en patois de la Haute-Garonne, dans *Parabole de l'Enfant Prodigue en patois divers,* réimpression Favre (Paris, Champion), p. 78.

A. Abadie. — *Las regiouns del cel, traduction del frances en toulousain* (Berlin, Knickmeyer, 1882. — in-8).

Poumarède. — *Manuel des termes usuels* (Toulouse, Veuve Sens, 1860. — in-8; XX, 488 p.).

Noulet et Chabaneau. — *Deux manuscrits provençaux du XIVᵒ siècle, contenant des poésies de l'école toulousaine* (Montpellier, Hamelin frères, 1888). C'est une publication de la Société des langues romanes. Voy. *Revue des langues romanes,* 4ᵉ série, I, 622.

Gascogne.

A. du Mège. — *Statistique générale des départements pyrénéens,* contenant une étude sur les dialectes de la région (Paris, Treuthel et Wurtz, 1828-29, 2 vol.— in-8).

Cénac-Moncaut. — *Voyage archéologique et historique dans les anciens comtés d'Astarac et de Pardiac,* avec des textes patois (1856, in-8).

Note philologique sur l'u et l'o dans l'idiome gascon (dans *Revue d'Aquitaine,* VII, 554).

Noms donnés en Gascogne aux bêtes de labour (dans *Revue d'Aquitaine,* VII, 557).

Du Peyrat. — *Mémoire sur les idiomes du midi de la France en général et sur celui du centre de la Guienne en particulier, et Glossaire,* (dans *Congrès scientifique de France,* 28ᵉ session tenue à Bordeaux en Septembre 1861, t. V, p. 299 et 413).

Bischoff. — *Voyage en Gascogne d'Agen à Auch* (Auch, 1866. — in-12). Cf. *Revue de Gascogne*, VII, 338.

Différents articles de MM. Couture, Noulet, Dulac, de Larroque, Balencie, dans *Revue de Gascogne*, V, passim ; X, 475 et 527 ; XII, 236, 309 ; XVI, passim ; XIX, 49 et 487 ; XXIII, 91 et 366.

Causerie littéraire sur les patois (Bordeaux, Soriano, 1879. — in-18).

J. Daste. — *Essai sur les caractères de la langue gasconne* (dans *Revue de Gascogne*, XII, p. 309, 462, 548).

Luchaire. — *Aquitains et Gascons, réponse à M. Paul Meyer* (dans *Revue de Gascogne*, XIX, 53 et 161).

Genève (Canton de).

Parabole en langage génevois dans *Parabole de l'Enfant Prodigue en patois divers*, réimpression Favre (Paris, Champion), p. 133.

Gers.

Sur le patois du département du Gers, voyez la réponse aux questions posées par l'Abbé Grégoire, dans *Revue des langues romanes*, VIII, 92.

Cazeaux. — *Annuaire pour l'an XII*, avec des détails sur le patois de l'Armagnac (Auch, 1803. — in-4).

Parabole en patois gascon du département du Gers, dans *Parabole de l'Enfant Prodigue en patois divers*, réimpression Favre (Paris, Champion) p. 72.

Documents en patois du Gers, publiés par Ducéré dans *Revue de Linguistique*, XIII.

Texte en patois de Lectoure, dans *Revue des p. gallo-romans*, I, 142.

Gironde.

Parabole en trois patois de l'arrondissement de la Réole, dans *Parabole de l'Enfant Prodigue en patois divers*, réimpression Favre (Paris, Champion), page 50, 52 et 71.

Mourot. — *Dictionnaire du patois de La Teste* (La Teste, 1870).

G. D. — *Essai grammatical sur le gascon de Bordeaux* (Bordeaux, Degréteau et Poujol, 1867. — 17 p., in-8).

Document en patois de Bordeaux, publié par Ducéré, dans *Revue de linguistique*, XIII.

Dans le ms. de la Bibliothèque de l'Arsenal, à Paris, n° 3548, se trouvent trois chartes de l'abbaye de Sainte-Croix de Bordeaux en langage du pays (p. 129).

Grisons (canton des).

Parabole en patois de la Haute-Engadine et de la Basse-Engadine, dans *Parabole de l'Enfant Prodigue en patois divers*, réimpression Favre (Paris, Champion), p. 136 et 138.

Hainaut.

Parabole en patois des environs de Mons, dans *Parabole de l'Enfant Prodigue en patois divers*, réimpression Favre (Paris, Champion), p. 11.

H. Delmolhe. — *Scènes populaires montoises*, avec un glossaire (Mons, Hoyois, 1841).

Essai d'une phonétonomie du Hainaut (Mons, Dequesne-Masquillier, 1868. — in-8).

Sigard. — *Glossaire étymologique montois* (Bruxelles, 2e édition, 1870. — in-8, 408 pages).

Hérault.

Parabole en patois d'Agde, de Lodève et de Montpellier, dans *Parabole de l'Enfant Prodigue en patois divers*, réimpression Favre (Paris, Champion), p. 92, 93 et 99.

Barthès. — *Prumié Bouquet, poésies languedociennes* avec un avant-propos de Marius Bourelly et des notes sur l'orthographe et la prononciation languedociennes (Montpellier, Hamelin frères, 1878. — in-12 ; 475 p.).

F.-R. Martin. — *Les loisirs d'un languedocien*, (Montpellier, Sevalle, 1827. — in-8, 308 p.).

Ch. de Tourtoulon. — *Note sous le dialecte de Montpellier* (dans *Revue des langues romanes.*, I, 119-125).

Loret et Barrandon. — *Flore de Montpellier* (Paris, Delahays, 1876. — in-8; xlviii, 920 p.).

A. Roque-Ferrier. — *Poésies languedociennes de Guiraldenc* (dans *Revue des langues romanes*, XVII, 220; XVIII, 90; XXII, 80 et 281).

Le même. — *Le vin du purgatoire, conte inédit en vers languedociens*, avec des remarques linguistiques (dans *Revue des langues romanes*, XXVI, 177).

Le même. — *Formes extraites de la deuxieme satire de Perse traduite en vers lodévois, par M. Molinier* (dans *Revue des langues romanes*, XIX, 24).

Westphal-Castelnau. — *Termes de marine et de pêche en usage au grau de Palavas* (dans *Revue des langues romanes*, XXIII, 130).

W. Mushacke. — *Geschichtliche Entwickelung der Mundart von Montpellier* (Heilbronn, Henninger, 1884. — in-8, 166 p., dans les *Französische Studien*, IV, fasc. 5). Cf. *Romania*, XVI, 608.

Texte en patois de Lansargues dans *Salut à l'Occitanie traduit en cent sept idiomes* (Montpellier, Hamelin frères, 1886), p. lxxii.

Lambert. — *Conte en patois de Montpellier* (dans *Revue des langues romanes*, 4e série, I, 588).

Espagne. — *Inscriptions languedociennes contemporaines recueillies à Montpellier* (dans *Revue des langues romanes*, 4e série, I, 595).

Ille-et-Vilaine.

Le Mière de Corvay. — *Liste alphabétique de quelques mots en usage à Rennes* (dans *Mémoires de la Société des Antiquaires*, VI, 235, et dans *Mélanges sur les langues*, Paris, 1831, p. 235).

Texte en patois de Saint-Méloir-des-Ondes dans *Revue des p. gallo-romans*, I, 144.

P. Sébillot. — *Contes en patois de Saint-Malo et d'Ercé* (dans *Revue des patois*, I, 216 et 219).

Indre.

Laisnel de La Salle. — *De quelques tra·litions, préjugés, dictons et locutions populaires de l'arrondissement de La Châtre* (dans le *Moniteur de l'Indre*, octobre-décembre 1853).

Indre-et-Loire.

De Croy. — *Etudes statistiques sur le département d'Indre-et-Loire*, avec un chapitre sur l'idiome Tourangeau (Tours et Paris, 1838. — in-12).

Isère.

Vallier. — *Sur l'origine des noms de l'Isère et de la Tarentaise* (dans *Petite revue dauphinoise*, 1886, p. 17).

Texte en patois de Corps (p. LIX), des environs de Grenoble et de la vallée inférieure de l'Isère (p. LX), en dialecte nord-dauphinois de l'Isère (p. LXI), dans *Salut à l'Occitanie traduit en cent sept idiomes* (Montpellier, Hamelin frères, 1886).

Italie.

G. Piolti. — *Petit glossaire du patois français de Cesana Torinese* (appendice IV d'une brochure intitulée : *Nei dintorni di Cesana*. Extrait du *Bulletin du Club alpin Italien*, XX, nº 53. — Turin, 1887).

Gaidoz. — *Les vallées françaises du Piémont* (dans *Annales de l'Ecole libre des sciences politiques*, II, 53. Cf. *Romania*, XXI, 632.

Jura.

Monnier. — *Vocabulaire de la langue rustique et populaire du Jura*, précédé d'observations grammaticales et de chansons (dans *Mélanges sur les langues*, Paris, 1831, p. 30 et 150).

Toubin. — *Recherches sur la langue bellau, argot des peigneurs de chanvre* (dans *Mémoires de la société d'Emulation du Doubs*, 6 juillet 1867).

Le même. — *De quelques coutumes, proverbes et locutions du pays de Salins* (dans *Mémoires de la société d'Emulation du Doubs*, 1868, p. 283).

Gascon. — *Quelques expressions et locutions usitées en Franche-Comté et particulièrement à Dole* (dans *Mémoires de la société d'Emulation du Doubs*, 1870-71, p. 101)-

Landes.

J. Beaurredon. — *Etudes landaises*, contenant un *Essai de philologie landaise* (Pau, Menetière, 1877. — in-8).

Documents en patois des arrondissements de Dax et de Mont-de-Marsan, publiés par Duceré, dans *Revue de linguistique*, XIII.

Languedoc.

La bibliothèque de Nimes contient différents manuscrits de l'abbé Séguier et de Rulman sur le languedocien. Voy. *Gard.*

[Astruc]. — *Mémoires pour l'histoire naturelle de la province du Languedoc*, et en particulier du langage de cette province (Paris, 1737).

De Belleval. — *Nomenclateur botanique languedocien* (dans *Annuaire de la société d'agriculture du département de l'Hérault*, Montpellier, 1840).

Roque-Ferrier. — *De la substitution du d à l'l* (dans *Revue des langues romanes*, XXIV, 187). Cf. *Romania*, XIII, 177.

Germain Encontre. — *Una coursa de bioous, poème en quatre chants en vers languedociens* (Nimes, 1839).

Liége.

Lejeune. — *Flore des environs de Spa* (Liége, Duvivier, 1811-12. — in-8, 2 vol.).

Parabole en patois de Liége, dans *Parabole de l'Enfant Prodigue en patois divers*, réimpression Favre (Paris, Champion), p. 6.

Simonon. — *Poésies en patois de Liége, précédées d'une dissertation grammaticale sur ce patois et suivies d'un glossaire* (Liége, Oudard, 1845).

L. M[icheels]. — *Grammaire élémentaire liégeoise* (Liége, F. Renard, 1863. — in-8; vi, 160 pages).

Forir. — *Dictionnaire liégeois-français* (Liége, 1875. — 2 vol. in-8).

Limousin.

Sauger-Préneuf. — *Dictionnaire des locutions vicieuses usitées dans le midi de la France, et particulièrement dans la ci-devant province du Limousin* (Limoges, 1825. — 264 p., in-12).

Loire.

Complainte populaire en langage de Saint-Genest-Mallifaux, dans *Romania*, II, 474, de Fraisses, *ibid.*, II, 475, et IV, 116, de Marlhes, *ibid.*, II, 65, et IV, 116 (textes recueillis par M. Smith).

Loire (Haute).

Gaidoz et Sébillot. — *Bibliographie des traditions et de la littérature populaire de l'Auvergne et du Velay.* Voy. Auvergne.

Parabole en patois des environs du Puy, dans *Parabole de l'Enfant Prodigue en patois divers*, réimpression Favre (Paris, Champion), p. 101.

Deribier de Cheyssac. — *Description statistique du département de la Haute-Loire* (Paris et le Puy, 1824,—in-8). Renseignements détaillés sur les patois.

Le même. — *Vocabulaire du patois du Velay et de la Haute-Auvergne* (dans *Mémoires de la Société des antiquaires de France*, IX, 361).

Arnaud. — *Flore du département de la Haute Loire* (dans *Annales de la Société d'agriculture du Puy*, XVIII, 373).

Moussier. — *Catalogue des animaux vertébrés de la Haute-Loire* (dans *Annales de la Société d'agriculture du Puy*, XVIII, 373).

Pomier. — *Manuel des locutions vicieuses les plus fréquentes dans le département de la Haute-Loire* (Le Puy, Pasquet, 1835).

Textes recueillis par M. Smith :

1º Complaintes populaires de St-Romain-le-Chalm et de Vorey en français mélangé de patois, dans *Romania*, II, 473, et IV, 109.

2º Chants de quête en patois de Chamalières, dans *Romania*, II, 59, en patois de Dunières, *ibid.*, II, 63, en patois de St-Just-Malmont, *ibid.*, II, 64, en patois de St-Germain-Laprade, *ibid.*, II, 66.

3º Chansons populaires en patois des Beaux, près Yssingeaux, dans *Romania*, VII, 71, en patois de Rosières, *ibid.*, VII, 80.

4º Noëls en patois de St-Pierre Eynac et de Vorey, dans *Romania*, VIII, 414, en patois de Retournaguet, *ibid.*, VIII, 416, en patois de Polignac, *ibid.*, VIII, 421.

5º Chant de noce en patois de Vorey, dans *Romania*, IX, 568.

6º *La Porcheronne*, avec des couplets en patois de Vorey, dans *Romania*, X, 584.

Loire-Inférieure.

Eudel. — *Les locutions nantaises*, avec une préface par Charles Monselet (Morel, 1884).

Loiret.

Huot. — *Étude sur le langage des riverains de la Loire-Moyenne* (dans *Congrès scientifique de France*, dix-huitième session, tenue à Orléans, t. II, 200).

Boucher. — *Deux Mazarinades en patois orléanais* (édition nouvelle, Orléans, Herluison, 1875. — xxiii, 96 pages).

Lorraine.

Parabole en patois lorrain, dans *Parabole de l'Enfant Prodigue en patois divers*, réimpression Favre (Paris, Champion), p. 23.

Jouve. — *Bibliographie du patois lorrain* (Nancy, Lepage, 1866, — in-8).

Michel. — *Dictionnaire des expressions vicieuses usitées notamment dans la ci-devant province de Lorraine* (Nancy, 1807. — in-8).

L. M. P. — *Dictionnaire patois-français de la Lorraine et particulièrement des Vosges*.

Marchal. — *Poésies populaires de la Lorraine* (Nancy, Lepage, 1854).

Sur la langue française en Alsace-Lorraine, voy. *Alsace*.

Lot-et-Garonne.

Lafont-du-Cujula, le père. — Notice sur le langage des habitants du département de Lot-et-Garonne (dans le *Deuxième recueil des travaux de la Société d'agriculture, sciences et arts d'Agen*, 1812, p. 154).

Pozzi. — *Dictionnaire de la langue romano-agenaise*.

Lozère.

Parabole en patois du département de la Lozère, dans *Parabole de l'Enfant Prodigue en patois divers*, réimpression Favre (Paris, Champion), p. 97.

La romance de Clotilde, signalée ci-dessus, p. 152 a été publiée de nouveau dans *Romania*, VI, 431.

Luxembourg.

Parabole en patois ardennois entre Neufchâteau et Bouillon, dans *Parabole de l'Enfant Prodigue en patois divers*, réimpression Favre (Paris, Champion), p. 20.

Dasnoy. — *Dictionnaire wallon-français à l'usage des habitants de la province de Luxembourg et des contrées voisines* (Neufchâteau, chez l'auteur, 1856, — in-12).

Stronck. — *Historisch-philologische Studien über des belgische Gallien..., mit besonderer Berucksichtigung des luxemburgischen*

Dialekts (dans *Publications de la Société historique de l'Institut*, Luxembourg, 1869, page 271).

Beauvois. — *Les langues et les littératures française et allemande dans le grand duché de Luxembourg* (dans *Polybiblion*, 1880, p. 167, 351 et 448).

Sur le patois du duché de Bouillon, voy. Revue des *langues romanes*, 2ᵉ série, VII, 64 et 168.

Lyonnais.

Sur « ambaissi, ambiorses » en lyonnais (Cf. *Revue des Patois*, I, 73), voy. *Revue des langues romanes*, 4ᵉ série, I, 309.

Puitspelu. — « *Grolhi, graula* » en lyonnais (dans *Revue des langues romanes*, 4ᵉ série, I, 311).

Le même. — Le lyonnais « gratons, griatons » (dans *Revue des langues romanes*, 4ᵉ série, I, 435.

Philipon. — *L'a accentué précédé d'une palatale en lyonnais* (dans *Romania*, XVI, 263).

Maine.

De M[ontesson]. — *Vocabulaire des mots usités dans le Haut-Maine* (2ᵉ édition. Le Mans et Paris, 1859. — 500 pages).

Chardon. — *Études sur le dialecte et le patois du Maine* (Le Mans, 1869. — in-8, 31 pages). Extrait du *Bulletin de la Société d'agriculture, sciences et arts de la Sarthe*.

Manche.

La Marche. — *Extrait d'un Dictionnaire du vieux langage ou patois des arrondissements de Cherbourg, Valognes et Saint-Lô* (dans *Mémoires de la Société académique de Cherbourg*, 1843, p. 125, et dans *Notices et documents publiés par la Société archéologique de la Manche*, tome I, première partie).

Joly Sénoville. — *Le patois parlé dans la presqu'île du Cotentin* (Valognes, 1882.—in-8, 48 p.).

Sur l'*Essai sur le patois de la Hague* de J. Fleury, voy. *Literarisches Centralblatt für Deutschland*, 4 juin 1887, et *Revue Critique*, 4 juillet 1887.

Marne.

Hubert. — *Notice sur la commune de Courtisols* (dans *Annuaire de la Marne*, 1820, p. 226).

Recherches nouvelles sur le patois de Courtisols (dans *Mélanges sur les langues*, Paris 1831, p. 219).

Chalette. — *Précis de la stastique du département de la Marne* (1844). Remarques sur les patois.

Saubinet. — *Vocabulaire du bas langage rémois*. (Reims, Brissart-Binet, 1845. — in-18. 116 p.).

Galeron. — *Variétés rémoises* (Reims, Brissart-Binet, 1855. — in-12).

Marne (Haute).

Mulson. — *Vocabulaire langrois* (Langres, Defay, 1822).

Mayenne.

Verger. — *Notice sur Jublains*, avec un vocabulaire des vieux mots en usage dans le département de la Mayenne (2ᵉ édition, Nantes, Mellinet, 1835).

Meurthe.

Jouve. — *Recueil nouveau de vieux noëls en patois de la Meurthe et des Vosges*. Voy. Vosges.

Meurthe-et-Moselle.

Parabole en patois d'Onville, ancien canton de Gorze, dans *Parabole de l'Enfant Prodigue en patois divers*, réimpression Favre (Paris, Champion), p. 21.

Parabole en patois de Vaudemont dans *Parabole de l'Enfant Prodigue en patois divers*, réimpression Favre (Paris, Champion), p. 25.

Grille de Beuzelin. — *Rapport sur les monuments historiques des arrondissements de Nancy et de Toul*, avec des textes patois (Paris, 1837. in-4). Dans la *Collection des Documents inédits sur l'histoire de France*.

Clesse. — *Le patois lorrain de Fillières* (dans *Mémoires de l'Académie de Stanislas*, 4ᵉ série, VIII, 308). Cf. *Annales de la Société d'émulation des Vosges*, 1882.

Le Lorrain peint par lui-même, almanach curious et émuzant, avec des textes patois. C'est dans cette publication qu'ont paru en 1853 et 1854 les *Vocabulaires patois du pays Messin* de Jaclot de Saulny, publiés à part (Paris, Borani et Droz, 1854. — in-12, viii, 60 p.)

Daras. — *Remarques sur quelques valeurs phoniques du pays Messin* (Metz, Rousseau-Pallez, 1861. — in-8).

Lorrain. — *Glossaire du patois Méssin* (Nancy, Sidot, 1876. — in-8, 63 pages.)

Le livre d'Adam, *Les patois lorrains*, (voyez ci-dessus, p. 151) contient des textes en patois des localités suivantes de Meurthe-et-Moselle: Domgermain, page 399 ; Mailly, p. 408 et 409 ; Diarville, p. 412 ; Serres, p. 432 ; Landremont, p. 436 ; Lachapelle et Thiaville, p. 437 ; Moineville, p. 440 ; Einville, p. 445 ; Fraimbois, p. 447,

Meuse.

Denis. — *Du patois de la Meuse* (Commercy, 1806).

Cordier. — *Vocabulaire des mots patois en usage dans le département de la Meuse* (Paris, Duvergier, 1833, in-8 et *Mémoires de la Société des Antiquaires*, X, 416).

Labourasse. — *Glossaire patois de la Meuse* (1887).

Horning. — *La diphtongue aw dans deux patois du Barrois* (dans *Revue des p. gallo-romans*, I, 29).

Morvan.

Parabole en patois du Morvan dans *Parabole de l'Enfant Prodigue en patois divers*, réimpression Favre (Paris, Champion), p. 40.

Namur.

Parabole en patois de Namur, dans *Parabole de l'Enfant Prodigue en patois divers*, réimpression Favre (Paris, Champion), p. 9.

Chavée. — *Français et wallon* (Paris et Bruxelles, 1857. — in-12; VI, 224 pages).

Glossaire namurois-français, publié par le journal *La Marmite* depuis mars 1883.

Neuchatel (canton de).

A. G. *Glossaire neuchatelois* (2e édition, Neuchatel, 1858. — 350 p., in-8).

Parabole en patois broyard dans *Parabole de l'Enfant Prodigue en patois divers*, réimpression Favre (Paris, Champion), p. 126.

Nord.

Lebeau. — *Traduction de la Parabole de l'Enfant Prodigue en patois de l'arrondissement d'Avesnes* (dans *Mémoires de la Société des antiquaires*, X, 470).

Parabole en patois de Cambrai dans *Parabole de l'Enfant Prodigue en patois divers*, réimpression Favre (Paris, Champion), p. 12.

Escallier. — *Remarques sur le patois* (Douai, Wartelle, 1856. — in-8, XII, 660 pages.)

Hécart. — *Vocabulaire rouchi-français* (3e édition, Valenciennes 1834. — XVI, 504 pages).

Yseux. — *La langue d'oïl et le wallon rouchi* (dans *Revue catholique de l'Université de Louvain*, 1879, p. 252 et 349).

Laigle. — *Causerie sur le patois et les provincialismes de l'arrondissement de Valenciennes* (Valenciennes, Henry, 1885. — in-8).

Legrand. — *Dictionnaire du patois de Lille et de ses environs* (2e édition, Lille, Vanackère, 1856. — in-12; XVIII, 155 pages).

Vermesse. — *Vocabulaire du patois lillois* (Lille, Béhague, 1861. — in-12; xviii, 155 p.)

Le même. — *Dictionnaire du patois de la Flandre française* (1867). — Cf. *Revue critique*, 1867, art. 225, et *Revue des Sociétés savantes*, 1869, 4e série, t. IX, p. 398.

Debuire du Buc. — *Glossaire lillois* (Paris et Lille, 1867. — in-8; 87 pages). Le même auteur a publié des *Chansons en patois de Lille*.

[Al. Faidherbe]. — *Bluette grammaticale à propos du patois* (dans les *Mémoires de la Société d'émulation de Roubaix*, t. VII). Tiré à part.

Desrousseaux. — *Chansons et pasquilles lilloises* (nouvelle édition, 1865, 4 vol. in-12).

Gilliéron. — *Le suffixe « ellum » dans les patois du nord* (dans *Revue des p. gallo-romans*, I, 33).

Devanne. — *Conte en patois de Prouvy* (dans *Revue des patois*, I, 220).

Normandie.

Parabole en patois du centre de la Normandie, dans *Parabole de l'Enfant Prodigue en patois divers*, réimpression Favre (Paris, Champion), p. 148.

De Gerville. — *Recherches sur les anciens noms de lieu en Normandie* (dans *Mélanges sur les langues*, Paris, 1831, p. 224).

Edélestand et Alfred du Méril. — *Dictionnaire du patois normand* (Caen, Mancel, 1849).

Julien Travers. — *Glossaire du patois normand, de Louis Dubois* (Caen, Hardel, 1856. — in-8, xl, 440 p.)

Le Héricher. — *Histoire et glossaire du normand* (Avranches et Paris, 1862. — 2 vol. in-8).

Du même. — *Littérature populaire de la Normandie* (dans *Mémoires de la Société archéologique d'Avranches et de Mortain*, tome VII).

Levavasseur. — *Remarques sur quelques expressions usitées en Normandie* (Caen, Le Blanc-Hardel, 1878. — in-8, 108 p.). Extrait de l'année 1878 de l'*Annuaire Normand*.

H. Moisy. — *De quelques modes de prononciation usités en patois normand* (dans *Revue historique de l'ancienne langue française*, 1877).

Deux articles de M. Joret sur quelques expressions normandes dans les *Mémoires de la Société de linguistique*, III, 417 et VI, 273.

Remarques sur la Flore populaire du Bessin, par Pluquet, dans *Mémoires de la Société linnéenne du Calvados*, 1824, p. 272.

Pluquet. — *Contes populaires, préjugés, patois, proverbes, noms de lieux de l'arrondissement de Bayeux* (2e édition, Rouen, Frère, 1834. — xiii, 163 p., in-8).

Decorde. — *Dictionnaire du patois du pays de Bray* (Rouen, 1852. — in-8, 140 p.).

: Sur *c* devant *a* en normand, voy. Beetz, *C und* ᴄʜ *vor lateinischen* ᴀ (Darmstadt, Otto, 1888). Cf. *Romania*, XVI, 580.

Oise.

Le docteur A. — *Mots patois recueillis dans le canton de Crespy* (in-8, s. l. n. d.).

Gilliéron. — *Le suffixe « ellum » dans les patois de l'Oise* (dans *Revue des p. gallo-romans*, I, 33).

Orne.

Chrétien. — *Usages, proverbes et anciens mots de l'arrondissement d'Argentan* (Annuaire Argenténois, 1835).

Pas-de Calais.

Advielle. — *Le patois artésien et les chansons de la fête d'Arras* (Paris, Caix, 1882. — in-8, 16 pages).

Grammaire artésienne (Saint-Omer, 1772. — in-12; 107 p) Cf. *Revue des langues romanes*, XV, 64, à propos des réponses aux questions de l'abbé Grégoire.

Deseille. — *Glossaire du patois des matelots boulonnais* (Paris, Picard, 1884. — in-8, 136 p.).

Sur une particularité du patois picard du Boulonnais, voy. *Romania*, XIII, 422.

Parabole en patois du canton de Carvin, et en patois de la ville de Saint-Omer, dans *Parabole de l'Enfant Prodigue en patois divers*, réimpression Favre (Paris, Champion), p. 16 et 18.

Gilliéron. — *Le suffixe « ellum » dans le patois du Pas-de-Calais* (dans *Revue des p. gallo-romans*, I, 33).

Edmond Edmond. — *Lexique Saint-Polois* (dans *Revue des p. gallo-romans*, I, 51).

Le même. — *Chanson en patois d'Herlin-le-Sec.* — *Une scène de l'ancien carnaval de Saint-Pol.* — *Fragment de sermon en patois de Wavrans.* — *Conte en patois des faubourgs de Saint-Pol* (dans *Revue des p. gallo-romans*, I, 97, 99, 105, 107).

Perche.

Ach. Genty. — *Les œuvres poétiques en patois percheron de Pierre Genty* (Paris, 1863. — in-12; ʟxxɪɪ, 70 pages).

Vallerange. — *Le Clergé, la Bourgeoisie, le Peuple,* etc. (Paris, Passard, 1861). Ce livre contient, page 123 et suiv., un glossaire percheron.

Picardie.

Satire d'un curé picard (Avignon, Claude Lenclume, 1754. — in-12).

Grégoire d'Essigny. — *Mémoire sur l'origine et les caractères de la langue picarde* (dans *Magasin encyclopédique de Millin*, 1811, t. V, p. 116 et 241).

Corblet. — *Glossaire étymologique et comparatif du patois picard ancien et moderne* (Paris, 1851. — in-8, 619 p.). Extrait des *Mémoires de la Société des antiquaires de Picardie*, t. XI.

Paris d'Amiens. — *Note sur l'orthographe picarde* (Londres, 1862).

Jouancoux. — *Essai sur l'Origine et la formation du patois picard* (1873, 64 p., in-12).

Le même. — *Etudes pour servir à un glossaire étymologique du patois picard*. (Paris, Picard, 1880, in-4 ; III, 294 pages). Cf. *Bibliothèque de l'Ecole des Chartes*, 1880, p. 631).

Sur *c* devant *a* en picard, voyez Beetz, *C und CH vor lateinischen A* (Darmstadt, Otto, 1888). Cf. *Romania*, XVI, 580.

Poitou.

L. Favre. — *Glossaire du Poitou, de la Saintonge et de l'Aunis* (Niort, 1867. — in-8 ; LXXXIV, 356 pages). Et *Supplément aux glossaires du Poitou publiés jusqu'à ce jour* (Niort, 1881. — in-8, 52 pages).

Richard. — *Les œuvres de Jean Drouhet* (Nouvelle édition, Poitiers, Druineaud, 1878).

De la Fontenelle de Vaudoré. — *Recherches sur la langue poitevine* (dans *Bulletin de la Société d'agriculture, belles-lettres et arts de Poitiers*, III, 33 et 201).

Pressac. — *Poésies patoises de l'abbé Gusteau*, suivies d'un glossaire poitevin (Poitiers, Oudin, 1861. — in-12).

Dugast-Matifeux. — *Traduction en vers poitevins de la première églogue de Virgile* (dans *Revue des provinces de l'Ouest*, VI, 233).

Différents articles de Rondier dans *Le Mellois*, 2, 9 et 16 juin, et 28 juillet 1861.

De Gennes. — *Sur l'œuvre du patois poitevin* (Poitiers, Dupré, 1863. — in-8, 29 pages).

Lalanne. — *Glossaire du patois poitevin* (Poitiers, 1868. — in-8, XL, 264 pages). Cf. *Revue des Sociétés savantes*, 4ᵉ série, IX, 405.

Lévrier. — *Dictionnaire étymologique du patois poitevin* (Niort, Mercier, 1867. — in-8, 195 pages).

Duval. — *Etudes critiques sur les patois poitevin* (Niort, Mercier, 1867. — in-8, 12 p.).

Eglogues poitevines par feu Messire Jean Babu (Nouvelle édition, Niort, Favre, 1875. — in-12, 104 pages).

Poëy-d'Avant. — *De l'influence du langage poitevin sur le style de Rabelais* (Paris, Techener, 1855. — in-8). Extrait du *Bulletin du Bibliophile*, 1855, p. 211.

Provence.

Ornithologie ou dénomination provençale française de tous les oiseaux connus en Provence, par un amateur (Marseille, Roustan, 1766. — 8 p. in-4).

Achard. — *Syntaxe de l'idiome provençal* (dans *Revue des langues romanes*, XIII, 13).

M. G[arcin] a publié deux ouvrages sous le titre de *Nouveau dictionnaire provençal français*. Le second a paru à Draguignan, chez Fabre, en 1841 (2 vol. in-8).

Grammaire française expliquée au moyen de la langue provençale (Marseille, Camoin, 1826.—VIII, 152 p., in-8). Cf. *Revue Critique*, 1866, p. 404.

J. B. Reynier. — *Les provençalismes corrigés* (2ᵉ éd. Marseille, chez l'auteur, 1878. — 188 p. in-8.)

Gabrieli. — *Manuel du provençal* ou *Les provençalismes corrigés* (2ᵉ éd. Marseille, chez l'auteur, 1878. — 188 p. in-8).

J. J. Castor. — *L'interprète provençal, contenant un choix de 15000 termes provençaux* (Apt. Clauzel, 1843. — XVIII, 292 p. in-12).

Roumanille. — *Li provençalo*, recueil de poésies diverses, précédées d'une introduction par M. Saint-René-Taillandier, et suivies d'un glossaire (Avignon, Séguin, 1852. — XLV, 437 p. in-12).

Prusse française.

Parabole en patois de Malmédy dans *Parabole de l'Enfant Prodigue en patois divers*, réimpression Favre (Paris, Champion), p. 7.

Gaidoz. — *Malmédy et la Wallonie prussienne* (dans le *Correspondant*, 10 septembre 1886). Spécimens de patois.

Puy-de-Dôme.

Parabole en patois de Saint-Amand-Tallende, dans *Parabole de l'Enfant Prodigue en patois divers*, réimpression Favre (Paris, Champion), p. 64.

Pyrénées (Basses).

Fablas causidas de Lafontaine en bers gascouns (Bayonne, Fauvet-Duhart, 1776). Contient un *Diccionnariot gascoun é frances*.

Lagravère. — *Poésies en gascoun* (Bayonne 1865).

Duceré. — *Petit vocabulaire en pur gascon bayonnais* (dans *Revue de linguistique*, XIII, 395).

Documents en patois divers de l'arrondissement de Bayonne et de l'arrondissement d'Orthez, publiés par Duceré dans *Revue de linguistique*, XIII.

Pyrénées (Hautes).

La Boulinière. — *Itinéraire descriptif et pittoresque des Hautes-*

Pyrénées, avec un chapitre sur le langage, et des poésies du Bigorre (Paris 1825, 3 vol. in-8).

Cordier. — *Dictionnaire des patois du Lavedan et de Bigorre* (dans *Bulletin de la Société des sciences, lettres et arts de Pau,* octobre 1876).

Cordier. — *Etudes sur le dialecte du Lavedan* (Bagnères, J. Cazeneuve, 1878).

Pyrénées-Orientales.

Parabole en langue catalane des Pyrénées-Orientales, dans *Parabole de l'Enfant Prodigue en patois divers,* réimpression Favre (Paris, Champion), p. 83.

Quercy.

Adrien Paxes. — *Cot' de floïtos é cot' d'estuflols,* avec un glossaire (Paris, 1884. — 216 p., in-12).

Rhône.

L. Clédat. — *Saint-Jaqueme* (dans *Lyon-Revue,* décembre 1882 et janvier 1883). Il faut prononcer *Jakme* et non *Jaquême.*

Puitspelu. — *Un conte en patois de Saint-Symphorien-sur-Coise, du commencement du siècle* (dans *Revue des Patois,* I, 107).

D\r Gonnet. — *Chansons populaires en patois du Bois-d'Oingt* (dans *Revue des patois,* I, 129).

Philipon. — *La naissance de Lugdunum* (dans *Lyon-Revue,* 31 mars 1887). Dans cet article, M. Philipon explique le nom de Fourvières par « forum Varii. »

Philipon. — *Etude sur le patois de Saint-Genis-les-Ollières* (dans *Revue des patois,* I, p. 258).

Puitspelu. — *Sur une dérivation populaire et lyonnaise du participe passé* (dans *Revue des patois,* I, 214).

Rouergue.

J. Duval. — *Proverbes patois* (dans *Mémoires de la Société des lettres, sciences et arts de l'Aveyron,* V, 437).

Sur la limite du *tch, dj,* ou *j,* vis-à-vis du *tz* et *dz,* voyez Durand, *De l'influence des milieux sur les caractères de race chez l'homme et les animaux* (Paris, Germer-Baillière, 1868. — 60 p., in-8).

De nouvelles *Notes de philologie rouergate,* par M. Durand (voy. *Revue des patois,* I, 76) ont paru dans la *Revue des langues romanes,* IV\e série, I, p. 296.

Saintonge.

Favre. — *Glossaire.* Voy. *Poitou.*

Burgaud des Marets. — *Dictionnaire Saintongeais* (Paris, Didot, non mis dans le commerce).

Jônain. — *Vestiges du langage saintongeais* (dans *Union républicaine de Saintes,* 1849).

Le même. — *Dictionnaire des patois saintongeais* (Royan, Niort, Paris, 1869. — in-8, 432 pages).

L. C[outure]. — *Patois saintongeais en Gascogne* (dans *Revue de Gascogne,* XVI).

Boucherie.—*Patois de la Saintonge* (dans *Bulletin de la Société archéologique de la Charente,* 4ᵉ série, I, 157).

Saône (Haute).

Parabole en patois de Champagney, de Vauvilliers, de Vesoul et de Champlitte, dans *Parabole de l'Enfant Prodigue en patois divers,* réimpression Favre (Paris, Champion), p. 31, 33, 34 et 36.

Ch. Grandmougin. — *Chansons populaires en patois de Neurey-en-Vaux* (dans *La Tradition,* I, 232 et 274).

Saône-et-Loire.

Simonet. — *Vocabulaire des patois d'Uchon* (Paris, 1859).

Guillemin. — *Glossaire du patois de l'ancienne Bresse châlonnaise, et notamment du canton de Saint-Germain-du-Bois* (dans *Mémoires de la Société archéologique de Châlons-sur-Saône,* IV, p. 129).

Combier. — *Contes populaires en patois de Germolles* (dans *Revue des patois,* I, 134 et 201).

Martin. — *Chanson populaire en patois de Saint-Amour, Saône-et-Loire* (dans *Revue des patois,* I, 135).

Savoie.

Vallier.— *Sur l'origine des noms de l'Isère et de la Tarentaise.* Voy. Isère.

N. Martin. — *Noëls anciens en patois de la Maurienne.*

Despine. — *Recherches sur les poésies en dialecte savoyard* (dans *Revue savoisienne,* 1864).

L'abbé Brunet. — *Essai sur les patois des arrondissements d'Albertville et de Moutiers* (dans *Recueil des Mémoires de l'Académie de la val d'Isère,* Moutiers, 1867).

L'abbé Pont. — *Vocabulaire du Terratsu de la Tarentaise* (Chambéry, 1869).

Gilliéron. — *Importation directe du français à Villard-de-Beaufort* (dans *Revue des p. gallo-romans,* I, 30).

Le même. — *Le suffixe « ellum » en Savoie* (dans *Revue des p. gallo-romans*, I, 41).

Possoz. — *Chanson en patois de Seez* (dans *Revue des patois*, I, 226).

Savoie (Haute).

Patois de Morzine et de Saint-Paul en 1792 et 1880 (dans *Revue savoisienne*, février 1880).

Seine.

Agnel. — *Observations sur la prononciation et le langage rustique des environs de Paris* (Paris, Schlesinger et Dumoulin, 1855. — 118 p., in-12).

Le même. — *De l'influence du langage populaire sur la forme de certains mots de la langue française* (Paris, Dumoulin, 1869. — 182 p., in-8).

Ch. Nisard. — *Etude sur le langage populaire ou patois de Paris et de sa banlieue* (Paris, Franck, 1872).

O. Jespersen. — *Troch af det parisiske vulgærsprogs grammatik* (dans *Kort Udsigt over det philologisk-historiscke Samfunds Virksomhed*, Kjöbenhavn, 1886, p. 92).

Siede. — *Syntaktische Eigentümlichkeiten der Umgangssprache weniger gebildeter Pariser* (Berlin. 1885).

Seine-et-Marne.

Bourquelot. — *Patois du pays de Provins.* (Meaux, 1870).

Des Etangs. — *Flore populaire de l'Aube et des environs de Provins.* Voyez *Aube.*

Seine-Inférieure.

Chassant. — *Muse normande de Louis Petit, de Rouen, en patois normand du XVIIe siècle.* (Rouen, 1853).

De la Querière. — *Traité de prosodie normande* (Rouen, 1826, in-8), Extrait des *Procès-verbaux de la société d'émulation de Rouen,* année 1826, p. 32.

Collen-Castaigne. — *Essai historique et statistique sur la ville de Bolbec,* avec un vocabulaire cauchois (Rouen, 1839).

De Fresnay. — *Memento ou recueil courant de divers mots, expressions et locutions tirés du patois du pays de Caux, et particulièrement du canton de Tôtes* (Rouen, 1881. — in-8, 300 p.).

Sèvres (Deux).

Beauchet-Filleau. — *Essai sur le patois poitevin du canton de Chef-Boutonne et des communes voisines* (Melle, 1864. — in 8, 296 p.).

Ronde en patois de Mazières, dans *Revue des p. gallo-romans*, I, 130. Une note dit que la prononciation *seule* (?) est de Mazières.

Somme.

André de Poilly. — *Coup d'œil sur l'idiome picard de l'arrondissement d'Abbeville* (dans les *Mémoires de la Société d'émulation d'Abbeville*, 1833, p. 118).

Gilliéron. — *Le suffixe « ellum » dans les patois de la Somme* (dans *Revue des p. gallo-romans*, I, 33).

Suisse.

J. L. M. — *Bibliothèque romane de la Suisse*, ou *Recueil de morceaux écrits en langue romane de la Suisse occidentale* (Lausanne, 1855).

Morf. — *« Manducatum » = «mandicatam» en valaisan et en vaudois* (dans *Romania*, XVI, 278).

Tarn.

Parabole en patois du département du Tarn, dans *Parabole de l'Enfant Prodigue en patois divers*, réimpression Favre (Paris, Champion), p. 95.

Daubian. — *Le Misanthrope converti, comédie en cinq actes, en vers patois* (Castres, Rodière, 1797. — in-8).

De Clausade. — *Poésies languedociennes et françaises d'Auger Gaillard* (Albi, Rodière, 1843. — in-12 ; XLIII, 326 p.).

Tarn-et-Garonne.

Parabole en patois de Montauban, dans *Parabole de l'Enfant Prodigue en patois divers*, réimpression Favre (Paris, Champion), p. 69.

J. H. Lacoumbo. — *Las lambruscos de la lengo d'Aquitanio*, avec un glossaire (Montauban, 1879).

Touraine.

Loiseau. — *Rapports de la langue de Rabelais avec les patois de la Touraine et de l'Anjou* (dans *Mémoires de la Société académique de Maine-et-Loire*, XXI, p. 70.)

Valais (canton du).

Parabole en patois de Saint-Maurice dans *Parabole de l'Enfant Prodigue en patois divers*, réimpression Favre (Paris, Champion), p. 125.

Var.

Parabole en patois provençal du département du Var, dans *Parabole de l'Enfant Prodigue en patois divers*, réimpression Favre (Paris, Champion), p. 111 et en patois génois de Mons, ibidem, p. 151.

Texte en patois de Roquebrune-lès-Fréjus (page XLIV), du Loup (p. XLV), dans *Salut à l'Occitanie traduit en cent sept idiomes* (Montpellier, Hamelin frères, 1886).

Vaucluse.

Parabole en patois d'Avignon et du canton de Cadenet, dans *Parabole de l'Enfant Prodigue en divers patois*, réimpression Favre (Paris, Champion). p. 113 et 118.

Réguis. — *Synonymie provençale des champignons de Vaucluse*, (Marseille, Bérard 1886. — 144 pages in-4). Cf. *Revue des langues romanes*, XXXI, 96.

Texte en patois de Sainte-Anne (page XXXIII), de l'Isle (p. XXXV), d'Avignon (p. XXXVI), de Saint-Roman (p. XXXVIII), de Malemort (p. XXXIX), dans *Salut à l'Occitanie traduit en cent sept idiomes* (Montpellier, Hamelin frères, 1886).

Vaud (canton de).

Parobole en patois de Montreux, dans *Parabole de l'Enfant Prodigue en divers patois*, réimpression Favre (Paris, Champion), p. 131.

Develey. — *Observations sur le langage du pays de Vaud* (Lausanne, Lacombe, 1824. — in-8).

Vaudois (pays).

Grüzmacher. — *Waldensische Sprache* (dans *Archiv de Herrig*, XVI, 369).

Muston. — *Aperçu de l'antiquité des Vaudois des Alpes d'après leurs poèmes en langue romane* (Pignerol, Chiantore et Mascarelli, 1882. — in-8, 42 p.).

Montet. — *Histoire littéraire des Vaudois du Piémont.* (Voyez *Revue des patois*, I, 70).

Vendée.

C. Poëy-Davant. — *La mouété de quene, conte. Exemple de patois des environs de Fontenay-le-Comte, orthographié d'après la prononciation* (dans *Revue des provinces de l'Ouest*, 1858).

Audé. — *Du langage populaire en Vendée* (Napoléon-Vendée, 1858. — in-8, 31 pages). Extrait de l'*Annuaire d'émulation*, 1857.

Vienne (Haute).

Parabole en dialecte limousin de la Haute-Vienne et en patois de l'arrondissement de Saint-Yrieix, dans *Parabole de l'Enfant Prodigue en patois divers*, réimpression Favre (Paris, Champion), p. 60 et 62.

Lambert. — *Conte populaire de Saint-Paul d'Eyjeaux* (dans *Revue des langues romanes*, 4ᵉ série, I, 582).

Blanchet. — *Proverbes limousins* (dans *Revue des patois*, I, 221).

Wallons (pays).

Thomassin. — *Mémoire statistique du département de l'Ourte.*

Cambrésier. — *Dictionnaire wallon-français* (Liège, 1787. — in-8, 107 pages).

Martin Lobet. — *Dictionnaire wallon-français* (Verviers, Nautet-Hans, 1854. — in-8).

Hubert. — *Dictionnaire wallon-français*, (2ᵉ édition, Liège, 1868).

[Grenson]. — *Versions wallonnes de la Parabole de l'Enfant Prodigue* (Liège 1870. — in-8). Cf. *Bulletin de la Société liégeoise*, t. VII.

Henaux. — *Etudes historiques et littéraires sur le wallon* (Liège, Oudart, 1843, 96 pages in-8).

Vierset. — *Essai d'orthographe wallonne d'après la méthode Chavée* (Namur, Wesmel-Charlier, 1887.)

[G. Gothier]. — *Dictionnaire français-wallon* (Liège, J. Gottrier, 1879. — in-12, iv, 239 pages).

Capitaine. — *Rapport sur la bibliothèque de la Société liégeoise de littérature wallonne* (Liège, 1859).

Articles nombreux et importants dans le *Bulletin de la Société liégeoise de littérature wallonne*.

Wilmotte. — *Phonétique wallone*, commencement d'une étude sur le patois du canton de Fexhe-Slins, province de Liège, et de six communes wallonnes du Limbourg (dans *Revue des p. gallo-romans*, I, 23).

Défrecheux. — *Dialectologie wallonne* (dans *Revue des p. gallo-romans*, I, 153). Nous avons emprunté à ce travail diverses indications.

Voy. *Belgique, Luxembourg, Liège, Brabant, Namur, Hainaut, Prusse française.*

CHRONIQUE

Les deux premiers numéros de la *Revue des patois gallo-romans* (1),
publiée par MM. Gilliéron et Rousselot, viennent de paraître en un
seul fascicule. Nous signalons ci-dessus, dans nos *Notices bibliographiques*, les articles et les textes contenus dans ce fascicule. Les directeurs de la nouvelle Revue ont fait fondre un grand nombre de caractères spéciaux, pour arriver à une notation rigoureusement phonétique des patois. Plusieurs de ces caractères avaient déjà été employés
ou proposés isolément. C'est ainsi que nous avions nous-même proposé
s et *z* pointés en dessous, pour rendre les deux *th* anglais (2), au
lieu de *t* et *d* pointés, dont M. Gilliéron s'était servi précédemment
dans son étude sur le patois de Vionnaz. Aujourd'hui MM. Gilliéron
et Rousselot présentent un système général très étudié, très développé, et qui leur fait assurément honneur, ainsi qu'à leur maître,
M. Gaston Paris, à qui la Revue est dédiée. Mais nous craignons que
le résultat pratique ne soit bien au-dessous de l'effort déployé. On ne
peut s'empêcher de remarquer que le travail si important d'Ascoli sur
les patois franco-provençaux repose tout entier sur des textes patois
écrits avec l'orthographe française, et que, sans le secours de toutes
ces distinctions graphiques, on a publié d'excellentes études dia-
lectologiques, qui ne manquaient pas de précision. Sans doute il est
utile de rendre la transcription des patois plus phonétique. Mais était-
il nécessaire d'inventer en quelque sorte un alphabet (3), dont la complication est telle que les exemples cités sur la couverture de la Revue comprennent quarante-deux signes nouveaux, ajoutés à ceux
de l'alphabet français, — et ce ne sont que des exemples ! D'ailleurs,
en voulant rendre chaque variété de son par un signe spécial, on se
heurte à l'impossible ; car, à ce compte, le système graphique de MM.
Gilliéron et Rousselot, malgré sa complication et sa louable élasticité,
est lui-même très incomplet, et ses inventeurs sont obligés de le re-
connaître. La rigueur du système ne va pas non plus sans certaines
contradictions dans l'application : on refuse à deux lettres juxtapo-
sées le droit de représenter un son simple, mais on l'accorde à deux

1. Voyez la *Chronique* de notre premier numéro, p. 79.
2. Voyez *Romania*, XIV, 550.
3. A tout le moins serait-il désirable que les partisans de la multi-
plication des signes spéciaux s'entendissent entre eux. Or les caractères dont l'imprimerie de la *Romania* vient de se munir ne sont pas
conformes à ceux qui sont employés dans la *Revue des patois gallo-
romans*.

lettres superposées, collées ensemble, ou enclavées l'une dans l'autre.
N'y a-t-il pas quelque puérilité à écrire le son du *ch* français par un *c*
renfermant un petit *h* ? Quelle que soit la taille de l'*h*, la graphie nouvelle n'est pas plus logique que la graphie française, et elle est assurément moins claire pour le commun des lecteurs, dont il faut bien se
préoccuper un peu dans une entreprise où l'on fait appel à toutes les
bonnes volontés. Les textes écrits d'après le nouveau système ont une
apparence extrêmement bizarre et cabalistique ; nos pauvres patois
français ressemblent, sous ce déguisement, à quelque langue de sauvages, et, singulier résultat, tous à la même. Ce résultat, en contradiction directe avec le but poursuivi, provient de la difficulté qu'on
éprouve à faire de cette écriture une lecture courante, difficulté qui, par
elle-même, n'est pas un des moindres inconvénients du système, surtout
pour les documents qui ont une valeur et un intérêt littéraires. Pour goûter les spécimens de littérature populaire que nous donnera la Revue
de MM. Gilliéron et Rousselot, quelquefois même pour en tirer commo-
dément des conclusions philologiques, le premier soin devra être de
retranscrire les textes en bonne écriture ordinaire, et de remplacer
tous les signes diacritiques, suscrits et souscrits, qui hérissent chaque
caractère, par deux ou trois remarques sur les lettres qui ne représen-
teront pas exactement le même son qu'en français. — D'autre part,
un semblable système ne peut être employé que par des spécialistes,
ou par un petit nombre d'amateurs, particulièrement doués, et aux-
quels on aura pu expliquer *oralement* tous les rouages du nouveau
mécanisme graphique. Or il faut compter sur le concours d'un grand
nombre de personnes de bonne volonté, si l'on veut recueillir à temps
ce qui reste encore de nos vieux patois. Combien voudront ou sauront
appliquer le système ? Ceux qui essaieront de s'en servir, et qui cher-
cheront le « fin du fin » dans les sons et dans les signes diacritiques,
courront grand risque de s'égarer, de prendre ou d'écrire un son ou
un signe pour l'autre, en un mot de s'embrouiller et de nous embrouiller. En résumé, le système graphique de MM. Gilliéron et
Rousselot nous paraît devoir être souvent inapplicable, quelquefois
dangereux, rarement utile. Au demeurant, il est fort ingénieux. — L. C.

Le Gérant : E. VIEWEG.

Laval. — Imp. et stér. E. JAMIN, 41, rue de la Paix.

TABLE DES MATIÈRES [1]

1. — Les notices bibliographiques du dernier numéro de l'année contiennent une table analytique du tome I, où les articles sont classés par départements et pays.

LAVAL. — IMPRIMERIE E. JAMIN, RUE DE LA PAIX, 41.

Ire ANNÉE. Nº 2.   AVRIL-JUILLET 1887

REVUE DES PATOIS

RECUEIL TRIMESTRIEL

CONSACRÉ A L'ÉTUDE DES PATOIS

ET ANCIENS DIALECTES ROMANS DE LA FRANCE

ET DES RÉGIONS LIMITROPHES

PUBLIÉ PAR

L. CLÉDAT

PROFESSEUR A LA FACULTÉ DES LETTRES DE LYON

PARIS

F. VIEWEG, Libraire-Éditeur

(E. BOUILLON et E. VIEWEG, successeurs)

67, rue de Richelieu, 67

Tout ce qui concerne la rédaction doit être adressé à M. CLÉDAT, professeur à la Faculté des lettres de Lyon.

Il sera rendu compte de tous les ouvrages dont la rédaction aura reçu un double exemplaire.

Prix d'abonnement à la

REVUE DES PATOIS

FRANCE . . . . **15** francs.
UNION POSTALE. . . . . . . **17** »

1re ANNÉE. No 3. JUILLET-OCTOBRE 1887

REVUE DES PATOIS

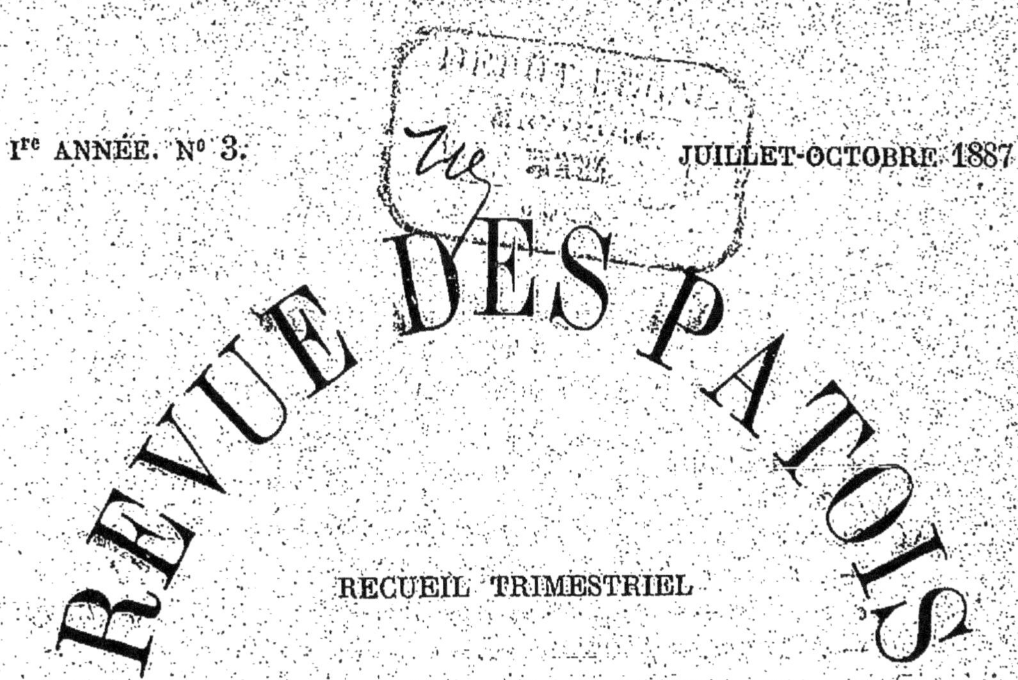

RECUEIL TRIMESTRIEL

CONSACRÉ A L'ÉTUDE DES PATOIS
ET ANCIENS DIALECTES ROMANS DE LA FRANCE
ET DES RÉGIONS LIMITROPHES

PUBLIÉ PAR

L. CLÉDAT

PROFESSEUR A LA FACULTÉ DES LETTRES DE LYON

PARIS

F. VIEWEG, LIBRAIRE-ÉDITEUR

(E. BOUILLON ET E. VIEWEG, SUCCESSEURS)

67, rue de Richelieu, 67

Tout ce qui concerne la rédaction doit être adressé à M. CLÉDAT,
professeur à la Faculté des lettres de Lyon.

Il sera rendu compte de tous les ouvrages dont la rédaction aura reçu
un double exemplaire.

Prix d'abonnement à la

REVUE DES PATOIS

FRANCE . . . . **15** francs.
UNION POSTALE. . . . . **17** »

Ire ANNÉE. N° 4. OCTOBRE-DÉCEMBRE 1887

REVUE DES PATOIS

RECUEIL TRIMESTRIEL

CONSACRÉ A L'ÉTUDE DES PATOIS

ET ANCIENS DIALECTES ROMANS DE LA FRANCE

ET DES RÉGIONS LIMITROPHES

PUBLIÉ PAR

L. CLÉDAT

PROFESSEUR A LA FACULTÉ DES LETTRES DE LYON

PARIS

F. VIEWEG, Libraire-Éditeur

(E. BOUILLON et E. VIEWEG, successeurs)

67, rue de Richelieu, 67

———

Tout ce qui concerne la rédaction doit être adressé à M. CLÉDAT, professeur à la Faculté des lettres de Lyon.

Il sera rendu compte de tous les ouvrages dont la rédaction aura reçu un double exemplaire.

———

Prix d'abonnement à la

REVUE DES PATOIS

FRANCE . . . . **15** francs.

UNION POSTALE. . . . . **17** »